CARRÉ HISTOIRE

La France
Le fait régional

5e ÉDITION REVUE ET AUGMENTÉE

Philippe Piercy

hachette
SUPÉRIEUR

PAPIER À BASE DE FIBRES CERTIFIÉES

hachette s'engage pour l'environnement en réduisant l'empreinte carbone de ses livres. Celle de cet exemplaire est de :
1040 g éq. CO_2
Rendez-vous sur www.hachette-durable.fr

Cartographie : Hachette Éducation
Réalisation : Nord Compo

www.hachette-education.com
I.S.B.N. : 978-2-01-140342-1

Introduction

Depuis la dernière édition de ce livre en 2009, l'acuité du débat régional s'est confirmée : Les élections locales sont restées le lieu de victoires répétées de la gauche (22 des 25 Régions à l'issue des élections de 2010), préfigurant d'une certaine façon le changement de majorité présidentielle et législative deux ans plus tard. Le débat sur la réforme des collectivités locales (fusions de Régions ? nouveau « conseiller territorial » ?) se poursuit et n'est pas achevé à la veille des élections municipales de 2014 qui devrait voir de fortes résistances des maires et conseillers ruraux, des Sénateurs, des partisans nombreux d'un département encore tout-puissant, notamment contre le projet de gouvernance des métropoles.

Pourtant, l'adoption, estivale, presque sans débat, par recours à l'article 49-3 de la Constitution, de la loi de décentralisation de 2004, d'abord présentée comme essentielle, l'« acte II » des réformes de 1981-1982, selon son promoteur, le très « régionaliste » Premier ministre Raffarin, devenu président du Sénat, a généralement été considérée comme très décevante : en retrait des acquis pour ce qui est des compétences des régions, elle entraîne des coûts élevés pour des collectivités (départementales notamment) peu assurées de disposer des moyens nécessaires de leurs nouvelles responsabilités sans augmentation de la pression fiscale.

En France comme ailleurs, mais avec l'*acuité* que confèrent une histoire et une géographie associant une nation précocement unifiée et une mosaïque culturelle, économique, démographique, la « région » est un terme incertain, à tout le moins polysémique.

Essayons, au seuil de cet ouvrage, d'en souligner les acceptions.

Celle que fournit l'observation géographique notamment, à l'aide de méthodes diverses, aboutit à la division d'un territoire en sous-ensembles, hétérogènes par leur taille, dotés de limites assez floues et susceptibles de se recouper, mais auxquels l'histoire, les flux, les hommes donnent une homogénéité et une cohésion suffisantes pour qu'on puisse les dessiner sur des cartes, les nommer. Cette région est ainsi définie par Paul Claval comme « l'expression dans l'espace des relations que les hommes nouent, des groupements auxquels elles donnent naissance et des solidarités qui en résultent – et dont les protagonistes ont une conscience plus ou moins claire » (P. Claval, 1992). La taille de la région n'est donc pas prédéfinie ; le concept se conjugue à toutes les échelles comme la vie de relations, faite de choix individuels ou collectifs qui « aboutissent à un certain ordre économique social et spatial » (*op. cit.*).

Cette région « de fait », issue de logiques territoriales anciennes et actuelles, s'impose comme une unité territoriale par la convergence et la stratification d'indicateurs. Le géographe n'est pas seul, tant s'en faut, à la découvrir. Elle est consacrée par l'usage et parfois par l'adéquation avec une maille administrative. Est-elle pourtant le seul cadre apte à rendre compte du fonctionnement territorial de la société ? Les débats sur les limites et la masse critique d'une région fonctionnelle montrent que non ; cette région évidente et pourtant mal cernable est contournée par d'autres niveaux territoriaux, qu'ils soient plus petits ou plus grands, définis selon des critères moins nombreux, aux noms moins familiers et plus récemment donnés : territoires, pays, bassins, arcs méditerranéen et atlantique, qui ne peuvent pourtant laisser le géographe indifférent car ils montrent que la question régionale est sans cesse travaillée par les divers niveaux de gouvernance.

L'autre acception est fournie par les individus, habitants et citoyens : à mesure que s'élargissent les mobilités habituelles, migratoires, sans que disparaissent les repères de proximité, gages de familiarité et d'identification, la région est un territoire de référence dont la taille n'est pas non plus fixe et prédéfinie ; pays, contrée, elle peut correspondre au canton, à une agglomération étendue, ou se confondre avec la région historique et administrative.

Les 25 régions administratives ont déjà une longue histoire. Apparues en 1956 sous le nom de circonscriptions d'action régionale puis de Régions en 1964, elles se distinguent des régions, « espaces vécus », aux genèses indépendantes de la trame régionale officielle. La majuscule signale que l'on sort du sens commun pour désigner un territoire délimité et « régi ». Cette délimitation, parce qu'elle s'est faite sur la base des départements, a souvent tenu compte des héritages multiples. Lorsqu'elle a tranché sur les marges incertaines des appartenances, les volontés de redécoupage, toujours vives dans quelques régions, empruntent leurs arguments à la régionalisation « spontanée » ou aux souvenirs des provinces de l'Ancien Régime.

Par ailleurs, la régionalisation administrative produit aussi des effets géographiques qu'il importe de déceler au moment où la Région apparaît comme une étape essentielle du « remembrement du bocage administratif français » (Jean-François Drevet, 1988), et comme un interlocuteur privilégié des autorités européennes. La région finit par imposer ses limites. Dotée d'un chef-lieu, d'un personnel, percevant l'impôt et planifiant ses infrastructures, elle commence à « faire système ». La Région devient une région.

Ainsi, pour répondre au problème central de cet ouvrage – qu'est-ce que la région en France, de quoi sont faites les régions ? – le volume distingue ces deux approches de la question régionale.

En visant plus à donner des pistes, des clés de lecture, des problématiques d'étude, qu'à une illusoire exhaustivité, la première partie de l'ouvrage s'intéresse aux fondements des divisions régionales ; la seconde dresse un tableau régionalisé de la France en six grands ensembles.

Entièrement révisée et intégrant les données démographiques et économiques disponibles les plus récentes (en particulier celles des recensements de la population postérieurs à 2010), cette édition a conservé des données plus anciennes lorsqu'il n'en existait pas de nouvelles ou pour l'intérêt rétrospectif qu'elles pouvaient prendre.

Première partie

Les fondements d'une division régionale de l'espace français

La différenciation du territoire est un des objets de la géographie, mais c'est aussi une question politique au sens le plus large du terme. Longtemps, jusqu'à la fin du XVIIIe siècle au moins, la France s'est partagée selon des contrastes à grande échelle. Clivages entre villes et campagnes par exemple, comme celui qui frappe Arthur Young à son arrivée à Nantes, au sortir de la Bretagne archaïque, ou entre bons et mauvais « pays », ou encore clivages culturels aux multiples répercussions sur les genres de vie, les spécialisations agricoles…

Depuis, le territoire, unifié sur le plan administratif et intégré par le biais des réseaux de communications, connaît une forte hiérarchisation : Paris, puis l'Île-de-France, face à la « Province », le Sud et le Nord, l'Est et l'Ouest, les régions industrielles face à celles qui le sont moins ou plus tardivement. On a pu parler, par référence à la géophysique, d'une « tectonique des territoires » (C. Lacour), montrant les évolutions différenciées, les apparitions ou disparitions de « points chauds ».

Trois éléments essentiels doivent être soulignés et expliqués : la prééminence de l'Île-de-France est un fait historique d'une extraordinaire permanence, qui structure, d'abord politiquement, puis économiquement, démographiquement, le territoire. Les contrastes nord-sud et est-ouest, confirmés par de nombreux traits culturels, démographiques (les restes du croissant fertile), conservent surtout leur actualité dans le cadre de la géographie des villes (emprise parisienne étendue à toute la France du Nord) et dans celle du système productif (sur- ou sous-représentation des fonctions concrètes, de fabrication notamment). Le maintien d'identités régionales fortes, bases de la géographie régionale classique avant qu'elle ne cède la place à une vision plus relative des régions polarisées, les disparités fortes à toutes les échelles au sein de l'espace et de la société, créent l'obligation d'une politique régionale ambitieuse de l'État puis des collectivités.

I

Les géographes et la région

Le mot région est employé selon deux sens différents. D'une part, il désigne la région administrative, dont la réalité économique, politique et fiscale s'affirme. D'autre part, le terme est utilisé couramment pour désigner des portions plus ou moins grandes du territoire national. Chacun lui applique, selon le contexte, un sens, et accepte sans difficulté de changer de critères et d'échelle dans un autre contexte. Ce double sens du mot et son imprécision représentent-ils un handicap ou, au contraire, une commodité pour approcher les réalités du territoire ? Cela pose un double problème :

– Pourquoi ce besoin d'un découpage territorial ? Quand et comment naît-il dans le cas de la France, État-nation « singulier » ?

– Si le mot est d'un emploi à peu près inévitable, quels fondements lui a-t-on successivement donné ? Comment l'évolution du mot a-t-elle accompagné celle du fait ?

Les géographes ont toujours éprouvé un intérêt particulier pour ces questions, qui traversent leur discipline depuis ses débuts jusqu'à ses débats les plus contemporains. Aujourd'hui encore, ils sont intéressés par ces deux volets de la région, celui de la région administrative et celui de la région géographique et plus encore par les relations entre les deux aspects.

Cette région des géographes est un espace d'échelle moyenne, défini par la combinaison de plusieurs traits particuliers, un cadre de vie longuement constitué par les sociétés en communion étroite avec leur environnement.

La géographie régionale n'est pas anachronique. Elle révèle les grandes discontinuités héritées dans la diversité actuelle du territoire. L'examen de la « région géographique » permet de s'interroger sur le rôle des déterminations naturelles, historiques ou économiques et de leur validité actuelle.

POUR UNE DÉFINITION DE LA RÉGION

Le problème de la région et du contenu que l'on donne à ce terme résulte de la grande diversité géographique de la France. Elle n'en a certes pas l'apanage, mais elle est l'un des plus grands territoires européens et un des lieux de naissance de l'État-nation ; aussi, le jeu contradictoire de la centralisation politique et territoriale d'une part, des particularismes plus ou moins centrifuges d'autre part, a engendré très tôt des formes de conscience régionale, donnant une grande épaisseur et une grande complexité à la définition même de la région.

Personne n'échappe à la dialectique de l'unité et de la diversité françaises. Ce balancement, très rhétorique en apparence, entre les pièces disparates que sont les régions et le puzzle achevé qu'est le territoire national, renvoie, dans le cas de la France plus qu'ailleurs, à un questionnement jamais définitivement résolu sur la taille, les limites, le degré de liberté des pièces en question. Il renvoie aussi à des thèmes centraux de la démarche géographique dont la France a été un laboratoire actif.

Les géographes s'accordent à peu près sur l'idée que la région est une partie d'un tout. Mais la région est-elle le résultat d'une opération de découpage intellectuel ou politique, ou bien est-ce la réalité qui dicte le découpage ? À en croire A. Reynaud (*Encyclopédie philosophique universelle*, vol. 2) « le mot a un sens large qui renvoie à l'idée de découpage d'un ensemble spatial quelconque, les régions étant le résultat de ce découpage ». De même, P. Claval, en réponse au questionnaire de la revue *Espace-Temps* (n° 51-52, 1993), pense « que le découpage de l'espace fait partie de ces opérations élémentaires de logique qui consistent à faire des partitions ». En revanche, R. Brunet, au même questionnaire, répond en soulignant l'ambiguïté de ce « cartésianisme géographique » : « Nous n'avons pas à découper l'espace, il se découpe tout seul. Ou il s'agit de mailles de gestion, et elles sont déjà là ; ou il s'agit d'autre chose, et cela relève d'un *réel à analyser* ». La distance entre les deux conceptions est sans doute moindre qu'il n'y paraît et la plupart des géographes s'entendent sur l'idée que la région est une réalité mais que son contenu et ses limites impliquent une opération intellectuelle pour être identifiés. La « matière » régionale, qu'elle soit faite d'héritages culturels ou de spécialisation économique, détermine ses limites. Le problème réside plutôt dans « l'art de la découpe » (R. Brunet, *Revue de géographie de Lyon*, n° 3, 1997) des responsables politiques qui usent de la géographie comme alibi, des mots de la géographie (axes et pôles par exemple) comme s'il existait un découpage absolu, imposé et légitimé par la géographie. Lorsque le pouvoir politique crée des régions, il le fait en fonction des besoins administratifs ou politiques mais il ne le fait pas indépendamment des réalités régionales ou des représentations territoriales du moment. En retour, la création de nouvelles limites, et donc de nouvelles discontinuités, peut engendrer des effets régionaux tangibles.

Pourtant, toute division, quelle qu'en soit l'échelle, peut-elle définir des régions ? Le local peut-il se confondre avec le régional ? La réponse est à peu près la même chez tous les géographes. Pour parler de région, il faut une certaine consistance, une certaine dimension. Le terme « région » désigne les processus de différenciation spatiale et leurs résultats à une échelle qui dépasse le strictement local.

Toute observation de l'extension géographique d'un facteur ou d'un fait livre un ensemble « homogène ». Est-ce pour autant une région ? Ce premier mode de division régionale est à la fois le plus ancien et le plus divers par ses résultats, ce qui lui a valu succès puis contestation. Si l'on peut à la rigueur admettre, et sous réserve du pluriel, qu'il y a des régions de bocage, des régions de parler d'oc, le « croissant fertile » ou le « midi », qui pourtant apparaissent clairement sur des cartes démographiques ou climatiques, ne sont pas des régions. Ce sont des domaines découpés selon des critères uniques, naturels ou non, qui font apparaître des lignes de partage de la France en grands ensembles. Ils contribuent à l'identification d'individualités régionales, mais seraient insuffisants à les fonder exclusivement. Le passage d'un domaine à un autre est cependant très tangible dans l'architecture ou dans la toponymie, avec des limites nettes (linguistiques surtout).

Il s'agit donc d'une démarche qui « invente » un ensemble défini à partir d'un critère qui lui confère une « homogénéité ». On peut former des régions de toutes tailles et de bien diverses origines, des régions littéralement inventées par les géographes fortement influencés par les disciplines naturalistes. Ces « êtres géographiques », qui ont pour eux la solidité de la roche, la légitimité scientifique, finissent par s'imposer dans l'usage et la perception commune : Alpes, Massif central, Bassin parisien, Bassin aquitain qui n'avaient jamais été reconnus comme des entités jusqu'au XIXe siècle, accèdent alors à la dignité régionale.

Par ailleurs, il existe des unités territoriales à très forte individualité, qui sont des objets privilégiés d'étude des géographes, par exemple les « pays », les régions historiques (anciennes provinces), les régions spécialisées par un facteur dominant (le caractère industriel, touristique, etc.). Ces régions géographiques présentent un caractère d'évidence qui peut s'atténuer sur leurs marges, mais sans perdre la force que leur donne leur perception comme espace vécu ou représenté. La région est bien un des principes fondateurs de l'École française de géographie qui a ajouté, en quelque sorte, une scientificité à un vécu, dans une perspective savante, mais aussi pédagogique, civique, politique, indissociable de la période 1850-1950.

Pierre George résume parfaitement cette conception synthétisée par Vidal de La Blache et appliquée par l'École française : « La région géographique, telle qu'elle a été définie par les travaux du premier tiers du siècle, est un espace construit par une longue succession d'interventions humaines maîtrisant les contraintes d'un cadre naturel ou plus ou moins homogène, mais d'extension limitée et bien individualisée par rapport à son environnement. Les éléments en jeu appartiennent à des séries de facteurs plus ou moins impératifs, mais de nombre relativement réduit et constituant une harmonie : les conditions naturelles, le poids du patrimoine accumulé au cours d'un temps historique de durée variable, mais toujours de l'ordre du temps long » (P. George, 1990).

La démarche de géographie régionale prend donc en compte cette évidence géographique issue d'une combinaison de facteurs sur un espace d'échelle moyenne. Elle l'interprète « après coup » pourrait-on dire, pour en comprendre la genèse, l'organisation, les transformations et les limites. Elle fait apparaître l'association de plusieurs facteurs agissant en convergence sur une longue durée. On comprend ainsi comment la géographie régionale française a engendré une conception de la géographie tout court, discipline synthétique, descriptive et interprétative, non déterministe mais « possibiliste ».

On proposera donc une remontée aux origines de la région. Elle se fera d'abord sous l'angle de l'histoire de la géographie, puisque les géographes français ont largement contribué à faire naître des régions. Ensuite il s'agira de montrer, à l'aide de quelques critères de partition du territoire, naturels, historico-culturels, économiques, la validité des ensembles relativement homogènes ainsi dégagés.

De la région homogène à la région-synthèse

■ ***Régions et sciences naturelles.*** Dès le XVIIIe siècle apparaît nettement la recherche d'une partition rigoureuse, dégagée du maquis des divisions héritées et chevauchantes. Pour opérer cette sortie de la confusion des limites et des mesures, ce sont les sciences naturelles qui furent convoquées pour donner raison à la division.

Malgré d'influentes définitions hydrologiques, il faut insister sur le rôle des géologues dans l'invention de la région naturelle. Grâce aux premières cartes géologiques, c'est un nouvel ordre, celui des roches, qui fonde le partage « véritable et naturel » du royaume, selon un principe plus élevé que les *généralités* et les *gouvernements*. Cuvier invente le Bassin parisien, comme Élie de Beaumont proposera plus tard le Massif central.

Avec J.-L. Giraud-Soulavie, vicaire et naturaliste pré-révolutionnaire, originaire du Vivarais, auteur d'une *Histoire naturelle de la France méridionale* (1780-1784), c'est un précurseur de la géomorphologie qui illustre les prémices de la description régionale sur des bases minéralogiques. Avant de céder à la pression officielle et de se repentir d'idées trop à contre-courant de la théologie officielle sur la Genèse, il est animé d'un projet global d'histoire naturelle et de géographie physique instaurant une coïncidence entre contrées, provinces, minéralogie, climat, botanique.

En somme, les constituants, en 1790, sont dans l'air du temps lorsqu'ils recourent à un découpage en neuf régions disposées géométriquement mêlant les points cardinaux et l'hydrologie : régions « des Mers », du « Couchant », de la Garonne, du Midi, du Rhône, du Centre, du Levant, des « Sources » et du Nord. Cette vision « scientifique » ne fait pourtant pas obstacle au souci de compromis entre héritages, visées administratives et critères naturels qui les anime lors de la division départementale ; les limites des départements n'ont plus rien de géométrique.

Tout au long du XIXe siècle on voit s'affirmer le déterminisme géologique des régions et l'emprise des géologues sur la régionalisation de la France, qui leur fait parfois retrouver les unités naturelles sous les anciennes divisions politiques. Par l'usage des noms de pays pour nommer ces régions naturelles, par le postulat selon lequel les anciennes divisions cadrent avec la nature du sol, se forme une image d'une région homogène, refondée sur des critères géologiques. Les auteurs ont beau relativiser leurs propres divisions, il reste cette idée fondatrice : rompre avec les divisions artificielles, c'est retrouver les indications de la nature, et cette manière est d'autant plus légitime qu'elle fait retrouver « le bon sens des paysans, qui a devancé la science » (A. Passy, 1857). L'influence déterminante des géologues dans le choix des divisions régionales exprime la force d'un mouvement d'idée « naturaliste », mais aussi le poids de cette « économie paysanne » qui caractérise alors la France. La réhabilitation des « pays » a accompagné cette « naturalisation » de la région. Pourtant, de proche en proche, on passe de l'homogénéité à la complexité régionale.

■ ***La région-synthèse de Vidal de La Blache.*** Vidal de La Blache (1845-1918) apparaît comme le fondateur de l'École géographique française car, avec lui, la description des lieux cède la place à la « synthèse régionale ». Il l'exprime nettement dans un texte de 1888 destiné aux pédagogues, *Des divisions fondamentales du sol français* : « Pour qui prétend traiter la géographie comme une science, la question des divisions qu'il convient d'adopter change d'aspect. Les faits s'éclairent d'après l'ordre suivant lequel on les groupe. Si l'on sépare ce qui doit être rapproché, si l'on unit ce qui doit être séparé, toute liaison naturelle est brisée ; il est impossible de reconnaître l'enchaînement qui relie les phénomènes dont s'occupe la géographie et qui est sa raison d'être scientifique ».

Ainsi la question des divisions est-elle de nouveau clairement posée. En effet, elle est l'occasion de récuser à la fois « l'examen séparé des principaux aspects, côtes, relief, hydrographie, villes, etc. » et les « divisions artificielles », en l'occurrence, pour la France, les départements mais aussi les anciennes provinces.

Vidal se situe dans la continuité de la tradition de la région naturelle à définition géologique que révèlent les nuances paysagères et paysannes de la France rurale. « Les hommes diffèrent comme le sol » constate-t-il en traversant des pays contrastés comme la Beauce et le Perche, le Morvan et l'Auxois. La curiosité des géographes de ce temps pour les « pays » se comprend aisément. Le « pays » est l'expression de l'heureuse harmonie du sol, des eaux, des cultures, des modes d'habitation. Il est donc un modèle de la parenté géologie-géographie et se prête à la « recherche des influences diverses qu'exerce le sol sur la nature inorganique comme sur les êtres vivants », mais il n'est pas région. C'est pourquoi, pour découper la France, Vidal propose cinq grands ensembles dont il souligne le caractère d'évidence : le Bassin de Paris, « où l'unité française a grandi », le « Plateau central », l'Ouest, « presque aussi tranché que le Midi » et attaché aux terrains anciens et bocagers, un vaste Midi de l'Aquitaine au Languedoc, enfin la vallée du Rhône et de la Saône, ligne commerciale et industrielle. Ces cinq régions sont les « divisions fondamentales du sol français » et sont entourées « d'autres groupements régionaux périphériques, glacis le long de nos frontières ». La division est donc issue de la France rurale, mais montre le souci pédagogique et géographique d'un découpage en ensembles de grande taille. Le *Tableau de la géographie de la France*, paru en 1906, distingue lui aussi de vastes ensembles découpés selon les points cardinaux (l'Ouest), selon les positions géographiques (« entre les Alpes et l'océan »), selon l'hydrographie (« la région rhénane »), ou selon la géologie (« le Massif central »). Le découpage de détail est plus hétéroclite qui s'appuie sur des « régions-provinces » comme l'Alsace, la Picardie, et des régions naturelles comme « les contrées volcaniques », « la région tertiaire », « le massif primaire ».

Pourtant, le *Tableau* se situe à la charnière des conceptions anciennes et nouvelles de la région devenue le concept clé de la géographie. Les évolutions industrielles et urbaines auxquelles la France participe alors tendent à dissoudre la région d'inspiration paysanne, fondée sur l'individualité des roches et des terroirs. Tel est le constat de Vidal qui conclut : « ni le sol, ni le climat n'ont changé ; pourquoi cependant ce tableau paraît-il suranné ? »

■ ***Le « pays », une micro-région complexe.*** Comme Vidal de La Blache, L. Gallois (1857-1941) ancre la géographie dans l'étude régionale. Cela suppose un parti pris de définition et de délimitations des régions. Son ouvrage *Régions naturelles et noms de pays* paru en 1908, montre le projet de la géographie de l'époque. Héritier des cent ans qui ont vu s'affirmer la région naturelle, il entreprend un travail de clarification qui entend faire nettement la part de l'histoire et de la nature trop souvent confondues jusqu'alors. Ce retour au « pays » a donc notamment un objectif méthodologique. L. Gallois cherche à dépasser le conflit entre les géographes et les géologues. En constatant la non-coïncidence fréquente des unités naturelles et des unités toponymiques, il porte l'accent sur les aspects culturels et historiques : le Gâtinais, bien différent de part et d'autre du Loing, et inversement le Santerre, petit et homogène mais de tout temps partagé entre Vermandois et Amiénois, comme la Beauce qui ne fut jamais une unité politique entre Chartrain et Orléanais…

Ainsi, tout en soulignant les fortes déterminations du sol qui fondent l'opposition classique entre bons et mauvais « pays » par exemple, que l'on retrouve entre « fromentaux » et « ségalas », il affirme dans ses conclusions que la géologie seule ne peut départir les régions naturelles : « Bien des causes de différenciation interviennent qui réagissent les unes sur les autres et se résument par une impression d'ensemble : climat, sol, végétation ». Il écrit d'autre part que si la région naturelle est bien l'objet central de la géographie, il existe d'autres types de régions, dans lesquelles « la géographie n'intervient pas toujours », mais où l'histoire, les villes, le contact commercial, établissent des individualités.

L. Gallois se livre à cette recherche au moment où le mouvement régionaliste bat son plein et propose une refonte des départements, fondée sur les « pays » d'autrefois. S'il explore par le menu les fondements de cette division ancienne et persistante du territoire, c'est aussi pour en montrer les limites.

L'émergence d'une nouvelle conception

En 1910-1911, deux textes courts de Vidal de La Blache permettent de mesurer l'évolution de la pensée du géographe. Très influencés, eux aussi, par le contexte régionaliste, les projets de refonte administrative et de décentralisation, ils ont l'intérêt de montrer l'implication réelle et durable des géographes dans les débats sur les maillages et les politiques régionales. Le texte de 1910, intitulé *Régions françaises*, est accompagné d'une proposition de découpage et d'une carte intitulée « Essai de groupements régionaux » qui présente d'intéressantes similarités avec les régions actuelles : un vrai Bassin parisien, un Nord plus massif, une région alpine. C'est une critique des départements, parfois recoupés par les régions sur la carte. Le département est issu d'une « France dont la vie économique était régie par des conditions locales » ; les provinces sont un « legs assez incohérent du passé » auquel, il est vrai, nous unit un lien fort. Certaines n'ont qu'une « survivance nominale », d'autres sont des individualités vivaces, mais il n'y a pas là « d'harmonie préétablie » qui pourrait les faire convenir pour le temps présent.

Le texte de 1911, intitulé *Relativité des divisions régionales*, insiste sur la nécessité d'adopter d'autres critères pour rendre compte de la vie régionale et lui donner de nouveaux cadres. Une conception prémonitoire de la région apparaît, fondée sur la « profonde transformation des rapports d'étendue » liée aux transports modernes, l'industrie dans laquelle « se synthétisent le mieux les formes nouvelles du travail », les villes, dont la « nodalité » étend plus ou moins les régions urbaines et permet d'isoler des « villes régionales ».

Cette perception montre une région, à la charnière des deux siècles, perçue beaucoup plus par son contenu que par ses limites. Le contraste entre les conceptions successives de la région est même sans doute bien plus accentué dans les textes que dans les faits, tant est progressif le mouvement d'industrialisation et d'urbanisation de la France. Cette conception fut plus prémonitoire et beaucoup moins appliquée par les successeurs que celle d'une région résultant de l'harmonie originale et ancienne du sol et des hommes.

La *Géographie universelle*, lancée par Vidal, montre un infléchissement vers d'autres découpages. Le tome 6 consacré à la *France économique et humaine*, écrit par A. Demangeon, scinde l'approche régionale en deux temps. L'une, nommée « les grandes régions agricoles », renoue avec une division classique fondée sur les pays et les subdivisions naturelles. Chaque ensemble, « Bassin aquitain » ou « Pays méditerranéens » est décrit intégralement, villes comprises, sur cette base classique qui fait des régions « l'expression des contrastes de sol et de relief ». L'autre est consacrée à l'économie industrielle et rend compte d'une France fortement polarisée par les grandes villes et les matières premières.

Au total, la conception vidalienne influence durablement la géographie française parce qu'elle est parfaitement adaptée à la France de l'époque. D'un côté, la nature fixe un cadre qui confère à la région son individualité. De l'autre, la région, comme base de la vie sociale, est un tout complexe dans lequel entrent en jeu les héritages de la vie rurale et les nouvelles dynamiques nées de la révolution industrielle et urbaine. Cette interrelation entre la nature et l'homme qui se traduit par la combinaison de multiples facteurs a servi de fil directeur à la recherche régionale française pendant plus d'un demi-siècle.

QUE RESTE-T-IL DE CES CONCEPTIONS ?

L'émergence du terme « région », quelques-unes de ses définitions ont montré le rapprochement progressif entre le souci de découper un ensemble territorial pour l'appréhender ou le gérer plus efficacement, et le souci de fonder le mieux possible ce découpage. Le résultat en est l'identification, à partir d'un ou de plusieurs facteurs communs imprégnant un territoire, de régions plus ou moins homogènes. Le « ciment », dans les conceptions géographiques classiques, est fondé sur cette combinaison de facteurs qui identifient une région par rapport aux autres et lui donnent sa cohésion. Le problème que pose (et que se pose) la géographie régionale de la France au moins jusqu'aux années 1960, réside dans le choix, la hiérarchie et la « combinatoire » des critères.

Les héritages des déterminations naturelles

■ ***Une nature en peau de chagrin***. Comment les données de la nature interviennent-elles encore dans le fait régional ? La région naturelle est un héritage peu disputé aux géographes. Issue avant tout d'un découpage géologique, et parfois climatique, elle a été l'objet d'un débat durable sur le *déterminisme* ou le *possibilisme* qui régissaient les rapports entre phénomènes naturels et sociaux. La région naturelle donnée comme une matrice dans laquelle se couleraient tous les autres critères, n'a plus cours depuis longtemps. Mais mettre en avant un caractère naturel reste souvent un moyen commode d'identifier la singularité d'une région : « montagne » auvergnate, « collines » de l'Avesnois, « Marais » poitevin et vendéen, Vosges « gréseuses », « Haut » Jura, « Châtaigneraie » Corse, « Val » de Loire… De larges portions du territoire ont été mises en valeur, organisées dans leur peuplement et leur relation avec le reste du pays, sous la pression forte de facteurs d'ordre topographique et climatique. Il s'agit moins du milieu comme déterminant que comme support d'une organisation spatiale et d'une économie locale originales (les économies paysannes d'autrefois).

Aujourd'hui, le recours à un caractère physique pour nommer, délimiter ou caractériser une région, peut révéler plusieurs processus :

– La perpétuation d'une contrainte relative en matière de desserte ; c'est le cas des espaces que l'on dit « enclavés », en moyenne montagne, ou sur de vastes ensembles à faible densité, comme le plateau de Langres ou le massif ardennais. Mais les rôles du relief, du climat sont alors amplifiés par un ou deux siècles d'histoire rurale et démographique.

– La valorisation d'un trait physionomique attractif au plan touristique : le tourisme, qu'il soit thermal, hivernal, vert ou balnéaire, exploite certains caractères fixes des lieux. C'est ce que révèlent les appellations à base géographique (Côte d'Azur, Alpes du Soleil) ou les spécialisations dans le climatisme et le thermalisme. Mais, compte tenu du mode d'implantation touristique, qui est ponctuel, le caractère régional « s'émiette » en sources, sites, massifs, stations, plages…

– La transformation d'un trait naturel dominant longtemps perçu comme négatif en un trait avantageux : ce sont les cas célèbres de mutations complètes de régions délaissées, sableuses et marécageuses, puis boisées au XIXe siècle (Landes de Gascogne, Sologne), boisées car réputées incultes, puis déboisées et mise en grande culture (Champagne crayeuse), assainies par drainage et démoustication (littoral oriental de la Corse, côte languedocienne, marais atlantiques, Crau et Camargue).

Dans ces échos prolongés et déformés des déterminations naturelles dans la France actuelle, on s'aperçoit qu'il s'agit moins d'un problème de régionalisation que de prise en compte très différenciée, selon les époques, de telle ou telle caractéristique du milieu. La relation entre l'agriculture et le milieu naturel est ainsi très différente selon que le marché rentabilise ou non le surcoût créé par la mise en culture de terres médiocres. La différenciation naturelle ne joue jamais un plus grand rôle que lorsque sont exploités, dans une économie élargie par les facilités du transport, les avantages comparatifs du sol, du climat, du relief. Jusqu'à ce que des facteurs communs de crise, ou de régulation, les réunissent, les « petites régions agricoles » officiellement découpées pour les besoins du recensement agricole, restent guidées et différenciées par des combinaisons de facteurs naturels, à une échelle micro-régionale il est vrai.

Les écosystèmes naturels ont partout cédé la place à des « agro-systèmes » issus des pratiques et des techniques agricoles appliquées sur les sols, les eaux, la végétation et la faune. Mais l'enjeu économique d'un classement en agriculture de montagne, sur des critères d'altitude et de dénivellation, la multiplication des demandes d'« appellation d'origine contrôlée » ou d'« indications géographiques garanties » montrent l'importance, dans une logique de marché, de ces déterminations naturelles, combinées à des savoir-faire et des normes de qualité.

■ ***Le cas à part des « domaines » naturels.*** À côté de ces régions physionomiques, dont l'unité est créée par une association de facteurs naturels, il est d'autres régions naturelles : ce sont celles qu'identifient les sciences de la nature, dans la lignée des géologues. Plus que de régions géographiques, il s'agit de domaines résultant de l'extension d'*un* phénomène naturel. La région à base minéralogique n'a plus grand sens ni place aujourd'hui. Cependant le granit, les calcaires, les schistes, les basaltes, l'argile ou leurs altérites – argiles à silex, arènes, terra rossa – se retrouvent très visiblement comme éléments d'un patrimoine bâti, modeste ou monumental. Or l'habitat et ses matériaux sont un élément essentiel de l'identité paysagère, à la fois culturelle, fonctionnelle (bâtiments séparés ou uniques…) et naturelle (pierre employée, matériaux de couverture). Les roches sont aussi le substrat d'une différenciation pédologique, biogéographique, hydrologique, importante.

Le recul de l'emploi de matériaux régionaux pour la construction ou l'atténuation des contrastes entre bonnes et mauvaises terres, ne laisse aux ensembles géologiques qu'une place modeste comme facteur de régionalisation. Le tourisme valorise des curiosités géologiques comme les orgues basaltiques, le granit rose breton, les calcaires karstifiés aux avens fréquentés depuis la Préhistoire. Enfin, dans une régionalisation des risques majeurs, la mobilité tectonique conjuguée à la pente et aux risques climatiques peut déterminer l'exposition aux accidents des usages modernes de l'eau ; c'est le cas des concentrations industrielles et touristiques dans les Alpes ou sur la Côte d'Azur. En matière d'exposition aux risques cependant, ce sont souvent des situations locales qui sont en cause, plus que des manifestations ou des circonstances régionales.

L'ensemble des branches naturalistes de la géographie opère ce type de découpage ; les limites d'espèces ou les cartes de la végétation n'ont jamais eu vocation à s'imposer comme fondements uniques de régionalisation. Pourtant, certaines de ces limites ont un rôle historique important dans la vie régionale, même si elles sont autant historiques qu'écologiques : limites nord de la vigne, de l'olivier, du maïs, dont les fluctuations sont économico-climatiques. L'étude interdisciplinaire des forêts, qui incarnent le plus fortement la nature dans nos régions, montre aussi que leur localisation résulte, à partir d'une trame bioclimatique, de fonctions politiques (marches-frontières, domaine royal), économiques (taillis de charbonnier, futaie de bois de marine). À ce titre, les « pays au bois » ardennais, périgourdins ou morvandiaux, sont des micro-régions historiques plus que naturelles.

On peut enfin admettre que les régions naturelles intéressent la géographie régionale de la France moins par leur immanence que par la résistance qu'elles opposent à la banalisation ou au rêve égalitaire sous-jacent parfois au discours de l'aménagement du territoire.

Les partitions culturelles et historiques de la France

Dans la géographie régionale classique, qui produit les grandes monographies sur les diverses régions françaises, la région est le produit d'une combinaison inextricable d'éléments naturels et historiques : « Dans un pays comme la France, anciennement civilisé et peuplé, il arrive souvent qu'une région géographique se définisse par un ensemble de rapports entre l'homme et le milieu naturel ; c'est une zone qu'une simple ligne ne saurait circonscrire ; c'est la superposition, sur le territoire, d'un certain nombre de phénomènes dominants dont la réunion crée une physionomie originale » (A. Demangeon, *op. cit.*). Cette conclusion montre qu'après une lecture naturaliste de la régionalisation, la lecture historique s'impose. L'histoire ne livre pourtant pas des régions « allant de soi ». À l'aide d'une grille de lecture historique, trois types d'espaces peuvent être individualisés :

– les grandes coupures culturelles comme celles qui font distinguer France du Nord et du Sud, de l'Est et de l'Ouest ;

– les provinces héritées d'une ancienne géographie administrative ;

– les petits « pays ».

■ ***Les Frances de la France.*** Il convient d'accorder une place à part à ces « lézardes », selon l'expression de X. de Planhol dans la *Géographie historique de la France*, qui dessinent des domaines cohérents dont l'individualisation est encore significative aujourd'hui. Ainsi peut-on suivre dans la trame linguistique et dans celle des paysages ruraux deux de ces « articulations majeures ».

L'articulation Nord-Sud. La grande coupure linguistique entre langue d'oc et langue d'oïl, outre les multiples échos que lui donnent la toponymie ou les survivances dialectales, est doublement structurante. Elle est l'un des fondements essentiels de la coupure nord-sud de la France, à peu près sur la Loire ; elle est, plus secondairement, un trait fédérateur des méridionaux dans le cadre déjà ancien du régionalisme culturel, réaction à la non moins ancienne mainmise du Nord sur le Midi. Cela ne doit pas faire oublier que sous les grands domaines linguistiques issus de l'inégale romanisation et de l'inégale germanisation du monde gaulois, de plus petites régions linguistiques sont dessinées par la trame complexe des dialectes. S'ils s'estompent dès la fin de l'Ancien Régime au Nord, ces dialectes résistent mieux au Midi ; occitan, provençal, niçois par exemple ne s'effacent qu'au début du XXe siècle. La coupure nord-sud ne rend cependant pas compte de la complexité des limites linguistiques, ce qui conduit à ajouter une zone appelée médio-romane et regroupant l'ensemble des dialectes d'oïl du Sud ainsi que le franco-provençal (P. Bonnaud, 1981).

Culturels mais à résonances paysagères cette fois, opposant Nord et Sud aussi, les contrastes d'ordre technique et juridique sont des héritages parfois lourds de conséquences et, d'autres fois, plus anecdotiques : droit coutumier et droit écrit, partage successoral égalitaire ou non, régimes alimentaires à base d'huile, de graisse ou de beurre, toits de tuiles plates et en forte pente contre tuiles creuses et en pente douce, influence gothique forte ou faible, France du fermage contre France de la propriété…, voici autant de critères d'une partition héritée qui évoque, moins un chaos de particularismes dans une France folklorique des 300 fromages, ou l'uniformité d'aires bien délimitées, que des convergences fondatrices.

Quelques grands clivages hérités

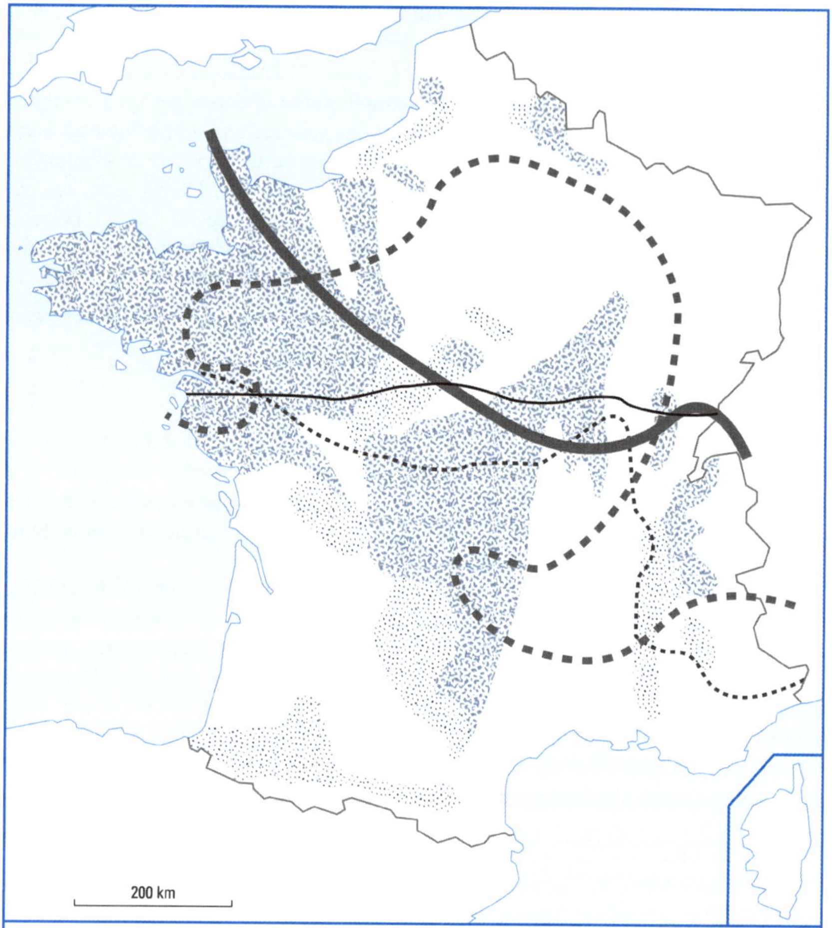

Limites linguistiques (source : X. De Planhol, *Géographie historique de la France*)

——— limite méridionale de la langue d'oïl au IXe siècle.

Limites paysagères (source : J.-M. Couderc, *Le bocage et la haie en France*)

- - - - - limite entre France du Sud (toits à faible pente, tuiles creuses) et France du Nord (toits à forte pente, tuiles plates, ardoises).

bocages ou semi-bocages.

paysages coupés (bocages incomplets, openfields imparfaits).

Limites socio-démographiques (source : H. Le Bras, *Les trois France*)

au sud, plus de 50 % d'agriculteurs dans la population active en 1911 (sauf en Gironde, Loire-Atlantique, Rhône et Haute-Loire, littoral méditerranéen).

■ ■ ■ au nord, plus de 2,6 enfants par femme en moyenne en 1911.

L'articulation Est-Ouest. Beaucoup plus tangibles dans l'étude des régions, les grands contrastes issus de l'organisation de l'habitat et des paysages ruraux sont des sujets de prédilection de la géographie mais aussi de l'histoire rurale. Leurs liaisons sont nettes dans les travaux de Marc Bloch et de Roger Dion dans l'entre-deux-guerres et ceux, plus récents de Roger Livet et d'Emmanuel Le Roy Ladurie sur la Basse-Provence et le Languedoc.

Si la genèse de ces contrastes n'est pas encore entièrement élucidée, bien qu'elle soit désormais reconnue tardive, contemporaine du regroupement féodal et des colonisations agricoles, les contrastes, eux, sont encore bien visibles. La carte récente proposée par J.-M. Couderc (1990) reprend la distinction traditionnelle entre une France de l'Est et du Nord dominée par le système des champs ouverts associés à un habitat essentiellement groupé, et une France de l'Ouest et du Sud-Ouest, où ce système devient rare et où s'impose traditionnellement le paysage cloisonné par un réseau de haies végétales, dans lequel l'habitat se dissémine. Elle souligne aussi l'extrême diversité de ce monde bocager, plus forte et plus sensible que celle des « openfields », du moins si l'on isole de ceux-ci les paysages du Midi méditerranéen.

Le dynamisme et l'efficacité du système féodal qui engendre les « champagnes », « coutures », « plaines » céréalières assolées et communautaires, touchent l'ensemble du Nord et de l'Est entre le XIe et le XVIIe siècles sur des terroirs déjà fortement structurés par les *villae* gallo-romaines, au moins sur les terres les plus propices à la céréaliculture. La genèse des bocages est beaucoup plus longue. Espace et temps se combinent pour imposer une géo-histoire bien plus hétérogène. Ainsi, le grand croissant bocager qui enserre le Bassin parisien comprend des hiatus (plaines de Caen, d'Alençon, Champagnes mancelles et tourangelles), des zones mixtes (Poitou), et se prolonge de manière discontinue vers le Midi, sous la forme des paysages aquitains.

Cette diversité impose une typologie, mais celle-ci souligne la mobilité des composantes. Ainsi un maillage de haies relativement géométrique et large traduit souvent un embocagement tardif, jusqu'au début du XXe siècle en Champagne mancelle ou dans l'Avesnois ; mais il peut aussi résulter de la simplification récente du bocage sous l'effet de la « céréalisation » de l'agriculture, du recul des fonctions multiples de la haie (délimitation, clôture, ressource fourragère, protection anti-érosive, éponge et drain).

Le Bassin aquitain s'individualise dans ce monde bocager occidental, moins par la place des parcelles encloses que par des traits plus généraux de l'organisation de l'espace agricole et rural : occupation différenciée des versants d'un monde cloisonné de vallées, de collines, de terrasses alluviales, place importante du complant d'arbres, des cultures spéciales, place moindre des herbages, existence d'un réseau de villages et de bourgs de création tardive (bastides, castelnaux et sauvetés).

Cette articulation paysagère, héritage majeur incontestable, présente-t-elle encore un intérêt dans l'étude régionale de la France, alors que la modernisation des paysages agraires et des systèmes productifs semblerait niveler ces contrastes au profit d'un openfield rationalisé et généralisé ? Sans doute, et pour plusieurs raisons : la grande moitié ouest et sud-ouest de la France est l'exemple parfait de l'homogénéité sans uniformité. À toutes échelles, l'appartenance à un monde d'habitat dispersé et d'enclos reste un élément d'identification très fort malgré la présence des anciens méjous ouverts au sein des finages bocagers ou les contrastes brutaux qu'introduisent les remembrements arasant les haies. Par ailleurs, si l'opposition campagne-bocage est en voie d'atténuation, l'inertie paysagère, la trame communale, ce qui reste des haies, constituent « un patrimoine et une image mentale vivaces » (J.-M. Couderc, *op. cit.*). Le bocage des chemins creux, des haies et des métairies retirées reste un « paysage-charge ». S'il faut lui contester les déterminismes socio-politiques que l'histoire révolutionnaire et contemporaine a construits, en en faisant un lieu de résistance, ce qui est incontestable, et de résistance au progrès, ce qui l'est infiniment moins, on ne peut nier que des fractures culturelles et économiques de la France traditionnelle suivent parfois cette ligne de partage paysagère.

Enfin, à une échelle plus locale, les évolutions récentes montrent que les contrastes paysagers sont plutôt moins compromis qu'ils ne pouvaient l'être dans la phase de mutations rapides des campagnes françaises (motorisation, céréalisation, remembrements ou quotas laitiers, grandes infrastructures). Les pays d'enclos sont aujourd'hui revalorisés. La haie est devenue un symbole « vert », son déterminisme négatif s'inverse et Philippe de Villiers soigne en Vendée une image de défenseur des haies. Moins anecdotiquement, la fonctionnalité perdue des bocages peut être retrouvée dans des systèmes que l'on tente d'extensifier ; les impératifs du marché peuvent converger avec des dynamismes locaux qui associent label agricole, patrimoine paysager et sauvegarde écologique, dans le Véron chinonais ou le pays de Maroilles, par exemple. Il n'en reste pas moins qu'après la phase de remembrements des géomètres et de la table rase, les remembrements spontanés, plus ponctuels et lents, gérant les haies comme des ressources non renouvelables, simplifient amplement les bocages aux marges des openfields vrais notamment ; ils multiplient ces paysages de transition plus visiblement que dans les pays de champs ouverts où les mutations foncières s'opèrent sans rupture brutale avec les trames anciennes.

Globalement, les lignes de partage culturel, linguistique et paysagère, ont perdu de leur force régionalisante ; elles dessinent encore des domaines au sein desquels l'identité régionale peut puiser des éléments hérités tenaces.

■ ***La région historique et ses échos actuels.*** Il y avait quelques corrélations fortes entre régions naturelles et paysages ruraux. Les géographes comme Albert Demangeon, Jean Brunhes, Max Sorre, les ont soulignées, et ont pu ainsi écarter la région naturelle comme synonyme de la région géographique, privilégiant donc les genres de vie et l'humanisation. Construction politique, arbitraire et mouvante, réunissant des espaces hétérogènes, au mieux complémentaires, la région historique est présentée comme « l'antithèse de la région naturelle », par J. Brunhes dès 1931, André Cholley en 1942, c'est-à-dire comme la région dont l'unité ne va pas de soi. Au contraire, on peut considérer qu'aujourd'hui elle représente aussi un héritage et un facteur d'homogénéité parce que s'y est forgé un sentiment durable d'appartenance, au même titre qu'au sein du « pays ». C'est ce qui s'exprime dans l'écho toujours actuel des noms historiques de Franche-Comté, de Bretagne ou de Languedoc. L'histoire des provinces montre une polarisation précoce par les villes comme siège du pouvoir politique.

À la base, les « pays » qui n'ont plus d'existence officielle depuis le haut Moyen Âge, sont pourtant bien plus vivaces que les bailliages, les sénéchaussées et les élections ; ils représentent des communautés fondées sur des bases complexes : unités naturelles, maillage pré-romain, maillage des petites villes gallo-romaines et médiévales, toutes ces origines ne leur garantissant d'ailleurs pas la pérennité. On retrouve l'écho de ce premier niveau historique dans les cadres proposés à la coopération intercommunale actuellement (voir chapitre 5).

À l'échelle proprement régionale existe un maillage ancien, diversifié, de 10 000 à 20 000 km^2 en moyenne, comprenant, sans coïncidence de leurs limites, les gouvernements, les intendances, les évêchés, ces derniers plus morcelés et fidèles, jusqu'à nos jours, aux divisions gallo-romaines. S'il faut trouver quelque corrélation entre la région historique, telle qu'elle apparaît chez les géographes et dans la perception familière du territoire, et les divisions anciennes, c'est dans la province qu'il faut la chercher. Or ce terme ne désigne pas une division administrative précise. Les limites sont restées floues mais elles furent la matière première du découpage départemental. Sous l'incertitude du nombre et des limites, on retrouve en filigrane la géographie des grands peuples gaulois et des principales cités gallo-romaines, dont les noms transparaissent parfois (Maine, Artois, Poitou…), ainsi que les grandes circonscriptions féodales, comtés et duchés notamment. Ceux-ci perpétuent largement le réseau des villes et des territoires gallo-romains, mais révèlent aussi des mutations et des organisations originales, issues des routes du commerce, des vicissitudes de la formation de l'État et du territoire national, des forces centrifuges qui s'y opposèrent longtemps (Bretagne, Bourgogne, Guyenne). L'hétérogénéité de la taille des provinces rappelle cette variété d'origine. Les plus grandes et les plus durables d'entre elles témoignent d'organisations géographiques que X. de Planhol synthétise en quatre grands types :

– Le modèle le plus repérable est celui de la France du Nord. Plus ou moins parfaitement, les provinces présentent deux traits d'organisation qui se renforcent, la polarisation et la complémentarité : centralité d'une ville puissante, et position centrale aussi de bons pays céréaliers, tandis que les marges sont dépourvues de capitale et constituées de pays moins fertiles, plus forestiers. C'est le cas de la Champagne et, avec moins de netteté, de la Picardie, de la Lorraine ; l'Alsace, la Normandie, le Poitou apparaissent plus bi-polarisés, justifiant l'importance des distinctions « haute » et « basse » (Haut et Bas-Maine, Haut et Bas-Poitou, etc.).

– Un autre type, marqué par le fractionnement, la moindre cohésion provinciale, des complémentarités plus locales que régionales, une multipolarisation urbaine, est celui du monde aquitain, héritier du champ de bataille franco-anglais.

– Un troisième type d'organisation provinciale est celui du Midi méditerranéen où se combinent un héritage urbain romain très dense, celui de la *Provincia*, et des organisations régionales perpendiculaires au rivage, liant plaines et montagnes.

– Un dernier type est celui de la France du Rhône et de la Saône et de leur bordure montagneuse, où les positions de marches frontalières face à l'Empire et l'orientation des grands couloirs naturels ont favorisé la formation de provinces axées ou bordées par les grandes vallées, contrôlant de grands passages internationaux.

La Bourgogne est une de ces régions qui justifient une référence toujours actuelle à la région historique. Elle est une charnière historique et géographique entre Nord et Midi, un « État routier » entre Empire et Royaume, naturellement hétérogène, mais à forte identité culturelle. Autrefois dilatée, aujourd'hui restreinte à un cœur (la plaine de la Saône et ses bordures) et des franges aux appartenances bourguignonnes moins nettes, cette région-province cumule plusieurs modèles d'organisation de la région historique.

Les anciennes régions agricoles et industrielles

Issue d'un processus historique aussi, la région économique est celle que définit une activité structurante, donnant une fonction à l'ensemble spatial où elle se déploie. Identifiée avec des réserves par L. Gallois, et beaucoup plus affirmativement par Vidal, elle est, comme les précédentes, un cadre changeant. En effet, le critère des héritages économiques permet une discrimination régionale à deux échelles au moins :

– celle de vastes domaines aux contrastes empreints de connotations socio-économiques : France du Nord et de l'Est, tôt industrialisée, France du Sud et de l'Ouest, plus rurale et agricole ;

– celle d'authentiques régions, plus petites, dont la spécialisation, la relation forte avec quelques foyers urbains fondent l'unité, la singularité ; la région devient un « espace fonctionnel ».

Est-on encore dans le domaine de l'homogénéité et des héritages ? On peut admettre que ces régions spécialisées, certes plus récemment formées, sont des produits d'une économie fortement territorialisée, agricole, minière ou manufacturière, et qu'elles représentent un point de départ des évolutions récentes : crises, diversifications, ou confirmation de la spécialisation.

Par ailleurs, il faut rappeler que le phénomène de spécialisation économique, s'il s'affirme avec la révolution des transports et des techniques du XIXe siècle, existe bien antérieurement et n'est pas systématiquement gommé par les nouvelles conditions de l'âge industriel. En effet, tout au long de la période médiévale et moderne, des ensembles géographiques peuvent être distingués au regard des productions : pays céréaliers du Nord et polycultures méridionales s'opposent à petite échelle, fromentaux et ségalas à plus grande échelle. Les châtaigneraies, « terres de castanides » étudiées par Jean-Robert Pitte, sont spécialisées, par défaut de fertilité certes, mais très singulièrement et densément occupées sur les bordures sud du Massif central et en Corse. Des régions de polyculture intensive existent dès le Moyen Âge en Flandre, dans le Val de Loire, en Alsace, de même que des régions viticoles. Sur celles-ci s'opère, à partir du XVIIIe siècle, une forte discrimination entre les vignobles de cru et les autres, en liaison avec les marchés étrangers (anglais pour le bordelais et le champenois), et urbains (Bourgogne, Loire).

Hors de l'agriculture, des noyaux et des nébuleuses industriels, textiles, métallurgiques, verriers, esquissent un contraste nord-est/ouest et midi sensible au début du XIXe siècle. Bon nombre de systèmes industriels localisés actuels, qu'on peut appeler « industries de terroirs », en tirent leurs origines. Il en est ainsi des petites et actives régions-ateliers du bois, de la métallurgie, de l'horlogerie, dans les montagnes jurassiennes et savoyardes, de la coutellerie, de la ganterie ou du délainage, dans le Massif central. En plaine, la verrerie et la métallurgie ont « pris » sur les auréoles forestières, sableuses et métallifères du Bassin parisien. De même, les spécialisations manufacturières textiles (Lyon, Mulhouse…), métallurgiques (arsenaux) sont, elles aussi, pré-industrielles.

Le renforcement de la spécialisation et l'édification de régions marquées en profondeur par leurs activités dominantes est cependant un fait d'histoire essentiellement contemporain. Cette spécialisation économique est le facteur principal non de la diversité régionale, qui préexiste, mais de disparités profondes sans lesquelles la problématique régionale actuelle serait radicalement différente et certes moins sensible.

Ce phénomène est fortement perçu par les géographes dont les travaux se situent au terme de la première révolution industrielle, à l'orée de la seconde ; il est le ressort des conceptions bien moins naturalistes de la région. Il est perçu avant tout à travers la formation de régions industrielles. L'exemple donné par Vidal est celui de la région lyonnaise, formée, depuis 1830 surtout, par l'émigration du tissage vers les campagnes de l'Ain, de la Loire et de l'Isère, puis par la montée en puissance du régime manufacturier en liaison avec le rôle énergétique croissant de la houille blanche. Celle-ci fait de Grenoble la « collaboratrice » de Lyon. « L'étendue de la région lyonnaise, autant qu'il est possible de circonscrire une force mobile et progressive, est géographiquement liée à l'histoire de la fabrique à Lyon. Par un contrecoup naturel, la fonction urbaine, à mesure que s'étendait son auréole d'influence, s'est spécialisée » (*ibid.*).

L'exemple le plus achevé de constitution d'une région industrielle est celui du Nord et du Pas-de-Calais : tôt isolé dans les tableaux géographiques, le Nord est devenu l'usine de la France et le reste jusqu'aux années 1950 (11 % des actifs français du secteur secondaire en 1954). La genèse de cette région, retracée par Denis Pâris (1993) n'a rien de brutal. Avec les villes drapantes, l'héritage proto-industriel remonte au XIIIe siècle et se révèle diversifié : laine, lin et chanvre y sont travaillés. La place bancaire lilloise est précoce et bien reliée à l'Angleterre, l'industrie est diffuse. L'industrialisation à proprement parler s'appuie d'abord sur le textile. Les innovations anglaises adoptées, le protectionnisme aidant, des foyers spécialisés se développent en attirant la main-d'œuvre : Lille, Roubaix, Tourcoing, cotonniers et lainiers, la vallée de la Lys, linière. L'exploitation charbonnière débute, elle, au XVIIIe siècle, mais c'est dans les années 1830-1840 que la fièvre ferroviaire et donc houillère étend le bassin vers l'ouest, étire un « pays noir » sur cent kilomètres de longueur, dont la surface triple de 1810 à 1914. Troisième pilier, la métallurgie déjà présente, est révolutionnée par les hauts-fourneaux à coke en 1830, de la vallée de la Sambre au Valenciennois, uni plus tard à la Lorraine « française » par le chemin de fer.

L'effet régional de cette orientation usinière est certes décelable dans l'urbanisation rapide, associant étroitement habitat et travail, mais il réside surtout dans une organisation en bassins spécialisés et dissociés. Ceux-ci peuvent se limiter à une ville, s'étendre à une petite région comme le Cambrésis oriental, ou à un « bassin industriel à développement combiné et polarisé » (D. Pâris, 1993) comme la vallée de la Sambre. La notion de région homogène paraît inadaptée à cette juxtaposition de territoires dans lesquels règnent une mono-activité, et une société locale cloisonnée, peu mobile socialement ou géographiquement. L'intégration réside pourtant dans un système original créé par les solidarités industrielles : liaisons techniques, activités induites (chimie, mécanique), liens entre grandes compagnies, intense circulation ferroviaire et fluviale, communauté relative des genres de vie ouvriers.

En ce sens, la région industrielle s'apparente bien à la région homogène, ou à ce que les économistes nomment « district industriel » ou « système industriel local », c'est-à-dire une « entité socio-territoriale caractérisée par la présence active d'une communauté de personnes, et d'une population d'entreprises dans un espace géographique et historique donné » (G. Becattini, *in* : *Les régions qui gagnent*, PUF, 1992).

La spécialisation industrielle ne donne pas toujours cette homogénéité socio-spatiale. Elle se traduit souvent par une concentration des industries, jusqu'alors éparpillées, à proximité des villes, des grands gisements miniers et des voies de communication modernes ; il en est ainsi du textile normand ou vosgien, de la métallurgie lorraine, du Barrois notamment, qui se rétractent en axes et foyers industriels.

Du point de vue agricole, la construction du réseau ferroviaire de 1850 à 1900 produit une différenciation régionale qui n'est pas moindre. La formation, à partir de noyaux existants, de régions légumières et fruitières du Comtat au Roussillon, et dans la vallée de la Garonne peut être évoquée ; on peut aussi rappeler l'expansion du vignoble de masse languedocien et la spécialisation dans la qualité des vignobles climatiquement moins favorisés. Dans la France du Nord, la spécialisation peut être illustrée par l'apparition de vastes régions herbagères et laitières bien plus étendues qu'auparavant dans l'Ouest, ou de régions d'embouche sur les bordures nord, ouest et est du Massif central. Enfin, les grandes opérations de boisement dans les plaines et plateaux champenois ou landais renforcent et transforment la singularité de régions naturelles bien identifiées.

Les effets de ce double mouvement d'intégration et de différenciation économique du territoire sont aussi décelables à l'échelle régionale par les mutations sociologiques, démographiques, qui divisent la France selon des lignes parfois esquissées auparavant, mais désormais renforcées. On retrouve alors de grands ensembles, mesurés non plus à l'aune des paysages et des identités culturelles, mais à celle de l'inégale pénétration de la modernisation économique. Les cartes de l'industrie, de la densité de population, de l'alphabétisation, des agriculteurs et de la valeur de la production agricole dans ce XIXe siècle charnière, donnent quelques solides fondements aux coupures majeures du territoire.

Ce que la recherche des fondements de la région nous apprend peut se résumer ainsi : il n'y a jamais, par le croisement de critères aussi différents que ceux évoqués, une coïncidence qui définirait la région, comme le produit de toutes les divisions. Au contraire, le chevauchement des limites est la règle. En effet, la comparaison, la superposition de cartes, confirme des identités fortes, des pôles ou des môles régionaux, au sein desquels les singularités de tous ordres ont constitué, presque à l'égal des petits pays, la région en espace perçu et organisé. L'émergence des stéréotypes, des proverbes, du régionalisme, pourrait être un indice significatif de ce « quant-à-soi » des provinces, longtemps entretenu par le jeu de douanes intérieures. Cette singularité obéit à un double gradient centre-périphérie : c'est d'abord dans les limites de ces « cœurs » régionaux que s'inscrivent les aires d'influence des capitales régionales, tandis que les confins apparaissent moins métropolisés dans un contexte qui voit le « pays » reprendre ses droits. D'autre part, la singularité de ces pôles s'accentue elle-même à mesure que l'on s'éloigne du centre parisien.

Un autre enseignement de la région comme héritage est la confirmation des trois échelles auxquelles cette unité peut se manifester, au niveau du « pays » singulier, du « domaine », ou de la région, synthèse de facteurs divers à une échelle intermédiaire. Le fait régional a été longtemps connoté d'archaïsme et de sous-intégration. C'est pourtant ce niveau qui est retenu par les analystes de la société contemporaine comme pertinent pour la définition des « tempéraments » ou des comportements politiques.

2

Région et polarisation

Au lendemain de la Seconde Guerre mondiale, les évolutions antérieures s'affirment. L'urbanisation, l'industrialisation, les réseaux de communication déterminent une hétérogénéité fondamentale dans la répartition des hommes, des activités, des pôles et des axes qui structurent le territoire. L'organisation de l'espace se modifie de fond en comble. La concentration des activités et des hommes engendre des processus de polarisation et métropolisation.

Les conceptions et les découpages régionaux du début du siècle sont désormais caducs. Une nouvelle conception de la région s'affirme alors. Il s'agit d'une région nettement délimitée et rendue cohérente par ses fonctions et sa polarisation. L'échelle est résolument régionale, car l'un des objectifs de ces études est de fonder à la fois un réseau de métropoles et une administration régionale du territoire. L'expression « région polarisée » désigne donc conjointement une perception nouvelle de la dynamique régionale, animée par les villes, et les ensembles spatiaux issus de l'inégale répartition des hommes et des activités sur le territoire.

LA TRANSITION RÉGIONALE

La France des années 1950 à 1970 connaît en effet une série de transformations rapides qui affectent l'économie et la société. La croissance et la modernisation industrielles s'accompagnent bientôt de mutations vers une économie néo-industrielle où les services et les activités de conception dématérialisent le monde de la production. La croissance puis la stabilisation de la population, l'achèvement de l'exode rural et la « fin des terroirs » se traduisent par un renforcement des classes moyennes urbaines puis péri-urbaines, en liaison avec la généralisation de l'automobile. Ces mutations ont d'importantes conséquences sur le territoire : renforcement des infrastructures routières, étalement et diffusion des espaces urbanisés et industrialisés, déclin des bassins de la première industrialisation.

Prenant en compte ces transformations rapides, les nouvelles conceptions de la région portent sur les facteurs structurants du territoire bien plus que sur l'espace quasi immobile de la région naturelle ou historique. On peut en résumer les traits principaux :

– Plutôt qu'une étendue délimitée par des caractères qui lui confèrent une homogénéité, la région est constituée de pôles et de lignes qui les relient. L'espace régional est un champ de forces dans lequel s'inscrivent des aires d'influence et des réseaux qui font sa cohésion.

– Plutôt qu'une entité à part, la région ainsi délimitée est d'abord une partie d'un ensemble ; le cadre de référence est l'ensemble du territoire français, l'échelle privilégiée pour l'étude régionale est celle de l'aire d'influence d'une métropole. La région ne naît pas tout armée d'un constat quasi visuel d'unité, mais procède de la partition d'un ensemble selon des critères et des limites plus abstraits.

Pourquoi ce changement de regard sur la région ? Le niveau local ou micro-régional a perdu de son importance dans ce second XXᵉ siècle qui est celui des grandes organisations (État, firmes), mais la régionalisation rejoint aussi une demande politique d'élargissement du maillage administratif déjà ancienne.

L'exemple de la région lyonnaise

La thèse novatrice de Jean Labasse illustre ce renouvellement des conceptions régionales. Parue en 1955 sous le titre *Les Capitaux et la Région*, elle étudie la circulation des capitaux et le commerce dans une région dont Vidal faisait le prototype de « la région mobile et progressive dominée par un grand centre qui transcende la diversité des pays par l'animation industrielle et financière ». Or, l'instrument majeur de ce rayonnement est ici bancaire. Apparue au XVIᵉ siècle sous l'influence florentine, tôt modernisée avec la création du Crédit lyonnais en 1863, la fonction bancaire apparaît comme un critère par défaut d'autres, plus classiques, pour expliquer l'existence d'une région ; par défaut, mais nullement secondaire, puisque la banque est l'outil de l'ensemble du commerce et des relations financières. Ce rôle régional de la banque inclut d'ailleurs fortement la traditionnelle référence aux « pays ». Ceux-ci, vers 1950, guident la répartition des guichets. Le rythme des affaires est encore déterminé par ces genres de vie micro-régionaux, comme le décolletage métallurgique dans la vallée de l'Arve ou l'élevage d'embouche en Charollais. Des agences mères jusqu'aux guichets locaux dont le rayon correspond à l'aire d'attraction des petits centres ruraux, l'implantation bancaire dans sa hiérarchie reste, à cette époque, tributaire des anciennes caractéristiques régionales. Cette adaptation recule cependant au profit d'une stratégie fondée sur quelques grandes agences urbaines desservant un territoire plus vaste. Il existe donc une interaction entre les structures régionales et le système bancaire, qui sélectionne, renforce ou délaisse des niveaux géographiques. C'est d'ailleurs le propre de toute logique de grande entreprise à l'égard des territoires.

Bien que fondée sur une circulation invisible, il apparaît que l'activité bancaire non seulement « a appris la première à penser par milieux géographiques et par unités régionales », mais permet aussi d'aborder la polarisation régionale par le biais des investissements, de l'autonomie du capitalisme régional. Sont ainsi mis en évidence, au travers des cartes de trafic téléphonique, des « impérialismes urbains ». Autour de Lyon, deux lignes relient les villes d'égale fréquentation de la métropole : cette vaste aire circulaire de Valence à Mâcon, de Roanne à Chambéry, comprend, selon la proximité, une première auréole de dépendance complète des villes, puis une seconde, de forte solidarité des fonctions urbaines avec Lyon.

On peut reconnaître un rôle pionnier à ces recherches, qui, jusqu'à aujourd'hui, inspirent la définition des régions par les fonctions et le rayonnement de leur métropole. La fonction bancaire organise le territoire régional, le délimite, le hiérarchise ; elle en fixe les points forts et les relais. La région lyonnaise ainsi dessinée par J. Labasse correspond, à peu près, à l'actuelle région Rhône-Alpes.

De l'Alsace à la France

Dans cette mise au jour des dynamismes qui définissent une région par « gravitation » autour de centres urbains et par relais entre leurs différents niveaux hiérarchiques, certaines régions sont particulièrement révélatrices.

L'ouvrage que Michel Rochefort consacre, en 1960, à *L'Organisation urbaine de l'Alsace*, en donne l'exemple. L'Alsace constitue une unité régionale forte, bien définie par sa situation rhénane, son particularisme linguistique et religieux ; dans ce cadre elle est surtout un laboratoire pour l'étude des villes et de leur classement « selon la place qu'elles occupent dans l'organisation urbaine régionale ». L'espace non urbain n'est plus alors un terrain de monographie, mais un champ d'intervention de la propriété foncière citadine, de prestations de services urbains, de recrutement de main-d'œuvre. La région passe au second plan derrière la mesure de la centralité des villes, de leur rayonnement, la genèse de leur hiérarchie, qui aboutissent à une carte du réseau urbain dont la région est le champ. Par une méthode expérimentale, ce schéma retrouve des modèles de type gravitaire appliqués à la région, comme ceux de Reilly (1931), de Lösch ou de Christaller.

Cette approche de la région est élargie au territoire national en 1963 par la définition du *Niveau supérieur de l'armature urbaine française* à la demande du Commissariat général du plan. En effet, le rapport présenté par MM. Hautreux, Rochefort et Lecourt synthétise dans un but opérationnel – améliorer l'encadrement du territoire par le réseau des villes – cette régionalisation obtenue « par le haut », par le croisement de critères de rayonnement urbain – trafic téléphonique et de voyageurs, migrations de population – et de critères d'équipements spécifiques des grandes villes.

Les régions les plus éloignées de Paris sont les plus étendues et présentent une armature urbaine solide ; Lille, Strasbourg, Nantes, sont bien équipées, mais commandent des aires moins étendues. Les régions placées sous influence parisienne directe ou faiblement desservies par des villes de premier rang sont beaucoup plus fragmentées.

La carte qu'une telle approche induit, illustre aussi une conception de la « région-outil », relais pour l'intégration du territoire national. Elle installe une vision très durable de l'organisation de l'espace français : l'hypothèse désormais explicite selon laquelle l'espace est organisé et que des modèles peuvent en rendre compte, même dans un but prospectif, est nourrie par la recherche systématique de régions polarisées autour de centres urbains de divers niveaux. L'armature urbaine est dès lors considérée comme une structure fondamentale du territoire.

Aussi, les études régionales, tout en reprenant le cadre des régions traditionnelles, qu'il s'agisse du Bas-Languedoc (R. Dugrand, 1963), ou de la Loire moyenne (Y. Babonnaux, 1966), changent complètement de contenu. L'unité relative des approches peut s'interpréter comme l'un des effets d'une intégration forte du territoire et de la société, et d'une perte de spécificité des régions.

De la région paysage à la région fonctionnelle

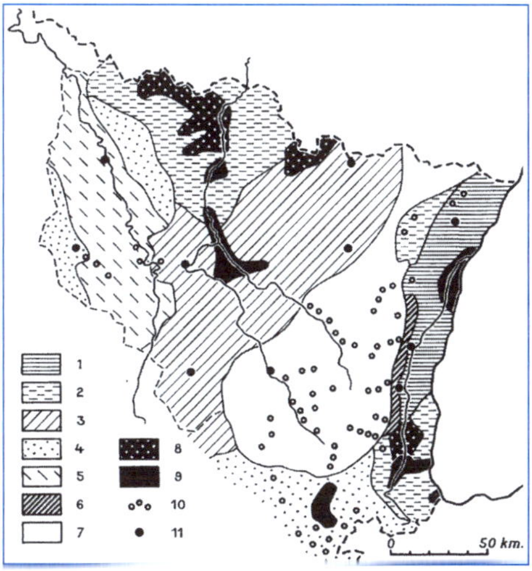

LES PAYSAGES DE LA FRANCE DE L'EST

1, Polyculture intensive. – 2, Polyculture d'intensité moyenne. – 3, Céréales et herbages laitiers. – 4, Herbages laitiers. – 5, Friche dominante. – 6, Vignoble. – 7, Forêt dominante. – 8, Industrie lourde (mines, sidérurgie). – 9, Grandes agglomérations urbaines et industrielles. – 10, Industries textiles ou mécaniques dispersées. – 11, Ville moyenne.

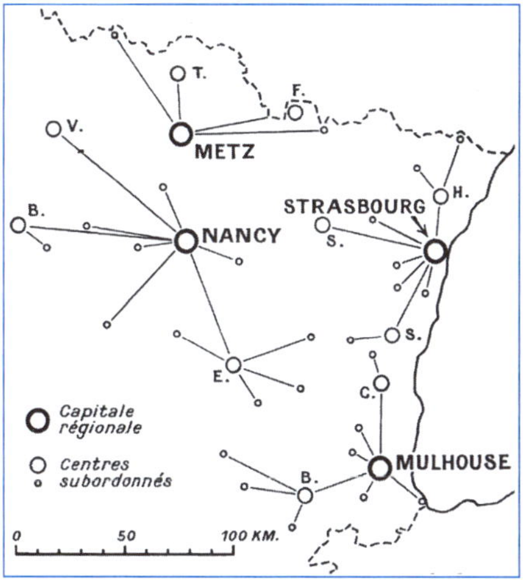

LE RÉSEAU URBAIN DE LA FRANCE DE L'EST

La France de l'Est, selon E. Juillard (*La Région essai de définition,* 1962).

En effet, ces travaux soulignent que la dynamique régionale est partout animée par les besoins des habitants, groupes ou individus, et que ces besoins sont assouvis par le déplacement. La distance, le coût de l'accessibilité des centres sont décisifs, les transports, leurs infrastructures sont en première ligne pour l'exercice de la polarisation ou ses limites. La région, d'« extension d'un paysage géographique » (Max Sorre) est devenue la résultante de la vie de relations autour d'un centre de niveau infra-national. Elle est un cadre mobile que l'on peut retrouver dès l'époque pré-industrielle, mais son gabarit a grossi depuis sous l'effet des concentrations de services supérieurs dans les grandes villes et de l'extension des réseaux de transports rapides et lourds.

L'évolution du fait et du concept de région peut se mesurer à la comparaison des deux cartes de la France de l'Est (voir carte p. 27) que propose E. Juillard.

Si les conceptions et les représentations des régions françaises ont peu changé depuis ces années 1960-1970, on peut affirmer que ce gabarit élargi de la région polarisée est lui-même mis en cause aujourd'hui par les mutations des facteurs qui l'avaient calibré. La transformation très sélective des réseaux de transports, le reclassement des bassins d'emploi et des villes après les crises industrielles des années 1970-1980, l'urbanisation quasi totale de la population sous des formes diverses, la métropolisation croissante du territoire, l'intégration à des ensembles plus vastes d'échelle européenne sont autant de sources de transformations régionales.

ASPECTS DÉMOGRAPHIQUES DE LA POLARISATION

La notion de région polarisée et fonctionnelle présente l'intérêt d'insister sur ce qui fait la force vive d'un ensemble territorial : le groupement et la densité des hommes, la concentration de la production des biens et des services, la position de ces concentrations comme têtes ou étapes des grands axes de circulation. Car si la « dématérialisation » des économies les plus avancées est réelle, rien dans la localisation des moteurs du territoire et de la société ne dément la primauté des pôles constitués par les métropoles régionales et des axes qu'elles bornent. Pôles et axes sont l'armature des régions.

Concentration et métropolisation

L'inégale répartition de la population sur le territoire d'une région à l'autre et surtout à l'intérieur de chaque région permet une première mesure de cette armature. Quels sont les contrastes significatifs à l'échelle nationale ?

Le dualisme ancien dans la répartition comme dans le dynamisme entre une France du Nord féconde (le « croissant fertile »), donc jeune, et un Midi plus tôt malthusien et aussi moins dense demeure, quoique estompé, en matière de fécondité.

Mais c'est une autre opposition qui sort renforcée du recensement de 1999 et des évolutions démographiques de 1999-2009 : la France gagne 4 millions d'habitants ; mais 23 départements en perdent. Au-delà de l'Île-de-France qui alimente une croissance soutenue de ses départements bordiers, les autres régions se rangent en trois groupes : les unes sont densément peuplées mais peu attractives (sauf l'Alsace) et limitrophes des régions frontalières de l'est et du nord ; elles connaissent une croissance moyenne ou faible (sauf Rhône-Alpes). Une large zone de diminution est constituée par le Massif Central et ses bordures (sauf le Puy-de-Dôme, l'Ardèche, la Dordogne et le Tarn), prolongée parle Lot-et-Garonne, les Hautes-Pyrénées, les Charentes et les Deux-Sèvres. Une autre zone de déperdition démographique, secondaire celle-ci, s'étend de l'Aisne aux Vosges.

Enfin les régions occidentales et méridionales, littorales notamment, rattrapent, grâce à leur attractivité, les régions plus densément peuplées : la façade atlantique connaît ainsi une croissance démographique plus forte entre 1990 et 2008 qu'entre 1982 et 1990, de même que les régions Midi-Pyrénées et Languedoc-Roussillon : encore + 1,1 % et + 1,3 % de 1999 à 2010.

En revanche, à l'échelle intra-régionale, la carte des densités supérieures à 100 habitants/km^2 fait moins ressortir les contrastes hérités que la discontinuité du territoire. Il apparaît surtout que chaque région peut s'appuyer sur trois types d'espaces « pleins » : des pôles, isolés ou rapprochés ; des aires, étendues ; des axes, allongés et plus ou moins continus.

Les pôles les plus visibles expriment le phénomène de métropolisation. Sur 361 aires urbaines abritant 50,3 millions d'habitants, 52, de plus de 150 000 habitants (voir document p. 105), regroupent 30,2 millions d'habitants en 1999, et ont gagné 1,25 million d'habitants depuis 1990 (sur un gain urbain total de 1,29 million). Il se produit autour des plus grandes villes un double mouvement d'exode urbain désormais ralenti et même inversé (dans 25 des 50 premiers pôles urbains le ville-centre croît plus vite que la banlieue) et d'immigration vers les franges d'agglomération. Déjà ancien, ce mouvement ajoute à l'espace urbain et sub-urbain un espace dit « péri-urbain ». Les pôles urbains peuvent occuper une position centrale dans leur région (Toulouse, Nancy) mais sont le plus souvent périphériques, par tradition maritime (Nantes, Marseille, Bordeaux) ou frontalière (Lille, Strasbourg).

Les fortes densités en aires montrent une occupation intensive et continue de l'espace ; il peut s'agir des auréoles externes des grandes agglomérations (conurbation du Nord, Basse-Alsace) mais ce sont surtout les périphéries à forte attractivité : façade littorale de Paris, « ceintures dorées » bretonne et azuréenne, plaines du Bas-Rhône et du Languedoc, Genevois, Alsace. S'y joignent des aires héritées de l'accumulation démographique de l'âge industriel : Porte d'Alsace, bassin houiller du Nord.

Enfin les axes de fortes densités soulignent l'importance passée et actuelle des grandes vallées et dépressions (à l'est surtout), toujours empruntées par les voies de circulation modernes mais qui ont d'abord fixé des chapelets de villes : Seine en aval de Paris, axe Paris-Lyon-Marseille dans sa partie bourguignonne et rhodanienne, axes ligérien et garonnais, fossé rhénan, Combe de Savoie et Grésivaudan. Ces axes s'appuient toujours sur une métropole régionale. Plus discrètement apparaissent aussi des lignes de piémont : pyrénéen, jurassien, auvergnat.

Lorsque l'on ajoute à cette typologie démographique le critère du dynamisme, un mode constant de fonctionnement régional et intra-régional se dégage et illustre le phénomène de concentration démographique sur des parties restreintes de l'espace régional. L'évolution de la population de 1982 à 1990 confirmait déjà cette concentration à toutes les échelles : six régions méridionales et péri-parisiennes absorbaient les deux tiers de la croissance. De 2006 à 2012, sept seulement en métropole ont une croissance supérieure à la moyenne nationale (0,5 %), de la Bretagne au Languedoc, ainsi qu'en Rhône-Alpes. À plus grande échelle, 9 départements millionnaires figurent parmi les 14 départements connaissant la plus forte croissance.

L'urbanisation progresse partout : on compte désormais 11 villes (au sens communal) de plus de 200 000 habitants. Ces villes regagnent des habitants comme ville-centre de leur agglomération (sauf Paris, Marseille et Nice), de même que 29 des 35 villes de plus de 100 000 habitants. Mais en 1999, 8 aires urbaines seulement totalisent la moitié de l'accroissement de la population urbaine, et 17 les trois-quarts. À l'inverse une aire urbaine sur trois, notamment celles d'industrialisation ancienne, perd des habitants.

À l'échelle locale, le zonage en aire urbaine redéfini en 2010 (distinction des grandes, moyennes, petites aires, selon le nombre d'emplois dans leur pôle : plus de 10 000, de 5 000 à 10 000, de 1 500 à 5 000), montre un double phénomène d'extension des aires (définies par une proportion d'au moins 40 % d'actifs allant travailler vers le pôle) et de densification de leur couronne, par une croissance rapide des populations au-delà des zones denses des pôles. Si les grands pôles pèsent toujours 59 % de la population sur 8 % du territoire, leurs espaces périurbains (couronnes et communes multipolarisées) représentent 24 % de la population sur 38 % du territoire. Bien que faible, la croissance des populations des plus grandes villes, qui s'était manifestée dès 1999, se confirme, parfois jusqu'à deux fois supérieure à la croissance nationale.

L'exemple des régions de l'Est

Traditionnellement fécond et aujourd'hui en recul, cet ensemble réunit la plupart des cas de figure évoqués, notamment la tendance à la polarisation de la croissance par les grandes aires urbaines.

En Lorraine d'abord (2,35 millions d'hab.), si le déclin amorcé dès 1975 s'est confirmé en 1982 et 1990, il est stabilisé depuis, et, à l'échelle départementale, l'évolution est très contrastée. Les Vosges, la Meuse perdaient 6 000 et 4 000 habitants de 1990 à 1999, et sont étales depuis, mais la Moselle compensait ces pertes, la Meurthe-et-Moselle restant stable. Plus précisément ce sont les régions urbaines de Nancy et Metz, dans un rayon de 30 km autour des centres, qui concentrent 48 % des Lorrains et 70 % des gains de population depuis 1982. Au contraire, le nord de la région (bassin sidérurgique) perd des habitants depuis 1960, mais ces pertes ont été divisées par deux depuis 1982 dans la vallée de la Moselle. Le Sud vosgien cumule des déclins montagnards anciens et des reculs industriels plus récents. Les plateaux médians, ruraux, sont stables. L'axe mosellan concentre donc globalement la population et accueille l'essentiel de la déconcentration des plus grandes villes mais remonte depuis 1999.

En Franche-Comté (1,2 million d'hab.) la croissance globale est faible car le solde migratoire n'est plus négatif (jeunes et salariés qualifiés étaient les grands partants), et la croissance naturelle est divisée par deux depuis 1960. Cinq bassins d'emplois sur treize connaissent une réelle croissance : Besançon, Dole, Pontarlier, Lons-le-Saunier et Saint-Claude. Tout le Nord de la région est en déclin, ancien en Haute-Saône bien qu'il fut interrompu entre 1975 et 1982 par la montée des effectifs d'un établissement Peugeot à Vesoul, et stabilisé depuis 1999, ou plus récent mais brutal (– 10 % en 8 ans dans le pays de Montbéliard sous l'effet des réductions d'emplois et des retours au pays des salariés immigrés de la même firme sochalienne). Besançon devient donc un pôle de croissance à la jonction de deux axes : l'un vers Pontarlier et la Suisse, l'autre vers Dole au sud et Belfort au nord, sous influence alsacienne.

L'Alsace, qui avait spectaculairement échappé aux stagnations ou reculs, n'a plus qu'une mince avance dans la croissance (+ 0,6 % par an depuis 1999) mais, désormais, très peu compensée par un solde migratoire très faible (0,1 % par an sur les 10 dernières années).

En Bourgogne enfin, on constate aussi une « axialisation » de la répartition des hommes. Longtemps attirante, la région (1,6 million d'hab.) stagne depuis 1990. Mais le contraste est fort : d'un côté un axe Dijon-Beaune (et moins vigoureusement Beaune-Chalon) en croissance forte alors qu'il rassemble déjà, en une sorte de conurbation, 40 % des Bourguignons, et un pôle, autour de Sens, attirant retraités et migrants quotidiens dans une troisième couronne de Paris. D'un autre côté, c'est le déclin démographique des vieux bassins industriels, houillers et métallurgiques du sillon Dheûne-Bourbince autour du Creusot et de Montceau-les-Mines, et celui des vastes espaces ruraux du Châtillonais, du Charollais, du Val de Loire, du Morvan.

Ce sont ces contrastes, même s'ils ne doivent pas faire oublier de fréquentes mais ponctuelles reconquêtes démographiques au sein du monde rural dit « profond », qui ont pu faire évoquer une *France du vide* (R. Béteille, 1981) gagnant en étendue.

Les contrastes d'évolution intra-régionaux sont désormais plus significatifs que les rattrapages du Sud sur le Nord, de l'Ouest sur l'Est, à l'échelle de la France. Ils sont essentiels pour comprendre la géographie des disparités ; ils conditionnent, en effet, les marchés de consommation, le potentiel fiscal, le réservoir de formation. Ils expliquent donc la vivacité des tensions entre les métropoles et le reste du territoire : 40 % de la population sur 1 % du territoire, mais seulement 10 % sur ses deux tiers, accentuant un mouvement ancien de concentration économique, mais confirmant un double rééquilibrage : entre l'Île-de-France et les autres aires métropolitaines (avec des records de croissance de 7 à 10 % de 1990 à 1999, mais désormais bien ralentis, pour Angers, Lyon, Aix, Montpellier, Toulouse, Nantes), entre ville-centre, de nouveau en croissance depuis 1990, banlieues, en recul, et couronnes péri-urbaines en forte croissance (population et étendue).

ASPECTS ÉCONOMIQUES DE LA POLARISATION

Question agricole et question régionale

Souvent marginalisée dans l'analyse des dynamismes régionaux (tant les indicateurs indiquent de reculs depuis un siècle), le monde rural et agricole est-il encore un fondement du découpage régional à grande et petite échelle ?

Après avoir fixé durablement l'hétérogénéité française par la spécialisation régionale des productions, par les statuts d'exploitation (fermages au nord, faire-valoir directs au sud), et par la coupure régions modernisées/régions retardataires, on peut dire que les agricultures brouillent les cartes. Celle des revenus les plus élevés isole les plateaux de grande culture au nord nord-est de la Loire et les régions de cultures spéciales, vergers, vignobles et « huertas » méridionales. Mais en termes de contribution aux exportations et à la valeur de la production, la prééminence de l'Ouest, armoricain surtout, et de sa production animale largement hors-sol, est le fait majeur.

Activités et populations agricoles participent à la différenciation régionale de plusieurs manières : emprise foncière, conservée, convoitée, ou délaissée, intensivité des pratiques, intensité en capital, et leurs effets induits (activités de service, agro-industrie), visibilité paysagère et sociologique. Cette faible minorité de la population –1 millions d'actifs permanents sur 507 000 exploitations (-26 % en 10 ans), utilisant 30 des 55 millions d'hectares du territoire, soit un recul de 5 % en vingt ans, pour un nombre d'actifs divisé par deux de 1970 à 2000 – affecte pourtant à l'espace rural nombre de ses symboles de modernisation, de concentration, de déclin ou d'abandon. Aujourd'hui la fréquente opposition entre un monde rural « profond » et un monde rural « péri-urbain », outre la condescendance de ces expressions et leur grande imprécision, ne rend pas compte de la diversité économique, sociale et régionale du monde agricole ; elle n'est qu'une version actualisée et provisoire du clivage ancien ville/campagne. Mieux vaut distinguer, en première approche, quatre types d'espaces ruraux : rural péri-urbain, en expansion, rural en voie de diversification (type alpin), rural de l'espace agricole intensif dominant (type beauceron ou champenois), et, enfin, rural en voie de dépopulation (ralentie depuis 1990).

En effet, le dualisme évoqué par Bernard Kayser (*Sciences humaines*, 104, 1994) qui oppose 150 000 « agrimanagers » à 500 000 agriculteurs « familiaux », « moyens-modernistes », se partageant la production agricole en deux moitiés égales (en valeur), mais le territoire en un quart pour les premiers et trois quarts pour les seconds, n'épouse pas les limites des régions. B. Kayser parle donc d'un « dualisme dispersé » qui n'a plus grand-chose à voir avec l'ancien dualisme est-ouest encore perceptible sur une carte de l'emploi agricole.

L'opposition usine verte/campagnes archaïques désertées est donc très réductrice. Les déserts ruraux n'existent qu'aux extrêmes (plateaux de grande culture et moyenne montagne) et hébergent des situations individuelles très contrastées, de repli et d'expansion. Entre les deux, un monde rural polyactif, partagé entre une minorité agricole et une majorité directement dépendante des rythmes et des modes de vie urbains et péri-urbains, sert de « liant » et de terrain de mutation à une bonne moitié du territoire français. Ce tissu interstitiel, celui des cantons ruraux, mais aussi plus finement encore celui des espaces non urbains en général, est en effet le lieu privilégié de l'alchimie foncière provoquée par le départ des exploitants et de la pluriactivité qui permet à certains de rester et souvent de s'agrandir. Dans ces campagnes, des exploitants regroupés en GAEC pratiquent des spécialisations à la rentabilité parfois aléatoire malgré le bénéfice de labels protecteurs, entament une conversion vers le tourisme vert, côtoient un néo-ruralisme né dans les années 1960-1970 dans les zones les plus reculées qui se nourrit aujourd'hui (ou demain) du télé-travail et de longues mobilités alternantes (20 km de distance moyenne domicile-travail et jusqu'à 40 km pour les campagnes isolées).

Tous ces phénomènes traduisent moins la fin d'une ruralité contradictoire, qui se veut responsable du territoire mais pas coupable de sa dégradation écologique et paysagère, que ses mutations pratiquement hors de tout modèle et de toute planification territoriale explicite. Ceci contraste avec les zones urbaines et touristiques où l'urbanisation réglementaire, la programmation des équipements, la conversion industrielle, furent la règle dès les années 1960. C'est depuis 1999 seulement que les « contrats territoriaux d'exploitations » (50 000 signés en 3 ans) sanctionnant les tournants successifs d'une PAC de moins en moins protectrice et productiviste et les aspirations à un renouveau qualitatif des productions agricoles et des usages de l'espace rural, offrent un cadre à une planification au sein des exploitations autour du triptyque « un territoire, un projet, une entreprise ». Le désormais « Contrat d'Agriculture Durable » (2003) insiste encore plus sur le volet environnemental (22 000 CAD signés de 2004 à 2006).

L'armature industrielle des régions

La désindustrialisation est devenue, surtout après 2008, un thème majeur de débat national et régional.

Plusieurs approches régionalisées de la production industrielle sont possibles. On doit d'abord constater que la géographie ancienne de l'industrie n'est que très lentement remodelée, ce qui se manifeste par un poids très disparate de l'industrie dans les régions : globalement l'industrie divise encore nettement la France en deux. Si la ligne Le Havre-Marseille est plutôt devenue une ligne La Rochelle-Valence, enregistrant la diffusion industrielle vers l'ouest et le sud du Bassin parisien, la carte de l'emploi industriel par zone d'emploi reflète surtout une distribution héritée du XIXe siècle. À de rares exceptions près (Mazamet et l'industrie lainière, ou la zone gazière de Lacq), cette large moitié nord nord-est détient toutes les zones où plus de 30 % des actifs le sont dans le secteur secondaire. Même si ce secteur comprend de nombreux emplois de service, on reconnaît les bastions ouvriers de la porte d'Alsace, de la périphérie lyonnaise, des frontières du Nord, des bordures champenoise, picarde (vallée de l'Oise), normande et bourguignonne de l'Île-de-France. Ces bastions, qui abritent des spécialisations anciennes, métallurgiques, textiles, chimiques, ne sont jamais isolés ; ils entourent des zones moins industrialisées en proportion car métropolitaines, et sont reliés par des zones où l'emploi dans l'industrie dépasse les 25 % du total. Cette continuité s'estompe cependant à l'ouest (isolement relatif des zones littorales de Cherbourg, de la basse Loire) et au sud-ouest (enclaves limougeote et angoumoise).

On peut donc encore parler de régions industrielles lorsque, sans grande discontinuité interne, le pourcentage des actifs de l'industrie (hors BTP) est de 21 % (Franche-Comté), 18 % (Alsace), 17,4 % (Haute-Normandie), de 16 % (Picardie, Champagne-Ardenne, Rhône-Alpes, Centre). Inversement, on tombe à des effectifs très inférieurs à la moyenne nationale (12,8 %) en Île-de-France (7,9 %), Aquitaine et Midi-Pyrénées (11,7 %), Provence, Languedoc-Roussillon et Corse (moins de 8 %), toutes les autres régions étant à la moyenne française.

Si l'on considère l'évolution de cette place de l'industrie, le recul de l'emploi industriel est général de 1975 à nos jours : perte de 36 % des emplois de 1980 à 2007, 120 000 emplois perdus de 2010 à 2013. Font exception une vingtaine de zones d'emploi (rappelons que l'INSEE en dessine 365 pour la France métropolitaine) disséminées et de petites tailles, et d'une seule région, la Bretagne. Mais ce recul est extrêmement sélectif et varié : – 46 % (Nord), – 31,2 % (Île-de-France), – 29 % (Lorraine) dans les régions les plus anciennement industrialisées, bien moins que le recul national (– 23 %) dans des régions qui restent industrielles (– 21 % en Champagne-Ardenne, – 18 % en Franche-Comté, – 17 % en Haute-Normandie) comme dans les autres. Certaines, dans le Grand Ouest, ne perdent que 12 % à 15 % de leurs effectifs.

Au-delà du repli dans les plus industrielles des régions, et d'une résistance relative ailleurs, cette inégale rétraction pose la question de savoir s'il y a concentration ou diffusion de l'activité industrielle dans cette période, et à quelle échelle.

Jusque vers 1950, la France industrielle reconstruite reflète celle de l'industrie lourde, aux activités localisées par des ressources immobiles (minières), des bassins de main-d'œuvre formés depuis un siècle. Les paysages, les sociétés présentent de forts particularismes sur des étendues assez limitées : « pays noirs » des bassins houillers, vallées sidérurgiques et textiles, banlieues d'industries diversifiées des grandes villes de la moitié est.

Les années 1960 voient toute une série de mutations combinant une « décentralisation industrielle », en grande partie impulsée par l'État (mais répondant à des besoins d'espace et de main-d'œuvre de firmes jusqu'ici concentrées), mais aussi le déclin amorcé des plus anciennes régions industrielles, lent de 1955 à 1965, plus rapide depuis. Cette diffusion laisse cependant le Sud du pays à l'écart et s'apparente plus à une déconcentration des effectifs, des tâches d'exécution, qu'à une décentralisation des centres décisionnels. Les régions de l'Ouest, du Centre, les plus grandes villes du Sud connaissent ainsi une industrialisation notable, parfois ; dans le Nord et l'Est, une réindustrialisation ponctuelle, selon un modèle économique, social et technique taylorien. L'investissement de l'État et des grandes firmes joue dans les sens d'une diffusion à l'échelle nationale, mais vers des pôles privilégiés, littoraux (Fos, Dunkerque, Montoire, Le Havre) et urbains (grandes usines de montage d'automobiles à Rennes, Douai, au Mans).

Jusqu'aux années 1970 s'ajoute à ces grandes opérations une diffusion plus interstitielle par la multiplication des petites et moyennes zones industrielles, accueillant des industries de main-d'œuvre : « nébuleuses » de PME agro-alimentaires, de l'habillement, de la chaussure, dans l'Ouest par exemple, mais aussi sous-traitants autour des pôles créés dans l'automobile, l'aéronautique, l'électronique.

Les années 1970 et 1980 montrent dans l'ensemble une reconcentration de l'industrie. Ce ne sont plus, cette fois, de grands complexes sidérurgiques et pétroléochimiques, vite devenus des pôles de conversion après 1981, qui incitent à parler de concentration, mais l'attrait des plus grandes aires urbaines et surtout de leur périphérie sur les créations d'emplois. De nouveaux paysages, moins typiquement industriels, apparaissent sous la forme de zones, de parcs d'activités rassemblant des fonctions productives mais aussi des services, des entrepôts, des activités de recherche. Les technopôles en sont une expression symbolique : elles sont conçues par des collectivités longtemps ignorées de la géographie industrielle et de l'État aménageur. Le modèle s'étend ensuite aux grandes villes moyennes, en rupture relative avec le modèle taylorien.

■ ***Une relation entreprises-territoires complexe.*** Cette métropolisation traduit l'évolution des demandes des entreprises : outre les facteurs classiques de localisation (main d'œuvre qualifiée, infrastructures variées et de qualité), les entreprises recherchent tout ce qui facilite leur adaptation aux conditions changeantes de leur activité : internationalisation, acquis de la recherche, services externalisés, sous-traitants, formation de haut niveau, institutions publiques. Elles trouvent donc souvent dans les métropoles la combinaison d'un grand nombre de ces éléments. Ces grandes villes représentent une « assurance-flexibilité » (P. Veltz, 1994) par comparaison à la rigidité que crée une position dominante dans une ville moyenne ou petite.

La diffusion industrielle et la désindustrialisation sélective avaient donc rapproché les régions, mais l'évolution des quinze dernières années creuse à nouveau l'écart à l'échelle intra-régionale, cette fois au profit des zones d'emploi des grandes villes, y compris celles des vieilles régions industrielles car elles présentent souvent des qualités de situation, de savoir-faire industriel, et des incitations publiques fortes à la conversion. Mais la lenteur de celle-ci fait coexister longtemps, dans des villes comme Lille ou Saint-Étienne, les friches de l'âge industriel et le modernisme des nouvelles implantations.

Sur ce fond de reconcentration métropolitaine, l'industrie garde-t-elle un rôle d'armature régionale ? Quelle échelle, micro- ou macro-régionale, est pertinente pour évoquer le fait industriel ?

■ ***Persistance des bassins industriels et jeu des firmes.*** Si l'on a vu, à propos du Nord par exemple, que la région industrielle spécialisée était un héritage, un espace tôt fragilisé par les crises, il n'en reste pas moins que des bassins de grande industrie ou des « districts » constitués autour de PME, peuvent continuer, à travers des restructurations souvent douloureuses, à représenter des pôles essentiels au sein de leur région, en particulier celles de la moitié est. Souvent dénommées « régions de tradition industrielle », notamment pour l'attribution d'aides européennes ou nationales, elles ne présentent ni un gabarit ni des caractères assez communs pour que cette expression soit très évocatrice. On rassemble en effet des cas de régions industrielles sinistrées, comme dans les bassins houillers, les vallées textiles vosgiennes, les plus étroites et vieillies des vallées métallurgiques alpines ou lorraines, mais aussi des situations de modernisation et de diversification rapide (banlieue nord de Paris, Est et Sud lyonnais, Haute-Alsace), enfin des cas intermédiaires encore proches d'une mono-activité sous l'emprise de grandes firmes d'origine régionale : région clermontoise longtemps exclusivement animée par Michelin, porte de Bourgogne organisée par le « système Peugeot », bassin houiller lorrain, estuaires industriels de la basse Loire et de la basse Seine aux traditions navales, chimiques et énergétiques.

Ces « systèmes industriels régionalisés » constituent encore un support essentiel dans la cohésion régionale et cela bien que les firmes qui les fondaient s'en soient largement détachées. S'intégrant à la globalisation économique par le biais d'implantations internationales, l'espace des firmes est essentiellement fait de points disjoints fortement reliés par des réseaux sans frontières stables. Pourtant elles conservent une base territoriale locale et régionale forte. C'est cette échelle qui est pertinente au plan de l'emploi et de la formation, de l'ancrage social et politique, des relations de sous-traitance et des aménagements industriels.

La porte de Bourgogne, comme « espace-Peugeot » aux confins de l'Alsace et de la Franche-Comté, en est un exemple significatif. Née et grandie dans le Doubs, entre Montbéliard et Aundincourt et surtout à Sochaux, la firme est longtemps celle d'un « pays ». Le paternalisme, le protestantisme de ses dirigeants familiaux, sont indissociables du pays de Montbéliard qui vit au rythme de dizaines d'usines spécialisées (outils, cycles, automobiles) héritières d'une histoire séculaire, donneuses d'ordre pour des équipementiers et des sous-traitants « captifs », drainant une main-d'œuvre de paysans-ouvriers à une quarantaine de kilomètres à la ronde. La croissance contemporaine de la firme a certes connu une classique expansion nationale (Nord, Lorraine, région parisienne) et internationale. Elle a aussi reposé sur un redéploiement régional permis par un dense réseau de transports et une compagnie spécialisée dans ce secteur (GEFCO). Ainsi l'usine, et surtout les magasins de pièces de rechange de Vesoul, en Haute-Saône, deviennent-ils, dans les années 1970, un pivot commercial et industriel de la firme et un foyer de dynamisme général dans une zone très fragile. De même, l'usine de Mulhouse (environ 8 000 emplois en 2013), ultra-moderne, nichée à l'abri de la grande forêt de la Hardt et connectée au réseau transfrontalier de l'Europe rhénane, valorise le calme social et le carrefour alsaciens dans une grande proximité maintenue avec le centre de Sochaux (12 000 emplois). Malgré les fortes réductions d'effectifs (20 000 emplois de 1978 à 1990, soit 50 % de moins, provoquant un solde migratoire négatif de 0,5 % par an), le système Peugeot reste, avec ses 11 000 emplois induits en sous-traitance et les 3 000 emplois du GEC Alsthom, à Belfort, un pilier maître de l'organisation régionale. L'aire urbaine de Montbéliard, quoique en recul démographique, est aussi peuplée que celle de la capitale régionale, Besançon.

À l'échelle d'une région tout entière, la région Rhône-Alpes peut encore être caractérisée comme une région fortement structurée par l'industrie et cela de plusieurs manières. Tout d'abord, même si elle illustre moins l'idée d'armature que celle de tissu économique régional, l'industrie diffuse y est fort importante. Ce sont environ 140 000 emplois sur 472 000 emplois industriels au total en 2006, soit le tiers du total régional (dans une région placée au second rang national), qui se disséminent dans des agglomérations de moins de 20 000 habitants. De constitution ancienne, d'origine locale, ces ensembles industriels se sont renouvelés sous l'effet des crises notamment. Celles-ci sélectionnent les entreprises innovantes, fournissant des produits de haute technologie, très spécifiques, comme dans le domaine de la « connectique » qui renouvelle bon nombre de près de 300 entreprises-ateliers de la vallée de l'Arve (30 000 emplois environ), autrefois horlogères puis de décolletage. D'autres nébuleuses contribuent à charpenter des micro-régions : textiles, autour du mont Pilat, entre Lyon et Saint-Étienne, plasturgie du Jura méridional (Oyonnax et ses alentours comptent plus de 1 000 fabriques et plus de 15 000 emplois), vallées urbanisées du pays Voironnais (Voreppe, Rive, Tullins, Voiron) où 45 % des actifs travaillent dans des établissements industriels liés à de grandes firmes (Rossignol notamment).

L'autre forme de structuration industrielle régionale tient à l'emprise de ces grandes firmes multinationales dont plusieurs sont nées sur place : Péchiney, Rhône-Poulenc, BSN, par exemple. Certaines, à très forte assise locale au départ, ont disparu des bassins qu'elles structuraient (Creusot-Loire, Manufrance à Saint-Étienne). D'autres s'en sont largement détachées (sites chimiques et métallurgiques de Péchiney, absorbé par ALCAN en 2003, puis Rio Tinto en 2007 et de l'ancien Ugine-Kulhman dans les vallées du Drac, de l'Isère, de l'Arc) entraînant un recul de l'emploi des grands groupes (20 % de l'emploi industriel en 1976, 4 % en 1990) et des crises urbaines, locales, très graves comme à Saint-Jean Maurienne, sauvée de justesse en 2013. Mais ailleurs leur place reste considérable. Elles jouent un rôle moteur dans les concentrations métropolitaines (couloir de la chimie au sud de Lyon, automobile à l'est, construction électrique à Grenoble) et un rôle essentiel dans l'internationalisation de l'économie régionale. C'est en particulier la fonction des centres de recherche qui tendent à remplacer, sinon par le nombre des emplois du moins par la qualification et le rayonnement, les établissements délocalisés. Cette fonction de recherche industrielle est très nettement motrice à Grenoble, dont le caractère industriel ne doit plus guère à son passé de ville de la ganterie puis de la houille blanche, mais bien plus aux grandes institutions publiques (CEA notamment) et aux nombreux centres privés de recherche. Celui de Voreppe, par exemple, est le plus important du groupe Péchiney, qui concentre dans les grandes villes de Rhône-Alpes la moitié de ses laboratoires français.

En guise de bilan, on peut dire que le niveau local et régional dans la stratégie des entreprises n'est pas moins important que le niveau supra-national, et l'est sans doute plus que le niveau national désormais. Le territoire régional, surtout lorsqu'il est structuré par une grande ville et intégré à des réseaux étendus de relations, est un milieu d'accueil dont les caractéristiques sont évaluées et comparées par les firmes en quête d'implantation.

IBM, archétype des multinationales, a montré, de ce point de vue, « un sens aigu du devenir de l'espace », selon la formule d'H. Bakis qui en fait une *Multinationale régionale* (1977) : d'abord implantée à Vincennes (1922), elle connaît une première phase de déconcentration (Corbeil en 1955, Orléans, site aujourd'hui fermé), puis une seconde, de décentralisation à La Gaude, près de Nice, en 1960, à Montpellier (1964) et Bordeaux (1970), créant autour de ces établissements un réseau de sous-traitants, une image de marque innovante (mais fragile, comme le montrent les fortes réductions d'effectifs à Montpellier).

Les entreprises étrangères, par leurs implantations qui valorisent une position internationale, une proximité géographique et culturelle, témoignent aussi de l'incontournable dimension régionale de leurs choix : régions du Nord-Est choisies par les investisseurs allemands, du Nord-Ouest par les britanniques, du Sud-Ouest et surtout de l'Alsace par les firmes japonaises.

Réciproquement, la contribution de l'industrie à l'organisation régionale, à la constitution de ses « espaces vitaux » en pôles et axes, hérités des premiers âges industriels, de la décentralisation, ou de l'internationalisation, reste plus déterminante dans le processus de métropolisation qu'on ne l'attendrait d'une désindustrialisation donnée comme générale.

Les dimensions régionales d'une économie de services

Le secteur des services, malgré son caractère indéfini et hétéroclite, est si important par son poids social et économique (77,2 % des actifs, 79,4 % de la valeur ajoutée brute en 2011, 57 % dans le secteur marchand) que l'on doit s'interroger sur les enjeux et le rôle régional de sa généralisation et de sa diversité. On se souvient que c'est le rayonnement des services depuis un centre, l'inégale distribution de ces services, qui permettent de délimiter une région polarisée, une hiérarchie urbaine. La différenciation fonctionnelle de ce secteur « attrape-tout » est indispensable. Selon F. Damette (1995), il faut distinguer des services qui tendent à unifier l'espace national. Ce sont ceux qui assurent la reproduction de la société, simple (services de base de la vie en collectivité), ou élargie (élargissement du champ des connaissances et de l'action publique). Les autres, à finalités économiques, appelés « périproductifs », présentent une répartition très différenciée.

Les premiers, parmi les plus pourvoyeurs d'emploi (services publics de base, commerce de détail, services aux particuliers) doivent desservir l'ensemble de la population d'un territoire qui est continûment peuplé. Aussi la carte de l'emploi tertiaire présente une bien plus grande unité que celle de l'emploi industriel. Cette homogénéité relative résulte de plusieurs autres facteurs : « rattrapage » tertiaire des régions dont l'emploi industriel a beaucoup reculé (Nord-Est), poids ancien et renforcé dans les régions dépourvues de forte tradition industrielle, proportionnalité relative à la densité d'une population à niveau de vie et d'encadrement globalement élevés, ce qui fait ressortir les littoraux et les zones urbaines.

Pourtant, une lecture plus attentive incite à relever des spécialisations, des contrastes inter- et intra-régionaux. Par exemple, cette carte exprime partiellement une géographie du tourisme de masse, balnéaire et montagnard. Avec cette activité tributaire de facteurs indéplaçables, l'idée d'armature fonctionnelle régionale peut de nouveau prendre corps, ainsi que celle de différenciation forte des espaces régionaux. En effet, celle-ci peut, dans les midis et les montagnes élevées, résulter de ces chapelets de stations, partiellement planifiées, qui s'étirent dans les moyennes et hautes vallées des Alpes du Nord, sur les littoraux atlantiques, languedociens et azuréens.

Plus généralement, les grands contrastes sont évidents. Les régions du Sud-Est présentent toutes, avec l'Île-de-France, une « sur-tertiarisation », avec 3 à 5 points de plus que la moyenne nationale. Suivent des régions conformes à la moyenne (celles du Sud-Ouest, Bretagne, Nord, Alsace, Rhône-Alpes), toutes les autres présentant des taux inférieurs à 74 %.

Enfin et surtout, la géographie de l'emploi tertiaire, très régulièrement réparti sur le territoire, différencie pourtant celui-ci à grande échelle, en fonction de la géographie de la population et de l'armature urbaine. La polarisation incomplète ou concurrentielle d'une région s'exprime par la discontinuité et la disposition périphérique des zones les plus tertiarisées (par exemple en Champagne-Ardennes ou dans la région Centre).

Si on limite l'étude des services à ceux qui, par leur rareté, leur fonction de conception, leur « noblesse », leur groupement dans les lieux centraux, exercent la plus forte discrimination régionale et inter-urbaine, cette hétérogénéité fondamentale est encore plus vérifiée. Au-delà de l'effet d'étalement qu'a produit une trame départementale serrée qui garantit à chaque ville-préfecture une base administrative, scolaire ou médicale, essentielle dans les plus modestes de ces chefs-lieux, la répartition des services supérieurs est un effet de la métropolisation régionale. L'emploi métropolitain supérieur, mesuré par l'INSEE comme l'emploi des ingénieurs et des cadres de onze branches d'activités à fonction d'animation, de direction, d'encadrement, regroupe environ 7,9 % des emplois, en accroissement rapide (quatre fois plus que l'emploi total de 1990 à 1999). 45 % de ces emplois sont localisés dans l'aire urbaine de Paris, et 39 % dans les 77 autres aires urbaines de plus de 100 000 habitants, là encore avec une dynamique quatre fois supérieure à celle des autres emplois.

■ ***La métropolisation tertiaire.*** Des chiffres connus soulignent la centralité de la région-capitale : 50 % des sièges d'entreprise et 2/3 des plus de 500 salariés, 91 % des transactions financières, les deux tiers de l'impôt sur les bénéfices, 40 % des cadres et professions intellectuelles, 59 % des chercheurs français, 37 % des étudiants de grandes écoles. Ces faits rappellent que Paris est au centre de la seule région française d'envergure européenne et mondiale. Que reste-t-il pour constituer une armature tertiaire à l'échelle des régions ?

On y constate la reproduction de ce phénomène. Les plus grandes villes opèrent une incontestable « capture » d'un ensemble d'activités, variable dans le détail, mais assez constant dans sa composition. Ce « noyau » tertiaire leur assure un rayonnement régional et supra-régional, participant à cette relative convergence dans le niveau d'équipement des grandes villes et à la différenciation interne croissante des régions. Les directions des grands services publics (Trésor, EDF, INSEE, Équipement et Agriculture, Éducation nationale, etc.) sont communes à l'ensemble des capitales régionales, de même que les centres hospitalo-universitaires. S'ajoute à cette base déjà étoffée, une gamme beaucoup plus variée d'activités qui peuvent la renforcer, mais aussi alimenter une concurrence forte entre capitales régionales et autres grandes villes proches. On y trouve par exemple les centres de recherche. Si Nantes, Rennes, Toulouse ou Bordeaux n'ont guère de concurrentes, Nice, Aix, ou Grenoble contrebalancent Marseille et Lyon. On trouve aussi des formations issues d'une spécificité ancienne : Écoles des mines, des eaux et forêts à Nancy par exemple, militaires à Metz ou Strasbourg, médicales et agronomiques dans les villes du Sud-Ouest.

La géographie des technopôles peut synthétiser cette polarisation régionale. Elle est récente, encore inachevée, parfois plus anticipée qu'établie par des efforts considérables de promotion. Elle résulte de la diffusion d'un modèle, initialement méridional (Sophia-Antipolis) et alpin (ZIRST de Meylan, près de Grenoble), qui combine l'impulsion donnée par de grands organismes publics (CNRS, Télécom…) ou privés (IBM) et l'arrivée de PME, d'implantations étrangères à la région et à la France. Enfin le fréquent caractère d'enclave de ces pôles, au moins au départ, symbolise la grande sélectivité de cette nouvelle géographie des activités de pointe. Ce syndrome de l'enclave de prestige tend à être surmonté par l'implantation d'organismes publics visant à la diffusion des technologies vers le milieu économique environnant (CRITT, ANVAR), et par la mise en réseau des technopôles, au sein d'une même agglomération (Lyon, Île-de-France sud) ou d'une région (PACA, Languedoc-Roussillon).

Depuis 2004 ont surtout été créés les pôles de compétitivité qui rassemblent, mettent en réseau, sur un territoire bien identifié et une thématique donnée, issues d'une spécialisation industrielle existante, des entreprises (environ 8 000 dont 2/3 de PME), des laboratoires de recherche et des établissements de formation. Environ 750 000 salariés se répartissent dans 71 pôles, pouvant représenter de 2 à 15 % des emplois de leur zone, sans vrai « trou » régional, sinon relativement dans le centre et le centre-ouest du pays, et maillent le territoire de façon moins concentrée que les technopôles.

■ ***Diffusion nationale et polarisation régionale de l'université.*** La géographie des universités, mieux établie quoique en renouvellement rapide, exprime bien la structuration régionale par un service supérieur. En apparence, toute ville de plus de 100 000 habitants ayant désormais une université (82 au total dont les 8 parisiennes), le quadrillage du territoire semble assuré et le plan Université 2000 adopté en 1991 montre l'importance accordée à l'outil universitaire dans le développement régional. Pour absorber des effectifs passés d'environ 700 000 en 1970 à 2,4 millions en 2013, la création de nouvelles universités et d'« antennes » dans les villes moyennes s'est révélée nécessaire. Mais l'âpreté des débats sur le risque d'un système universitaire « à deux vitesses », la difficulté d'intégration des nouveaux établissements dans des villes sans passé universitaire, montrent que la couverture territoriale est loin d'être homogène. Dans un contexte de grande inégalité du recrutement (24 % des 20-24 ans sont scolarisés en Picardie, 43 % en Midi-Pyrenés), les universités présentent une extrême disparité et surtout assurent très inégalement leur rôle régional. Très peu d'académies perdent moins d'étudiants qu'elles n'en reçoivent des régions voisines (ce sont celles du Midi, de Lille, de Lyon et de Strasbourg).

Au total, bien des services dits stratégiques, comme la recherche privée par exemple, relèvent d'un choix de localisation plus métropolitain que régional, fondant l'adhésion des plus grandes villes au club des « Eurométropoles », crée à Bordeaux en 1990. Leur implantation renforce souvent l'emprise de la capitale sur sa région, tandis que d'autres connectent seulement la ville à des espaces éloignés. Dans tous les cas, la « dualisation » de l'espace régional est un scénario plausible. L'idéal apparent d'un territoire fait d'une hiérarchie urbaine dont chaque niveau organise un espace à sa mesure (c'est en gros le schéma de Christaller) résulte en fait largement de la fonction régulatrice de l'État distribuant des équipements hiérarchisés sur tout le territoire.

LES RÉGIONS ET LES RÉSEAUX DE TRANSPORT

La même alternative – unification ou différenciation du territoire – vaut pour l'étude du rôle régional des systèmes de transport, avec un problème supplémentaire qui est un véritable débat d'aménagement : les réseaux sont-ils plutôt des causes ou des effets de cette différenciation et de ses évolutions ? Sous l'apparence d'un faux problème, cette question traduit une incertitude assez récente. Elle rompt avec la confiance mise dans les grands chantiers de transport comme remède miracle aux insuffisances du développement régional, surtout quand pèsent de lourdes difficultés financières sur la rentabilité d'investissements désormais largement à la charge des collectivités.

Homogénéisation et différenciation

La France appartient au domaine des réseaux denses. Ceux-ci représentent une emprise de plus d'1 % du sol ; il y a 565 000 km de routes et encore 6 km de voies ferrées pour 100 000 habitants. La constitution progressive de l'étoile nationale des routes de poste, puis des voies ferrées et autoroutières, a charpenté l'espace national à toutes échelles, avec une densité et une précocité particulières dans les régions tôt industrialisées.

Le triomphe du transport routier tire parti de cette densité du réseau de base et relativise l'enclavement si souvent déploré. L'enclavement peut être affaire de gabarit (voies d'eau, routes nationales à deux voies), de saison (en montagne, dans les régions touristiques), de mode spécialisé (voies ferrées), ou de déclin des services publics (lignes locales). Certes handicapant, il est toujours relatif, à certaines catégories de population par exemple (âgées, modestes…) ou d'activités, ou par référence à un idéal d'homogénéité du territoire. L'accroissement démographique de certains cantons ruraux éloignés des villes, dans le Midi par exemple, témoigne de cette mobilité subie, mais acceptée (32 000 itinéraires de ramassage scolaire voient passer 2 millions d'élèves chaque jour).

On peut considérer que le territoire a été progressivement unifié, y compris à l'échelle locale, jusqu'aux années 1920-1930, c'est-à-dire jusqu'à l'apogée du transport ferroviaire de voyageurs : sa longueur est maximale dès 1919 avec 45 000 km de voies, diminue déjà vers 1935-1940 et tombe à 29 000 vers 1954. Si l'homogénéité reste forte au plan de l'accessibilité routière, la distance-temps fait varier considérablement une représentation en lignes isochrones, longtemps presque également concentriques autour de Paris, aujourd'hui déformées par les axes modernisés et peu nombreux (autoroutes et TGV).

Plus qu'une cause première de sélection territoriale, les réseaux de transport évoluent d'abord sous l'effet des mutations de la demande de transport des voyageurs (dépeuplement rural, accès généralisé à l'automobile dans les années 1950-1960) et de marchandises (recul des trafics pondéreux, exigence de transport combiné et rapide, de porte à porte, minimisant les ruptures de charges et les durées de stockage). Le territoire redevient alors hétérogène, mais selon des modalités diverses.

Au regard des flux, la concentration nationale et régionale est la règle ; une dizaine de lignes aériennes rassemblent les 2/3 des passagers ; les lignes TGV représentent, en 2013, 160 des 400 milliards de voyageurs/km, et 100 des 135 millions de voyageurs sur 1 945 km de lignes à grande vitesse (2013), certes prolongées par les lignes classiques, mais en faible proportion des 30 000 km du réseau voyageur. On doit rappeler que la route assure 967 milliards de voyageurs/km. 9 régions seulement, orientales, sont à l'origine des 2/3 du fret ; le seuil portuaire européen de 25 millions de tonnes n'est atteint que par 3 ports, et 6 assurent 80 % du trafic maritime.

À l'échelle régionale, ces axes privilégiés constituent une épine dorsale, mais pas nécessairement la justification d'étapes et de fixation d'activités. Le carrefour bourguignon, fort ancien, « carrefour des carrefours » comme tentent de le promouvoir les élus dijonnais, est un carrefour mobile, sur lequel les itinéraires se sont déplacés d'est en ouest, du nord (Dijon) au sud (Beaune). Les effets induits par la circulation massive ne lui sont pas proportionnés ; le secteur des transports est à peine sur-représenté (6 % des actifs).

La modernisation des transports a été un outil privilégié de l'Aménagement du territoire dans les années 1960-1970. Les autoroutes passent de 174 km en 1960, à 3 000 en 1975 ; trois aéroports internationaux sont ouverts ; les principales voies navigables du Nord (canal du Nord et de Dunkerque à Valenciennes) et de l'Est (Moselle) sont mises au gabarit européen. Cette modernisation représente une sélection sévère des axes et des points desservis car les infrastructures coûteuses sont essentiellement consenties et amorties là où les trafics sont déjà concentrés. Ainsi en est-il encore des 7 Grands Ports maritimes (statut de 2008), qui distancient par leur trafic et leur arrière-pays régional et national la cinquantaine d'autres ports. De même, les plates-formes logistiques, accueillant les services de coordination des transports multimodaux et connectant ces modes de transport, sont l'apanage des seules très grandes villes ; or, elles sont la réponse la plus adaptée aux nouvelles demandes des firmes et à l'exigence de rentabilité des entreprises publiques de transport.

Ces deux impératifs ont un même effet spatial et régional, appelé, par A. Bonnafous, « radialisation ». La distance-temps, la fiabilité, tendent à être plus significatives du point de vue économique que la distance-coût classique. Cela est surtout vrai en phase de déconcentration spatiale des entreprises, dont les établissements sont plus espacés, dont les marchés sont plus étendus et supposent des flux moins massifs et moins groupés. La réponse des transporteurs consiste à rabattre et à redistribuer les flux à partir de pivots (c'est le modèle des *hubs* aéroportuaires américains), permettant des relations plus fréquentes et moins massives. Or ces pivots sont par définition espacés, peu nombreux, et presque toujours localisés dans les grands centres où le transport combiné est aisé.

L'hétérogénéisation croissante du territoire au profit d'un petit nombre de pôles et d'axes résulte enfin des effets régionaux des transports rapides.

Les aéroports ont longtemps été secondaires dans un pays de taille modeste. On assiste désormais à une forte croissance du trafic régional (29 millions de passagers en 2011 sur les 135 millions totaux) notamment en régions périphériques (apparition de *hubs* régionaux : Lyon, Nice, Bâle-Mulhouse, Nantes-Rennes, Marseille), et à des spécialisations originales : Beauvais, plate-forme pour des compagnies économiques, Vatry (en Champagne) ou Châteauroux, pour le fret.

L'aéroport de Roissy joue bien sûr un tout autre rôle, qui en fait un des moteurs du développement régional. Au second rang européen, au troisième pour le fret, il connaît une extension permanente depuis vingt ans, par l'adjonction de pistes, d'aérogares, de centres d'affaires, d'activités de pointe (plus de 500 établissements sur le parc de Paris-Nord II) ; 100 000 emplois forment ainsi la population d'une « aéroville ».

Le réseau des autoroutes a introduit une différenciation très forte entre villes moyennes et grandes aux situations longtemps équivalentes, pénalisant relativement celles qui n'étaient pas desservies, et créant des aires de relations privilégiées pour celles qui le sont. Néanmoins la poursuite du maillage (11 000 km en service au 1er janvier 2008) par des transversales (A89 entre Bordeaux et Lyon, A 85 Angers-Tours pour la liaison Nantes-Lyon, liaison Amiens-Saint-Quentin…) tend à réduire fortement les étendues éloignées et à agrandir celles qui sont rapprochées de tout autre point. En 1999, 20 % du territoire et 8 % de la population demeuraient à plus de 50 km ou de 45 minutes d'une autoroute ou d'une voie rapide. Les choix étatiques récents de diminuer les financements d'infrastructures dans les contrats de plan 2000-2006 conduisent à envisager désormais des autoroutes légères pour des trafics inférieurs à 15 000 véhicules par jour.

Avec les lignes ferroviaires à grande vitesse, bien moins développées et selon un schéma encore résolument radial, l'effet régional est très inégalitaire. « Avion sur rail », le TGV n'a pas vocation à « armer » les régions mais à rapprocher des pôles métropolitains. Les gares régionales nouvelles furent arrachées par les élus et leurs effets sont extrêmement ponctuels. Montchanin, Vendôme, Mâcon, ou la gare picarde sont presque « au milieu de nulle part », non ou mal connectées au réseau ferré classique. Les gares récentes du TGV Méditerranée (Valence, Aix, Avignon), au cœur de projets techno-politains et urbains locaux pour ces actives grands villes moyennes, devraient être les dernières du genre. Si les grandes villes desservies, et leurs annexes (aéroport, villes nouvelles), bénéficient d'un supplément d'accessibilité depuis Paris, l'effet régional est parfois une dégradation des services sur les voies traditionnelles : entre Dijon et Lyon, Lyon et Marseille, par exemple. Aujourd'hui, le chemin de fer joue plus en faveur de la polarisation nationale la plus sélective qu'en faveur d'une armature régionale.

Les transports, miracle ou mirage dans le développement régional ?

Résorber les angles morts, établir les conditions d'une réelle accessibilité du territoire, tels sont les mérites supposés et les objectifs qui ont fait des transports un domaine quasiment réservé de l'intervention publique en matière d'aménagement, à la fois par le coût élevé des investissements et par l'intérêt général qu'ils servent. Quelques actions spectaculaires montrent l'engagement « régional » de l'État. Le plan routier breton, par exemple, accompagna dans les années 1970-1980 la grande mutation industrialiste et agro-industrielle de l'Ouest, le Métrolor instaure une desserte ferroviaire cadencée de l'axe Nancy-Metz. Dans les années 1980, dans le contexte de la décentralisation administrative, les régions et les départements prennent en charge de nombreux aspects du transport de voyageurs. La réouverture de lignes d'intérêt régional desservies par les trains express régionaux, l'abandon d'un projet de Métroloire entre Orléans et Tours au profit d'une liaison améliorée entre Nantes, Tours et Orléans, sont des exemples de ces arbitrages entre politique commerciale de la SNCF, intérêts départementaux, intra- et transrégionaux. Globalement, l'État est devenu minoritaire dans le financement des infrastructures (2 milliards d'euros en 2013) et les régions dénoncent un sous-investissement.

Cette parcimonie, ajoutée aux difficultés économiques des grands opérateurs (sauf la SNCF) érode la confiance dans le pouvoir d'entraînement économique des grandes infrastructures. Grevées d'un coût environnemental que plus personne ne néglige (d'où les hésitations sur les tracés du TGV méditerranéen par exemple), elles ont montré qu'elles pouvaient améliorer objectivement un milieu d'accueil, subjectivement une image de marque, mais non les créer. Pourtant, bien naturellement quand la concurrence inter-régionale est la règle, et que l'on attend un doublement des besoins nationaux de transport dans les vingt années à venir, ces grands chantiers continuent à susciter convoitises, projets ambitieux, rejets conditionnels ou absolus : autoroutes à risques naturels (Grenoble-Sisteron) ou économiques (Bordeaux-Lyon), TGV sud-européen qui mobilise les grandes villes catalanes ou des estuaires atlantiques, tunnel du Somport, europort routier de Beaune, TGV Lyon-Turin, autant d'équipements revendiqués par des élus et responsables économiques des plus grands centres régionaux. Aujourdhui, se pose un problème de priorité et de prise de décision en matière de grands équipements nouveaux. Ni les décisions gouvernementales, ni les Contrats de plan État-régions n'assurent une stratégie cohérente, cohérence que mettent à rude épreuve des arbitrages politiques, plus soucieux de relance conjoncturelle et de relations internationales (comme pour le TGV Est), ou des catastrophes comme celle du tunnel du Mont-Blanc en 1998. C'était tout l'enjeu de la loi d'orientation pour l'aménagement et le développement durable du territoire du 25 juin 1999, prévoyant neuf schémas de services collectifs.

S'ils sont décisifs pour l'extension d'un bassin d'emploi ou d'une aire de périurbanisation, pour la fréquence des déplacements entre sièges et établissements, pour la « principalisation » de résidences secondaires ou la fréquentation touristique, l'échangeur autoroutier ou la gare TGV ont un rôle bien moindre sur les choix d'implantation. Les entreprises souvent de plus en plus « libres » au sein d'un territoire bien desservi font entrer un très grand nombre de paramètres plus ou moins objectifs dans ces choix. Le rôle direct de ces infrastructures est en revanche beaucoup plus tangible en périphérie ou au sein des grandes agglomérations. L'exemple d'une grande rocade comme la « Francilienne » est éloquent. Trait d'union des villes nouvelles qu'elle relie, elle est aussi un axe privilégié de localisation des nouvelles zones d'activités et des entreprises en mal de terrains accessibles, tant au plan matériel que financier. L'achèvement du contournement lyonnais est un autre cas de goulot d'étranglement levé par les infrastructures les plus sélectives dans les zones d'ores et déjà très équipées et congestionnées. Autre cas encore : la saturation du contournement de Bayonne (6 200 camions par jour) stimule les projets de ferroutage et de *roll-on-roll-off* entre Bayonne et Southampton.

Ces infrastructures jouent un rôle régional d'autant plus fort qu'elles reprennent des tracés existants, opèrent ou améliorent de courts liens manquants ou surchargés entre les pôles d'activité. Au-delà de ces courtes distances, leur rôle dans l'armature régionale s'estompe considérablement. Son accessibilité améliorée ne fait pas *ipso facto* d'une ville moyenne, par exemple, une étape.

À une échelle plus régionale, l'amorce d'une régionalisation de la SNCF (1997), et le transfert aux régions de l'organisation des transports voyageurs (loi SRU de 2000) ont tendu à donner aux régions une compétence multi-modale, posent des problèmes comparables à ceux des transports routiers. Le trafic régional est l'un des rares à connaître une progression depuis 25 ans (500 000 voyageurs quotidiens, 70 % des déplacements quotidiens par le train dans 4 500 TER par jour), grâce aux mouvements autour des agglomérations (44 % des usagers résident dans les banlieues). Mais bien des liaisons secondaires sont lourdement déficitaires et 6 000 km de lignes sont menacées. Les élus ont donc besoin de savoir comment sera réparti le coût d'entretien des infrastructures et celui du renouvellement d'un parc de matériel de 26 ans d'âge en moyenne.

On a pu voir que l'hétérogénéité fondamentale du territoire qui invite à l'approche régionale, n'est plus tant conférée par la diversité culturelle et paysagère, que par la tendance à l'agglomération de ses activités et de ses habitants. Cette répartition inégale, accentuée au cours des trois dernières décennies, pose au moins deux interrogations importantes :

– On a employé souvent les termes de métropole et de métropolisation pour désigner l'affirmation des plus grandes aires urbaines et de leur voisinage dans l'organisation et la différenciation du territoire. Cette notion, couramment employée à propos de l'Amérique du Nord par exemple, peut-elle être transposée aisément en France ? En termes d'aménagement, la réponse semblerait évidente puisque ce fut cet objectif d'équilibre, par des métropoles ainsi baptisées, qui prévalut pendant une vingtaine d'années. Pourtant le titre est aujourd'hui abandonné, et l'accent souvent mis sur l'effet négatif joué par ces villes sur leur région étendue, effet de « pompe aspirante » plus que refoulante, de drainage plus que d'irrigation.

Il demeure une certaine ambiguïté du terme. La métropole est, à l'échelle d'un territoire assez vaste, un chef-lieu et une très grande ville. Ce rang est aujourd'hui plutôt décerné « par le haut », par référence à un rôle national et surtout international. L'étendue du commandement régional et la diffusion de l'innovation ne sont plus qu'un effet secondaire de l'effet d'appel, produit sur et par les activités les plus valorisantes, les plus internationalisées, les plus convoitées. Il ne peut certes y avoir de métropole déterritorialisée, mais, dans le cas français, on a le sentiment d'une situation fréquemment intermédiaire entre deux fonctions : un rôle traditionnel d'attraction et de redistribution régionale, pas très bien assuré au-delà de quelques dizaines de kilomètres, et un rôle national et international encore très partiel, cantonné à quelques activités particulièrement modernisées, issues d'une spécialisation régionale ancienne.

– L'autre interrogation est partiellement liée à la précédente. Quel rôle jouent ces évolutions très sélectives et cette métropolisation peu partagée dans l'accentuation des disparités régionales ?

LA RÉGION À L'ÈRE DE LA COMMUNICATION TRIOMPHANTE

Les effets régionaux de la révolution informationnelle

Face à ce type d'inégalités socio-spatiales, l'État-providence reste démuni. Le désenclavement n'est jamais une panacée, la mobilité géographique et sociale est inégalement possible et souhaitable, puisqu'elle accentue les contrastes. Devant cette hétérogénéisation du territoire et de la société, la communication, la société dite « de l'information », la « nouvelle économie », ont-elles des effets particuliers ? Étudiant la question régionale en France, on ne peut négliger la généralisation du téléphone mobile, les progrès des chaînes câblées, le fait que 76 % des ménages français disposent aujourd'hui d'un micro-ordinateur, que 76 % ont accès à l'Internet, et que celui-ci soutient l'essor de formes nouvelles de commerce, de services aux particuliers, de fonctionnements inter- et intra-entreprises. Les « mobinautes » représentent déjà 1 utilisateur de téléphone mobile sur 2.

La dimension territoriale de l'information, de sa diffusion trouve une expression évidente et ancienne dans la presse régionale. Sa diffusion a souvent été utilisée pour mesurer l'aire de rayonnement d'une ville éditrice. La diversification de ces médias régionaux (63 grands quotidiens mais aussi presse gratuite, radios et télévisions locales et régionales) montre d'ailleurs une rare coïncidence de leur aire de diffusion avec les limites régionales. Contribuant à brouiller les cartes de l'identité régionale, ils participent de cette géométrie variable, du local (importance des radios locales, des bulletins, municipaux, associatifs) au trans-régional (*Ouest-France*, *Le Dauphiné Libéré*, *Le Provençal*, *Sud-Ouest* ou *L'Est Républicain* livrent trois ou quatre éditions différentes) en passant par l'infra-régional (*Le Télégramme de Brest*, *La Montagne* clermontoise, *La Voix du Nord*). Tous traduisent le fort besoin d'une information de proximité, qui soutient la bonne santé de la presse régionale. La constance de son lectorat (près de 19 millions de lecteurs) et de ses recettes publicitaires contraste avec celles de la presse écrite nationale.

Mais à côté de ces supports concrets, la communication est largement assurée par l'ensemble des moyens appelés « technologies de l'information et de la communication » (TIC). Entre espace local à partir duquel il est possible d'accéder à de nombreuses fonctions, activités, jusque-là très distantes, et espace global virtuel, quelle place l'espace intermédiaire conserve-t-il dans une société connaissant ces mutations techniques et culturelles ? À bien des titres, les organisations, les économies et les politiques régionales, sont concernées par ces modifications de la perception et des comportements vis-à-vis de l'espace.

Avec un certain recul, on peut apprécier la dimension spatiale de la généralisation du téléphone : lente (une vingtaine d'année), incontestablement égalitaire sur le plan social et fonctionnel, elle infirme cependant un des mythes les plus tenaces de la communication, celui de l'abolition de l'espace. S'il est vrai que cette généralisation permet d'exploiter des ressources éloignées (les informations) de façon moins discriminante, la répartition des flux rappellent que cette fluidité n'a rien ôté au besoin de contact direct et à la polarisation du territoire. Inversement, si la communication s'opère selon des schémas spatiaux, qui sont l'architecture d'un réseau pratiquement invisible, sa circulation sans « friction » interdit toute analogie avec les réseaux de transports classiques et leur rôle structurant potentiel. Le réseau téléphonique, (comme les réseaux informatiques qui l'empruntent en grande partie), est léger, la longue distance n'y est pas un problème, mais il ne transforme pas les hiérarchies urbaines et régionales. Tout au plus des effets pouvaient-ils se produire *par défaut* avant la généralisation de l'accès au réseau. Dans ce cas la pénurie était discriminante et accroissait les déséquilibres existants.

Qu'en est-il alors de technologies en voie de diffusion réseaux câblés, radiotéléphonie, visio-conférence, réseau à intégration de services alliant ordinateur personnel, téléphone fixe ou mobile, ou Internet ? Dans ces réseaux à très haut débit, la communication n'est plus un simple acheminement de message. Elle donne une valeur ajoutée à l'information par le traitement qu'elle suppose.

Comme en face de toute innovation, on retrouve, dans les attitudes des aménageurs face aux TIC, les trois attitudes : illusion, désillusion, puis bilan des nouveautés effectives et/ou de la neutralité des techniques. Certains ont d'abord accordé à ces techniques un potentiel d'homogénéisation de l'espace, par remplacement des flux physiques ; ces techniques réconcilieraient la proximité et l'excellence en remplaçant la présence par l'accessibilité et la mise en réseau des compétences. Tout au contraire, d'autres experts les ont suspectées de renforcer les tendances lourdes de différenciation de l'espace au profit des pôles déjà équipés, seuls capables d'amortir le coût de la nouveauté. À mi-chemin, P. Musso (*Communiquer demain*, 1994) posait trois hypothèses sur leur rôle.

– Ces techniques desserrent la contrainte spatiale sans la supprimer, elles sont donc le vecteur d'un changement non utopique, sans substitution aux activités traditionnelles.

– Elles produisent des effets indirects sur les localisations car l'essentiel de leurs effets directs portent sur l'organisation des entreprises et du travail et non sur les contraintes de site et de situation.

– Ayant peu d'effets directs, il est tentant de ne pas intervenir sur leur développement ; or, étant discriminant par défaut, l'équipement du territoire doit être régulé afin d'en constituer une nouvelle viabilisation.

Il est encore peu réaliste d'évaluer les conséquences socio-géographiques des TIC. Accentuent-elles la mobilité des firmes et des individus ou leur permettent-elles de s'affranchir des déplacements ? Accentueront-elles l'attractivité des sites les plus avantagés ou réhabiliteront-elles ceux qui souffrent d'un enclavement physique relatif, d'un éloignement des services ? il n'y a pas contradiction entre deux réponses positives.

Mais l'enjeu régional de ces questions est d'emblée perceptible, d'autant plus que la diffusion des TIC se fait dans le contexte d'un affaiblissement du monopole historique de l'État sur ces techniques : France Télécom change de statut, l'intrusion des collectivités publiques et privées se fait massive, de même qu'est obligatoire le recours à des normes internationales. La couverture effective actuelle du territoire par les réseaux de téléphone mobile est plus proche de 95 % que des 99 % annoncés par les opérateurs. Le passage aux nouvelles normes réintroduit déjà des discriminations géographiques et économiques. Ainsi en va-t-il déjà de l'ADSL pour les hauts débits sur l'Internet et de la téléphonie (les licences 4 G devant couvrir 60 % de la population avant 2019).

Le libre jeu du marché tend à une polarisation excluant une part significative du territoire et de la population (environ un quart) qui permet de distinguer encore 16 % des communes rurales très mal desservies et 20 % de la population ne disposent pas de l'ensemble des possibilités techniques et commerciales.

Par ailleurs, d'un strict point de vue industriel et économique, les emplois liées aux technologies de l'information, représentent d'ores et déjà environ 700 000 actifs en 2012 dont 64 % des cadres et techniciens, contre 539 000 en 1997, en croissance de 12 % de 1993 à 1997, et peuvent soutenir des spécialisations micro-régionales (axe Grenoble-Lyon pour les jeux vidéos ou concentration de *start-up* dans le quartier du Sentier à Paris, par exemple). La politique des « pôles de compétitivité » s'appuie largement sur les TIC : 5 des 16 pôles mondiaux ont celles-ci comme activité-clé (Grenoble et « Minalogic », « Systematic » en Île-de-France...).

Les échelles d'application

Dans la diversité des champs d'application des TIC, on peut distinguer leurs effets spatiaux à trois échelles.

– Celle qui, offrant des services de proximité aux particuliers, une possibilité de partage du travail entre locaux professionnels et domicile, concerne surtout les zones urbaines et de péri-urbanisation étendue.

– Celle qui s'appuie sur un équipement culturel, scientifique, de prestige et s'adresse aux capitales régionales dotées de technopôles et, à terme, de téléports. Un prototype très ostentatoire et déjà assez inducteur de polarisation régionale est le Futuroscope de Poitiers, comportant, à l'écart de la ville, un téléport, un lycée expérimental, un parc de loisirs tourné vers l'image, une série d'équipements de congrès, une zone d'activité. Le téléport de Roubaix, celui de Metz, sont d'autres exemples du rôle central d'un équipement multimedia dans la promotion d'un espace d'activité métropolitain.

– Celle, beaucoup plus variable, à laquelle fonctionnent les entreprises, leurs flux industriels et commerciaux tendus, guidés par le suivi logistique, appuyés sur des relations commerciales et des possibilités de transactions à grande distance.

Différents schémas d'organisation peuvent être imaginés à l'échelle macrorégionale : Euro-régions appuyées sur des métropoles peu espacées, réseaux de technopôles distantes mais inter-connectées, villes mondiales, espace multiscalaire de firmes aux stratégies internationales articulées aux réalités locales (sous-traitance, télétravail, besoins de formation...)

Il apparaît que ce domaine d'activités des TIC offre un terrain de convergence entre aménagements étatiques et régionaux qui peuvent promouvoir, auprès d'utilisateurs potentiels, les mérites d'un maillage informatique et téléphonique national dense. Un tel maillage permet en effet la déconcentration du travail à l'écart des zones centrales denses, fauteuses de surcoûts multiples, la dissociation des activités de guichet et d'arrière-guichet. L'articulation État-collectivités s'appuie par exemple sur le programme d'actions gouvernementales pour la société de l'information (PAGSI, lancé en 1998), réservant des aides spécifiques aux petites communes, ou les systèmes d'information territoriale dans une vingtaine de départements.

On peut donc distinguer, en matière d'aménagement, des projets lourds et à vocation nationale de la multitude d'initiatives locales. Les premiers visent une desserte améliorée du territoire, une rationalisation des moyens et de leur emploi : ainsi en va-t-il des systèmes de télé-enseignement, de télé-administration, ou du réseau de santé sociale (qui rencontre de puissantes résistances des médecins généralistes). Par les secondes, les collectivités tendent à « se positionner comme nœuds d'information sur le territoire » (J. Balme, *Pouvoirs locaux*, n° 41, 1999). L'échelon peut être celui des villes : la quasi-totalité des villes de plus de 10 000 habitants, et près d'un tiers des communes, ont un site Web et beaucoup s'efforcent de faire de cette mise en réseau une ressource pour la vie et les services municipaux : « Colmar en ligne », « Médiacastres », « Réseau Lumière » à Besançon…

Un exemple des espoirs soulevés par les TIC pour le développement local peut être pris à Parthenay. Cette ville de 11 000 habitants, sous-préfecture des Deux-Sèvres, fut à l'origine d'un projet de « villes numérisées » en association avec des villes allemandes et espagnoles, avec des industriels (Siemens-Nixdorf, Philips) et des institutions (EDF, France Télécom). Selon ce projet, qui s'insère dans une politique plus globale de mobilisation des initiatives locales et d'expérimentation en matière de relations sociales, on prévoit de doter la totalité des habitants de l'ensemble des NTIC en 6 ans (adresses électroniques gratuites, fourniture de matériel informatique…).

Un autre niveau peut être celui de groupements de communes, de pays (Vercors Connect), établissant un espace concret ou virtuel de travail et de services (postes de télétravail, services communs, équipements scolaires…). Des départements pilotent aussi des projets (Cyber-en-Marche, dans la Creuse, Info-routes de l'Ardèche), comme les régions : Cybercommunes en Bretagne, Acti-Limousin…

Un autre aspect territorial des TIC concerne les formes de télétravail. On voit se multiplier les opérations pilotes, impliquant essentiellement les régions et les villes « centrales » (Île-de-France et Rhône-Alpes représentaient le tiers des 152 projets retenus par la DATAR à la suite de l'appel à projets de 1993 sur le télétravail) mais aussi les petites villes inquiètes de se retrouver « dans l'ombre » de leur chef-lieu.

En 2010 le Conseil d'analyse stratégique estime à 8,9 % le parc des salariés français concernés par le télétravail, avec une très forte marge de progression (20 à 35 % des salariés dans les pays anglo-saxons et scandinaves), soutenue par l'allongement des distances et temps de trajet domicile-travail (+ 26 et + 13 % de 1994 à 2008) en phase de hausse des prix des carburants.

3

LES INÉGALITÉS RÉGIONALES

Depuis cinquante ans environ, le vieux débat sur l'égalité s'est partiellement déplacé de la société française vers son territoire. D'abord à cause du clivage Paris-province, puis selon de multiples lignes de partage, la « justice géographique » semble s'éloigner à mesure qu'on croit l'approcher. Effets d'optique variant selon les critères et les échelles ainsi comparés, nouveau déterminisme de l'ordre géographique sur l'ordre social ? Les cartes sont changeantes, mais que mesure-t-on ? L'expression géographique de difficultés sociales et économiques, les disparités héritées de l'histoire démographique et économique, l'évolution de la répartition des hommes, des activités et de la richesse, ou encore le bien-être des citoyens et la perception qu'ils ont de leur territoire ? À ces questions, les réponses jouent sur des mots qui conviennent mieux à la société qu'au territoire : injustices, inégalités.

La géographie doit sélectionner les critères par lesquels s'exprime la différenciation territoriale et les degrés auxquels celle-ci prend un caractère mal supportable par la société ou certains de ses groupes ; en deçà, le problème des disparités ne se distingue guère de celui de la diversité. En revanche, il arrive, dans des types d'espaces variés, que les difficultés de l'existence, des individus et des collectivités, soient associées ou attribuées aux caractères de l'espace où elle se déroule. Ce sont là les vraies inégalités et elles sont plus « intra- » qu'inter-régionales. Leur analyse s'appuiera sur une typologie micro-régionale car, à cette échelle fine, on peut identifier des situations socio-économiques comparables au sein de régions très différentes.

LES MOTS DU DÉBAT

Parler des inégalités régionales devrait d'abord être perçu, en bonne logique, comme un truisme puisqu'une région résulte d'une partition sur la base de ce qui la différencie de ses voisines. Il faut donc considérer que, dans la masse impressionnante des occurrences de cette expression (presse, manuels, documents d'aménagement), il y a quelque chose d'implicite, qui va au-delà du constat d'évidence. Cet implicite est-il d'ordre territorial ? Il devient une sorte de fatalité : inégalité des ressources naturelles, de la balance atouts-contraintes, des réseaux de desserte. Est-il d'ordre socio-économique ? Il devient injustice, au même titre que toutes les inégalités depuis que l'égalité fut érigée en droit naturel : inégalité de richesse, de niveau de formation, d'espérance de vie.

On se trouve donc en face d'une irréductible réalité, celle de contrastes de tous ordres, d'une hiérarchie faite d'indicateurs multiples. Cette réalité s'appréhende d'autant plus mal que le manichéisme est la règle et s'exprime en slogans dualistes : France riche et pauvre, France qui gagne et qui perd, France désertifiée et congestionnée. Par ailleurs, largement emprunté à une thématique politique, le discours sur les inégalités, sous des apparences consensuelles, n'est ni neutre ni très répandu au-delà des « décideurs », élus et techniciens, au moins jusqu'aux années 1980. S'il existe une forte perception de certaines inégalités, la hauteur de vue nécessaire pour appréhender globalement le territoire dans ses inégalités, n'est guère accessible qu'aux détenteurs des statistiques qui les chiffrent. Jusqu'au milieu du XXe siècle, l'ignorance des données statistiques explique le caractère tardif du débat qu'ouvre J.-F. Gravier avec *Paris et le désert français* (1947). D'ailleurs, la publication des chiffres révélant les disparités géographiques de la mortalité infantile, ou des niveaux d'imposition par exemple, provoque régulièrement de forts malaises.

Le débat est ancien car il emprunte ses termes au débat politique sur l'égalité, fondateur des démocraties modernes. Dans le cas français, où la nation naît du consentement des citoyens et du centralisme politique et non du droit du sang, ce ne sont pas les diversités et les disparités qui doivent surprendre, mais l'acharnement à en faire des obstacles à la viabilité de la nation ou à la réalisation de sa devise républicaine. Une telle acuité peut aussi s'expliquer par l'importance des écarts mis au jour vers 1945-1950, rompant avec une vision idéalisée de la France unitaire. À ce moment les écarts de revenus (en moyenne départementale) sont de 1 à 5 ; le débat ne pourra plus être enterré ensuite et, plus que jamais, il est question aujourd'hui de péréquation des ressources entre régions riches et pauvres, de risques de fractures entre territoires délaissés et territoires privilégiés. Le souci qui animait Turgot reste actuel : le devoir de l'État est de veiller à la répartition harmonieuse des hommes et des richesses sur le territoire, quand la logique du marché agit dans le sens d'une hiérarchisation changeante mais forte des lieux.

D'un côté donc, ce qui est bon : justice, parité, équilibre, diversité dans l'harmonie, complémentarité et équité. Ce dernier terme est parfois opposé à l'égalité (A. Minc, *La France de l'an 2000*, rapport au Commissariat au Plan), bien que l'étymologie et la définition en soient identiques. C'est que, du mauvais côté des valeurs, on trouve non seulement le déséquilibre, les disparités, l'injustice qu'elles engendrent, mais aussi l'égalité. Celle-ci traduirait une volonté égalitariste, uniformisante, créatrice d'injustices et de gaspillages, de saupoudrages, conduisant à favoriser, au nom de l'égalité de traitement, ceux qui sont déjà « plus égaux que d'autres ».

Beaucoup de sous-entendus donc, derrière ces mots, qui renvoient, sans s'y réduire, à la contradiction souvent soulignée entre l'efficacité, le marché, allant de pair avec la concentration spatiale, à lourd prix territorial et social, et l'équité, version minimale et réaliste de l'égalité des chances, qui devient la compensation coûteuse (par l'intervention publique) des effets géographiques et sociaux de la différenciation. Ainsi se pose, pour l'essentiel, le débat sur l'aménagement, « imposture ou ardente obligation », selon R. Brunet dans *La France, un territoire à ménager* (1994). Il y rappelle à propos que, si l'équi-répartition est un idéal dangereux, la désertification de notre pays est aussi un chiffon rouge brandi sans fondements, que les différences sont souvent « neutres » tandis que les disparités sont des différences perçues comme des injustices.

Dans ce champ encombré par la tentation permanente des « scénarios de l'inacceptable » (rapport DATAR, 1971) que l'on dresse pour mieux justifier les grandes mesures d'aménagement, puis par les critiques contre le saupoudrage des subventions, contre le « déménagement » du territoire (M. Le Lannou), il reste pourtant un territoire disparate, dans lequel se compensent ou s'aggravent disparités sociales, à base surtout économique, et disparités géographiques, essentiellement de répartition et d'accessibilité.

LES INÉGALITÉS INTER-RÉGIONALES

Des régions disparates et aussi inégales

L'échelle des régions telles qu'elles sont découpées pour les besoins de l'administration est-elle significative pour établir des comparaisons et une géographie des inégalités ? Ces entités masquent nécessairement bien des contrastes internes. Elles ne constituent pas nécessairement des entités économiques, sinon dans les limites de l'espace polarisé par leur capitale. L'hétérogénéité concerne bien sûr la taille (rapport de 1 à 4) et la population (rapport de 1 à 2 en moyenne mais de 1 à 5 aux extrêmes, Corse et Île-de-France exclues). Ainsi, en 2005, les quatre premières régions (Île-de-France, Rhône-Alpes, PACA, Nord-Pas-de-Calais) représentent 42 % de la population nationale. Pourtant leur comparaison mérite attention. Elles sont des unités de référence désormais classiques ; leur classement en palmarès est établi annuellement par de nombreuses publications (*L'Usine nouvelle*, *Le Moniteur*, *Les Échos*...) dont l'influence dans les milieux économiques contribue à un effet d'image, négatif ou positif, accentuant les écarts perçus entre régions « fortes » et « faibles ».

La production de richesses

Un premier révélateur des disparités inter-régionales est leur inégale contribution à la production de richesse et à son évolution. En utilisant le PIB comme indicateur, l'étendue de la hiérarchie apparaît clairement : le graphique ci-après, plutôt que la carte pour ces entités arbitrairement découpées, ne peut faire apparaître l'Île-de-France (30 % du PIB en 2010) sans écraser les autres régions. Pourtant celles-ci sont aussi très disparates entre elles. Tributaire d'un effet de taille parfois (Alsace au 12e rang, Basse-Normandie au 18e), la variation par rapport à une « région moyenne » (soit 3,4 % du PIB, hors Île-de-France) s'étend de 0,3 % (Corse) à 9,9 % (Rhône-Alpes), 8 régions étant au-dessus de la moyenne : Aquitaine, Bretagne, Centre, Midi-Pyrénées, Nord, Pays de la Loire, PACA et Rhône-Alpes, ces 4 dernières réalisant 39 % du PIB national hors Île-de-France. Il n'y a là ni exception française, ni ordre géographique particulier, mais le résultat d'une combinaison variable d'une taille et/ou d'une population importantes, et de la présence d'activités dégageant une forte valeur ajoutée (hautes technologies, services supérieurs, agriculture intensive). Cette existence de régions « poids lourds » et « poids plume » est un élément essentiel du débat sur la péréquation des ressources. En comparant les poids respectifs des régions entre 1982 et 2011, on constate que neuf régions ont légèrement accru leur participation, tandis que l'Île-de-France gagnait presque deux points et que onze reculaient.

Le poids des régions : PIB en M. d'Euros en 1982 et 2011
(Île-de-France exclue)

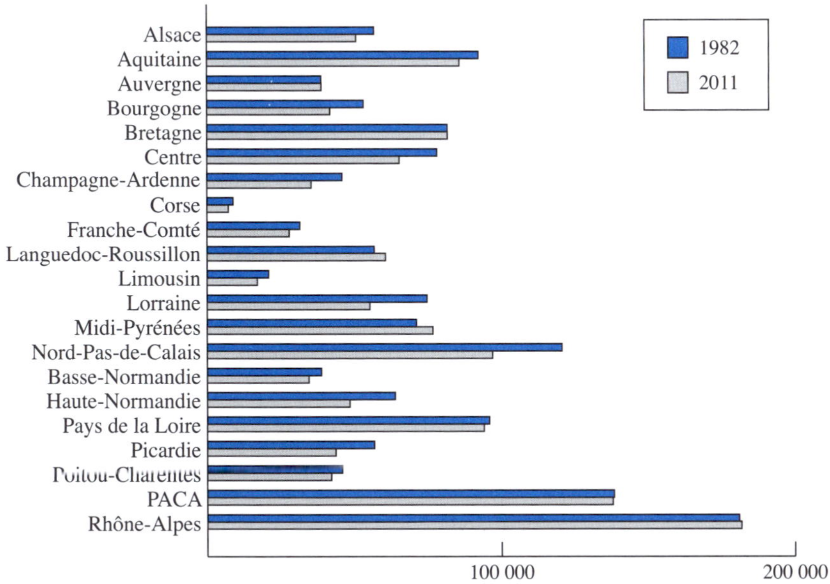

Rapporté au nombre d'habitants (ce qui revient à surestimer quelque peu les régions d'immigration quotidienne, comme l'Île-de-France, et à sous-estimer un peu celles qui connaissent une émigration frontalière, comme celles de l'Est), le PIB régional montre de bien moindres disparités. Exprimé en base 100 pour la France, et combinant les variables productivité du travail et taux d'activité de la population, il souligne le creusement des écarts entre région parisienne et reste de la France, la rareté des régions à la moyenne française, et, enfin, les effets très différents de la récession économique sur les régions.

Comme l'indique l'Observatoire des territoires (DATAR) « au cours de la période précédant la crise, entre 1996 et 2006, le PIB par habitant a augmenté en moyenne de 1,7 % par an en volume au niveau national. Cet indicateur résume la façon dont se conjuguent croissance démographique et croissance économique. Son analyse, ainsi que l'observation des disparités entre régions, met en lumière les fragilités structurelles et le décrochage des régions de l'Est ou du Bassin parisien – hors Île-de-France – d'une part, le dynamisme des régions du Sud et de l'Ouest d'autre part. Elle alerte également sur l'ambivalence de la forte attractivité démographique pour certaines d'entre elles, comme le Languedoc-Roussillon, la Corse, ou Provence-Alpes-Côte d'Azur. »

Là encore on peut emprunter à l'Observatoire des territoires de la DATAR son constat d'avant-crise : « Sur la période 1996-2006, le PIB par habitant a augmenté en moyenne de 1,7 % par an en volume au niveau national. La progression est d'ampleur variable suivant les régions. Elle est relativement faible en Alsace, Picardie, Basse-Normandie et Lorraine. Parmi les nombreuses régions dont la croissance est proche de la moyenne nationale, entre 1,6 % et 1,9 %, figurent d'une part des régions dont le faible dynamisme démographique tire mécaniquement le ratio à la hausse et qui bénéficient donc d'une forme de découplage (Nord-Pas-de-Calais, Bourgogne, Champagne-Ardenne, Haute-Normandie, Auvergne, Limousin) ; d'autre part des régions dont la forte croissance de la population influe à la baisse sur le niveau du PIB par habitant, effet paradoxal de leur attractivité (Aquitaine, Provence-Alpes-Côte d'Azur, Rhône-Alpes, Pays de la Loire et Languedoc-Roussillon).

Enfin, quelques régions se situent nettement au-dessus de la moyenne, conjuguant forte croissance du PIB par habitant (plus de 2 %) et forte croissance démographique : la Bretagne, Midi-Pyrénées, la Corse et les DOM. Pour ces deux dernières, il s'agit d'un phénomène de rattrapage, et en 2007, elles se situent encore nettement au dessous de la moyenne nationale pour le niveau du PIB par habitant.

L'Île-de-France se situe un peu au dessus de la moyenne en termes de progression du PIB par habitant, alors que sa population croît au même rythme que la moyenne. »

Santé, formation et recherche : la coupure Nord-Sud

À l'échelle des régions toujours, des indicateurs moins abstraits que les agrégats économiques permettent d'appréhender la disparité : la médecine, les niveaux de formation, le potentiel de recherche sont significatifs d'inégalités très sensibles car elles en déterminent d'autres à leur tour.

En matière médicale, par exemple, l'encadrement de base, celui qu'assure la médecine générale, présente une inégalité qui se traduit par une densité de médecins variant de 260 (Picardie), 285 (Champagne), 238 (Bourgogne, Haute-Normandie) pour 100 000 habitants à 419 en PACA, 400 en Île-de-France. Une répartition à peine moins tranchée affecte aussi les effectifs des dentistes, des pharmaciens, des étudiants en médecine. Ce gradient Nord-Sud est explicable par les traditions universitaires, le niveau anciennement élevé de la scolarisation méridionale, les flux de retraités vers le Midi. Il s'agit cependant d'une vraie disparité : rappelons que la géographie des pathologies graves désavantage toujours la moitié nord de la France, depuis le XIXe siècle, et que ce moindre encadrement médical entraîne un lourd report de charge sur le secteur hospitalier public. De même l'enclavement relatif pèse-t-il sur l'accès aux soins et la surmortalité dans les régions de très faibles densités s'étendant des Ardennes à l'Ariège.

Dans la France de la « matière grise », l'inégalité Nord-Sud est encore lisible malgré les efforts de rattrapage, intenses et payants, des collectivités territoriales : au niveau secondaire, les écarts dans le taux de scolarisation longue et de réussite se maintiennent, même si l'Ouest (breton surtout) et le Nord ont rattrapé et parfois dépassé les taux méridionaux, dans le cadre de mutations économiques et politiques contribuant à la tertiarisation et à l'allongement de l'enseignement technique. Si cette coupure héritée s'estompe, elle n'en reste pas moins lisible dans des indicateurs plus sélectifs comme la répartition des professions libérales ou la densité des librairies, par exemple.

PIB par habitant en 1982 et 2011 en euros (France : 29 574)

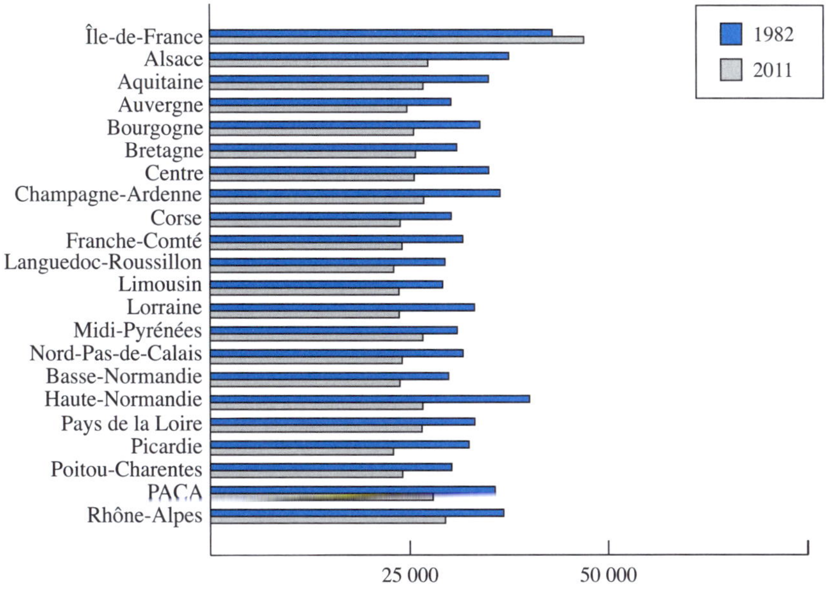

Cette opposition se retrouve enfin de façon très actuelle dans la répartition des moyens et du personnel de la recherche publique, des professions culturelles : près de 600 000 emplois pour ces dernières en 2010 dont les 2/3 sur trois régions et 56 % des intermittents du spectacle résident en Île de France.

RICHESSE, PAUVRETÉ, ATTRACTION, RÉPULSION

Les régions ont été comparées pour montrer le risque de surestimer aussi les disparités d'entités disproportionnées entre elles. La géographie des inégalités se lit donc d'autant mieux que la grille de référence est fine. Les 95 départements métropolitains sont des unités statistiques stables et systématiquement utilisées. Leur ancienneté en fait souvent des unités géographiques significatives. De même, les 348 zones d'emploi, définies en 1982 (et révisées en 1994) sur la base des déplacements domicile-travail, présentent un cadre hétérogène par la taille et les effectifs, mais définissent des espaces économiques cohérents puisqu'en moyenne 80 % des actifs résident et travaillent dans la même zone (ce chiffre ne devient plus faible qu'à proximité des très grandes villes et des frontières).

On peut donc, dans ces cadres, mesurer les inégalités essentielles, celles du revenu, de l'emploi, de la fiscalité, ainsi que les mouvements migratoires qui résultent largement de cette différenciation du territoire. À ce niveau de précision, les inégalités constatées prennent une dimension concrète qui s'exprime dans la consommation, le cadre de vie. On ne met plus seulement en évidence la résultante de données démographiques, économiques, héritées ou actuelles, mais les fondements de la représentation « vive » du territoire par ceux qui l'habitent. Qu'il soit hétérogène est évident et souhaitable, mais que s'y lisent des disparités de niveau de vie et ce n'est plus l'égalité abstraite, mais l'égalité des chances, qui est en cause. L'infériorité est doublement ressentie : au plan socio-économique, et au plan territorial (*cf.* Guilluy et Davezies)

Il faut, bien sûr, se garder de tout « géographisme » qui ferait du lieu une catégorie *a priori* de la réussite individuelle comme on pouvait faire du climat ou de l'espace « vital » un déterminant de l'efficacité des peuples. Il est peu rigoureux de personnifier des territoires, en leur attribuant inégalités, difficultés, prospérité, quand c'est pour l'essentiel de groupes sociaux dont on parle. En revanche, la représentation spatiale des inégalités contribue à la compréhension des dynamiques du territoire (localisations, migrations), à la fixation des limites de l'inacceptable dans une démocratie, et du possible dans son aménagement. On doit ainsi remarquer par avance la constante validité de situations, de positions relatives, qui fondent une typologie de l'espace français désormais classique : France du Nord/France du Sud, moitiés Ouest-Sud-Ouest et Est-Nord-Est, périphéries littorales et frontalières, marges du Bassin parisien, France du vide des Ardennes aux Pyrénées, Île-de-France élargie, couloir rhodanien, constituent des ensembles, des repères presque toujours significatifs. Ils sont ces « modèles élémentaires qui représentent des situations distinctes dont certaines durent depuis des siècles mais dont d'autres évoluent rapidement » que Roger Brunet évoque (1989). Il les synthétise en chorèmes, particulièrement commodes (presque trop à en juger par les caricatures auxquels ils donnent lieu) si on les considère comme des « structures et des tendances de l'organisation du territoire » (op. cit.), et non comme des définitions régionales. En effet, chaque inégalité se manifeste selon des clivages différents, ce qui défie tout classement définitif et devrait dissuader des régionalisations expéditives, affirmant l'existence de *sun belt* ou de *rust belt* françaises. Ce type de régionalisation-slogan repose sur des indicateurs incontestables mais partiels, donnant un habillage statistique à des clichés et à l'extrapolation de situations ponctuelles. Comme toute image, les « miracles » bretons, les « croissants lumineux » méridionaux, sont vite frappés d'anachronisme.

Le « niveau de vie », un reflet de la géographie du travail et des villes

La moyenne des niveaux de vie en euros et en 2010 selon l'Insee s'établit à 22 680 en moyenne métropolitaine et 21 764 hors Île-de-France (26 632 euros). Elle permet de constater une double inégalité :

Entre régions d'abord, avec des écarts assez limités (31 800 en Languedoc-Roussillon, 37 279 en Alsace), mais des indices de Gini montrant de fortes inégalités internes dans les deux régions du Sud-Est (0,3) et surtout en Île-de-France (0,34 pour 0,27 à 0,29 ailleurs). Dans ces trois régions, mais aussi en Île-de-France, les écarts sont beaucoup plus marqués entre les tranches de revenus., par sur-représentation des très hauts revenus dans la région capitale (emplois de direction dans les sièges sociaux, forts revenus de propriété) et des très bas dans les autres.

La seconde est celle qui montre qui montre une carte des revenus rappelant largement celle de l'armature urbaine : l'espace urbain est de toute évidence plus riche que l'espace rural, et celui-ci l'est d'autant moins que l'on s'éloigne des pôles, à cette réserve près que les revenus moyens des communes péri-urbaines sont plus souvent plus élevés que ceux des pôles eux-mêmes : mais les taux de pauvreté (977 /mois, 60 % des revenu médian en 2011, 14,4 % des Français) sont plus élevés dans les unités urbaines de plus de 20 000 habitants (15,4 %) sauf Île-de-France (10,5 %) que dans les communes rurales (12 %). Enfin, le revenu moyen urbain montre que les villes les plus septentrionales et les plus méridionales est plus bas que dans les autres. Ailleurs « l'effet grande ville » est partout vérifiable par le niveau plus élevé des salaires, tandis que les zones les plus continûment rurales du Massif central, de l'Ouest intérieur, du Périgord, des plateaux ardennais et champenois, présentent les plus bas niveaux. Dans cette France à moindre tradition salariale et industrielle, comme dans les régions Nord et Picardie, les prestations sociales représentent plus de 30 % du revenu des familles. Cette proportion est largement commandée par le taux de chômage, par la structure d'âge et par le niveau moyen des salaires. En terme de revenu, une carte des zones d'emplois montre que, vers 1995, dans 71 d'entre elles les revenus étaient inférieurs d'au moins 20 % au revenu moyen métropolitain, principalement en Bretagne intérieure, sur les bordures ouest et sud du Massif central. Ces écarts ont peu évolué.

Cette géographie est largement corroborée et expliquée par trois autres types de disparités épousant des contours assez semblables :

– Celle des qualifications ouvrières, qui avantagent les régions métropolitaines et littorales, où des ouvriers, relativement peu nombreux, travaillent dans des établissements exigeants et bons payeurs, comme ceux du complexe militaro-industriel par exemple.

– Celle du travail féminin, moins rémunérateur que celui des hommes (écart moyen de 38 % entre les revenus salariaux), sur-représenté dans l'Ouest et le Sud-Ouest intérieurs, sous-représenté dans les régions à tradition industrielle et les régions méditerranéennes.

– Celle de l'emploi agricole qui ne fait guère ressortir, à l'est d'une ligne Caen-Nîmes, que quelques îlots comptant plus de 10 % des actifs dans ce secteur, régions de grandes cultures des plateaux lorrains et bourguignons, de cultures intensives, viticoles, fruitières et légumières, du sillon Saône-Rhône ; au contraire, à l'ouest de cette ligne, les zones qui ont moins d'actifs agricoles que la moyenne nationale sont très rares. Rappelons qu'en aval de l'emploi agricole se trouvent induits de nombreux emplois salariés à faibles rémunérations dans les industries de transformations.

Si elle n'exprime pas tous les contrastes de la géographie des revenus (ceux du patrimoine et de l'épargne mettent côte à côte des zones rurales et des cœurs d'agglomération), la carte des revenus fonde cependant une autre disparité essentielle pour l'aménagement local, celle des potentiels fiscaux fondés sur les revenus de la fiscalité locale. Entre départements, la variation est du simple au double, et l'écart de potentiel fiscal entre le plus riche et le plus pauvre a été multiplié par trois entre la fin des années 1970 et 1990. Deux types bien différents de départements nécessitent une urgente péréquation : ceux, peu peuplés, des marges de l'Aquitaine, du Massif central et de la Corse et ceux, bien plus denses, du Languedoc, du Var et de la Bretagne centrale. À l'inverse, on doit rappeler le rôle essentiel, dans la richesse fiscale, de ces grands contribuables que sont les fournisseurs d'énergie (centrales du Cotentin, de la basse Seine, des Alpes, du Rhin et du Rhône), les fabricants de biens d'équipements, d'armement (Alsace, Loir-et-Cher), de biens de haute technologie (Île-de-France).

Une appréciation de l'espérance de vie permet de mesurer les écarts profonds séparant des types d'espace sociaux et économiques au-delà des marges les plus souvent identifiées et localisées de la grande pauvreté urbaine. La géographie de la mortalité permet de mesurer une dimension spécifiquement régionale, héritée ou actuelle, des problèmes de santé publique.

L'espérance de vie par région varie de 74,5 ans et 82,3 ans pour les hommes et les femmes du Nord Pas-de-Calais à 79,1 et 85 ans en Midi-Pyrenés. Une carte des taux bruts de mortalité révèle surtout les structures d'âge en opposant nettement entre le Nord, le Nord-Ouest et l'Est, d'une part, l'extrême Ouest, le Centre et le Sud-Ouest d'autre part, selon des écarts variant de 5 à 19 ‰. Mais une carte des taux pondérés selon l'âge (G. Salem, *Atlas de la santé en France*-2000) révèle une géographie très contrastée et selon d'autres clivages des habitudes de vie et des attitudes face à la santé. Ainsi la surmortalité liée aux maladies cardio-vasculaires (un tiers des décès environ) montre le poids des héritages industriels et culturels (consommation de tabac, d'alcool, de graisses animales) sur les bordures nord et nord-est du pays, dans l'Ouest armoricain, mais aussi au cœur de régions plutôt avantagées (îlots très industrialisés puis sinistrés en Rhône-Alpes : Maurienne, Roannais, Stéphanois). L'espérance de vie est alors de 3 à 5 ans inférieure aux régions très avantagées de l'ouest intérieur et des midis. À l'inverse, la surmortalité des jeunes adultes par accident de la route est maximale dans les zones rurales de la moitié sud, et dans l'ensemble méditerranéen.

Il en va de même de l'hétérogénéité encore forte de la mortalité infantile d'une région à l'autre (écart de 3,1 pour 1000 en PACA à 4 en Limousin, mais de 2 à près de 6 d'un département à l'autre). Si certaines régions montrent une diminution régulière du taux (Picardie, Bretagne, Nord, il en est d'autres qui connaissent une forte augmentation (Limousin, Île-de-France, Bourgogne) ou une reprise depuis 1970 (Haute-Normandie).

On mesure qu'une démocratie sanitaire ne peut s'appuyer, dans l'allocation des ressources, sur un découpage strictement calqué sur les limites administratives régionales comme c'est le cas actuellement.

Le chômage, entre disparités et mobilité

Dans une société où les mobilités sociale et géographique sont en principe toujours possibles, les disparités du marché du travail sont l'expression la plus sensible de l'« injustice géographique », des limites à l'égalité des chances que semble déterminer pour partie le lieu où l'on réside. Or la diversité des situations reste très grande, notamment en phase de croissance forte du chômage depuis 2008. Les taux de chômage par zones d'emploi montraient déjà dans les années 1990 des écarts spectaculaires d'une zone d'emploi à l'autre, du simple au quintuple, et cela parfois dans des zones mitoyennes. Par ailleurs, les grands ensembles régionaux jusqu'ici identifiés sont moins nettement reconnaissables. À l'échelle départementale par exemple, les plus faibles taux sont ceux de l'Ouest et du sud de l'Île-de-France, des régions frontalières de l'Est (effet des migrations frontalières quotidiennes), mais surtout des zones fortement dépeuplées (Lozère, 6,3 % en 2013 ; Cantal, 6 %). Inversement, les périphéries souvent présentées comme « dynamiques », de la Normandie à la Provence, présentent de nombreuses zones durement touchées, correspondant à des pôles de conversion industrielle (Seine maritime, 11,9 % ; Charente maritime, 11 % ; Var, 11,6 %, en 2013) qui s'ajoutent aux zones de vieille tradition industrielle à la reconversion inachevée (Nord, 13,9 % ; Ardennes, 13,3 %), ou à peine amorcée (bassins miniers et métallurgiques du Massif central). Il en résulte une forte disparité autour d'une moyenne nationale de 10,4 % en 2013 : Les disparités régionales en 2013 montrent un groupe d'une dizaine de régions à chômage plus faible ou égal à la moyenne, comprenant des cas aussi variés que l'Alsace et le Limousin (9,5 % et 9,7 %), Rhône-Alpes et les Pays de Loire (9,3 et 9,1 %), des régions motrices dont le chômage est en progression (essoufflement de leur croissance) et des régions dont les difficultés sont anciennes, industrielles comme rurales, mais relativement stabilisées. Ainsi en va-t-il du grand ouest, du centre-est (y compris l'Auvergne), et de l'est. Un autre groupe comprend les régions aux taux restés ou devenus supérieurs à la moyenne, connaissant souvent une relative amélioration à la fin des années 1990 puis une remontée du chômage : nord du bassin parisien de la Haute Normandie aux Ardennes, midis provençal et languedocien (9,9 % et 10,3 % en 1982, 11,9 % et 14,5 % en 2013), soulignant ainsi les limites des politiques de redéveloppement et celles des phénomènes de croissance rapide lorsqu'elle est « rattrapée » par la demande d'une croissance démographique forte et largement remis en cause depuis la crise de 2008.

Si certaines régions montrent des écarts intra-régionaux de 3 à 8 points, la Lorraine, l'Alsace, le Nord, la Franche-Comté, la Bretagne, le Poitou, le Limousin présentent une plus grande homogénéité. Ce sont parfois ces zones qui connaissent un chômage de plus longue durée (façades maritimes du nord et du Languedoc-Roussillon). Cette interprétation est confirmée par sa progression récente, désormais particulièrement marquée (plus de 30 % d'augmentation) dans les régions les mieux pourvues : Île-de-France et ses bordures sud et ouest, débordant sur le Centre, Alpes du Nord et région lyonnaise, et même quelques zones frontalières d'Alsace, du Jura et du Genevois. Au contraire, le chômage reste stable dans le Massif central, le nord du Bassin parisien, la Lorraine. Cette évolution, conjoncturelle sans doute, n'affecte pas les mouvements migratoires ; cette montée du chômage dans des zones réputées les plus pourvoyeuses en emplois explique largement les tensions sociales et spatiales, catalysées par le voisinage des situations les plus divergentes. Les reculs sensibles du chômage de 1998 à 2002 puis de 2006 à 2008 sont en effet sélectifs, bien moins nets dans des espaces très localisés (quartiers d'habitat social, zones internes des agglomérations) et largement remis en cause depuis la crise de 2008.

Les migrations : retour à une coupure Nord-Sud

Par comparaison avec un système de « vases communicants », on pourrait imaginer que l'équilibre s'établit, par les migrations, entre ces zones de basse et de haute pression sur le marché de l'emploi. Ce serait sans compter avec des phénomènes aussi variés que l'attachement à la région d'origine, les nombreuses migrations sans motivation économique (études, retraites), l'attrait de régions dotées d'une image avantageuse sur les individus et les entreprises. Ainsi en va-t-il des retraités : ceux qui viennent d'un département non contigu de celui qu'ils quittent représentent 25 % à 35 % des retraités du Midi et de l'Île-de-France ; quant aux retraités d'origine parisienne, ils occupent un espace privilégié correspondant au Bassin parisien et à ses prolongements armoricain et méridionaux.

Les inégalités dans l'attractivité des régions se résument finalement assez simplement :

– Une grande majorité de zones d'emploi connaît de faibles écarts entre entrées et sorties, en particulier dans une vaste « écharpe » interne, de la Normandie à la Bourgogne, incluant le Massif central.

– Un arc de zones d'émigration s'étend de la basse Seine à la Franche-Comté passant par le nord du Bassin parisien, soulignant à la fois la persistance de ce « croissant fertile » de la démographie historique et la difficulté à maintenir cette population sur place, sauf en Alsace ; là, la population s'accroît de 0,6 % par an de 1999 à 2008, et annonce l'attrait des espaces frontaliers rhénan et rhodanien.

– Une bande de régions périphériques et littorales est attractive, de la Bretagne méridionale à la côte d'Azur ; cette attractivité littorale se double de celle des pôles urbains intérieurs, modérée dans l'Ouest (bassin de Rennes, Poitou, Angoumois), beaucoup plus forte autour de Toulouse, des villes rhodaniennes et alpines. En Languedoc-Roussillon, on enregistre une croissance record de 1999 à 2009 (+ 1,3 %/an) qui est capitalisée par les aires urbaines littorales (65 % de la croissance) dont Montpellier et son agglomération, qui présentent un solde migratoire positif de 9 000 personnes annuellement.

– Enfin, l'Île-de-France s'avère nettement moins attractive, sauf dans ses zones centrales (Paris et la première couronne) qui ont perdu des habitants, comme tous les centres et premières couronnes d'agglomération de 1975 à 1990, mais en regagnent modestement depuis. Seule la croissance naturelle donne à la grande couronne francilienne une croissance de 0,6 % par an depuis 1990 (contre 1,6 entre 1982 et 1990) et de 0,7 % par an de 1999 à 2009, soit la moyenne nationale.

Dans une projection établie en 2010 à l'horizon 2040, l'Insee indique une accentuation de ces contrastes du fait que cinq Régions seulement (contre neuf actuellement) verront leur population s'accroître par un solde naturel positif (le Nord-Pas-de-Calais, l'Île-de-France, la Haute-Normandie, la Picardie et la Réunion). Seules les régions périphériques, de la Bretagne à la Méditerranée (moins nettement en PACA) auront une évolution fortement positive, avec des effets de diffusion de l'attractivité des pôles métropolitains de cette France au sud de la Loire vers les Régions mitoyennes (Limousin et Auvergne par exemple).

Attractivité de la façade Atlantique, du Midi méditerranéen, du centre du Bassin parisien, des vallées alpines et de celle du Rhône, dynamisme moins étendu des zones urbaines de l'Ouest, des axes ligérien et garonnais (dans sa partie toulousaine), isolement mais réalité de zones attractives en Lorraine septentrionale, en Alsace et dans la région lilloise, tels sont aussi les traits de la géographie des créations d'entreprises. Si les facteurs de localisation des entreprises nouvelles ne se limitent pas à des préférences régionales, ces tropismes géo-économiques rappellent l'importance d'un milieu économique déjà fortement constitué et diversifié dans la conservation de l'attractivité (formation, qualification, part des emplois d'encadrement).

Le bilan des disparités régionales est difficile à tirer : comme le dit R. Brunet, « le territoire français a plus d'une pente » (*op. cit.*, p. 49). « Effet-Midi », mais moins durable qu'on ne le pensait, rattrapage économique de l'Ouest, polarisé par les métropoles, mais aussi rattrapage culturel de l'Ouest et du Nord, ralentissement des déclins du Nord-Est, mais avec des poches de crise industrielle aiguë, creusement des écarts entre centre et marges du Bassin parisien, tous ces phénomènes se lisent et donnent plus l'impression de « glissement », de recomposition, que de stricte concentration du dynamisme dans des régions « élues ». Les écarts qui se creusent sont bien plus micro-géographiques, socio-urbains par exemple, ou au sein d'une région agricole, qu'inter-régionaux.

LES INÉGALITÉS MICRO-RÉGIONALES

On reviendra sur la floraison consécutive d'entités nouvelles ou redécouvertes, comme le « pays », le bassin, la communauté (chapitre 4), mais dans cette étude des inégalités, il convient d'aller aussi loin que possible vers une analyse fine des clivages intra-régionaux, vers une typologie des espaces composant le territoire national.

L'Observatoire des inégalités, de même que l'Insee soulignent que, depuis 2008 notamment, plus l'on affine l'échelle d'étude plus les disparités socio-spatiales sont grandes, y compris dans des régions, des départements, plutôt globalement épargnés par les crises. Des quartiers urbains, le plus souvent, peuvent alors présenter des revenus médians jusqu'à trois fois inférieurs au revenu médian départemental. En général, les espaces ruraux et périurbains sont avantagés, mais c'est sans compter avec une très variabilité des contenus socio-économiques de ce qu'on qualifie souvent de renouveau démographique des campagnes. Des populations paupérisées et largement dépendantes des transferts sociaux à des phénomènes de « gentryfication » des campagnes, des retraités nouvellement installés aux salariés précaires et parcourant de longues, et coûteuses, distances vers les emplois urbains, la micro-géographie sociale des campagnes n'est pas beaucoup moins inégalitaire que celle des espaces urbains, suburbains surtout.

Or l'étude de la différenciation micro-régionale du territoire français avait été relativement éludée par la géographie moderne quand elle se définissait par sa rupture avec une géographie « exceptionnaliste » toute centrée sur le « pays ». Elle est de nouveau à l'honneur, précisément parce que les paradigmes simples, appliqués à l'ensemble d'un territoire réparti en grands ensembles Paris/France, Est/Ouest, Nord/Sud, montrent leurs limites. Ces grands ensembles sont trop mouvants dans leurs limites et dans leurs classements selon les indicateurs choisis. Ils sont trop globalisants pour rendre compte de changements territoriaux de toutes sortes, discrets mais répétés presque à l'identique au sein de régions pourtant dissemblables. Ils s'avèrent donc simplificateurs, notamment lors de la conception et l'application de politiques d'aménagement adaptées.

La trame cantonale se prête bien à cette analyse. Arbitraire, certes, mais ancienne et découpant des circonscriptions assez petites pour que leur cohérence interne, les contrastes ou les similitudes avec les voisines soient significatifs, cette trame de près de 3 000 cantons de taille régulière a une réelle « neutralité » dans l'analyse territoriale. Une étude (*Typologie socio-économique des cantons français*, SEGESA-DATAR, 1993 actualisée en 2011 par la DATAR à l'échelle communale) portant sur les espaces hors unités urbaines de plus de 10 000 emplois (26,7 M. d'h sur 508 000 km^2) aboutit à une description synthétique du territoire et de ses contrastes à grande échelle.

La typologie est issue d'un traitement d'indicateurs « issus de trois entrées thématiques :

– l'espace, les populations et les conditions de vie autour des relations villes/campagnes, des dynamiques démographiques, de l'accessibilité, de la mobilité… ;

– les dynamiques économiques : marché de l'emploi, appareil productif, agriculture, tourisme;

– le cadre paysager, abordé par l'occupation du sol et son évolution, et le relief.

Il en est ressorti trois typologies thématiques traduites en trois cartes qui ont ensuite été synthétisées pour aboutir à la typologie générale des campagnes métropolitaines françaises. Cette dernière se décline en trois groupes et sept classes et concerne toutes les communes qui n'appartiennent pas à une unité urbaine regroupant plus de 10 000 emplois. » (Observatoire des Territoires 2012). La carte de la p. 66 permet de localiser les types.

Une image fragmentée

Au plan analytique d'abord, la répartition de quelques indicateurs « forts » des disparités fait ressortir à la fois la pertinence des grands ensembles déjà évoqués mais aussi la discontinuité des situations de difficultés ou de prospérité, rendant leur analyse géographique irréductible à la seule échelle de la région. Quelques exemples montrent ainsi des inégalités typiquement ordonnées selon les clivages régionaux classiques. Ainsi en est-il du sur-vieillissement : les 700 cantons les plus touchés dessinent la France de l'exode rural ancien et prolongé, du chômage dans sa dualité géographique bassins industriels en crise/zones rurales. Il en est de même de la proportion de foyers fiscaux non imposés : le quart des cantons les plus concernés retrace la coupure Ouest-Sud-Ouest/Est-Nord-Est.

À l'inverse, les indicateurs évoquant des disparités intra-régionales montrent une répartition diffuse sur tout le territoire. Un bon exemple est celui de l'éloignement par rapport aux services qui n'imposent pas un recours quotidien ou une proximité immédiate (hôpital, hypermarché, collèges). La moyenne des distances est de 12,5 km, mais de 16,2 km pour le quart des cantons les plus enclavés qui sont cartographiés et dont certains, en Corse, dans les Alpes du Sud, dans les Landes, atteignent une distance moyenne de 50 km à ces équipements.

Il en va de même de la variation de la population de 1982 à 1990 qui n'isole aucune région homogène lorsqu'on représente les cantons les plus désertés. D'ailleurs, de 1990 à 1999, sur 12 425 communes rurales ayant vu croître leur population (8 966 en déclin) 5 417 avaient connu une baisse entre 1982 et 1990, et cela sans exception régionale.

En choisissant des exemples qui estompent les clivages entre grands ensembles, on fait apparaître une autre répartition de certaines inégalités plaçant en situation défavorable les confins départementaux et régionaux, périphéries moins animées que les zones centrales, autour des chefs-lieux. Cette opposition n'est vraiment surmontée que lorsqu'un dynamisme métropolitain englobe une aire de grande taille ; hors de ces vastes foyers, une position de marge départementale apparaît comme une sorte de « contre-rente » de situation. Ceci ressort aussi d'une localisation des 2 000 communes les plus riches (niveau du revenu moyen par ménage) et des 2 000 qui sont les plus pauvres. Les premières se trouvent principalement dans la France du Nord, en Île-de-France, mais aussi en « grappes » autour des préfectures ; les autres, sur-représentées dans le Sud-Ouest, le Massif central, se répartissent dans ces régions, mais aussi en Haute-Saône ou dans la Manche sur les limites départementales.

Cette autre façon de lire les inégalités dans l'espace complète l'approche interrégionale en multipliant les contrastes à grande échelle dès lors qu'une spécialisation (tourisme, grande culture, crise industrielle…) ne gomme pas les effets de distance au centre urbain principal.

Typologie des espaces micro-régionaux

La typologie évoquée plus haut, présentée en 2012, permet de synthétiser la diversité des espaces ruraux mais en tenant compte de la proximité, de l'attractivité (emploi, recours aux services) des pôles urbains (unités urbaines de plus de 10 000 emplois). Incluant ainsi 93 % du territoire métropolitain, y compris l'espace périurbain cantons, cette typologie s'applique surtout à la description de l'espace rural au sens le plus large, mais montre aussi les discontinuités fines du territoire, autant au sein des grands ensembles régionaux consacrés par l'usage, que selon l'inégale polarisation par les villes moyennes et grandes. Trois grands types de campagne sont ainsi distingués :

(Nous reprenons pour chaque groupe, l'essentiel du commentaire fait par les responsables de l'étude dans *Territoires en mouvement* 71/2012) :

Les campagnes vieillies à très faible densité : elles rassemblent près de 5,2 M d'habitants, 12 884 communes, sur près de 227 000 km², et constituent l'essentiel des espaces qualifiés de fragiles, voire de France du vide. L'étude distingue trois classes au sein de ce groupe :

– *Les campagnes à faibles revenus, économie présentielle et agricole* (près de 2,3 M d'hab., 7 222 communes, près de 120 000km²). Très faiblement peuplées, Des Ardennes et du sud lorrain aux pieds des Pyrénées, également en Basse-Normandie et dans la Bretagne intérieure, les communes de cette classe sont situées dans un environnement très rural et éloigné de l'influence des grandes métropoles. Mais plus de la moitié d'entre elles enregistre un accroissement démographique, alimenté par un excèdent migratoire (arrivées dominées par les employés, les ouvriers et les séniors) auquel s'ajoute parfois un excédent naturel. Les communes confrontées à une déprise démographique perdent des habitants principalement par déficit naturel, même si des départs de catégories supérieures et d'actifs avec enfants sont constatés. Les secteurs agricole et agro-alimentaire tiennent une place importante (1 emploi sur 4). Le nombre d'emploi augmente mais reste nettement en deçà de la moyenne. (…) Le taux de chômage et l'emploi à temps partiel dépassent légèrement la moyenne. Ces campagnes sont peu bâties et peu artificialisées.

– *Les campagnes à faibles revenus, croissance résidentielle, économie présentielle et touristique* (1,8 M d'hab., 3 528 communes, 55 600 km²). De très faible densité, les communes de cette classe ne forment des plages continues que dans quelques secteurs montagneux du Massif central, des Pyrénées, des Alpes du sud et de Corse, Dans un environnement fortement rural, les 3/4 d'entre elles ont cependant une population en augmentation, grâce à un excédent migratoire auquel est souvent associé un solde naturel positif. De nombreuses communes voient toutefois l'arrivée de séniors, ce qui a pour effet d'accentuer le vieillissement déjà important de la population (...) L'économie locale est marquée par les emplois résidentiels, agricoles, agro-alimentaires et touristiques. La croissance des emplois et le niveau de qualification des actifs atteignent des valeurs moyennes. Le taux de chômage et la part du temps partiel sont très importants. Les paysages sont principalement composés de prairies et de forêts, avec une faible présence du bâti et des espaces artificialisés.

– *Les campagnes à faibles revenus, croissance résidentielle, économie présentielle et touristique dynamique, avec éloignement des services d'usage courant* (1 M d'hab., 2 134 communes, 51 300 km²). Situées dans une grande partie de la France montagneuse, avec des densités très faibles n'augmentant que très lentement, les communes de cette classe « correspondent à des espaces, souvent difficiles d'accès, sur lesquels les grandes métropoles n'exercent que peu d'influence. Le vieillissement de la population y est sensible » même si 80 % de ces communes connaissent un « accroissement démographique qui résulte d'un excédent migratoire parfois combiné avec un solde naturel positif ». Des populations les quittent toutefois. La situation économique est plutôt favorable grâce à une sphère présentielle et un secteur touristique très développés. Les actifs ont un bon niveau de qualification et l'emploi est en forte croissance. Mais le chômage et le travail à temps partiel sont très présents. Ces territoires, qui caractérisent une partie de la France montagneuse, bénéficient de la qualité de leurs aménités environnementales. On analysera plus précisément dans le chapitre 6 la typologie des espaces montagnards.

Les campagnes agricoles et industrielles **:** Ce groupe à classe unique compte 5,5 M d'habitants, 10 523 communes sur un vaste espace de près de 140 000 km², principalement dans la moitié nord de l'Hexagone : plus de la moitié des communes de la Somme, de l'Aisne, des Ardennes, de la Marne, de la Meuse et de l'Aube, mais aussi à l'Ouest, s'insèrent entre les principales agglomérations, avec une présence très marquée en Eure-et-Loir, Loir-et-Cher, Sarthe et Mayenne. Les dynamiques économiques et démographiques y sont très contrastées et les territoires concernés profitent ou subissent les influences urbaines parfois très lointaines. Connaissant une faible densité, les communes ont une population jeune et pour la plupart une croissance démographique due à un bilan naturel et un solde migratoire excédentaires. Cependant certains bourgs et les petites villes perdent des habitants à cause d'un déficit migratoire (départ de catégories socioprofessionnelles supérieures). La situation économique présente quelques fragilités : un chômage important, une faible croissance des emplois et un niveau de qualification des habitants peu élevé. Les activités industrielles sont prépondérantes et la présence de la sphère agricole et agroalimentaire affirmée. Si les habitants de ces communes ont des revenus légèrement inférieurs à la moyenne nationale, ils bénéficient néanmoins d'un bon accès aux services et aux commerces. Les paysages associent des terres agricoles (notamment des espaces de grandes cultures) à un bâti fragmenté et peu dense.

Les campagnes des villes, du littoral et des vallées urbanisées : Les communes de ce groupe se caractérisent par une forte croissance résidentielle depuis une trentaine d'années. Elles rassemblent près de 16 M d'habitants et près de 10 500 communes sur 140 355 km². Les conditions de vie et l'économie y sont, plus ou moins fortement, liées aux dynamismes des métropoles et des villes environnantes.

L'étude distingue trois classes au sein de ce groupe :

– *Les campagnes densifiées, en périphérie des villes, à très forte croissance résidentielle et à économie dynamique* (5,5 M d'hab., 3 070 communes, 39 000 km²). Les communes de cette classe, essentiellement dans la proche périphérie des grandes agglomérations et dans les espaces les plus urbanisés (Île-de-France et Alsace, département du Rhône, sillon mosellan et périphéries de Rennes, Nantes, Toulouse), plus rarement en périphérie des petites et moyennes villes, bénéficient du desserrement résidentiel des grandes métropoles et d'un bilan naturel positif grâce à la présence d'une population jeune. Elles attirent des catégories socioprofessionnelles supérieures mais peuvent aussi connaître des départs de cadres et de chefs d'entreprises [ainsi que] de personnes âgées de 55 ans et plus. Leur situation économique est très favorable : emplois en augmentation, bon niveau de qualifications des actifs etc. Ces communes sont également très bien pourvues en services et commerces. Les paysages, très fortement marqués par l'artificialisation, disposent d'un bâti fragmenté et étendu souvent associé à des zones humides ou fluviales.

– *Les campagnes diffuses, en périphérie des villes, à croissance résidentielle et dynamique économique diversifiée* (5,5 M d'hab., 4 843 communes, 60 650 km²). Les communes de cette classe forment les secondes couronnes des grandes agglomérations et les couronnes des villes moyennes. Densément peuplées, elles voient leur population augmenter grâce à un excédent naturel et migratoire. Sauf exceptions, elles attirent toutes les catégories socioprofessionnelles et un large éventail de classes d'âge. Au plan économique, ces communes disposent d'activités industrielles importantes et d'activités résidentielles légèrement inférieures à la moyenne. La qualification des actifs est élevée et le taux de chômage faible. Mais nombre d'actifs travaillent loin de leurs communes de résidence faute d'y trouver des emplois en nombre suffisant. Là encore, les paysages sont fortement artificialisés.

Les espaces de la dynamique industrielle

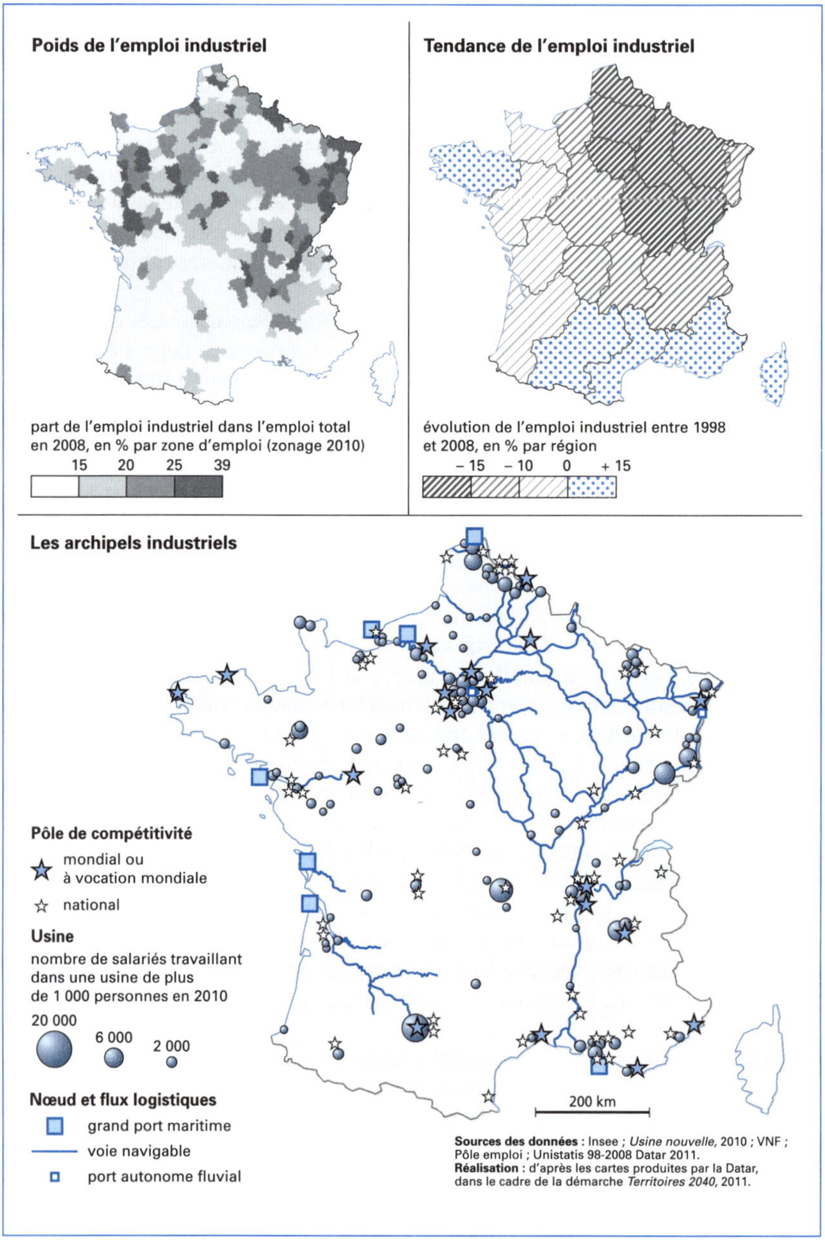

– *Les campagnes densifiées, du littoral et des vallées à forte croissance résidentielle et à forte économie présentielle* (5 M d'hab., 2 535 communes, 40 500 km²). Dans le midi méditerranéen, sur les littoraux de l'Atlantique, de la Manche, de la mer du Nord, le long des grandes vallées fluviales et des vallées alpines, plus localement autour de quelques agglomérations marquées par la présence du milieu semi-naturel (cf. Clermont-Ferrand, Limoges, Saint-Etienne ou Besançon) les communes de cette classe connaissent une croissance démographique alimentée par un excédent naturel, là où la population est jeune, mais surtout par l'arrivée de populations de tous âges et de toutes catégories socioprofessionnelles (…) Leurs habitants bénéficient d'un excellent accès aux services et aux emplois. Mais malgré une forte croissance de ces derniers et un bon niveau de qualification des actifs, le taux de chômage reste élevé. L'activité économique est orientée vers les secteurs résidentiel et touristique. Ces territoires sont fortement marqués par l'artificialisation. Les milieux semi-naturels, les espaces agricoles et l'eau jouent, toutefois, un rôle important dans la composition des paysages.

Il ressort de cette typologie au moins deux enseignements principaux concernant les disparités régionales.

Le premier est qu'elles existent bel et bien, les écarts de valeur en témoignent à l'envi, mais qu'elles résultent d'une combinaison serrée de facteurs d'appartenance régionale et de facteurs locaux. Le cumul d'indicateurs défavorables est particulièrement alarmant.

Plus qu'une « carte de la douleur », c'est une image fragmentée qui ressort, rétive à tout scénario catastrophe. Les espaces locaux connaissent une gamme de difficultés d'ordre très différent et ne constituent pas de vastes régions continues. Crise par excès (pression foncière spéculative accentuant la dissociation résidence-emploi, discrimination socio-spatiale à grande échelle en ville, mono-activité industrielle ou touristique), et crise par défaut (dépeuplement, faible créativité économique, manque de repreneurs dans les exploitations) affectent des espaces divers et des populations très différentes pour lesquelles l'appréciation de la disparité est radicalement opposée. On oublie trop souvent que les crises, celles d'un bassin minier ou métallurgique, celles d'une banlieue usinière, celles de quelques cantons laitiers, viticoles ou porcins, d'un fond de vallée en moyenne montagne, sont aussi ravageuses dans leurs effets directs (revenus, friches industrielles) et indirects (commerce, démographie et fiscalité) qu'elles sont limitées dans l'espace. On passe souvent sans transition d'un monde à l'autre, de ceux évoqués à l'instant à ceux de la banlieue paisible, du centre-ville, de l'aire métropolitaine, de la campagne prospère et subventionnée, de la basse vallée passante et active. Ainsi en va-t-il des 751 Zones Urbaines Sensibles, dispositif établi en 1996 par le Pacte de relance de la ville. Ces zones, de même qu'en leur sein les Zones franches Urbaines (une centaine pour 2,2 % de la population française), les Zones de redynamisation urbaine (la moitié des ZUS et 2/3 de leur population), constituent des territoires officialisés sur des bases socio-économiques, immobilières, sociospatiales, fortement défavorisés. Les 4,7 millions de personnes, 7,5 % des ménages français, qu'elles hébergent comprennent une proportion deux fois plus élevée de demandeurs d'emploi, et des revenus moyens de 40 % inférieurs au revenu moyen national cela au sein d'aires urbaines souvent très « riches ». Cette micro-géographie devient de plus en plus significative à mesure que se resserrent, lentement, bien des écarts inter-régionaux. Les crises les plus graves sont souvent celles qui s'insinuent dans les régions « dynamiques » où s'accumulent hommes, activités, et profits : ainsi l'Île-de-France compte 157 ZUS, et PACA compte 20 % de ses habitants en ZUS.

Insistant sur la métropolisation accentuée du territoire, l'accroissement des inégalités territoriales dû à la réduction de la dépense publique (« Si elle est réduite de 5 points du PIB – de 57 % à 52 % –, cela représente environ 100 milliards d'euros. Ces 100 milliards dépensés aujourd'hui ont des effets redistributifs puissants qui expliquent la baisse continue des inégalités territoriales depuis les années 1960 ») Laurent Davezies (*La crise qui vient, les nouvelles fractures territoriales*, 2012) n'hésite pas à évoquer un « choc nouveau et autrement plus brutal que les précédents » en 1974, 1982 et 1992, et même une « rupture historique » ; Celle-ci cliverait une France productive, marchande et dynamique, concentrée dans les plus grandes villes (40 % de la population) ; une France non productive, non marchande mais quand même dynamique grâce aux revenus du tourisme, des salaires publics et des retraites (40 % des Français, à l'ouest d'une diagonale Cherbourg-Nice) ; une France productive, marchande et en difficulté, dans les bassins industriels sinistrés en particulier dans le Nord ; enfin, une France non productive, non marchande et en difficulté, dans le nord-est frappé de déclin industriel.

4

Régionalisation et aménagement régional

La régionalisation au sens politique ou administratif du terme s'est mise en place progressivement en même temps que s'affirmait la politique d'aménagement du territoire. Il s'agissait d'organiser le développement du territoire et de ses régions dans un souci d'efficacité économique.

Cette politique a d'abord été le fait de l'État central qui agissait dans le cadre d'une volonté de déconcentration. Peu à peu, les transferts de compétence vers les collectivités territoriales ont ouvert la porte de la décentralisation.

Dans le même temps, les politiques sectorielles de l'État dans le domaine des transports, de l'industrie, de l'agriculture ou du tourisme avaient aussi des effets régionaux. À l'ancienne diversité régionale s'est ainsi ajoutée une nouvelle différenciation territoriale. De nouvelles distorsions sont apparues en fonction des actions du pouvoir central, des politiques économiques et des résultats de la régionalisation. Les inégalités qui se sont renforcées entre régions et collectivités territoriales, ont fait naître le besoin d'une péréquation arbitrée par l'État pour parvenir à une meilleure « justice spatiale ».

Les lois de décentralisation de 1982-1983 ont érigé la région au rang d'une collectivité territoriale à part entière. Quel bilan peut-on tirer des nouvelles pratiques politiques régionales et locales ?

De 1789 jusque vers 1945, la nation est le mythe fondateur de la France. De Michelet à Renan, la constitution de cette nation, par consentement autour d'un État et d'un territoire qui en est l'assise, est donnée comme le fondement de l'identité française. Elle transcende les particularismes culturels comme les dichotomies géographiques.

Mais depuis les années 1940, cette unité-singularité, sans s'effacer comme valeur politique, recule pour faire une place essentielle à la promotion de la diversité française comme patrimoine. Ainsi, selon P. Nora, assiste-t-on « d'un côté à l'effacement d'une France dominatrice et sûre d'elle-même », et de l'autre à l'émergence « d'une curiosité pluraliste et presque indifférenciée pour la richesse et la diversité de ses expressions » (*Les Lieux de Mémoire*, 1986).

Ces représentations plus diversifiées du territoire font de la région et du local un terrain politique de premier ordre, enjeu de débats électoraux, et terrain d'action pour l'État aménageur. Les deux sens donnés ici au terme politique, celui d'une géographie politique et celui d'une politique géographique, pourront être envisagés ensemble : d'un côté, la décentralisation administrative et la promotion des régions au rang de collectivités territoriales, contribuent à l'affaiblissement du centralisme et à l'avènement d'un nouveau type de rapport entre l'État et les collectivités locales. L'instauration des contrats de plan État-régions à la fin des années 1980 est un exemple de cette convergence recherchée, même si l'interventionnisme de l'État reste une spécificité nationale.

De l'autre côté, les régions sont devenues des échelons significatifs de la vie et de la géographie politique, qui font de l'action territoriale un argument électoral, un terrain de rivalités et, parfois, de coopérations inter-régionales.

Le maillage administratif régional

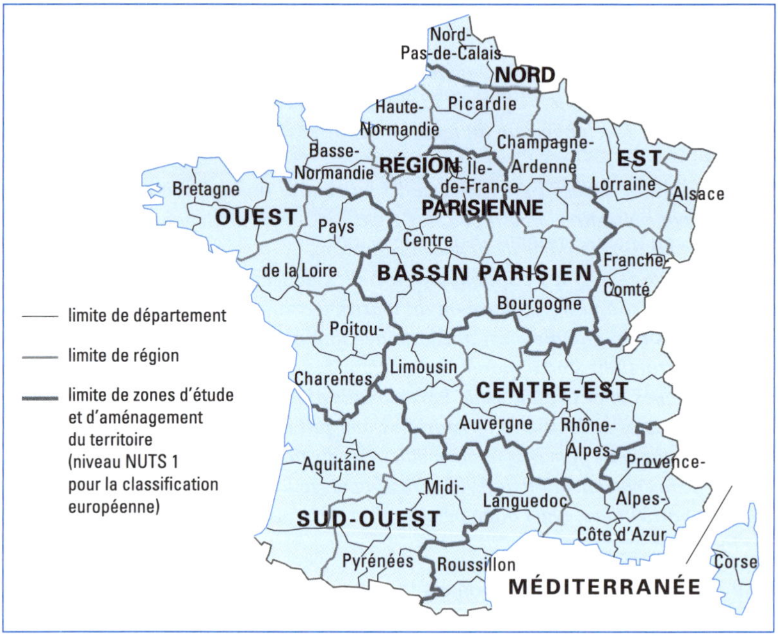

L'INVENTION DES RÉGIONS (1945-1982)

Une double filiation préside à l'émergence des régions.

La plus connue est celle de l'État qui met assez rapidement en place les moyens d'une action décentralisée selon une chronologie précise. Les 19 préfectures régionales instaurées par le régime de Vichy en 1941, font l'objet d'une suspicion compréhensible qui conduit à leur suppression en 1946.

Le décret du 30 juin 1955 sur les plans d'action régionale comporte la création de 22 « régions de programme » qui groupent de 2 à 8 départements en en respectant les limites. 14 portent le nom, mais non les limites, de provinces historiques. Pour tenir compte du poids comparable de Rouen et de Caen, on partagea la Normandie en deux. Devenues des circonscriptions d'action régionale en 1960, des régions en 1964, elles sont dotées d'un préfet et d'une commission de développement économique formée d'experts. En 1972, elles acquièrent le statut d'établissement public régional : c'est alors le vrai début de la régionalisation. Pourvues d'un conseil régional formé de parlementaires et d'élus locaux, d'un conseil économique et social, tous deux consultatifs, d'un faible budget, elles deviennent le cadre de la planification. Jusqu'en 1982, elles sont donc un outil démultiplié de l'exécutif central, et fondent un régionalisme fonctionnel où les préfets ont la part belle.

L'autre filiation, régionale celle-ci, mérite d'être rappelée. Dès 1917 se produit un regroupement des chambres de commerce, sous l'égide du ministre de la Guerre, Clémentel ; ce regroupement, inspiré des travaux de Vidal, est officialisé en « régions Économiques » en 1938. Mais c'est surtout après 1945 que le besoin d'un cadre régional se manifeste, surtout dans les milieux économiques. À tous niveaux, de la ville à la région, se constituent dans les années 1950, des comités d'expansion économique, regroupant notables, élus, entrepreneurs et universitaires, auxquels est accordé un rôle consultatif officiel en 1954. L'exemple le plus connu est celui du CELIB en Bretagne, comité d'étude et de liaison constitué en 1951, pépinière de dirigeants régionaux et inspirateur du récent réseau inter-régional « Arc Atlantique ».

Dès les années 1960, l'histoire de la région est cependant tributaire de celle de l'aménagement du territoire par l'État, ce qui instaure une contradiction entre un idéal d'unité, d'égalité et d'équilibre, et un mouvement de singularisation des territoires, régionaux notamment, à mesure que s'affirment toutes les collectivités territoriales. Dans la période de croissance rapide, jusqu'aux années 1970, la prééminence de l'État l'emporte sans conteste ; dans la phase suivante de la récession et des crises sectorielles, le désengagement relatif de l'État s'accompagne d'un transfert d'une part des responsabilités vers les collectivités (contrats de pays et de villes). L'État ne tient plus qu'un rôle de « pompier » intervenant en urgence là où les crises locales sont graves. À partir de 1982, la décentralisation qui s'amorçait dans les faits, s'élargit en s'inscrivant dans un cadre législatif.

Enfin, à l'occasion des changements de majorité de 1993 et de 1997, on assiste à des débats concernant l'Aménagement qui en font un enjeu de rivalités entre trois ministères (et ministres !) : Intérieur, Transports, Aménagement et Environnement. Simultanément des lois prolongent et réaménagent la décentralisation. La crainte souvent affirmée de fracture sociale et territoriale comme les enjeux du développement économique local posent la question du partage des compétences entre les collectivités territoriales.

Les régions dans les politiques d'aménagement : une place limitée (1963-1982)

S'il existe une continuité du rôle directeur de l'État dans l'aménagement, sa mise en œuvre s'est inscrite dans des idéologies variées, d'E. Claudius-Petit, ministre de la Construction en 1949 à O. Guichard et à ses successeurs après la création de la DATAR en 1963. La place faite aux régions diffère selon qu'elles sont considérées dans leur rapport à Paris, ou comme objets d'actions régionalisées. Le rééquilibrage entre Paris et le reste du pays est la motivation initiale, à l'apogée de la politique des années 1960, reposant sur une prospective à long terme. La priorité donnée au cadre de vie, aux « pays » et aux villes moyennes, caractérise les années 1970, alors que les scénarios à long terme sont partiellement démentis par les crises sectorielles multiples, qui brouillent les images simples du territoire de la période qui précède.

Au cours de ces vingt ans, les régions en tant que telles ne sont qu'un cadre de référence et non d'action. En effet, les instruments de l'aménagement sont destinés soit au territoire tout entier, avec la décentralisation industrielle ou le schéma directeur des liaisons autoroutières (1971), soit le plus souvent à des territoires caractérisés par des déficits particuliers qui ne coïncident pas avec les régions. Ces champs d'action peuvent être sensiblement plus petits, comme les aires métropolitaines à partir de 1966, les villes moyennes et les pays ruraux vers 1974-1975, les parcs nationaux (1963) et régionaux (1967), les zones industrialo-portuaires. Ils peuvent être aussi sensiblement plus grands comme les zones d'attribution de primes à la création d'emplois industriels. Ils peuvent enfin correspondre à des zones d'intervention de type géographique, indépendantes du maillage régional, comme les zones de conversion industrielle et minière, de rénovation rurale, les aires des grandes sociétés d'économie mixte créées pour l'aménagement rural, hydraulique ou touristique, par exemple les Sociétés des friches de l'Est (1955) et la compagnie du Bas-Rhône-Languedoc (1955).

Les régions ne sont donc guère prises en compte, même si la planification intègre les avis des comités d'expansion, surtout après 1964. Ces programmes n'ont guère constitué jusqu'en 1972 qu'« une première phase, dans la prise de conscience du fait régional, l'information et la formation des équipes et des responsables régionaux » (Ph. Pinchemel, 1990). En terme d'action tangible, sectorielle ou régionalisée, l'aménagement du territoire s'accorde peu au cadre et à l'échelle des régions.

Acteurs, moyens et types de politique

Ainsi, l'aménagement du territoire est une compétence partagée, mais partagée très inégalement dans cette période, entre l'État et les collectivités.

Du côté de l'État, l'action politique (incarnée par le comité interministériel de l'aménagement du territoire) est relayée par les administrations décentralisées et surtout par cette structure légère mais omniprésente, et donc souvent mise en cause, qu'est la DATAR. À l'échelle départementale et régionale, les administrations préfectorales, les grandes directions techniques (Agriculture, Équipement), les missions spécialisées, mettent en œuvre les orientations. Ces acteurs disposent de moyens financiers incitatifs assez limités, et financièrement très dispersés entre ministères et fonds spécifiques. Pourtant, d'autres moyens existent : administratifs (cartes d'attribution de la Prime d'aménagement du territoire, procédures d'agrément pour l'installation d'activités en Île-de-France…), ou contrats État-collectivités.

Du côté de ces dernières, redistributrices de certains fonds, co-financières d'actions locales, elles ont surtout une politique propre de développement par le biais de l'urbanisme réglementaire pour ce qui est des villes et des agglomérations – Schéma directeur d'aménagement et d'urbanisme (SDAU) et Plan d'occupation des sols (POS) depuis 1965 –, des comités d'expansion, et de l'association avec de nombreux partenaires qui constituent une nébuleuse d'institutions d'aménagement : sociétés d'aménagement régional, sociétés de développement régional, au rôle essentiel de participation financière dans les PME et de conseil économique, notamment depuis leur réforme de 1976, et aussi organismes consulaires (chambres de commerce…) articulent milieux politiques et économiques.

Il faut aussi distinguer les politiques à finalité territoriale de celles qui sont sectorielles, mais qui ne sont pas moins efficientes pour l'espace. Les premières sont des politiques régionales qui reposent sur le principe d'une différenciation des interventions publiques. Le principe de la Prime d'aménagement du territoire, dont le montant diffère selon les zones, en est l'exemple achevé. Il en va de même des zones de conversion créées dès 1956-1959, des cartes scolaires, des schémas d'infrastructures (ports autonomes), des unités touristiques nouvelles autorisées en montagne, de la promotion de certaines catégories de villes, des zones franches urbaines.

Mais les politiques sectorielles, réglementant productions ou tarifs, les politiques menées par des institutions à leurs fins propres (armées, universités, entreprises du secteur public) jouent aussi un rôle régional considérable.

Il en fut ainsi de ce qui fut appelé la « décentralisation culturelle ». Du mouvement des maisons de la Culture impulsé par André Malraux à la constitution de centres dramatiques nationaux et régionaux hors de Paris, il s'agit d'un phénomène particulièrement durable et fécond de valorisation des capitales et des publics régionaux. Le monopole parisien de la création a ainsi été battu en brèche. Dans le même élan avait été impulsé le Théâtre national populaire, dont Roger Planchon a perpétué le mouvement à Villeurbanne, mais auquel participent aussi Marcel Maréchal à Marseille, Jean Dasté à Saint-Étienne, Jean-Pierre Vincent à Strasbourg…

Le cas de la politique agricole, soumise à la politique agricole commune (PAC), est aussi significatif. L'intensification des productions, la viabilisation économique d'exploitations familiales de médiocre dimension, notamment dans les régions où elles étaient nombreuses (Ouest, montagnes), la « céréalisation » de leurs orientations technico-économiques, lui sont imputables.

En région Centre, par exemple, riche région céréalière, la réforme de la PAC des années 1990 avait provoqué une baisse du chiffre d'affaires agricole annuel d'environ 500 millions de francs, avec de multiples conséquences sur l'emploi non agricole en amont et en aval de la production, en milieu rural notamment. Les choix industriels dans la même région, dans un secteur où l'État et le contexte géopolitique sont déterminants (celui des industries d'armements), rendent incertains, à terme, près de 30 000 emplois.

Les effets régionaux des politiques d'aménagement

Dans ce domaine où il importe de distinguer efficacité et efficience, effets directs et indirects, effets attendus et « pervers », l'appréciation de vingt ans d'intervention dans les régions est difficile. Il n'existe aucune évaluation globale, remarque le rapport du Sénat *Refaire la France* (1994) pour le déplorer, de l'efficacité de l'Aménagement, qui permettrait de faire la part entre ce qui revient à l'application des mesures et au développement économique spontané. Cette absence laisse place à une grande subjectivité des bilans. La commission Guichard de 1986 considère ce bilan comme largement positif, mais d'autres le qualifient de « naufrage » (*Cahiers du CNFPT*, n° 33, 1991). En tout état de cause, la DATAR est toujours donnée comptable de ce bilan. Quelques résultats sont cependant évaluables, de la « politique 60 » surtout, dont les effets perdurent :

– Du point de vue le plus global, on peut observer que ces politiques ont d'abord provoqué une différenciation forte de la gestion du territoire. Né d'un objectif égalitaire, l'Aménagement opère une discrimination positive dans un but de développement économique (zones primées), de préservation (conservatoire du littoral, parcs), d'aménagement intégré (hydraulique, touristique...). Il instaure ainsi la discrimination comme condition nécessaire du développement. Le classement en zone d'agriculture de montagne, les pôles de conversion et les zones d'entreprises, les politiques plus récentes de différenciation régionale des aides européennes, font toujours coïncider des types d'espaces et des objectifs économiques.

– À l'échelle nationale, l'Aménagement a donné son cadre à la métropolisation du territoire que représente la politique dite des « métropoles d'équilibre » (1966). Dotées de schémas directeurs, recevant les équipements tertiaires lourds, maîtrisant leur urbanisme par le recours à la rénovation des centres, aux villes ou aux quartiers nouveaux qui accueillent plus tard les technopôles des années 1980, ces villes absorbent le tiers des dépenses du Fonds d'aménagement (FIAT) de 1963 à 1970. Cela a d'ailleurs pu accentuer les déséquilibres intra-régionaux, imposant ensuite une politique bien moins spectaculaire des villes moyennes.

– Du point de vue de la modernisation économique, la principale contribution des politiques d'aménagement est la modernisation du réseau routier et l'extension du réseau autoroutier. Si l'on peut discuter les vertus rééquilibrantes d'un réseau qui est resté longtemps étoilé autour de Paris, il est incontestable que le plan routier breton, les transversales du Sud-Ouest (Bordeaux-Narbonne) et du Nord-Est, sont des facteurs d'accompagnement de la croissance. D'autres actions de modernisation ont vu le jour sous le label de l'Aménagement : la première technopôle à Valbonne (Sophia-Antipolis), les nouvelles zones industrielles dans les villes minières et sidérurgiques (notamment pour l'automobile à Metz, Charleville, Douvrin...), les zones industrialo-portuaires de Fos et de Dunkerque dont l'« échec » est aujourd'hui très relativisé, la maîtrise de l'eau de la Durance et du Verdon au profit des zones irriguées et urbaines de Provence, l'organisation du tourisme de masse en un chapelet de stations intégrées sur la côte languedocienne...

– L'objectif privilégié visant à répartir la richesse et de l'emploi est sans doute le moins bien rempli, car il a singulièrement pâti des concurrences et des lenteurs d'acteurs nombreux au rôle mal délimité. Le contexte en est aussi rapidement devenu défavorable, correspondant au paroxysme de la désindustrialisation. De 1974 à 1981, l'industrie perd 3 % de son poids relatif dans l'emploi, et 5 % dans l'investissement total ; le textile perd 25 000 emplois par an et la sidérurgie 11 000 de 1979 à 1980. Face à ce lourd passif, l'action de l'Aménagement peut être interprétée comme un simple accompagnement de logiques industrielles de déconcentration vers des sites et des bassins de main-d'œuvre moins coûteux, hors des bastions revendicatifs. Pourtant le traitement de dizaines d'hectares de friches industrielles, l'aide à la diffusion de technologies par le biais des CRITT (centres régionaux pour l'innovation et le transfert des technologies) et de l'ANVAR, la diffusion d'environ 500 000 emplois industriels (de 1950 à 1975) vers l'ouest et le sud-ouest du Bassin parisien surtout, le guidage des investissements étrangers vers les zones prioritaires, sont des acquis fort importants. Peu proportionnés aux ambitions, notamment en matière d'emploi tertiaire pour lequel l'État même ne donne guère l'exemple, par la lenteur et la parcimonie des transferts hors de Paris, ces acquis ne contredisent guère les tendances inégalitaires lourdes. Ils ne font, en effet, que confirmer les grands clivages envisagés précédemment en avantageant le Bassin parisien et le Grand Ouest, de façon assez diffuse (zones rurales et villes moyennes), et le Sud-Est de façon plus ponctuelle, sur les littoraux, autour des grandes villes. Les politiques d'aménagement n'atténuent que sur un plan local les effets les plus brutaux des crises du Nord-Est et les spirales du déclin démographique et économique des zones de moyenne montagne.

Il reste que les écarts inter-régionaux semblent, lorsqu'ils se sont atténués, l'avoir été moins sous la pression de politiques compensatoires que sous l'effet de crises « rognant » les avantages acquis des régions les plus industrielles et urbaines, ou sous l'effet d'évolution d'une économie néo-industrielle fortement tertiarisée.

Enfin, la croissance de la population et de la richesse de l'Île-de-France avait retrouvé une sensible supériorité par rapport à celle du reste du pays de 1982 à 1990, après l'accalmie de 1968-1982, et cela bien que l'Aménagement du territoire ait été obnubilé par le problème parisien depuis l'origine, en le traitant, selon les périodes, avec coercition ou avec plus de laxisme, eu égard à une envergure internationale toujours concurrencée. Les reculs démographiques en Île-de-France de 1990 à 1999 sont moins imputables à une décentralisation qu'à l'extension de sa dynamique au-delà des limites régionales. Le renouveau depuis 1999 le confirme (+ 0,7 % par an, mais seulement grâce au solde naturel de + 0,8 % par an).

Ce sont ces critiques, ces insuffisances, de la période 1970-1980 surtout, qui préparent le terrain de la réforme de 1982-1983.

LES RÉGIONS DANS LA DÉCENTRALISATION (1982-2004)

Les années 1980 voient la réforme la plus durable et la plus consensuelle menée sous le premier septennat Mitterrand, mise en œuvre par des hommes qui symbolisent le poids national de grands élus à base régionale : Pierre Mauroy, Premier ministre lillois, Gaston Deferre, ministre de l'Intérieur marseillais. Pourtant on aurait tort d'y voir une apothéose des régions qui ne retirent, dans une élaboration complexe et arbitrée par le poids traditionnel des communes et des départements, qu'une portion assez congrue des transferts de compétences et de ressources. Mais elles acquièrent la légitimité d'une instance représentative, élue au suffrage universel direct. Cette reconnaissance va soutenir un rôle croissant des régions dans le rééquilibrage entre institutions « historiques » (communes, départements) et régions, mais aussi groupements de communes et de régions, plus tard venus.

Le cadre institutionnel de la décentralisation

Les lois de 1982-1983 furent adoptées dans le contexte d'un changement politique, mais surtout de crise économique dans lequel l'État centralisé ne signifie plus ni État fort ni État-providence. Elles visent à rapprocher État et nation en revalorisant l'administration territoriale, moins prestigieuse, mais fondamentale pour l'exercice de la citoyenneté, économique et sociale notamment.

Les principales dispositions de ces lois (du 2 mars 1982 sur les « droits et libertés des communes, départements, et régions », du 29 juillet 1982 sur la planification, puis de 1983 à 1986 sur les répartitions de compétence) peuvent être ainsi résumées :

• Les exécutifs départementaux et régionaux sont transférés aux présidents des conseils généraux et régionaux, les commissaires de la République (nouveau titre des préfets) conservant un pouvoir de contrôle administratif, d'exécution des lois et de direction des services de l'État. La région devient donc une collectivité territoriale de plein droit, responsable d'un budget, d'un personnel (en rapide croissance : 18 agents pour 1 000 hab. en moyenne), munie d'un conseil élu pour 6 ans (40 à 200 membres, selon le nombre de parlementaires). Celui-ci autorise les emprunts, élabore la planification, gère les compétences transférées. Les exécutifs des trois niveaux sont désormais contrôlés *a posteriori*, et pour la seule légalité de leurs décisions, par l'autorité judiciaire (tribunaux administratifs) et par l'État (chambres régionales des comptes) sur appel des préfets.

• Des compétences, c'est-à-dire des pouvoirs et des attributions, sont transférées vers les trois niveaux :

– La commune devient sensiblement plus autonome en matière d'urbanisme, d'intercommunalité et d'aide au développement économique, par le biais des presque 1 200 sociétés d'économie mixte locales, au sein desquelles sa liberté de manœuvre est accrue (ce sont ainsi environ 10 milliards d'euros qui sont ainsi dépensés annuellement).

– Le département ne reçoit guère de compétences nouvelles non plus, mais il obtient l'essentiel de celles qu'il partageait avec l'État : programmation et réalisation des collèges, plan départemental de transport, ports non autonomes, plans d'équipement rural, aide sociale notamment pour les personnes âgées. Ce volet social (répartition du RMI, actions d'insertion, gestion de la future prestation d'autonomie pour les personnes âgées dépendantes) a fait des départements des acteurs de premier plan de la politique sociale qui représente 60 % de leurs dépenses de fonctionnement. Mais ils sont en forte concurrence sur ce plan avec les villes, premières concernées par l'acuité croissante des problèmes sociaux (celles de plus de 30 000 hab. hébergent trois fois plus de bénéficiaires du RMI que le reste des collectivités).

– La Région enfin reçoit des compétences dans cinq domaines principaux : la planification, l'aménagement du territoire (attribution des aides de l'État, transports régionaux), l'intervention économique (aides financières, participation aux sociétés de développement régional), la formation secondaire (schémas de formation, réalisation et entretien des lycées), recherche et culture (plans pluri-annuels, musées et archives, création de pôles régionaux).

Enfin, correspondant à ces charges, des ressources sont transférées sous la forme de dotations de l'État (fonctionnement, équipement, décentralisation) et d'une fiscalité propre pour la région. Mais les disparités et les insuffisances de ces financements sont une des critiques et un des freins les plus constamment relevés à l'encontre de la décentralisation.

Action et planification régionales : une ambition croissante

On doit d'emblée souligner que l'importance conférée aux régions par leurs nouvelles attributions est atténuée par la modestie de leur capacité financière. Pourtant l'action des régions est multiforme et d'ores et déjà décisive en matière scolaire : rénover, construire des lycées, en choisir l'emplacement et le profil selon les besoins régionaux représente une tâche cruciale en période de généralisation de l'enseignement secondaire long. En Île-de-France, 66 lycées sont construits entre 1986 et 1992, 475 sont rénovés ou en passe de l'être. Cette action gagne de l'importance en matière universitaire puisque les régions sont associées à l'État pratiquement à part égale dans le financement des nouvelles universités. Enseignement, apprentissage, formation professionnelle, pèsent pour 42 % des dépenses des régions en 2010.

Dans quatre autres domaines il existe une intervention spécifique des régions :

– En matière de coopération internationale et inter-régionale d'abord, le caractère très concurrentiel de l'Aménagement a conduit à des rapprochements transfrontaliers (voir chapitre 13).

– Les transports sont aussi un poste très lourd des budgets régionaux (22,4 % des dépenses en 2010). Associées à l'État dans la programmation des grandes infrastructures dans le cadre des contrats de plan, les régions ont aussi une politique originale de désenclavement ferroviaire, par le biais des Trains Express Régionaux. Depuis la Loi SRU (solidarité et renouvellement urbain) de novembre 2000, les régions sont en charge de l'organisation des transports ferroviaires de voyageurs, renforçant ainsi le pouvoir que le simple financement des TER leur donnait déjà.

– L'environnement est un domaine dans lequel les interventions ont été d'emblée nombreuses, sans doute en liaison avec le contexte dans lequel elles se sont affirmées, celui des années 1980, décennie qui voit l'affirmation de l'écologie politique.

– Enfin, elles sont le cadre unique de la réflexion prospective, de la rencontre entre les experts des conseils économiques et sociaux et les élus, et donc de la planification articulée des projets locaux et des besoins nationaux.

En revanche, les régions sont très concurrencées en matière d'action économique. Les aides en faveur des entreprises sont dispensées pour 42 % par les villes, tandis que départements et régions se partagent le reste à égalité.

Originalité des contrats de plan État-régions

Les prototypes de la planification régionale furent nombreux (plans d'action régionale de 1957, programmes régionaux de développement économique du 6ᵉ Plan, de développement et d'aménagement du 7ᵉ, de 1976 à 1980), mais ils ne laissaient guère de place à la réalisation et excluaient de nombreux domaines (logement, télécommunications…). Dans les années 1980, la critique de la planification née en 1947 (lourdeur centralisatrice, vision « équipementière » du territoire) aboutit aux schémas de services collectifs de 1999, et aux contrats de plan État-régions dès 1982, associant les deux financeurs publics, autonomisant la planification contractuelle, qui se substitue aux plans des régions et au Plan national. Quatre générations se sont succédées : la première est marquée par le poids des transports (38 % des 10,65 MM d'euros), la création des CRITT (innovation et transferts de technologie), la programmation des IUT. La seconde (1989-1993) voit les montants augmentés de 46 % et plus également répartis entre État et régions ; incluant les contrats de ville, le Plan université 2000 lancé en 1991, les fonds régionalisés d'aide aux initiatives locales pour l'emploi, elle est aussi plus sélective et se rapproche d'une politique territoriale plus que sectorielle, plus soucieuse de favoriser les régions en reconversion industrielle et les régions très rurales (en ce sens le poids croissant des fonds européens y trouve sa place). La troisième génération (1994-1999) accentue ces orientations : montants augmentés d'autant, financement égal par les deux acteurs et rôle croissant d'autres financements locaux et européens, forte différenciation des fonds selon les régions. Les Contrats de ville (214) font leur entrée en force dans les CPER. La quatrième génération (2000-2006) s'est élaborée alors que la LOADDT (Lois « Pasqua » puis « Voynet ») instituait les schémas nationaux et conférences et schémas régionaux d'aménagement du territoire. L'élargissement du champ de la planification, faisant la part belle aux régions, est spectaculaire : justice, PME-PMI, jeunesse et sports, sont désormais concernés. La dimension environnementale, la relance du rail, la priorité à l'emploi, aux formations universitaires et aux technologies de l'information, la cohérence avec les objectifs européens, sont quelques traits saillants de même qu'un volet dit « territorial » servent de cadre aux contrats de pays et d'agglomérations.

La répartition géographique vise à diminuer les inégalités de traitement de la génération précédente qui défavorisaient nettement les régions méridionales (sauf le Limousin et la Corse) le Centre et les Pays de la Loire.

De 2007 à 2014 court actuellement la quatrième génération des CPER, avec des engagements financiers en sensible recul de la part des Régions comme de l'État. Les principaux domaines de contractualisation sont les transports, l'enseignement supérieur et la recherche, l'écologie et le développement durable. Chaque contrat est bâti autour d'une dizaine de thématiques (dont les précédentes) et d'un volet territorial visant à conforter les démarches infra-régionales (pays, agglomérations, communautés de communes, parcs naturels régionaux…) sur des projets concrets. Deux particularités les distinguent des contrats précédents : une mise en cohérence (calendrier, suivi, évaluation) avec les échéances et les structures de la politique régionale européenne, ainsi que la présence de contrats interrégionaux sur cinq massifs montagneux et sur cinq grands bassins fluviaux.

À l'heure des premiers bilans

La première décennie d'application des lois de 1982 s'est achevée en pleine relance de la politique d'Aménagement. Ce contexte est propice aux critiques qui établissent un lien entre la décentralisation, la mise en sommeil de l'Aménagement, et le besoin d'une « reprise en main » de celui-ci par l'État. Si plus personne ne voit dans les transferts un risque d'éclatement de l'unité nationale, les critiques soulignent le « brouillage des compétences » (J. François-Poncet), le poids maintenu du personnel et du budget de l'État alors que celui-ci s'est désengagé, au nom de la décentralisation, dans de nombreux domaines, laissant les collectivités en concurrence et en forte inégalité de ressources. Cette rareté des solidarités verticales (région-départements-communes) et horizontales (entre collectivités riches et pauvres) est fortement dénoncée.

Critiques plus politiques, celles qui soulignent qu'en face du « non-choix » institutionnel entre régions et départements, la loi de 1985, qui interdit le cumul de plus de deux mandats, a conduit à la désertion des responsabilités régionales au profit des grandes mairies, des conseils généraux et des mandats parlementaires. En même temps pourtant, on constate que, grâce aux nouvelles attributions, se renforcent autour des postes clés des pratiques de notables, une toute-puissance locale, une « République des fiefs », modèle de démocratie autoritaire selon Y. Mench (*Les Cahiers français*, n° 256, 1992). Les dysfonctionnements les plus connus, rares mais discréditants, sont les faillites de villes surendettées, ou les « affaires », transactions douteuses et enrichissantes pour des individus ou des partis, liées aux passations de marchés d'études et d'équipements. Les succès de la décentralisation s'accompagnent enfin d'une méfiance grandissante à l'égard de l'indépendance des édiles en matière d'urbanisme. Les enjeux électoraux sont tels que, dans les zones de forte pression urbaine, les plans d'urbanisme tendent à être soumis au régime de la révision permanente si ce n'est à celui de la dérogation.

C'est dans ce contexte qu'intervient la loi du 6 février 1992 sur « l'administration territoriale de la République ». Donnée comme un second souffle de la décentralisation, elle impose une meilleure information sur les actions des collectivités, facilite leur coopération locale, face à un émiettement considéré comme un mal français typique (36 551 communes dont 77 % ont moins de 1 000 hab.). Cet émiettement rend les concurrences très dommageables aux initiatives de collectivités proches en matière d'emploi, par exemple. La loi de 1992 est surtout retenue pour avoir créé la « communauté de communes », structure de coopération en plein essor aujourd'hui, et qui tend à remplacer les syndicats intercommunaux à vocation unique (SIVU) ou multiple (SIVOM), et les chartes intercommunales (voir chapitre 5). 98,3 % des communes et 92,1 % des Français vivent en intercommunalité en 2013.

La pierre d'achoppement de l'action locale et régionale reste cependant la difficulté de réformer un système financier à la fois de plus en plus sollicité (désengagement de l'État et donc dépendance croissante à l'égard de la fiscalité) et facteur d'inégalités profondes entre collectivités : les plus faibles potentiels fiscaux sont soumis au plus gros effort, ce qui est profondément dissuasif pour les nouvelles implantations.

L'enjeu financier est considérable : les collectivités dépensent en moyenne près de 2 000 euros par an et par habitant, soit environ 11 % du PIB et un budget équivalent à la moitié de celui de l'État. Mais la structure de ces dépenses est très différente selon les collectivités : le tableau ci-dessous montre la modestie budgétaire des régions, qui résulte de leur faible part dans la perception des impôts locaux (5 % environ des taxes locales).

Dépenses des collectivités territoriales en 2011 (en milliards d'euros)

	Dépenses totales	dont investissements
Régions	27,2	10,5
Départements	69,6	15,2
Groupements de communes	38,2	10,5
Communes	94	30,2

Source : DGCL

Si les frais de fonctionnement des régions se sont rapidement accrus avec la constitution d'une administration étoffée autour des conseils, elles restent les collectivités qui investissent le plus, proportionnellement à leurs budgets, notamment grâce à l'emprunt.

Il faut compléter ce tableau par le rappel de la profonde disparité des revenus, de la pression fiscale et des dépenses. Les régions riches tirent d'importants revenus de la fiscalité indirecte (droits de mutation sur les transactions immobilières par exemple) qui réduisent leur besoin de prélèvements directs.

Il y a donc, selon J. Bourdin (1994), antagonisme entre logiques financières et territoriales, et contradiction entre la nécessité de revitaliser les zones rurales et l'avantage que procure aux grandes villes le mécanisme de calcul de la dotation globale de fonctionnement de l'État aux communes. Le projet de péréquation contenu dans la loi d'orientation de l'Aménagement du territoire de 1995, conservé dans la loi de 1999, répondait à cette critique en étendant un système qui n'existait que verticalement (des grandes vers les petites communes), pour 18 000 d'entre elles.

Depuis la révision constitutionnelle de 2003, la péréquation est un objectif de valeur constitutionnelle. Cette péréquation se fait verticalement : On observe ces dernières années une hausse constante des masses financières des dotations de l'État consacrées à la péréquation. La part de la Dotation Globale de Fonctionnement consacrée à la péréquation (tous niveaux de collectivités) est passée de 4,5 Md en 2004 (12,3 % de la DGF) à 7,23 Md en 2012 (17,5 % de la DGF). Il s'agit de mieux cibler les communes dont le territoire comprend des zones urbaines sensibles, des zones franches urbaines par le biais de la Dotation de Solidarité Urbaine, et celles qui sont situées en zone de revitalisation rurale (par celui de la Dotation de Solidarité Rurale). Mais la péréquation se fait aussi horizontalement : Ce mouvement a pour but d'accompagner la réforme de la fiscalité locale en prélevant les collectivités disposant des ressources les plus dynamiques suite à la suppression de la taxe professionnelle pour les reverser aux collectivités moins favorisées. Quatre nouveaux fonds nationaux de péréquation horizontale ont été créés entre 2011 et 2013, mais ils sont sensiblement moins dotés que les fonds de péréquation verticale évoqués ci-dessus.

Les lois de 1995, 1999, 2000, 2004, 2013 : la relance de l'Aménagement du territoire et de la décentralisation

Les années 1993-1999 marquent un retour visible de l'État en cette matière, dans un contexte politique assez favorable : deux régions seulement échappent à la droite, alors majorité gouvernementale. Va-t-on vers une recentralisation ou vers la promotion d'une gestion de plus en plus différenciée du territoire ? Après trois décennies pendant lesquelles le territoire avait fait l'objet d'une tentative de justice distributive, puis d'une assistance lors de crises localisées, enfin d'un désengagement au profit des collectivités et de la libre concurrence prônée par les directives européennes, la position d'arbitre acquise par le pouvoir central est avantageuse.

En 1995 est adoptée la « loi d'orientation pour l'aménagement et le développement du territoire », à la suite d'un débat parlementaire animé notamment par une importante contribution du Sénat, *Refaire la France*, où tout ce qui pouvait s'interpréter comme un recul en matière de décentralisation était vivement condamné. Le texte de la loi était un compromis entre Sénat et Assemblée, entre innovations et retour aux sources, mais c'était aussi le premier du genre à se donner une valeur prospective.

Ce texte, abandonné en 1997, est remplacé en juin 1999 par une loi dite loi Voynet qui conserve 75 articles de la loi Pasqua mais lui donne une tonalité sensiblement plus régionaliste. Ceci est en accord avec l'appartenance de la ministre au mouvement Vert, très pro-européen qui plus est, en fréquente contradiction avec un influent ministre de l'Intérieur, très souverainiste, J.-P. Chevènement. La loi s'est aussi voulue moins ruraliste. Entre ces deux lois, la « valse-hésitation » de l'Aménagement entre dé- et recentralisation se poursuit. Des nuances d'expressions se veulent symboliques. Ainsi passe-t-on du développement au développement durable, du territoire aux territoires.

Parmi les innovations, la création prévue en 1995 d'un schéma national d'aménagement du territoire, est remplacée par neuf schémas de services collectifs (transports, énergie, santé, culture, enseignement supérieur…) avec lesquels les schémas régionaux, et éventuellement inter-régionaux, d'aménagement et de développement du territoire devront être compatibles. L'innovation discutée en 1995 introduisant la notion de « pays », est conservée (voir chapitre 5). Il est présenté comme un territoire présentant une cohésion et exprimant une communauté d'intérêts, pouvant faire l'objet d'un projet d'aménagement et de développement, ayant une fiscalité propre. La loi complète ce dispositif par les projets d'agglomérations, au-dessus de 50 000 habitants dont 15 000 dans une ville-centre, et par les contrats de ville.

Le principe de compensation des handicaps ne disparaît pas : il bénéficie aux zones de revitalisation rurale (4,4 millions dans un tiers de communes selon les critères démographiques : densité de moins de 33 h/km^2, population totale active en recul, population active agricole deux fois supérieure à la moyenne nationale), aux quartiers urbains sensibles (4,7 millions d'hab. en zone urbaine sensible). Les zones éligibles à la prime d'aménagement du territoire ont posé un problème plus vaste. Cet outil ancien, entré dans les mœurs du développement local avec un effet de levier fréquent (exonération de taxe professionnelle, éligibilité automatique aux financements européens), a été jugé dérogatoire au principe de libre concurrence par la Commission européenne, qui a imposé une révision restrictive de la carte d'attribution en 1999. En en excluant 3 millions d'habitants, de vastes zones rurales, des bassins urbains et péri-urbains nombreux de l'Ouest (Vannes, Saint-Brieuc, Saint-Malo), du Centre, du Nord-Est (Arras, Troyes, Bar-le-Duc), du Massif Central (Clermont, Aurillac, Brive,

Rodez, Cahors, Sarlat), cette carte devient celle d'un strict dispositif de secours aux bassins en crise. Au demeurant, des périphéries de métropoles comme Marseille, Rouen, Toulon, Amiens, Bordeaux, Montpellier, auraient dû y accéder si la Commission n'avait contesté cette sélectivité au sein de zones réputées attractives et non primables.

En ce début de XXIe siècle, l'État poursuit à coup sûr un rôle de « pompier », sur des terrains caractérisés par des difficultés spécifiques (zones de revitalisation rurale, espaces naturels, agglomérations).

Mais peut-être, plus fondamentalement, touche-t-on à l'un des paradoxes de la décentralisation, qui aboutit à plus d'interventionnisme de l'État alors même que les responsabilités, les domaines de compétence des régions, leurs obligations financières sont alourdis (les collectivités territoriales gèrent désormais un tiers des crédits publics). Parmi les signes récents de cette mutation, on peut citer la réaffirmation d'une volonté de planification durable et l'annonce de fortes augmentations de budget (+ 8 % pour l'Aménagement, + 25 % pour la prime d'aménagement du territoire, et de lourds engagements par les contrats de Plan), vont dans le même sens : la mise en place de structures comme le conseil national et les conférences régionales de l'Aménagement et du Développement du territoire ; les injonctions des ministres aux régions et aux villes pour qu'elles se dotent de plans de déplacements urbains, de logements sociaux (loi Gayssot-Besson imposant un quota de 20 %), et qu'elles interviennent dans le développement des universités ; la reprise en main de la prestation spécifique de dépendance ; la « couverture maladie universelle »...

Symétriquement on voit s'exprimer chez les artisans de la décentralisation, chez ceux qui en tirent une raison d'être (Sénat, Conseil économique et social...) une aspiration à une relance de ce mouvement, partagée entre plus d'émancipation des collectivités et plus de régulation face aux disparités de situations. Entre ces deux tendances cependant s'impose de plus en plus une commune dépendance aux nécessités d'économies budgétaires en phase de crise et de pression fiscale mal tolérée.

Malgré les alternances politiques on observe une relative continuité des lois de développement territorial depuis les premières lois de décentralisation, visant à mieux faire coïncider périmètres administratifs et périmètres d'action : La loi de simplification et de modernisation administrative de 1992 (« Chevènement ») montre une vision juridique-fiscale et institutionnelle du territoire, donnant compétences et moyens pour des projet commun d'aménagement et de développement, d'où de nouvelles institutions intercommunales à larges compétences (communautés de communes et d'agglomération). La Loi Voynet propose une vision fédéraliste en favorisant de nouveaux espaces de solidarité, les pays et les agglomérations. La Loi sur la solidarité et le renouvellement urbain (novembre 2000) insiste plus nettement sur le projet comme point de départ et centre de la démarche planificatrice, à deux échelles : celle des aires urbaines avec les Schémas de cohérence territoriale, celle des communes avec les Plans locaux d'urbanisme. Mais les cohérences et convergences soulignées par de fréquents termes communs (projet, aire urbaine, agglomération, durable), n'enlèvent pas les ambiguïtés, les recoupements : l'agglomération de la LOADDT a-t-elle le même périmètre que celle de l'INSEE ou que celle du SCOT ? Les communautés urbaines et d'agglomération sont souvent bien moins étendues et englobantes que l'aire urbaine envisagée, cadre du SCOT (dont un des mérites est de lever partiellement l'opposition ville-campagne), par exemple à travers la notion de pays urbain, solidarisant projet d'agglomération et charte de pays. À ce titre la loi SRU renouvelle très sensiblement et élargit la dernière grande loi d'urbanisme qui datait de 1967 (Loi d'orientation foncière) en élargissant la portée des deux documents qu'étaient les POS, devenant les Plans locaux d'urbanisme, et les SDAU, qui deviennent les SCOT. Ceux ci visent à mettre en cohérence les efforts d'aménagement (urbanisme, habitat, développement économique, infrastructures) et de maîtrise de ce développement (effets sur l'environnement, nuisances), des collectivités appartenant à un même bassin de vie, symbolisé par la délimitation du périmètre par les collectivités elles-mêmes et par un établissement intercommunal réalisant le SCOT (les chartes de pays, en zones rurales, pourront d'ailleurs comprendre les mêmes éléments que les SCOT). De nombreuses autres dispositions, sur le logement social, les plans de déplacement urbains, le renouvellement urbain des quartiers, les copropriétés, la solidarité financière en vue d'assurer la construction de logements sociaux, etc. concernent moins notre propos régional.

En juillet 2004, la loi sur les libertés et les responsabilités locales se voulait une grande œuvre du gouvernement de J.-P. Raffarin. Ce projet est affaibli par une adoption sans vote, par recours à l'article 49-3, quelque peu « à la sauvette ». Les critiques n'ont pas manqué, d'occasion manquée, d'inachèvement, de régression voire de transfert politicien de charges insoutenables par l'État vers les collectivités, dans le contexte d'une défaite électorale qui a remis la plupart des exécutifs et des assemblées régionaux à l'opposition parlementaire. Cette loi était pourtant présentée comme l'acte II de la décentralisation, avec la loi constitutionnelle de 2003 inscrivant le caractère décentralisé de l'organisation de l'État et les lois organiques sur l'expérimentation de lois et règlements sur une partie du territoire, les référendums locaux, et l'autonomie financière des collectivités.

Ses principales dispositions concernaient des transferts de compétences, et aussi de charges (environ 120 000 emplois, notamment et surtout des personnels de techniciens et ouvriers de service des collèges et lycées) vers les collectivités. Mais la loi semble en-deçà des ambitions affichées. En particulier les régions, censées sortir consacrées de cette phase de décentralisation, sortent peu renforcées, sinon en matière de formation professionnelle et d'apprentissage, d'orientation et d'action sanitaire : en matière de développement économique par exemple, elles perdent même, après passage au Sénat, leur responsabilité pour n'être plus que coordinatrices, au nom de l'interdiction constitutionnelle d'une tutelle de collectivités sur d'autres. En revanche les départements, dont l'avenir même pouvait sembler compromis au cours de divers débats, sortent renforcés : ils ont désormais l'entière responsabilité des politiques sociales notamment en faveur des personnes âgées et des jeunes en difficulté. Ils se voient confier environ 15 000 km de routes nationales et 30 000 agents des DDT. De même les communes et établissements intercommunaux obtiennent de nouveaux pouvoirs en matière d'urbanisme et de logement (attribution d'une partie des aides à la construction, instruction des permis de construire) et un assouplissement du contrôle de légalité des actes. La loi met aussi en place une instance de concertation entre les présidents de région, de départements, de communautés urbaines et d'agglomération.

2013-2015 : Vers une réforme des collectivités territoriales ?

Les premières propositions du comité de réflexion sur les collectivités locales, dit Comité Balladur, installé en octobre 2008 dans le but de proposer une réforme du « mille-feuille territorial », annoncaient un « big bang » territorial : la suppression des cantons, la réduction du nombre de régions de 22 à 15, la création de 11 métropoles, le renforcement des structures intercommunales, la création d'un Grand Paris fusionnant Paris et sa petite couronne à l'horizon 2014, ce projet suscita de fortes critiques du Parti socialiste, qui l'accuse de vouloir mener une opération favorable à la droite, la gauche gérant aujourd'hui 20 des 22 régions métropolitaines. Il suscita aussi un fort mouvement de défense des départements, bien qu'il annonce leur maintien, mais dans un rapport plus défini et non concurrent avec les autres collectivités (fin de la clause de compétence générale). Occasion de rappeler le doublement en 20 ans de la fonction publique territoriale, son coût élevé, son taux record d'absentéisme et ses fréquents doublons, les rivalités entre exécutifs, les dizaines de vice-présidents indemnisés des assemblées, le rapport de ce Comité a soulevé beaucoup trop de réactions hostiles de la part des multiples lieux de pouvoirs créés par les réformes de décentralisation pour aboutir aux bouleversements proposés. Il a eu le mérite de pointer des situations problématiques, y compris dans les mises en cause de découpages régionaux (entre Bretagne et Pays de la Loire, Bourgogne et Franche-Comté, Alsace et Lorraine) mais semble si susceptible de fédérer les oppositions que le projet de loi de 2013 combine nouveautés et concessions :

En 2013, le gouvernement Ayrault présente un « acte trois » de la décentralisation par un projet de loi visant, une fois de plus, à simplifier le « mille-feuille » administratif, à éviter les doublons et les recoupements de compétences. Il comprend trois grands volets dont l'innovation essentielle est l'affirmation des métropoles (plus de 400 000 habitants et un statut de capitale régionale) en vue « de donner aux grandes agglomérations françaises les atouts dont elles ont besoin pour exercer pleinement leur rôle en matière de développement économique, d'innovation, de transition énergétique et de politique de la ville.

Il reconnaît à chacune des trois plus grandes métropoles françaises un statut particulier :

« La Métropole de Paris, qui regroupera la ville de Paris et les établissements publics de coopération intercommunale à fiscalité propre de l'unité urbaine de la région Île-de-France ; la Métropole d'Aix-Marseille-Provence regroupera autour d'un projet commun les six établissements publics de coopération intercommunale qui existent aujourd'hui ; la Métropole de Lyon deviendra une collectivité territoriale à part entière, qui exercera sur son territoire, outre les compétences métropolitaines, l'ensemble des compétences aujourd'hui exercées par le département. » (Portail du Gouvernement 10/04/2013)

Le second volet, « projet de loi de mobilisation des régions pour la croissance et l'emploi et de promotion de l'égalité des territoires », « confère aux régions le rôle de chef de file du développement économique et des aides aux entreprises ». Il fait également des régions des acteurs majeurs de la politique menée en faveur de l'emploi et de le jeunesse en les rendant pleinement compétentes en matière de formation professionnelle et d'apprentissage et en leur conférant un rôle de coordination et d'animation du service public de l'orientation.

Ce deuxième volet de la réforme fait par ailleurs « des départements les chefs de file de la solidarité territoriale en leur confiant le soin d'élaborer, avec l'État, un schéma d'amélioration de l'accessibilité des services au public sur le territoire du département. Il élargit le champ de l'assistance technique que les départements peuvent proposer aux communes, à la voirie, à l'aménagement du territoire et à l'habitat. Il prévoit enfin le développement de "maisons des services au public" ». (*idem*)

Le troisième volet, « projet de loi de développement des solidarités territoriales et de la démocratie locale institue le Haut Conseil des territoires, lieu du dialogue permanent entre les représentants des collectivités territoriales et l'État. Il renforce les compétences de chacune des catégories d'établissements publics de coopération intercommunale, élargit les conditions d'exercice du droit de pétition locale et renforce la transparence de l'action locale. » (*idem*)

La très vigoureuse opposition sénatoriale, en septembre-octobre 2013, évinçant le statut particulier du Grand Paris, rétablissant le rôle de chef de file du bloc communal en matière de développement local, d'aménagement de l'espace et d'offre de services publics de proximité, augure mal de la rapide avancée du processus législatif sur les trois projets, même si la courte majorité absolue à l'Assemblée donne au gouvernement une certaine marge de manœuvre.

Plus représentatif encore de la contradiction entre réforme supposée consensuelle du « mille-feuilles » territorial et conservatisme des élus locaux, la réforme morte-née de 2010 (issue des propositions Balladur) instaurant un nouveau « conseiller territorial » siégeant dans les conseils départementaux (ex-généraux) et régionaux à la fois, et qui divisait par deux le nombre des élus. Abrogée en 2013, accusée d'institutionnaliser le cumul des mandats, de ne pas produire d'économies, d'instaurer une tutelle d'une collectivité sur une autre, elle est remplacée par une réforme cantonale et départementale divisant par deux le nombre des cantons (et donc agrandissant substantiellement chacun d'eux), les redécoupant complètement (au détriment des cantons exclusivement ruraux) et imposant une parité homme-femme pour chaque canton et donc chaque conseil départemental.

LES RÉGIONS, NOUVEAUX CHAMPS DE LA CITOYENNETÉ

De ce qui précède, il ressort que les régions ne sortent pas triomphantes des diverses réformes et évolutions évoquées. Or, à leur émergence difficile et contestée comme niveaux institutionnels, comme acteurs financiers, on peut opposer la rapidité de leur reconnaissance comme lieu de la représentation démocratique. C'est une première approche de la région comme espace vécu, système politique, spatial, identitaire. Mais d'autres approches politiques sont possibles. Dans la ligne de la géographie politique et électorale initiée par A. Siegfried dans le premier tiers du siècle, les régions sont un niveau d'observation sinon d'explication de comportements politiques originaux et plus ou moins persistants. C'est l'optique privilégiée de la *Géopolitique des régions françaises* pratiquée par Y. Lacoste et ses collaborateurs (1986). Elles sont aussi le lieu d'une évolution majeure dans le rapport des citoyens et de la vie politique que relève J. Lévy dans une réflexion plus large sur l'espace politique, le déclin relatif du national, et l'émergence d'une « nouvelle identité politico-spatiale » (*Géographie du politique*, 1991).

Du régionalisme à la région plébiscitée ? Une révolution inachevée

« Les deux niveaux décisifs sont celui de la structure locale où se déroule la vie de l'individu, et celui de la structure nationale où se situe la communauté à laquelle il est intégré [...] ; que reste-t-il au niveau intermédiaire ? » se demandait B. Kayser en 1984 (*Hérodote*, 33-34). À cette question, il répondait en remarquant l'absence d'espace économique intermédiaire, la faiblesse des niveaux administratifs supra-départementaux, l'absence d'une classe politique régionale. La question sous-jacente est en fait celle de l'existence d'une société régionale.

Dès 1968 le Général De Gaulle affirmait que « l'évolution générale porte notre pays vers un équilibre nouveau. L'effort multiséculaire de centralisation, qui fut longtemps nécessaire pour réaliser et maintenir son unité malgré les divergences des provinces qui lui étaient successivement rattachées, ne s'impose plus désormais. Au contraire, ce sont les activités régionales qui apparaissent comme les ressorts de sa puissance économique de demain ».

Malgré l'uniformisation apparente des modes de vie, la mobilité géographique, les fractures sociales, de multiples faits montrent l'existence de spécificités héritées et invitent même à leur accorder une valeur opératoire dès lors qu'elles sont exploitées comme identité pouvant s'exprimer dans un projet d'aménagement. On pense par exemple à la force du mouvement coopératif breton, à l'unité représentée par une vallée montagnarde, à l'identité culturelle corse... Ces identités sont sans doute survalorisées aujourd'hui, car aisément consensuelles et parfois aussi largement inventées. Mais de fait, elles deviennent un facteur actif de la construction politique régionale (voir la pression politique en faveur d'un département basque).

Par ailleurs, on peut recenser différents types de régionalismes historiques, qui constituent « une tendance à favoriser, tout en maintenant l'unité nationale, le développement particulier, autonome, des régions et à en conserver la physionomie des mœurs, les coutumes et les traditions historiques ». M. Michel, qui cite cette définition du *Dictionnaire de l'Académie française* de 1934 (*op. cit*) souligne qu'il y a là une mystique du territoire. La France a connu plusieurs expressions de ce phénomène : à la fin du XIXe siècle autour des mouvements culturels provençaux, au milieu du XXe comme mouvement à la fois notabiliaire, catholique et moderniste (le CELIB breton), dans les années 1970 sous des formes variées mais pouvant conduire au séparatisme (Occitanie,

Bretagne, Corse, Pays basque) et, en tout cas, à un rapprochement des revendications sociales et culturelles (autour du slogan « vivre et travailler au pays »).

L'observation récente de l'opinion publique à l'égard des institutions (*Les Français et leur Région*, OIP-DATAR, 1994 et sondage SOFRES 2009) montre une rapide adoption du cadre régional s'appuyant sur un fort enracinement local. La proportion de citoyens habitant leurs département de naissance n'est jamais inférieure à 60 %, et atteint 70 à 73 % en Bretagne, dans le Nord, sauf dans le Sud-Est (34 à 39 %), en Île-de-France (49 %) et dans le Centre (39 %).

À l'égard de la région, la reconnaissance est sans nul doute en cours : 62 % des interrogés savent nommer leur région (57 % dans le Centre contre 38 % en 1985). L'attention mise par les assemblées régionales à choisir et à diffuser un logo à forte charge symbolique (le cœur pour la région Centre, par exemple) traduit cette recherche de reconnaissance. La crédibilité de la région est bonne. Routes, trains express régionaux, lycées, sont bien mis à son crédit par 50 % à 60 % des interrogés. La Région est considérée par 59 % des Français comme l'institution très ou assez efficace pour répondre aux besoins de la population (contre 76 % pour la commune, 60 % pour le département, 35 et 31 % pour l'État et l'Europe). Néanmoins, le tardif « baptême des urnes », malgré une participation d'emblée élevée (69 % en 1992) n'entame pas l'attachement aux communes, qui sont le lieu de la première socialisation, ni aux départements qui bénéficient de leur charisme historique. Le premier lieu d'appartenance cité n'est la région que dans 13 % des cas (15 % à 20 % dans les régions « historiques »). Le décalage entre le cœur et la raison est donc net.

Le cœur y est cependant, comme en témoigne la multiplication des revues consacrées aux régions. S'il existe une vieille tradition d'érudition régionale, à travers les sociétés savantes, d'histoire, naturelle ou non, l'engouement du grand public ne se limite plus à la fascination pour des sites touristiques, des espaces à forte valeur patrimoniale et paysagère où se nourrit un sentiment de nostalgie pour la France des terroirs ou celle de la « nature ». À la panoplie des revues consacrées aux Alpes, aux Pyrénées, s'ajoutent des collections de cartes à grande échelle, de guides régionaux, et surtout de nouvelles publications consacrées aux régions en tant que telles.

Les élections régionales restent peu significatives

Il est difficile, sur 5 scrutins de 1986 et 2010, sans enjeu décisif, de faire la part d'évolutions politiques générales et de comportements spécifiques. Les résultats des élections de 1992 furent marqués par une forte participation après trois ans d'abstention record. Toutes les grandes formations ont connu un net déclin. Ce furent donc des formations « anti-système » qui profitèrent de ces reculs à la faveur du scrutin proportionnel : les écologistes, troisième courant du pays (14,7 %) dépassant le Parti socialiste dans 9 régions fortement urbaines, l'extrême droite (13,6 %) qui confirmait son ancrage dans les régions urbaines, orientales et méditerranéennes (plus de 15 %), les listes de chasseurs, très fortes dans une vingtaine de départements ruraux, du Sud-Ouest notamment ; le tout fragilisa beaucoup les coalitions et les présidents.

Au lendemain des élections de mars 1998 (42 % d'abstentions, un taux record), le rééquilibrage politique est réel. La gauche conserve la majorité absolue en Limousin et gagne neuf régions à la majorité relative. Le Front national amorce une percée durable.

Une autre évolution significative de la vie politique régionale est l'émergence d'un personnel politique typiquement régional. Certes, les rares personnalités qui ont choisi la région après une carrière nationale (V. Giscard d'Estaing en Auvergne, O. Guichard en Pays de la Loire, Y. Bourges en Bretagne) occultent quelque peu cette « classe moyenne » de la vie politique, où élus, techniciens et responsables économiques sont beaucoup plus associés que dans l'État central. Fourmillant d'initiatives, ces dirigeants et responsables disposent de moyens croissants, mais subissent aussi les résistances des autres collectivités et de puissants élus décideurs dans les villes. Très tournés vers Bruxelles, ils participent à un fort découplage de la vie politique, pour laquelle le local n'est plus un simple tremplin vers les charges nationales.

Le taux d'abstention aux élections régionales a pourtant montré la fragilité des acquis régionaux, et a permis de différer une réforme de fond des divisions territoriales et du partage des compétences.

En mars 2004, avec une abstention encore plus forte, et dans un contexte de difficultés politiques pour la majorité libérale, les élections départementales et régionales ont rendu la quasi-totalité des régions à la gauche, socialiste pour l'essentiel. Cette « divine surprise » pour la gauche, est plus apparue comme circonstancielle et préparatoire à une reconquête éventuelle de la majorité présidentielle et parlementaire, que comme un jugement des électeurs porté sur les mandats régionaux. Les critiques sur les transferts de charge, par l'État, non compensés par ceux des ressources, en sont cependant d'autant plus acerbes.

En 2010, l'abstention gagne encore (53,67 %) et confirme le passage à gauche de toutes les Régions sauf l'Alsace, la Réunion et le Guyane, mais avec une place de plus en plus arbitrale du Front National, présent au second tour dans 12 Régions.

Vers une géopolitique des régions

Il s'agit, cette fois, moins de la reconnaissance de la région par ses citoyens que de la recherche d'une dimension régionale des comportements politiques en général. Il y a longtemps que sont observés des particularismes : Midi rouge, Nord socialiste, Vendée blanche, sont des clichés non dépourvus de fondements. Ce qui est recherché dans les travaux de géographie électorale et politique initiés par A. Siegfried (*Tableau politique de la France de l'Ouest*, 1914), c'est l'existence de corrélations, ou d'écarts entre comportements politiques et facteurs sociaux, économiques et culturels.

En effet, il y a bien jusqu'aux années 1970, une certaine stabilité des frontières politiques : l'Ouest est une terre de mission pour la gauche, le Sud-Ouest et le Midi sont ses terres d'élection ; le Nord est socialiste, la Lorraine conservatrice, les villes et les banlieues ouvrières sont communistes, ainsi que quelques bastions ruraux, mais surtout héritiers d'une farouche résistance anti-nazie (Bretagne intérieure, Limousin). Cette constance incitait au déterminisme, mais les lecteurs plus attentifs du *Tableau politique de la France de l'Ouest* savent pourtant que l'auteur lui-même condamnait plus loin toute causalité unique, *a fortiori* de type naturaliste. (On songe à la corrélation souvent citée et critiquée sans attention à son contexte, entre le calcaire qui produirait l'instituteur dans les « bons pays » céréaliers et d'habitat groupé et le granit qui produirait le curé dans les bocages pauvres et retardataires !)

L'étude locale réexaminée par E. Todd et H. Le Bras (*L'Invention de la France*, 1981 approfondie en 2013 dans *L'Invention de la France*) invitait à croiser de multiples facteurs : la structure de la propriété, la place de l'industrie, le poids de l'encadrement religieux, la précocité de l'implantation des partis de gauche, les structures familiales qui sont autant de variables susceptibles d'éclairer les particularités régionales et leur évidente persistance. La capacité des notables à entretenir et à réinterpréter une tradition historique régionale, à assimiler les progrès économiques, à entretenir un vivace réseau de soutien, associatif, clientéliste, représente un autre type de différenciation. Tous ces facteurs « fonctionnent partout mais avec une clé de répartition variable selon les lieux » (J. Lévy, *op. cit.*). Les situations politiques résultent de la combinaison des différents clivages principaux (religieux par exemple entre pays camisard et catholique en Ardèche, selon Siegfried) et secondaires (mode d'exploitation agricole dans le même exemple).

Depuis une vingtaine d'années, à côté de fortes permanences, on note que certains des grands contrastes ont perdu de leur vigueur. Les régions de gauche sont moins à gauche, celles de droite moins à droite. Des bastions s'effritent (la « ceinture rouge » de Paris par exemple) puis disparaissent, des renversements se produisent. Les villes du Midi ont presque partout une direction de droite ; le Parti socialiste réalise des percées significatives et durables dans l'Ouest et en Lorraine, mais perd pied dans le Nord, qui passe à l'écologie aux élections régionales ; l'extrême droite fait une entrée durable dans les assemblées départementales et régionales, notamment dans les « forteresses ouvrières » du Nord, dans la première couronne parisienne, dans les villes méridionales et depuis peu dans les espaces ruraux au-delà du péri-urbain. Ces évolutions montrent qu'il faut croiser les héritages et les mutations pour les comprendre. La population des Régions en 2010 et son évolution depuis 1990

Région	Population sans double compte en million	Variation relative 1990-1999 en % / an		Variation relative 1999-2010 en % / an	
		Excédent naturel	Solde apparent*	Excédent naturel	Solde apparent*
Alsace	1,845	0,5	0,3	0,5	0,1
Aquitaine	3,232	0	0,4	0,1	0,9
Auvergne	1,347	– 0,1	0	0	0,3
Bourgogne	1,642	0	0	0	0,1
Bretagne	3,199	0,1	0,3	0,2	0,7
Centre	2,548	0,2	0,1	0,2	0,2
Champagne-Ardennes	1,331	0,4	– 0,5	0,3	0,3
Corse	0,309	0	0,4	0	1,6
Franche-Comté	1,171	0,4	– 0,2	0,4	0
Île-de-France	11,786	0,8	– 0,5	0,5	– 0,2
Languedoc-Roussillon	2,636	0,1	0,8	0,2	– 1,1
Limousin	0,742	– 0,4	0,2	– 0,3	– 0,1
Lorraine	2,350	0,3	– 0,3	0,3	1,3
Midi-Pyrénées	2,881	0	0,5	0,1	0,4
Nord-Pas-de-Calais	4,038	0,5	– 0,4	0,5	– 0,1
Basse-Normandie	1,473	0,3	– 0,1	0,2	1,1
Haute-Normandie	1,836	0,5	– 0,2	0,4	– 0,3
Pays de la Loire	3,571	0,4	0,2	0,4	0,6
Picardie	1,914	0,4	0,2	0,4	– 0,2
Poitou-Charentes	1,770	0	0,3	0,0	0,7
Provence-Alpes-Côte d'Azur	4,899	– 0,2	0,4	0,2	0,7
Rhône-Alpes	6,230	0,5	0,1	0,5	0,4
Métropole	**64,612**	**0,41**	**0**	**0,4**	**0,2**
Guadeloupe	0,403	1,2	– 0,2	0,9	– 0,5
Guyane	0,229	2,7	0,8	2,7	0,8
Martinique	0,394	0,1	– 0,3	0,7	– 0,4
La Réunion	0,821	1,6	0,3	1,4	0
Mayotte	0,212				2,7
Total DOM	**1,847**	**2**	**0,4**	**1,2**	**0,5**
France	**66,459**	**0,4**	**0**	**0,4**	**0,2**

* Solde apparent des entrées-sorties de population.

Source : INSEE.

5

Les territoires infra-régionaux

Malgré leur revalorisation institutionnelle récente, les régions n'épuisent pas la lecture régionale de la géographie de la France. L'analyse du fait régional en France doit tenir compte de la diversité des échelles intermédiaires entre le strictement local (niveau communal) et le national. Le fait régional ne se limite pas à la région. Il comprend aussi des entités de niveau inférieur, départements, « pays », regroupements intercommunaux... Le bilan provisoire que l'on peut tirer des chapitres précédents incite à leur accorder une attention particulière. Les disparités les plus significatives ne sont pas celles qui opposent des régions, dont bien des écarts se resserrent, mais plutôt celles qui se creusent entre des espaces locaux et micro-régionaux. Les ambitions de la région administrative ne se trouvent-elles pas rabaissées par la promotion des « pays » d'un côté, et les tentatives de planification en de grands ensembles supra-régionaux, de l'autre ?

On peut voir, dans ce « localisme », une réaction contre le triomphe d'une idéologie de la mondialisation inéluctable. La mondialisation est rejetée ou tenue en grande suspicion lorsqu'elle apparaît comme la norme imposée par des forces hégémoniques, applicable partout, grâce aux réseaux ou à la télé-information. L'ordre global est mouvant et inconstant selon Milton Santos (Saint-Dié, 1994). Marqué par des changements brusques de fonctions et de structures au nom de la compétitivité, il représente souvent un désordre local car il est fondé sur des échelles et des finalités extérieures au quotidien. Par opposition, les territoires réuniraient, dans la contiguïté et le voisinage, l'auteur de l'action et le lieu de celle-ci. L'ordre local serait donc celui de la visibilité et de l'espoir d'affronter la globalisation, devenue « glocalisation ».

LE DÉPARTEMENT, UN SYSTÈME GÉOGRAPHIQUE ?

Il peut sembler paradoxal d'entamer ce bref parcours par l'examen d'une entité qui est le symbole de l'arbitraire administratif. Pourtant, à plusieurs titres, on peut considérer que la permanence de ce niveau essentiel de l'exercice du pouvoir de l'État, suffit à lui donner ses lettres de noblesse comme « système spatial » et comme repère de l'espace vécu. Il n'est besoin, pour s'en convaincre, que de remarquer les réactions très vives dans le puissant lobby départemental (Association des départements de France) lorsque la commission chargée de réfléchir à la réforme des collectivités et présidée par Édouard Balladur a rendu ses premières conclusions sur l'éventuel rapprochement des départements et des régions. De même les électeurs alsaciens ont-ils refusé en 2013 un projet de fusion des deux départements de la Région.

L'efficacité du département n'est plus à démontrer, en particulier dans les zones de faible urbanisation et de faible résistance démographique. Les limites départementales coïncident alors avec une frange de décroissance démographique qui s'oppose au chef-lieu. Cet effet « de confins » est notamment vérifiable là où ne s'exerce pas d'influence métropolitaine (Massif central, confins lorrains et ardennais...).

Les origines et l'affirmation du département

Le département est né d'un besoin de clarification par rapport au système complexe des gouvernements militaires, des généralités d'intendants, des bailliages judiciaires de l'Ancien Régime. Il n'est cependant pas une pure invention des constituants, car il existe, dès 1781, un projet de découpage en 80 départements de 9 districts, divisés en 9 cantons.

S'il y a donc une volonté des constituants de casser les institutions anciennes, en scindant de nombreuses entités vécues (provinces, ensembles linguistiques), en banalisant d'anciennes limites provinciales au profit de l'unité nationale, il y a aussi beaucoup de compromis dans le résultat du découpage... Les 83 départements de 1790 combinent des limites « naturelles » et de nombreuses limites provinciales (Ain d'après le Bugey, Allier d'après le Bourbonnais, Nord d'après la Flandre...) et même des frontières séculaires (en Lorraine, autrefois impériale). Le principe fondateur est aussi celui d'une relative équidistance au chef-lieu, équivalente à une journée de chevauchée. La portée politique du découpage est essentielle : les limites naturelles sont souvent des prétextes à la conservation d'avantages acquis ; le Vaucluse est une arme pour affaiblir Marseille en 1793. Ensuite, le département va devenir l'une des délimitations les plus stables, prolongeant parfois des limites anciennes et intangibles sauf dans le cas de la Seine (1964, création de 5 départements) et des DOM (1946). Cela, malgré toutes les tentatives de les briser, tout d'abord sous le régime de Vichy (préfectures régionales en 1941), à la Libération (projet de redécoupage de M. Debré), ou encore en 1958.

Une influence des limites départementales sur la géographie régionale ?

La persistance des limites peut finir par « faire système », de la même façon que le rang de préfecture est une garantie d'équipement de service public et d'une place essentielle dans la hiérarchie urbaine, indépendamment du poids démographique. Les chefs-lieux ont drainé l'essentiel des migrations et des activités nouvelles. L'essor est parfois spectaculaire lorsque les concurrences urbaines sont lointaines, comme dans le cas d'Aurillac ou de Rodez.

De manière certes discrète, les limites départementales guident certaines discontinuités géographiques. C'est surtout vrai en matière rurale et agricole : ainsi, la délimitation de l'appellation vinicole « Bordeaux » en 1911 s'opère-t-elle en respect parfait des limites du département de la Gironde. Cette opération traduit la prépondérance des négociants bordelais, mais elle a aussi des répercussions importantes sur la géographie du vignoble ; celui-ci s'étend démesurément en Gironde, mais recule ou ne se maintient que par des appellations moins prestigieuses en Dordogne (Ph. Roudié, 1987). En matières paysagère, architecturale, toponymique, linguistique, la vieille limite Franche-Comté/Bugey est toujours tangible aux confins de l'Ain et du Jura. En matière agricole, le fait que les organismes consulaires et techniques (chambre d'agriculture, direction départementale de l'agriculture, centre de vulgarisation…) aient un siège préfectoral et un ressort départemental renforce les liens anciens de la sociabilité rurale.

De même, le contexte géographique départemental pèse sur l'évolution de son espace comme le montre C. Grasland à propos de la Montagne Noire. Dans le nord de l'Hérault, elle est un arrière-pays délaissé, et se trouve doublement marginale, parce que montagnarde et périphérique ; dans le sud de l'Aveyron, elle est plutôt un arrière-pays actif dans un département montagnard. Si les systèmes de production sont assez comparables, les indices de reprise d'exploitation, les régimes d'aide, montrent une situation plus favorable au nord de la vieille frontière du Languedoc.

Néanmoins, les limites départementales ne sont jamais des frontières. Elles participent à un jeu complexe de distances aux centres, d'intersection d'aires d'influence, avec lequel les agents économiques choisissent de composer. Dans le cas des banques, par exemple, si le Crédit agricole fait systématiquement coïncider succursales et limites départementales, les autres banques ont des attitudes bien plus libres, recoupant des départements existants en fonction d'unités fonctionnelles (vignobles, bassin industriel…) ou culturelles plus significatives.

La place du département dans l'édifice de la décentralisation

Là encore, la réalité n'est pas univoque. Collectivité territoriale de plein exercice, et donc dotée de la personnalité juridique, d'un ressort territorial et d'organismes élus, le département tire son importance du fait d'avoir été le relais privilégié de l'État. Le préfet, les services de l'État ont beau avoir perdu de leur suprématie sur les conseils généraux, ils restent déterminants dans la conduite de la politique des élus. C'est d'ailleurs ce caractère concret, ce « réalisme » du département, qui fondent ses défenseurs (puissants au Sénat surtout) à défendre sa représentativité et l'extension de ses champs d'action.

Pourtant, l'administration préfectorale jouit d'une médiocre condition ; la moitié de ses agents ont un statut précaire. Les compétences transférées au département sont limitées, mais essentielles pour la société, et elles mobilisent des budgets infiniment supérieurs à ceux des régions (voir chapitre 4). En effet, il a en charge toute l'action sanitaire et sociale (aide sociale, RMI), les collèges et les transports scolaires, la voirie départementale. Moins coûteux, mais objets de multiples projets, l'environnement, les aides à la création d'emplois et d'entreprises sont peu à peu rentrés dans les politiques départementales. Par ailleurs, le préfet joue un rôle central dans ce cadre géographique pour l'application de la politique nationale de l'emploi (gestion des fonds d'aide aux initiatives locales), de l'environnement (arrêtés de protection), de la ville.

Ainsi les départements sont-ils peu à peu intégrés à la planification régionale, dans une cohabitation paradoxale, car malgré leur budget élevé, ils ont du mal à être écoutés des exécutifs régionaux. Pourtant le cadre étroit dans lequel ils développent leur action (en matière de transports surtout) se révèle comme un frein majeur à la cohésion régionale. Le débat entre « départementalistes » et « régionalistes » porte désormais, notamment, sur le « pays » (voir p. 99) et le canton (cf p. 86).

Typologie des stratégies départementales

Si le département n'a pas plus d'efficacité qu'aucune autre maille administrative pour circonscrire des unités géo-économiques, il a cependant la taille critique d'une petite région et des structures assez solides et reconnues pour servir de cadre à des projets de développement très différents. Avec A. et J. Guellec (1993), on peut distinguer ainsi des stratégies selon les types de projets et de grandes réalisations menés par les conseils généraux et les collectivités locales :

– Développement par des aides sectorielles et des aménagements géographiques à l'échelle de tout le département comme en Haute-Marne, laboratoire de l'aménagement rural (société des friches de l'Est dès 1953), ou dans les Côtes-d'Armor (modernisation agricole impulsée par René Pleven dans un département pourtant maritime).

– Développement autour d'un ou deux pôles attractifs : ce sont les cas de l'Ain (pôle technologique Alimantec à Bourg-en-Bresse, pôle de plasturgie à Oyonnax), de la Vienne, dont le Futuroscope a absorbé le tiers des finances départementales, en liaison avec des participations nationales et régionales.

– Développement à partir d'un grand chantier. Celui-ci peut être conjoncturel (cas de la Savoie, où les jeux Olympiques furent l'occasion d'aménagements hydrauliques, de protection contre les risques naturels, etc.) ou structurel : c'est le cas de l'aménagement du tunnel trans-Manche qui a déclenché d'innombrables initiatives sur la Côte d'Opale : initiatives privées (golfs, hôtels, parc d'affaires près de Calais) ; municipales (Opalopolis à Étaples, pôle médical au Touquet et à Berck, projet de modernisation de la zone industrielle de transformation du poisson à Boulogne) ; départementales, enfin, avec une grande ZAC près du terminal du tunnel.

– Développement, enfin, à partir d'une grande réalisation d'origine extérieure, comme Disneyland-Paris, dont les élus de Seine-et-Marne tentent d'obtenir des retombées pour donner une image plus urbaine au département francilien longtemps le plus rural et le plus récemment bouleversé par l'extension de la péri-urbanisation.

LES VILLES ET LES RÉGIONS

En 1990, lors de la première conférence des maires des grandes villes de l'Ouest, le maire de Nantes, J.-M. Ayrault, futur Premier Ministre, contesté sur son projet aéroportuaire à Notre-Dame des Landes déclarait : « Les villes ne transcendent-elles pas les régions ? Elles ont 2000 ans, les départements 200, les régions 20. Ce sont les villes qui ont créé l'identité régionale ». Cette formule provocatrice a le mérite de mettre l'accent sur un débat aussi ancien que l'aménagement du territoire en France, celui qui oppose, en simplifiant, les tenants d'une politique du territoire tout entier et ceux qui imputent aux précédents une dérive ruraliste, anti-urbaine, « campaniliste », de l'aménagement. Le débat se cristallise naturellement sur la question des grandes villes, symbole des échecs d'un aménagement anti-régional pour les uns, parentes pauvres de celui-ci pour les autres, victimes d'une idéologie égalitariste qui aurait trop vite abandonné l'effort de métropolisation engagée dans les années 1960, et joué l'équité contre l'effet de taille. Au-delà d'un débat d'autant plus polémique qu'il a toujours pour référence le cas parisien, le problème des grandes villes dans leur région tient au fait qu'elles cumulent d'évidentes réussites, en termes d'emplois, de rattrapages des fonctions de service, d'économies d'échelle et de non moins évidentes difficultés. Elles sont placées devant le dilemme non résolu entre l'ambition d'être des « eurocités », des pôles de consolidation d'une armature nationale, et l'obligation de plus en plus rappelée par les autres instances (élus départementaux et régionaux, DATAR...) d'être au service d'une région et d'une politique de compensation de tous les retards territoriaux.

Les lois de 2013-2014 instaurent un nouveau statut pour les métropoles et créent un statut particulier pour les trois plus grandes.

Métropoles en déséquilibre

Le constat de la concentration métropolitaine s'appuie sur des données démographiques ; elles révèlent un clivage important au sein des régions entre une aire attractive, périmètre d'expansion et de réorganisation de la capitale, et des espaces à croissance très lente ou nulle. En Aquitaine par exemple, Bordeaux connaît dès l'intervalle 1982-1990 une croissance pour la première fois supérieure à celle des autres agglomérations : 7,1 %, soit 61 % de la croissance régionale, contre 4,6 % pour les autres centres principaux. Le même phénomène concerne Nantes et son agglomération qui ont absorbé 64 % de la croissance urbaine de l'Ouest (Bretagne et Pays de la Loire). En 2010, Rennes et son bassin d'emploi représentent 761 000 habitants, pour une Bretagne de 3,2 millions d'habitants, et l'Ille-et-Vilaine absorbe 65 % du gain démographique régional. Les données issues du recensement de 2010 montrent que l'aire urbaine toulousaine, concentre 42 % de la population régionale et plus de 18-25 ans que les sept autres départements réunis. La macrocéphalie clermontoise est d'autant plus forte (34 % de la population auvergnate) que son aire urbaine est dix fois plus peuplée que la seconde de la région (Vichy).

À l'extrême, on observe dans de nombreux cas un phénomène d'isolement relatif de la métropole. Celle-ci finit par vivre et grandir plus en rapport avec son environnement national et international qu'avec sa région. Ce « syndrome » ne peut être considéré comme nouveau si l'on songe aux traditions d'ouverture économique maritime de Marseille ou de Nantes, bien peu partagées avec leur arrière-pays, ni comme choquant en soi. Mais il est considéré comme une double difficulté, pour les métropoles elles-mêmes, et pour leur région.

Au sein des métropoles, la réorganisation de l'espace métropolitain se fait par une extrême polarisation non plus autour d'un centre unique, mais selon un réseau de places très sélectives, mieux reliées les unes aux autres qu'avec leur environnement immédiat. C'est ainsi que l'on assiste à une place croissante des « villes de banlieues » qui accueillent ces nouveaux noyaux, mais aussi à une ségrégation socio-spatiale dont les très grandes villes souffrent particulièrement, à l'échelle de l'agglomération tout entière. Dans le cas de Toulouse, le clivage est sensible entre le centre-ouest et le nord-nord-ouest de l'agglomération d'une part, très touchés par la pauvreté, et le sud-sud-est d'autre part, plus préservé. Ainsi le cas toulousain, agglomération de quelque 255 communes urbaines et péri-urbaines, avec un taux record de création d'emplois et de chômage (13,8 % de demandeurs d'emploi, contre 11,4 % pour la région) illustre-t-il les enjeux de la loi dit Gayssot-Besson de solidarité et renouvellement urbain. La croissance solitaire d'une métropole régionale est aussi un facteur d'étroitesse du marché des services de haut niveau. Lyon n'est-elle « que la capitale d'elle-même, sorte de ville-État dont les limites s'arrêtent au seuil du péri-urbain », se demandait J. de Courson (*Métropoles en déséquilibre*, 1993). La récente (2013) fusion du département et de la Communauté urbaine tend à le démentir.

Une métropole n'est en effet pas une base « hors-sol » renforcée par l'accueil des fonctions internationales et déconnectée de son environnement. Pourtant « le niveau d'une ville ne se mesure plus seulement par l'étendue de sa zone d'influence et le standard de ses grands équipements, mais aussi par sa capacité à accueillir efficacement tel ou tel type d'activités dans un contexte de concurrence généralisée entre les lieux d'accueil, elle-même conséquence de la concurrence exacerbée entre les firmes » (F. Damette, 1995).

On emploie souvent l'expression de « remétropolisation » pour désigner le processus cumulatif par lequel les services supérieurs se concentrent dans la métropole (Toulouse regroupe 90 % des cabinets de services aux entreprises de sa région). Mais on peut aussi assister à une sorte d'évitement métropolitain de la part des agents économiques des autres centres régionaux : en Béarn et en Pays basque par exemple, le quart des services aux entreprises est assuré par Paris, 10 % seulement par Bordeaux et autant par Toulouse (chiffres cités par J. Beauchard). Ce phénomène illustre bien la situation complexe résultant du déséquilibre fondamental du système urbain français et de la politique des métropoles d'équilibre. Les métropoles existent, nombreuses, mais sont à la fois inachevées et, à certains égards déjà, « trop métropolitaines ». Il est pourtant assez évident que la crédibilité internationale des grandes villes françaises repose sur une association avec des villes proches, satellites ou plus autonomes. C'est l'objectif donné en 2011 à la création d'un réseau des Pôles métropolitains (10 constitués, 20 en préparation).

Le problème des villes moyennes

Il est un peu le symétrique de celui des métropoles, tant du point de vue interne, celui de l'espace urbain (difficulté de maintenir, d'étoffer, de rénover le tissu résidentiel et économique des villes de moins de 100 000 hab.), que du point de vue externe, celui de l'organisation de l'espace à partir de ces centres (rayonnement limité, concurrencé, difficulté à préserver ou obtenir une desserte rapide, à mener une politique de promotion). Il existe 200 villes moyennes, c'est-à-dire non seulement des villes isolées comprenant entre 20 000 et 100 000 hab., mais aussi des unités urbaines de plus de 100 000 habitants sans ville-centre de plus de 10 000 habitants. Ainsi Valenciennes comprend 43 000 habitants, mais au cœur d'une aire urbaine qui en compte 400 000. Au total, ce niveau de la hiérarchie urbaine représente 16 millions d'habitants (soit 26 % de la population totale). À bien des égards, ces villes ont rattrapé un niveau satisfaisant de services aux populations. En matière économique, la diversité est plus grande. Les déclins mono-industriels ont particulièrement touché cette gamme de villes. La substitution de « parcs d'affaires », d'« espaces technologiques », aux traditionnelles zones industrielles nées en périphérie dans les années 1960-1970, ne garantit pas leur vitalité.

Ces villes ont fait l'objet d'une politique d'aide par contrats avec l'État entre 1973 et 1979. Soixante-treize d'entre elles ont ainsi souscrit des contrats portant surtout sur l'amélioration du cadre de vie urbain et la rénovation des centres dont on espérait un maintien du commerce de détail. Les résultats restent modestes au vu des besoins, et la priorité est passée aux petites villes (3 000 villes de 3 000 à 20 000 habitants, soit plus de 19 millions d'hab.) désormais groupées en un actif lobby, l'Association des petites villes de France, qui regroupe un millier de maires. Ceux-ci sont les plus farouches partisans d'un aménagement « des territoires » et visent à être reconnus comme les pivots d'une « reconquête du territoire », à travers cette nouvelle et indistincte notion de « pays ». Les villes moyennes conservent tout de même quelques solides terrains quant à leur rôle régional à venir : elles ne sont pas absentes sur le front du « pays » car une conception moins localiste de celui-ci en fait une unité de l'ordre de l'arrondissement, soit une zone d'emplois de ville moyenne. C'est la conception qui ressort des lois de 1995 puis de 1999. Néanmoins, la proximité d'une grande ville tend fréquemment à faire perdre toute validité à une telle unité. Autour d'Angers, le Choletais résiste, mais le Segréen ou le Baugeois n'ont plus guère de contenu. Aux limites d'une Région, c'est encore 3 à 5 % des actifs d'une ville moyenne qui vont travailler dans la capitale régionale.

Enfin les villes moyennes ont fondé des espoirs et des projets coûteux sur l'accueil d'universités et surtout d'antennes universitaires, d'IUT, souvent négociés par les élus avec les grandes universités et vouées à l'autonomie à plus ou moins brève échéance par le plan Université du IIIe millénaire (U3M). Avec l'échangeur autoroutier, la gare TGV, le technopôle, l'antenne universitaire est devenu un outil réputé irremplaçable, un signe de standing urbain. Ainsi, Saint-Nazaire, Lorient, résolument industrielles, La Roche-sur-Yon, Vannes, spécialisées dans l'informatique, Cholet pour l'Ouest, Belfort, Valenciennes, dans les régions industrielles en conversion, révèlent une mobilisation des collectivités pour se saisir de cet instrument, s'exposant à la critique condescendante de « secondarisation » de l'enseignement supérieur, de la part de grandes universités. Le cas de Valenciennes (Ph. Subra, 1994) est intéressant car il s'observe avec un recul déjà important. Cette ville pré-industrielle, mais de peu de commandement sur le bassin minier du Nord, est dotée d'un IUT en 1968, d'une université en 1978, dans un contexte de forte mobilisation (82 communes forment un syndicat pour acquérir les terrains). La croissance des effectifs est rapide (plus de 14 000 étudiants) et s'accompagne de la création d'antennes à Cambrai et Maubeuge, justifiant le nom d'université de Valenciennes et du Hainaut-Cambrésis. Les impacts sociaux et économiques restent pourtant limités. L'entrée à l'université reste difficile au terme de parcours scolaires souvent tôt interrompus : les taux de fuite après les études reflètent le marasme persistant des débouchés locaux, dans des structures peu demandeuses de techniciens très qualifiés. Le poids démographique est réel (14 000 personnes sur les 200 000 que compte l'agglomération), mais l'enracinement est faible et les espaces de fonctionnement de l'université, dont l'image de marque dans les domaines techniques est excellente, dépassent de beaucoup le niveau local et micro-régional.

Au total, les zones urbaines en tant que telles apparaissent de plus en plus prises en compte comme territoires de projets, à la mesure des enjeux socio-économiques qu'elles représentent et de la visibilité qu'y prennent les disparités socio-spatiales. La loi dite loi Chevènement, promulguée le 12 juillet 1999, réorganise les coopérations urbaines en trois niveaux, simplifiant les dispositions prévues par la création des communautés de communes en 1992. Ces trois niveaux sont : la « communauté urbaine » (outil créé en 1966) au-dessus de 500 000 habitants, la « communauté d'agglomération » entre 50 000 et 500 000 habitants, la « communauté de communes » au-dessous, le trait commun essentiel étant d'inciter à la mise en place d'une taxe professionnelle unique, premier pas vers une péréquation des ressources. Ce sont précisément ces communautés qui, aux côtés des pays, se trouvent au centre de la loi Voynet évoquée plus haut, et c'est la communauté d'agglomération qui sert de cadre à la loi de SRU.

DU « PAYS » À L'INTERCOMMUNALITÉ

« Le local aujourd'hui a cessé d'être confiné, si tant est qu'il l'ait jamais été. Il communique avec les forces multiples dont l'État, le marché, les idéologies internationales, sont le véhicule. D'une certaine manière le local a cessé d'être local. S'il le redevient c'est pour ainsi dire au second degré, par l'accrochage chaque fois différent qui se réalise avec l'englobant et ses composantes actives. » (G. Sautter, 1986). En avançant au début de ce livre que la région et la régionalisation résultaient souvent d'un compromis malaisé entre des niveaux spatiaux de base, aisément appréhendables par leurs habitants, et des niveaux supérieurs qui sont privilégiés par la gestion centralisée, on a pu évoquer le repli caractéristique de la France rurale et de la République des notables sur le local. La citation ci-dessus a l'intérêt de lever l'opposition simplificatrice qui fait souvent du local une sorte d'antidote du global, du mondial, un avatar salutaire ou regrettable de la mondialisation au même titre que la multiplication des États, ou les revendications des minorités.

Une autre tendance, très actuelle, est de faire des micro-régions les niveaux pertinents et efficaces de l'aménagement, par défaut d'efficacité des mailles jusqu'alors utilisées (régions et départements). Le développement local serait en somme à l'aménagement régional et national ce qu'est la démocratie directe au système représentatif. On ne peut nier, il est vrai, la profusion d'initiatives et de structures locales qui justifient et exploitent les nouveaux cadres institutionnels (2 358 communautés de communes, 202 communautés d'agglomérations ; 384 « pays »), et qui tendraient à donner raison aux partisans du développement endogène, pour qui « la marmite commence toujours à bouillir par le bas ».

« Habits neufs ou vieilles guenilles ? »

La nouveauté de cette référence au local est toute relative. Thème et terme se voient redécouverts dès les années 1970, et introduits dans les lois de 1995 et de 1999. Depuis, la structure du « Pays » a fait l'objet d'expériences de développement patronnées par la DATAR sur 42 pays-tests, comme la Bresse Louhannaise, l'Auxois, l'Avallonnais. Pourtant J. Renard (*Le Retour ambigu du local*) a pu s'interroger sur les « habits neufs ou les vieilles guenilles » dont on revêtait le Pays. C'est que, depuis Vidal et L. Gallois, le sens donné à ce terme a bien varié : sociétés locales enracinées, largement décrites par les historiens du folklore et par les géographes naturalistes (Gallois en compte environ 400), petites régions agricoles (425 environ), les pays reviennent très régulièrement dans le champ de la géographie et de l'aménagement, ce retour entretenant une confusion sur le contenu d'un terme trop consensuel pour ne pas être polysémique. En 1968, on inaugurait déjà le slogan « vivre et travailler au pays », comme si les périodes de crise favorisaient le repli sur des termes incontestables par épuisement des référents de l'aménagement. Vers 1970, les plans d'aménagement rural annoncent les contrats de pays de 1975, et les « états généraux des pays » en 1982 à Mâcon. Ceux-ci proposaient alors de faire disparaître les cantons et les départements au profit d'une division en communes, pays, régions.

Une bonne part de l'ambiguïté évoquée par J. Renard tient à l'incertaine « renaissance » d'entités identifiées dans des contextes radicalement différents, notamment avant que se soit largement substitué à la distinction ancienne ville-campagne un espace mal définissable, dit péri-urbain, associant bâti, fonctions, paysage traditionnels et contemporains. Une telle mutation spatiale peut engendrer des réactions identitaires (réaction contre la « banalisation »). Mais elle ôte aussi beaucoup de ce sentiment d'appartenance réputé donner sa solidité au pays et faire qu'un pays se constate mais ne se décrète pas. Le « territoire » observé, contre la « circonscription » délimitée, a certes les attraits de la spontanéité, du pragmatisme, de la souplesse. Mais les transformations de l'espace et des modes de vie rendent-elles encore plausible l'existence d'une entité ainsi définie par P. Flatrès : « Aire spatiale traditionnelle de dimension limitée, portant un nom d'origine ancienne, reconnue par les habitants comme entité originale dans laquelle existe un fort sentiment d'appartenance partagée, et nettement différenciée des aires voisines » (cité par J. Renard) ? Les textes de 1995 et 1999 font du pays un territoire intercommunal, qui peut transgresser toutes les autres limites administratives sans être une nouvelle circonscription (appuyé sur une charte décennale, il sert de cadre à l'action des structures existantes, intercommunales notamment). Pour être reconnu comme tel, un pays doit recueillir un avis conforme de la conférence régionale d'aménagement, et viser dans sa définition à associer étroitement villes, petites ou moyennes, et espace rural.

Cet intérêt pour de nouveaux territoires restreints et non délimités par le maillage administratif pose le problème de leur taille. Limitée certes, mais selon désormais une norme qui est celle du bassin d'emploi, notamment d'une ville moyenne, soit 5 à 10 cantons, un arrondissement.

Consensuelle, cette définition est certes celle des solidarités vécues, des appartenances, mais aussi de la personnalisation du pouvoir. Le risque demeure d'un empilement et du recoupement de structures de taille proche mais non coïncidentes (cantons, communautés de communes et d'agglomération, parcs naturels). Le postulat d'une identité territoriale et ses conséquences n'est enfin jamais mis en cause : « Nous sommes du même pays, nous partageons donc le même territoire, nous devrions partager les mêmes projets de développement. »

Le « pays » comme outil de géographie régionale

Après la question des limites se pose celle de la « consistance » et des finalités du pays. Issus d'héritages ruraux et culturels, reposant sur la fréquentation privilégiée d'un petit pôle, les pays dessinent un « pavage » indéniable de la géohistorique de la France. La notion de pays, indépendamment de son lustre nouveau comme outil d'aménagement, conserve un véritable intérêt descriptif pour une approche fine de la géographie régionale. Elle est essentielle pour toute analyse géohistorique des différences et des discontinuités spatiales héritées de fonctionnements économiques et relationnels anciens.

Cette consistance ancienne n'est d'ailleurs pas aussi forte sur tout le territoire. Le fait que la Bretagne soit depuis longtemps une sorte de fédération de pays très individualisés a prédisposé sans doute à ce qu'ils soient le cadre des initiatives endogènes de modernisation, voire d'une reconnaissance officielle, comme dans le cas du pays de Redon, unité statistique à cheval sur le Morbihan et l'Ille-et-Vilaine. Inversement, on voit mal cette notion de pays étendue systématiquement à des espaces réorganisés, aux XIXe et XXe siècles, au sein d'une aire métropolitaine et rattachés à un grand axe de circulation, sauf à en faire une sorte de mot alibi du discours technocratique. Et si elle semble bien permettre d'appréhender des économies très territorialisées, fondées sur des PME (cas des bassins d'industries diffuses du type Bassigny, Vimeu…), des projets de valorisation de ressources très localisées (tourisme surtout), elle dépend beaucoup, dans sa remise à jour, de la vigueur de la volonté politique de coopération et de partenariat. Il existe d'incontestables réussites en la matière, notamment dans les situations les plus difficiles à gérer de territoires relativement solidaires, mais partagés entre des circonscriptions différentes.

Ainsi entre Pays de la Loire, Centre et Poitou-Charentes, a été recréé le « pays de la Confluence », appellation moderne comprenant principalement un petit pays ancien, le Véron, qui occupe la confluence Loire-Vienne ainsi que les bordures des vallées qui l'encadrent. Véritable synthèse des sites et des paysages du Val de Loire, aux confins des vignobles de Chinon, de Bourgueil, de Saumur, la Confluence est un cadre institutionnel orienté vers la promotion, la sauvegarde et la restauration du patrimoine paysager et écologique. Un peu plus au nord, en revanche, transgressant les limites régionales (Pays de la Loire, Centre, Basse-Normandie) le Perche ne tend pas encore à retrouver une fonction fédératrice : plusieurs entités concurrentes ou indifférentes car sur des régions séparées (Centre, Basse-Normandie, Pays de la Loire) utilisent la référence percheronne. Communauté de communes des collines du Perche, pays du Perche sarthois, du Perche vendômois et, enfin, parc naturel régional se disputent l'accès à des fonds européens, sur des confins départementaux (Orne, Loir-et-Cher, Eure-et-Loir, Sarthe) traditionnellement moins peuplés et moins prospères que les « bons pays » voisins (Alençon, Saint-Calais, Beauce, Blésois, Thimerais). Là encore c'est le tourisme vert qui joue un rôle moteur, grâce au patrimoine que représentent les étangs, les forêts, le bocage, et au « marché » de la proximité parisienne, aisément accessible.

■ ***L'exemple de la Thiérache*** peut faire figure d'archétype, à la fois par l'ancienneté (1973) et la persistance de l'effort de développement à l'échelle d'un pays, et aussi par les limites que continuent à y imposer les coupures départementales et régionales (Nord/Picardie), enfin par la diversité des terrains de développement investis par ces structures intercommunales fondées sur un authentique pays, l'Avesnois-Thiérache (P. Gonin et J.-P. Renard, *op. cit.*). Entre Vermandois, vallée de la Sambre (Cambrésis) et Ardennes, la Thiérache présente une vigoureuse originalité paysagère et économique qui réside dans le relief vallonné créé par l'Helpe et ses affluents, incisés dans les argiles d'altération de la craie qui masquent les accidents tout proches des contreforts ardennais. Ces vallées contribuent à l'humidité de ce pays vert, bocager et forestier. Pays de polyculture spécialisé et embocagé en pays laitier de 1830 à 1950-1970, il contraste encore, malgré le recul des haies et des pommiers depuis 20 ans, par la dispersion de l'habitat, l'organisation de la voirie, avec le paysage ouvert et les villages groupés, très hiérarchisés en un mini-réseau christallerien autour du Cateau, à l'ouest de la Sambre. Même s'il n'avait pas ignoré la révolution du textile, il est cependant à l'écart des grands corridors du développement économique dans l'attente de l'achèvement de la rocade Nord-Lorraine, et souffre donc d'un enclavement tout relatif entre Lille, Charleville et Reims, ce qui se traduit par un certain déclin démographique (– 8 % de 1975 à 1990 dans la partie Aisne de la Thiérache) et un très fort taux de chômage. L'agriculture y a souffert de l'application des quotas laitiers.

Ces faits ont contribué à faire de cette région un laboratoire de l'aménagement à l'échelle infra-régionale et hors des zones métropolitaines. Le syndicat mixte créé en 1973 est le premier à proposer un contrat de pays en 1976, puis un contrat de pays d'accueil, puis à construire un réseau de villes moyennes destiné à relancer l'activité économique. L'enjeu est de taille puisque le territoire de compétence du syndicat couvre 229 communes et environ 150 000 habitants. Si les grandes tendances économiques ne sont pas annulées (crise de l'emploi), ce qui pèse sur l'image du syndicat, qui supporte les critiques les plus variées (taille trop grande pour une vraie identité rurale, négligence des intérêts des villes, lien trop faible avec les populations), les réalisations ne sont pas minces. L'existence d'une structure intercommunale a favorisé le montage d'opérations lourdes d'amélioration du cadre de vie, de l'équipement rural, de promotion culturelle et touristique (écomusée de Fourmies-Trélon depuis 1980), aidées par les régions, l'État, la Caisse des monuments historiques. La barrière ancestrale encore marquée par la limite départementale a été considérablement allégée par le travail intercommunal, même si la « Grande Thiérache » est retardée par la décentralisation qui renforce les prérogatives départementales et régionales.

Depuis 1991, une autre structure, au sein de l'Aisne seulement, regroupe en association dans un syndicat intercommunal à vocation économique, 7 petites villes comprenant 22 000 habitants intra-muros au total et 50 000 dans leur aire d'influence, dans un projet de « ville multipolaire » destiné à promouvoir l'accueil d'entreprises en mettant en commun les ressources tout en laissant les villes en concurrence pour les implantations. L'objectif est le passage d'un seuil critique, celui de la ville moyenne, de la dynamisation d'un espace rural par ses bourgs, et du recentrage de la Thiérache sur un centre qui serait dans l'Aisne, par opposition à un syndicat jusqu'alors plutôt tourné vers le Nord et la défense des intérêts herbagers et laitiers. La multiplication des structures, marginalisant encore un peu plus les petites communes, ajoutée aux difficultés des cohabitations inter-régionales et à la complexité des financements intercommunaux, illustre les freins possibles aux politiques de pays.

■ ***L'intercommunalité, comme source de territorialité.*** Le pays, les territoires, les communautés sont des termes clés de l'aménagement, depuis que les lois de 1992 à 1999 les officialisent. Ils s'inscrivent dans un mouvement global, celui de l'intercommunalité, palliatif français des fusions de communes quasi impossibles et le plus souvent anciennes. La quasi-totalité des communes appartient à un des 2 581 Établissements Publics de coopération intercommunale à fiscalité propre qui tendent à constituer des unités territoriales et économiques, des territoires de projet et d'aménagement commun, de plus en plus significatifs : « syndicats d'agglomération nouvelle », et surtout désormais communautés urbaines, d'agglomérations, de communes, regroupent plus de 90 % de la population, à raison d'une quinzaine de communes et de 22 000 habitants en moyenne par structure. Elles interviennent principalement dans le domaine du développement économique, de l'aménagement de l'espace, des transports, du logement, et de l'environnement. Ce sont ainsi 25 % des dépenses réelles de la sphère communale qui relèvent des intercommunalités.

La géographie de ce phénomène est longtemps demeurée contrastée : les régions les plus concernées furent l'Ouest, du Cotentin au Poitou, la région Rhône-Alpes, l'Alsace, la Champagne, et surtout le Nord et la Picardie (où désormais toutes les communes appartiennent à une structure de coopération). Il s'agit donc de régions de fortes densités, mais aussi d'importante tradition coopérative, de forte identité culturelle. Ainsi, en Bretagne, l'intercommunalité est le prolongement politique du mutualisme agricole, très enraciné et inducteur d'effets sociaux et économiques multiples. Il y est conçu comme un outil d'intervention économique suppléant au déficit d'initiative privée : financement de locaux d'activités, répartition des aides du Fonds régional d'aménagement du territoire (initiative longtemps unique en France, qui s'est largement répandue).

Ce bilan est vite dépassé, car le mouvement est en plein essor, encouragé par l'État, les associations d'élus, les spécialistes du développement économique local, mais aussi soutenu par des facteurs objectifs. Il devient impossible d'être une commune isolée pour toute obtention de subvention, nationale et surtout européenne ; or ces dernières pèsent de plus en plus lourd dans les affaires locales (voir chapitre 13). Par ailleurs, si la gestion locale en est plus difficile, imposant négociations, rapports de force ou de concurrence au sein de structures pour lesquelles l'électorat n'a guère d'intérêt direct, ce cadre intercommunal est aussi le seul, pour les petites communes notamment, qui permette l'emploi d'un personnel permanent et l'accès à des services de conseil. Cependant l'accroissement rapide des effectifs propres aux EPCI (81 000 emplois de 2002 à 2008), quoique en net ralentissement depuis, doublonne parfois les emplois communaux, pèse lourd sur les finances locales, tout en répondant aux besoins créés par les transferts de compétence vers les structures et à une demande sociale croissante de services locaux.

Étendu à des territoires de la taille de cantons ou de groupes de cantons, le phénomène de l'intercommunalité, catalyseur d'initiatives, de financements, devient un fait géographique significatif, notamment en réactivant, en actualisant des solidarités, des interactions économiques anciennes, dans le monde rural au sens large notamment, c'est-à-dire comprenant les petites villes et les « petites villes moyennes ».

Population et évolution des 50 premières aires urbaines

Rang en 1999	Rang en 2010	Aire urbaine (délimitation de 2006)	Population en 2010	Taux annuel d'évolution en %		
				1990-1999	1982-1990	1975-1982
1	1	Paris	11 532 000	0,29	0,70	0,28
2	2	Lyon*	1 648 216	0,65	0,81	0,49
3	3	Marseille-Aix-en-Provence	1 529 000	0,43	0,11	0,57
4	4	Lille	1 164 717	0,30	0,32	0,16
5	5	Toulouse	1 102 822	1,57	1,69	1,01
6	6	Bordeaux	996 500	0,67	1,09	0,90
9+18	7	Nice Grasse-Cannes-Antibes	963 000	0,35	0,97	0,69
7	8	Nantes	758 200	1,11	0,93	0,93
8	9	Strasbourg	610 000	0,79	0,65	0,57
12	10	Toulon	574 000	0,54	0,89	1,24
11	11	Rennes	571 000	1,32	1,20	1,51
21+39	12	Douai-Lens	546 721	– 0,27	– 0,08	– 0,42
10	13	Grenoble	530 506	0,63	0,62	0,51
13	14	Rouen	523 326	0,26	0,36	0,08
14	15	Montpellier	498 000	1,86	2,11	2,09
19	16	Clermont-Ferrand	438 062	0,36	0,36	0,68
30	17	Metz	429 588	0,50	0,61	0,80
15	18	Nancy	410 508	0,11	0,27	0,34
17	19	Valenciennes	398 813	– 0,04	– 0,41	– 0,49
20	20	Caen	384 576	0,73	1,03	1,10
22	21	Orléans	377 554	0,86	1,27	1,34
16	22	Tours	376 374	0,67	0,81	1,10
23	23	Dijon	326 631	0,48	0,90	0,66
25	24	Saint-Étienne	321 704	– 0,79	– 0,07	– 0,62
28	25	Brest	309 268	0,40	0,36	0,59
31	26	Le Mans	303 289	0,33	0,36	0,56
29	27	Reims	291 735	0,42	0,67	0,70
26	28	Le Havre	290 826	– 0,09	0,18	– 0,16
37	29	Avignon	290 466	0,58	0,78	1,15
27	30	Mulhouse	271 024	0,40	0,30	0,32
35	31	Amiens	270 867	0,28	0,37	0,60
32	32	Béthune	269 226	– 0,10	0,11	– 0,24
33	33	Dunkerque	259 938	0,03	0,01	1,05
42	34	Perpignan	249 016	0,57	0,83	1,96
34	35	Limoges	247 944	0,30	0,24	0,79
43	36	Pau	223 000	0,53	0,77	1,08
36	37	Besançon	222 381	0,72	0,81	0,54
41	38	Bayonne	222 000	0,81	1,01	0,98
38	39	Nîmes	221 455	0,82	1,43	0,98
40	40	Annemasse	212 248	1,26	2,34	1,77
44	41	Poitiers	209 218	1,10	0,83	1,26
45	42	Lorient	192 104	0,14	0,75	0,76
46	43	Annecy	189 674	1,19	1,64	1,43
50	44	Saint-Nazaire	184 794	0,40	0,21	0,69
47	45	Montbéliard	180 064	– 0,21	– 0,66	0,09
49	46	Troyes	172 497	0,24	0,10	0,45
52	47	La Rochelle	171 214	1,16	0,33	0,94
51	48	Valence	167 155	0,55	0,73	1,02
48	49	Thionville	156 433	– 0,03	– 0,36	– 1,08
55	50	Angoulême	153 781	0,15	0,33	0,83

* estimation

Source : Données de 2010, INSEE.

6

Milieux géographiques et régions

La géographie régionale a traditionnellement survalorisé le rôle du cadre naturel, avant de consacrer la toute-puissance des facteurs économiques et urbains comme fondements de la régionalisation. La réalité régionale n'est cependant réductible à aucune de ces dimensions exclusivement. Dans une optique d'interprétation des discontinuités et de l'hétérogénéité de la France, il convient de s'interroger sur la nature et la force de l'identité que confèrent à des ensembles, infra ou supra-régionaux, leur position géographique et leur appartenance à un type de milieu. Littoraux, montagnes, grandes vallées, ne sont ni des régions, ni des données strictement naturelles. Il s'agit d'environnements à très fortes spécificités, aux variables et variantes nombreuses, qui surdéterminent les sociétés, les activités, leur rapport à l'espace et aux ressources. Des usages traditionnels aux politiques d'aménagement spécifiques, ces milieux interfèrent avec toute analyse régionale de la France.

LES LITTORAUX

Une donnée géographique majeure

Le fait littoral est, à toutes les échelles, une donnée géographique majeure : particularisme climatique, par la pondération thermique et hydrique qu'on y observe, étendue et variété des 9 980 km du linéaire côtier qui offrent des conditions et des ressources maritimes et terrestres multiples, densité depuis longtemps élevée, allant de pair avec une économie diversifiée et un chapelet serré de ports (74 ports de pêche en métropole), enjeux économiques et urbanistiques des quelque 360 millions de nuitées touristiques (29 % du total national) passées sur les côtes (faisant vivre 5 % de l'emploi salarié des régions littorales).

En termes régionaux, les littoraux doivent être envisagés sous plusieurs angles. Leur profondeur n'est pas aisément délimitable, car bien en arrière du trait de côte, puis des communes littorales, la présence de la mer et des activités qu'elle induit, est sensible. La brutalité du contraste littoral-intérieur est particulièrement forte là où la mer a peu compté dans l'économie régionale, sinon très ponctuellement. Dans le pays de Caux, en Picardie, dans la Manche, en Bessin, sur le littoral landais, en Camargue, en Vendée, la vie maritime est cantonnée à un étroit liseré, très discontinu, qui fait parfois parler de côtes « terriennes ». Au contraire, la Bretagne, le Languedoc depuis peu, la Côte d'Azur, montrent des gradients plus progressifs de densité d'occupation.

La question des ruptures et des continuités ne se pose pas seulement en profondeur, mais aussi en longueur : les divisions des côtes en segments abondent dès la division départementale parfois (Côtes-d'Armor, Morbihan). La pêche a sa propre division en 39 quartiers des Affaires maritimes (plus 5 dans les DOM), délimités par référence au port principal à partir duquel sont administrés l'enregistrement des navires, le domaine public maritime, les statistiques et le contrôle de la pêche, et surtout la population des « inscrits maritimes ». Cette gestion sociale originale, héritière de l'époque moderne, participe à la spécificité des régions maritimes et des populations de marins, aquaculteurs, mareyeurs, qui vivent en étroite dépendance économique et sociale à l'égard de l'État (concessions des ostréiculteurs par exemple).

Le tourisme a conduit à une division des régions côtières dont le rôle dans la promotion vers l'extérieur, mais aussi dans l'identité régionale, est significatif. On connaît la hiérarchie qui s'est établie entre tourisme « aristocratique » et tourisme de masse, plus récent et sur des littoraux moins rocheux. La réalité est plus nuancée et surtout chaque segment est désormais affecté, comme la Côte d'Azur originellement, d'une appellation touristique qui symbolise, outre une politique commerciale, l'irréductibilité de la géographie littorale aux dénominations continentales : Côte d'Opale de la mer du Nord, Côte fleurie du Calvados, Côte de Granite rose, pays des Abers du Sud breton, Côte d'Argent vendéenne, etc. Dans une France saisie d'une frénésie des labels et des logos, le territoire passe ainsi sous « appellation contrôlée », fait qui mérite plus qu'une remarque car, avec ces découpages, sont ainsi dessinées, sur les littoraux d'abord, des entités destinées à servir de cadres à des politiques d'aménagement d'échelle micro-régionale. Fondés souvent sur une caractéristique physique qui leur donne une certaine communauté de situation et de problèmes, ces regroupements sont un lieu d'élection des structures intercommunales de type SIVOM. Sur la côte picarde par exemple, le Syndicat Mixte Baie de Somme-Grand littoral picard réunit 18 communes et emploie une vingtaine de personnes pour coordonner des actions de préservation de milieux variés et fragiles (dunes, marais estuariens, bas-champs), d'aménagement et de gestion d'espaces publics (concédés par le Conservatoire du littoral) en partenariat avec le département et la région, les directions de l'Agriculture et du territoire.

Des facteurs de différenciation

La géographie régionale du littoral français requiert donc d'autres clivages que ceux qui valent à l'intérieur. Parmi ces facteurs de différenciation, l'aspect même des littoraux conditionne les utilisations possibles. La typologie classique côtes rocheuses, côtes sableuses, côtes à marais, qui peut être affinée en tenant compte de l'exposition aux houles ou du marnage, permet d'intégrer la spécificité littorale aux facteurs plus habituels de l'analyse régionale, comme la distance des principales villes ou le type d'arrière-pays portuaire. Ces traits physionomiques sont en effet essentiels pour comprendre les types de pêche, côtière, hauturière, industrielle et lointaine, qui sont pratiqués. Les types de stations touristiques, associées à des noyaux préexistants ou créées de toutes pièces n'exploitent pas les mêmes côtes. Certains littoraux sont particulièrement marqués par leur milieu. Ainsi, les littoraux sableux du Languedoc et des Landes, dont le quasi-désert humain a favorisé la planification touristique, entre étangs et cordons littoraux.

■ ***Les marais maritimes.*** Ils ont longtemps été le lieu de véritables endémismes sociaux et écologiques, et apparaissent comme des espaces construits par l'interaction des dynamiques hydrauliques et socio-économiques.

Le pays guérandais, au-delà de Saint-Nazaire, est un exemple intéressant de la persistance des particularismes : si l'échine cristalline qui porte la petite ville fortifiée de Guérande est une terre bretonne typique, il n'en va pas de même des deux zones basses marécageuses qui l'encadrent. Au nord, le pays briéron n'a rien de maritime, sinon une très légère salinité des eaux qui le remplissent et en font un marais tourbeux, d'où son nom de Pays Noir, surmonté d'îles rocheuses qui portent un habitat disposé circulairement au contact du marais et de la « gaignerie » en herbe. Longtemps endogames, vivant du roseau, de la tourbe, de la chasse et de la pêche, ces populations ont livré de lourds effectifs d'ouvriers-paysans aux Chantiers de l'Atlantique. Le marais de la Grande Brière est aujourd'hui un conservatoire dont l'entretien est partiellement assuré par un parc, qui est au cœur des conflits sur le niveau idéal des eaux, différent pour les chasseurs et les agriculteurs. Au sud, le marais guérandais, le « Pays Blanc », est un espace construit par la saliculture dès le haut Moyen Âge, où le niveau et la circulation de l'eau salée sont contrôlés par un système de digues et de bassins qui favorisent la concentration en chlorure de sodium dans les « œillets ». Les « paludiers » sont de nouveau très actifs, après la longue crise des XIXe et XXe siècles. La concurrence des sels gemmes et méditerranéens n'a fait qu'une place tardive et limitée à ce produit recherché qu'est devenu le sel gris de Guérande, mais celui-ci contribue, avec l'aquaculture et les protections urbanistiques, à soustraire le marais au risque d'une disparition pure et simple.

Ces marais littoraux sont bien représentés entre Loire et Gironde : ils sont l'objet d'utilisations variées d'amont en aval, agricoles puis aquacoles, en Vendée, en Poitou et en Saintonge. Mais l'intensification agricole, l'urbanisation compromettent des équilibres fragiles entre terres et eaux, douces et salées. Ainsi, le Marais poitevin a connu un recul considérable des prairies naturelles depuis une trentaine d'années. Par drainage, les deux tiers de ces prairies humides, bordées de peupliers dans la partie amont, et cœur d'un genre de vie maraîchin très original, ont disparu au profit des labours. La présence d'un parc n'a pas enrayé le mouvement. De même l'état des bassins ostréicoles du Marais charentais et de celui de la Seudre, en Saintonge, est affecté par les montées rapides d'eau douce, chargée de polluants agricoles, effet des drainages agricoles en amont.

■ ***Les littoraux rocheux*** présentent également des situations propices aux discontinuités de toutes échelles. Les sites d'abri y sont fréquents, valleuses et crans des falaises de craie cauchoises et picardes, baies et rades du littoral breton puis basque, calanques et golfes provençaux et corses. Mais ils y sont aussi souvent étroits, mal extensibles sinon au prix de dérochages, de bassins en eau profonde en arrière de jetées. Ports militaires et ports de pêche sont nombreux, et la plaisance y est à l'étroit. Les extensions urbaines sont contraintes par une offre foncière restreinte qui favorise le « mitage » péri-urbain. Les privatisations de la bande littorale se sont produites jusqu'à une période récente, non sans risques naturels ; mais l'assimilation côte rocheuse-tourisme de villégiature aisée n'est plus guère vérifiable tant se sont diversifiés les modes d'hébergement. En revanche, les secteurs de côte rocheuse limitent souvent le tourisme balnéaire sur des distances importantes, en fonction de l'accessibilité des plages, de leur taille, de l'exposition aux houles et aux courants littoraux. À petite échelle, les contrastes Bretagne-Nord/Bretagne morbihannaise sont spectaculaires. Le vide du nord-Cotentin l'est aussi.

■ ***Les grèves.*** Le caractère sableux n'est pas une garantie de continuité de l'occupation. Longtemps désertées car mal protégées, insalubres, précédées d'une avant-côte et d'un plateau continental moins nourriciers, les grèves sont découvertes au XIXe siècle, par le Nord, pour les vertus thérapeutiques des « bains à la lame » prescrits par les hygiénistes anglais et français. La proximité des grandes villes lance les plages nordistes et normandes, les plages de La Baule et le bassin d'Arcachon, dont les premiers lotissements, sous les pinèdes, sont de vraies villes nouvelles. Mais c'est seulement avec la généralisation du tourisme balnéaire de masse, que les opportunités foncières et climatiques des Landes, de Vendée, du Languedoc, seront saisies par les pouvoirs publics et la promotion privée pour y réaliser des complexes de type urbain, ou des stations de lotissements plus modestes (Vendée, Landes). En termes portuaires, les aménagements de front de mer sur les littoraux bas sont rares : il s'agit souvent d'extension à partir d'un site d'abri (Boulogne, La Rochelle, Sète), mais les cas de Fos et de Dunkerque sont remarquables. Ils mettent à profit une situation plus qu'un site qui doit être aménagé par creusement de darses, protégé par des digues, entretenu par dragage. Dans ces conditions, ils permettent un accès rapide en tout temps, à des navires de tous gabarits.

■ ***Les estuaires.*** Un type particulier de vie et d'organisation de l'espace côtier est constitué par les estuaires. Les plus petits (abers bretons, estuaires basque, charentais, picards et normands) peuvent être assimilés à des sites d'abri accompagnés d'une voie de liaison ancienne avec l'intérieur. Ils présentent des formes originales d'utilisation du mélange, rythmé par le flot et le jusant, de l'eau douce et de l'eau salée (moulins à marée, aquaculture et pêche…). Leur fond et leur entrée sont des sites urbains privilégiés. C'est aussi vrai des plus grands estuaires, de la façade atlantique, mais l'échelle est tout autre, au sein de l'espace estuarien comme pour ses fonctions et son insertion régionales. Les estuaires de la Seine, de la Loire, de la Gironde présentent assez de points communs pour qu'on y vérifie la validité d'un type spatial, celui de la « porte estuarienne » (A. Chauvet, *Porte nantaise et isolat choletais*).

Du point de vue interne, les estuaires sont d'abord des milieux particulièrement originaux, conditionnant la navigation par leur tendance naturelle à l'envasement, leur fréquente invasion par les brouillards, la vigueur des courants de marée, dont l'onde remonte très en amont, faisant osciller un « bouchon vaseux » au point d'équilibre des courants fluviaux et marins. Sur le plan écologique, ils figurent parmi les zones humides les plus riches et les plus menacées. Zones de mélange des eaux, très nutritifs et abrités, leurs bancs sableux et vaseux sont des lieux de reproduction pour de multiples espèces, des zones de passage pour les migrateurs (anguilles, saumons, oiseaux). La stabilisation des berges, les dragages et la concentration du flux sur un chenal unique, imposés par la navigation, sont contestés au nom de cet intérêt écologique. Ainsi l'estuaire de la Loire, avec 40 000 hectares de zones humides, est désormais considéré comme une zone d'intérêt écologique majeur. Cela a justifié une forte pression de la Commission européenne afin d'obtenir le classement en zone de protection spéciale de 18 700 hectares. Cette décision, assortie de menace de sanctions en cas d'aménagement (des vasières notamment), compromet l'extension prévue des terminaux de marchandises de Donges-Est alors que le site de Montoire est menacé de saturation d'ici 5 à 10 ans. Longs de plusieurs dizaines de kilomètres, de largeur croissante vers l'aval mais présentant des rétrécissements propices au franchissement, ces estuaires ont été occupés très différemment.

L'amont est surtout marqué par l'emprise urbaine des villes dites de « premier pont ». Zones urbaines historiques, couloirs d'industries lourdes sérieusement amoindries, ports délaissés ou réservés aux trafics légers (colis, produits périssables...), recentrage sur des fonctions urbaines moins maritimes, caractérisent ces anciens centres de l'« économie-monde » atlantique aux XVIIe et XVIIIe siècles dont les bourgeoisies d'armateurs, de négociants et d'industriels ont marqué les sociétés et les paysages urbains. La liaison avec la pleine mer a été améliorée (à Nantes et Rouen) par des canaux aujourd'hui délaissés, comme celui de La Martinière en basse Loire.

L'aval est caractérisé par la présence d'un avant-port de vitesse, impulsé et contrôlé par les capitaux urbains au départ, devenu ensuite un centre portuaire et industriel autonome et concurrent, dans le cas du Havre et de Saint-Nazaire, de coloration plus industrielle que commerciale.

Entre amont et aval, l'occupation urbaine est très discontinue, laissant place à des espaces ruraux de prairies inondables mais drainées, réputées pour leur fertilité, à des implantations urbaines et industrielles de générations variées, énergétiques et chimiques notamment, à des terminaux spécialisés sur des terrains remblayés. C'est dans cette partie intermédiaire que s'exprime encore bien un autre trait spécifique des estuaires qui est leur dissymétrie nord-sud. Dans le cas de la Seine et de la Loire, la rive industrielle et urbaine est celle que longe le chemin de fer vers l'avant-port, soit la rive nord dans les deux cas. Ce phénomène est amplifié par les aménagements successifs des chenaux navigables au profit des installations déjà existantes. Ainsi, Paimbœuf est-elle une petite cité désertée, longtemps polluée par une vieille usine d'engrais en face des modernes terminaux de Donges et de Montoir. Honfleur bénéficie d'une bonne intégration à la côte touristique centrée sur Deauville et de l'ouverture du pont de Normandie. Ces dissymétries tendent à s'estomper quelque peu sous l'effet des liaisons par de grands ponts en aval des villes de franchissement traditionnel, qui permettent une expansion des bassins d'emploi.

La place régionale des estuaires tend ainsi à changer. Leur rôle historique de frontière régionale, puis de concentration déséquilibrée des industries, est moindre. L'autonomie de leurs grandes villes ne peut plus reposer sur les fonctions maritimes ni sur des firmes de transformation des matières premières dont l'origine régionale n'est plus un gage de stabilité. Les voies les plus modernes peuvent encore les suivre (TGV vers Saint-Nazaire et Le Croisic), mais leur sont plus souvent transversales ou à l'écart de la contrainte que représente un sillon assez étroit déjà très occupé.

La dizaine de tronçons autoroutiers formant l'autoroute des estuaires, désormais achevée, représente un grand axe interurbain en arrière de la façade occidentale de la France.

■ ***Les îles.*** Dernier espace littoral à très forte spécificité, les îles constituent des microcosmes dont les particularismes ont inégalement résisté à l'amélioration de leur desserte, à la pression touristique, à la fragilité de sociétés depuis longtemps dépendantes des emplois, en mer et sur le continent. Groupées en archipel (Glénans, Hyères...), elles sont de taille et de population très variées (près de 5 000 hab. à Belle-Île ou Yeu, moins de 300 à Molène, 140 à Hoëdic). La combinaison taille-éloignement joue diversement : les grandes îles charentaises (Ré et Oléron), l'île de Noirmoutiers, n'ont guère de spécificité. Terriennes et aquacoles, reliées par un pont, elles subissent une très forte pression foncière et sont intégrées à la vie régionale. Les plus petites, très peu peuplées, assez proches des côtes, sont des sanctuaires naturels, des centres de loisirs sélectifs (Glénans, Leyrens, Porquerolles, Port-Cros, Levant). Plus éloignées et/ou plus grandes, la dizaine d'îles bretonnes méridionales (Yeu, Groix, Belle-Île, Houat, Hoëdic), occidentales (Ouessant, Molène, Sein), et septentrionales (Batz, Bréhat), ont conservé une insularité forte, une société attachée à celle-ci, vivant dans une relation complexe avec le continent, combinant intégration, continuité territoriale et spécificité née de l'isolement. Espaces courtisés, convoités, leur population est cependant partout vieillissante et le déclin des activités autarciques est mal compensé par le tourisme. F. Perron (*Des hommes et des îles*, 1993) distingue quatre types de situation : Yeu, bien portante grâce à la pêche, Belle-Île, en équilibre précaire grâce aux activités locales (petite pêche et tourisme), Groix, au dynamisme ralenti, Ouessant à l'avenir très incertain malgré une très forte originalité.

LES MONTAGNES

Comme la position littorale, le fait montagnard est une détermination primordiale dans l'approche régionale : ses particularismes sont souvent essentiels. Sa définition et ses modalités résultent d'une combinaison de données naturelles et sociales qui explique les classifications usuelles de moyenne et de haute montagnes, de hautes et de basses vallées. Le fractionnement, l'étendue des espaces montagnards qui peuvent concerner la totalité d'un département, ont contribué à cette exagération des spécificités montagnardes, surtout affirmées par les habitants des plaines. Les enjeux de l'économie montagnarde sont supérieurs à ce que laisserait imaginer la faiblesse des effectifs vivant en altitude. Cela résulte du fait que le milieu montagnard inclut des zones basses de forte concentration de population, d'où sont commandés les usages des hauteurs. Il existe, depuis 1985, une loi Montagne comme il existait une loi Littoral dès 1975. À l'échelle locale comme à l'échelle régionale, les deux clés de lecture de l'espace montagnard sont celle de l'altitude et de l'étagement des activités en fonction de celui des milieux, celle de la position intérieure ou bordière de l'espace étudié par rapport aux massifs, en particulier dans le cas de la haute montagne qui fait partout frontière en France et qui forme, depuis l'affirmation des frontières sur les lignes de crête, un ensemble mal séparable de son « avant-pays », de son piémont. Le cas de la moyenne montagne est plus diversifié encore puisque cette expression désigne non seulement les massifs constitués de hautes terres pastorales et forestières, mais aussi les étages inférieurs, collinéens, montagnards et subalpins, voire la pelouse alpine des massifs de haute montagne.

La haute montagne

Définie par la présence d'un étagement complet, jusqu'à l'étage nival, permis par l'altitude, la longueur des versants et nuancé par l'exposition différente de ceux-ci au soleil (opposition classique de l'adret et de l'ubac, ou envers, dans les Alpes, de la soulane et de l'ombré dans les Pyrénées), la haute montagne est peu représentée en France. En position périphérique, elle a pourtant conquis une place originale et avantageuse dans la perception très hiérarchisée du territoire. Le renversement commence au XVIIIe siècle, avec les premières ascensions prestigieuses, le lent recul d'une imagerie devenue plus fascinante que répulsive, celle de l'Alpe homicide, l'essor d'un tourisme alpin, sportif et aristocratique, et du thermalisme, le désenclavement routier et ferroviaire. La houille blanche, puis l'or blanc du tourisme hivernal, assurent définitivement l'image positive de la haute montagne. C'est au point qu'elle est perçue très tôt comme un milieu fragile, menacé par la surfréquentation, justifiant la création, en 1963, du premier parc national (celui de la Vanoise) puis de mesures encadrant les créations d'équipements touristiques, imposant une évaluation des risques inhérents à ce milieu (cartographie des zones d'avalanche, aides à l'entretien des alpages, protection forestière). Dans l'intervalle, son peuplement s'est pourtant considérablement modifié, révélant un dépeuplement accentué selon un gradient aval-amont dans la plupart des vallées, nord-sud dans les Alpes, extrémités-centre dans les Pyrénées. Depuis trois décennies ce mouvement qui avait produit des disparités profondes à toutes échelles et des dégradations des milieux, soit par abandon soit par emprise destructrice est stoppé ou même inversé, sous l'effet d'une nouvelle géographie de l'hydroélectricité, des stations d'altitude, de la restauration des hautes vallées, du déclin industriel des moyennes vallées.

Du point de vue régional, quatre phénomènes spécifiques contribuent à faire de ce milieu un facteur de différenciation original :

1. C'est d'abord l'existence d'une identité micro-régionale issue du cloisonnement de la haute montagne en massifs et vallées, isolées par des lignes de crêtes, réunies par des cols élevés. Après que fut construite une image uniforme des Alpes, ou des Pyrénées, toujours vues des plaines, on redécouvre l'importance des massifs, des vallées, ramifiées et convergentes vers un torrent majeur dont la vallée est l'axe unique de communication avec la plaine. Ces unités, entre lesquelles se fragmentaient les sociétés traditionnelles (coutumes, dialectes, seigneuries, autosuffisance), servent aujourd'hui à la formation de bassins touristiques (Tarentaise, Maurienne…), à la délimitation de parcs (Vanoise, Oisans, Mercantour), à la formation de groupements transfrontaliers. Ceux-ci se réalisent par mitoyenneté de parcs (Argentera, Grand Paradis…), par réunion de vallées traditionnellement très liées par des accords d'alpage, des solidarités culturelles (Val d'Aoste, Doires, vallées aragonaises), dans des structures de concertation (« pays du Mont-Blanc »).

2. Un second facteur d'originalité réside dans l'importance des complémentarités et des interactions entre espaces et fonctions de la haute montagne à grande échelle.

Verticalement d'abord, l'étagement des activités n'obéit plus seulement aux contrastes anciens : prés, cultures et habitat permanent, forêts, alpages et habitat temporaire d'altitude, décalés et d'importance respective inégale sur chaque versant, selon son exposition. Mais, outre que le paysage reste marqué par cet héritage et par le fait que les systèmes pastoraux, plus ou moins communautaires, restent souvent fonctionnels, l'étagement bioclimatique est un facteur déterminant pour les activités récemment implantées.

Le tourisme hivernal a considérablement valorisé les ubacs, plus longtemps enneigés. Les replats à mi-hauteur, correspondant aux épaulements glaciaires, ne sont plus des sites privilégiés pour les seuls chalets d'alpage, mais aussi pour les implantations touristiques. La limite de la forêt est un repère et une contrainte d'aménagement pour les stations de troisième génération. Les fonds de vallées restent très inégalement utilisables selon qu'ils sont des verrous étroits incisés de gorges, ou de larges ombilics permettant de ménager un écart prudent entre l'habitat, les voies, et les torrents. L'hydroélectricité repose désormais plus sur les grands réservoirs d'altitude que sur les seules conduites forcées et les petites centrales de basse et moyenne chutes des fonds de vallées.

D'amont en aval, les vallées restent le cadre d'un partage des fonctions, réparties entre leurs tronçons successifs, haut, moyen et bas. La différenciation est aisée sur l'Arve par exemple, entre un tronçon chamoniard, une moyenne vallée industrielle, une basse vallée quasi genevoise, aux fonctions très diversifiées. La haute Maurienne, pastorale et touristique, s'arrête avant Modane. Des sources glaciaires sur la frontière italienne jusqu'aux forts sardes de Villarodin, la vallée est peuplée dans le cadre de bourgs et de villages sur le très ancien passage vers le Mont-Cenis. Ces villages ont tardivement pris le tournant de l'économie touristique. Ses stations-villages, misant sur la conservation d'un cadre et d'une société « authentiques » (comme Bonneval-sur-Arc), et sur la notoriété du parc de la Vanoise, conservent une économie diversifiée : coopératives, laitières et fromagères (« fruitières »), versements de l'EDF, exploitation d'une abondante forêt d'épicéas et de mélèzes ne pallient cependant plus les aléas de l'enneigement et la lourdeur des investissements en remontées mécaniques, pris en charge par des collectivités locales partagées entre audace et prudence. Ensuite commence le tronçon étroit de la vallée métallurgique et chimique sinistrée, jalonnée de villes industrielles et ferroviaires comme Saint-Jean-de-Maurienne, ancien bastion de Péchiney. Selon ce schéma, les hautes vallées ont été les plus tôt dépeuplées, mais seules les vallées secondaires, les culs-de-sac, n'ont pas tous connu une réhabilitation comme bases touristiques (de proportion et de style très variables il est vrai). Inversement, les moyennes vallées, investies par l'électrométallurgie, la chimie du carbone, du fluor, connaissent les difficultés de la reconversion, sans guère d'atouts touristiques à valoriser, sinon qu'elles sont des points de passage obligé. Les basses vallées échappent aux spécificités de la haute montagne et concentrent des effectifs lourds. L'intégration de ces vallées est cependant réelle, par l'importance des mouvements de main-d'œuvre saisonnière, des services commerciaux et techniques, des livraisons de matières premières (eau, bois, lait) de l'amont vers l'aval, par le rôle accru des villes. Les élevages laitiers ont ainsi combiné une tradition de qualité, d'organisation collective, et une participation aux circuits les plus modernes de production et de distribution, non sans ruptures brutales, à l'occasion des grands chantiers énergétiques et touristiques. Ceux-ci ont, en effet, un très fort impact foncier et socio-économique (cas du Beaufortin par exemple). Les bassins-versants sont désormais gérés à l'échelle régionale pour la production électrique, grâce aux galeries souterraines qui les mettent en communication, comme c'est le cas par exemple du bassin Arc-Isère, dont les eaux sont productives, des sources glaciaires et des réservoirs du Mont-Cenis et de Tignes jusqu'au sortir de la chaîne de Belledonne (réservoir de Grand-Maison) et dans le Grésivaudan.

3. Un troisième facteur d'une vie régionale spécifique réside dans l'importance des grands axes de circulation qui irriguent les hautes montagnes, spécialisent leurs villes dans les fonctions logistiques. C'est un phénomène historique que cette fonction de passage et de contrôle, qui a donné des villes de pied de col et de fortifications (Modane, Briançon), des villes de sillon, de cluse, de confluence entre vallées principales et secondaires (Sallanches, Cluses, Moûtiers). La position frontalière est un facteur de renforcement de ces flux dans le contexte communautaire, comme en témoignent les trafics de la vallée de l'Arve vers le tunnel du Mont-Blanc, l'autoport de Modane à l'entrée de celui du Fréjus.

4. Enfin, les hautes montagnes ont ce trait particulier qu'elles sont commandées de l'extérieur. Ayant perdu l'unité des royaumes ou des duchés montagnards, elles sont inséparables des villes de piémont, qui tirent une partie de leur importance de cette capitalisation des ressources montagnardes et des besoins de maintenance de celles-ci. Le secteur touristique par les marchés de travaux publics, du bâtiment, de la construction mécanique, celui de l'énergie, fondent une part essentielle de l'activité grenobloise, annécienne, chambérienne. Ces villes sont des villes-portes par excellence.

La moyenne montagne

Située approximativement entre 400 et 2 000 m, définie par l'importance des systèmes agro- et surtout sylvo-pastoraux, elle est la « montagne à vache » par excellence. L'expression est à prendre au pied de la lettre ; elle désigne une économie rurale où l'herbe est presque tout, et un milieu physique aux modelés moins exposés à l'érosion mécanique très vive qui caractérise l'étage nival. Cette expression comprend aussi une note de condescendance en termes de loisirs sportifs, de grandeur paysagère. Ce milieu est fréquemment donné comme le plus uniformément affecté par les phénomènes de déprise agricole et pastorale, de vieillissement et de dépeuplement. C'est négliger la diversité des situations, des pré-Alpes aux monts d'Auvergne, des Vosges aux Cévennes. Partout peuplée autrefois, la moyenne montagne enregistre donc très visiblement la diminution et la concentration de ses habitants. Les indicateurs démographiques sont souvent interprétés comme des indices synthétiques d'une fatale désertification. On en oublie les taux records d'épargne, les tailles élevées des exploitations agricoles, et les aspirations des résidents qui ne sont pas au repeuplement dense, mais à un accès plus facile aux biens et aux services. Sur des terres presque partout utilisables, mais plus coûteusement productives, donc moins compétitives, le reboisement symbolise l'abandon, alors qu'il est ailleurs un symbole de protection et de victoire de la nature. Les activités nouvelles sont souvent discrètes, et sous-estimées de ce fait, alors qu'elles valorisent précisément l'atout d'une présence humaine raréfiée, le maintien d'un équilibre à forte composante naturelle, le prix croissant de ressources comme l'eau, le bois, le gibier. Il convient donc, non de dresser un tableau euphorisant de la moyenne montagne, mais de montrer avec quelles difficultés spécifiques, et quelles formes de renouveau, ces espaces s'intègrent aux régions et s'y singularisent.

■ ***L'exemple du Morvan*** peut utilement servir une recension des difficultés propres aux moyennes montagnes (étude menée par J.-B. Charrier, *in* : *Des régions paysannes aux espaces fragiles*, CERAMAC, 1992). Massif peu élevé (350 à 900 m) mais très rigoureux, aux hivers froids, aux précipitations abondantes (de 1 000 à 1 600 mm) sur des sols acides et lessivés, issus de roches cristallines, il est une avancée forestière (40 % de sa surface) au-dessus du Bassin parisien. Une tradition de pauvreté rurale, accentuée par le morcellement foncier et la dispersion de l'habitat, se double d'une très forte et ancienne dépendance envers Paris. Elle revêtait de multiples formes : mise en nourrice des petits Parisiens, migrations de travail, flottage du bois sur les nombreux cours d'eau alimentant l'Yonne et l'Armançon, propriétés forestières d'origine parisienne, livraisons de sapins de Noël, résidences secondaires à portée d'autoroute. Peu et tardivement peuplé dans un cadre social et foncier très inégalitaire, le Morvan connaît une mutation rurale importante entre 1850 et 1950, avec l'apparition des cultures fourragères et du blé, grâce au chaulage des terres, et avec la spécialisation dans l'élevage naisseur (et non d'embouche) des bovins charollais, nourris sur des prairies permanentes (80 % de la SAU). Peu désenclavé et peu industrialisé dans cette période, le Morvan se dépeuple et vieillit, sans que de petites villes (Château-Chinon, Autun, Avallon) puissent retenir les migrants. Actuellement, l'afflux de retraités n'accroît guère une densité moyenne de 12. L'exode rural et agricole n'est pas suivi d'une hausse suffisante de la taille des exploitations (de 5 à 25 % seulement de la SAU, selon les cantons, sont mis en valeur par des exploitations de plus de 100 ha), et continue à se traduire par le vieillissement des exploitants, l'insuffisante productivité d'un capital limité, la diversification peu marquée vers l'élevage ovin. Dans ce contexte, la forêt joue un rôle foncier, économique et paysager capital : peuplée de feuillus, chênes et hêtres, jusqu'à l'apparition très progressive des résineux plantés vers 1840-1850, elle n'est vraiment productive qu'après leur généralisation massive et contestée (intérêts extra-régionaux, suspicion d'un appauvrissement pédologique et biologique). Livré à des scieries locales après que les vieux feuillus aient été coupés et exportés, le bois induit peu d'emplois. Un équilibre plus équitable feuillus-résineux est cependant en passe de se rétablir. Les villes, petites et périphériques, ont peu bénéficié de la décentralisation industrielle, sinon à Autun (18 000 hab. et des activités mécaniques). En revanche, le Morvan présente à peu près toute la gamme des initiatives en faveur du tourisme vert en moyenne montagne, dans le cadre d'un parc naturel régional (1971), concernant l'eau, le bois, le patrimoine rural et historique (de Bibracte à la Résistance), à l'exception des loisirs de neige. Ces activités s'appuient sur une position avantageuse vis-à-vis de la clientèle urbaine, bourguignonne et parisienne, mais elles présentent ce syndrome caractéristique du développement local qui est la dispersion et la concurrence mutuelle des initiatives.

Dire que la moyenne montagne est, *a priori*, un espace fragile et en difficulté, peut s'appuyer sur des constantes, comme la fréquence des très longs déplacements imposés pour accéder à des services de base. La fragilité tient à la faible marge de manœuvre et de bénéfice laissée aux services marchands, aux productions primaires, sur des marchés étroits. Mais, à des échelles mal lisibles compte tenu des flux limités mis en jeu, des espaces de renaissance se multiplient et contredisent les diagnostics d'inéluctable déclin des années 1950-1960. L'origine de ces renouveaux peut se trouver, selon les échelles, dans un privilège politique favorable aux mesures de « saupoudrage » ou de « copinage » (du Morvan à la Corrèze), dans une spécialisation bien compatible avec l'extensification agricole (Causses approvisionnant les laiteries de Roquefort), dans la multiplication des appellations d'origine contrôlée (à terme, ce pourrait être quelque 150 000 exploitants dans des zones difficiles qui en vivront). Le renouveau peut enfin reposer sur une situation de contact aisé avec une clientèle régionale et nationale pour les loisirs (Alpes du Sud). Les effets de ces « grains » ou de ces « grappes » de dynamisme, sectoriels, se produisent à l'échelle locale plus que régionale, comme en témoigne l'inégalité de la reprise démographique par immigration, en Lozère ou dans les Cévennes.

■ ***Moyennes montagnes et régions.*** Du point de vue régional, l'approche des moyennes montagnes peut se faire sous trois angles complémentaires :

– Sur le plan économique, la moyenne montagne devrait profiter à toute la région : il s'agit, en effet, d'espaces et de ressources abondants, dont le prix unitaire est très bas (terres, eaux, bois…), ce qui en garantit une très large disponibilité. Mais cette dernière résulte aussi d'une adaptation très difficile au système marchand car celui-ci a valorisé d'autres qualités, au point de faire déserter cet espace et d'occasionner une richesse abondante mais… virtuelle, potentielle. L'imitation de modèles trop dissemblables a produit de nombreuses déceptions, comme en témoignent les petites, nombreuses et coûteuses micro-réalisations pour les sports d'hiver dans le Massif central ou dans les Vosges, consenties par les collectivités sur la lancée du succès hivernal des Alpes. Un cas de faillite caractérisée fut celui de Gresse-en-Vercors dont l'endettement par habitant était d'environ 12 000 euros, pour une moyenne nationale de 1 000 en 1990. Depuis 1991, une société privée, Transmontagne, s'est d'ailleurs spécialisée dans la gestion et la commercialisation des stations en difficulté, déchargeant communes et conseils généraux, notamment en Auvergne, Alpes du Sud. Mais en 2007 sa liquidation judiciaire a été prononcée sur fond de scandale opposant promoteurs et épargnants.

Du statut de « boulet », cet espace est en passe de gagner celui de réserve, mais cette mutation vaut peu tant que l'accessibilité reste faible (exemple des grands aménagements comme le lac de Vassivière, dans le haut Limousin) et que les avantages relatifs ne sont perçus que pour des activités exploitant une très étroite demande (élevages « folkloriques » comme ceux de la « route du bison » en Margeride, cultures de fruits rouges traditionnellement cueillis…). D'ores et déjà, l'enjeu économique des activités les plus rémunératrices en zones montagneuses est considérable : elles sont en effet un terrain privilégié des productions agricoles sous signe de qualité. Les AOC, labels, certifications biologiques et certifications de conformité, y sont plus fréquentes qu'ailleurs. Or ces modes de production sous signe officiel d'identification et de qualité représentent par exemple, en 2010, 22 % des exploitations, dont 17 000 producteurs laitiers et 6 000 producteurs de fruits, légumes, huile d'olive (les autres sont des viticulteurs ; de même, 25 000 (en 2013) producteurs « bio » sont recensés (2 fois plus qu'en 2003) pour 3,7 de la SAU française (mais en accroissement rapide : + 6 % en un an). Cette force a aussi ses faiblesses : marché limité, fragilité de la rentabilité, risque de pression communautaire antiprotectionniste… Par ailleurs, la solidité économique d'une filière ne garantit ni effets induits, en aval ou en amont, ni caractère peuplant, même si elle assure le maintien d'un encadrement minimum (cas des laiteries sur les Grands Causses, dont le dépeuplement n'est interrompu que dans les gros bourgs par la solidité du « système Roquefort », tandis que l'élevage s'est concentré, extensifié sur le plan foncier, mais consomme de plus en plus de produits intermédiaires). L'addition des micro-succès est cependant déjà significative, comme l'est le chiffre de 3 % des séjours touristiques nationaux totalisé par l'Auvergne.

– Ce sont ces additions qui empêchent de porter un jugement global sur ces espaces et qui incitent à dresser une typologie de ces massifs. Sur la base de leur niveau d'équipement en services et commerces de base, et d'une opposition entre communes vidées de leur structure tertiaire (moins de 10 des 49 commerces et services de référence) et de leurs bourgs-centres (plus de 40), J.-P. Diry (1992) propose de distinguer quatre types de régions montagneuses : le type ariégeois, qui comprend aussi les cantons cévenols, les pré-Alpes du Sud (Diois, Baronnies…), a les densités les plus faibles de France (10 et moins), et deux tiers des communes au plus bas niveau d'équipement. Le déclin démographique n'y est pas interrompu, les bourgades sont incomplètes (Tarascon, Villefort) ou extérieures (Saint-Girons, Aubenas, Die).

Le type haut corrézien n'est guère différent : il s'en distingue cependant par une bonne résistance d'une petite ville centre (Ussel) et de quelques relais. Il est surtout caractérisé dans le Massif central (Aubrac, Margeride, Livradois-Forez), mais comprend aussi, à des nuances de densité près, les plateaux du Jura, le Bugey, ainsi que le Trièves, la Matheysine, c'est-à-dire le Sud du sillon alpin.

Le type Ségala de l'Aveyron, est étendu aux monts du Lyonnais et du Beaujolais, au haut Jura, au Cantal, aux Combrailles, à la Marche, au Velay, au Gapençais. Il comprend des densités (20 à 30) et un semis de bourgs-centres étoffés, des communes vastes ou suffisamment peuplées garantissant un équipement de base complet.

Enfin, le type vosgien n'est guère extensible qu'au pays de Gex ou à celui d'Yssingeaux, qui partagent avec lui la tradition de pays-ateliers, présentent des densités fortes (plus de 70) et donc un niveau d'équipement élevé.

On remarque que les pré-Alpes du Nord échappent à cette typologie. Chartreuse, nord-Vercors, Bauges et Bornes… constituent un ensemble homogène de massifs très intégrés à l'aire péri-urbaine des villes-portes des Alpes.

– Une dernière approche régionale des moyennes montagnes est celle de leur intégration dans l'organisation des espaces régionaux : selon que leur place est dominante (Auvergne, Limousin) ou plutôt marginale (Languedoc, Bourgogne, Franche-Comté, Lorraine, Aquitaine et Midi-Pyrénées), les problèmes d'aménagement, de priorité dans les choix d'équipement, diffèrent. Difficilement intégrées dans les régions fortement métropolisées et « riches », les moyennes montagnes y font figure de parents pauvres ou d'aires de loisirs après en avoir été les réservoirs de main-d'œuvre et de matière première. Les bénéfices de la prospérité régionale sont d'autant plus difficiles à tirer que les aires centrales de ces régions connaissent d'autres défis, urbains, infrastructurels, et aspirent à défendre ou à gagner un « rang » international. Inversement, lorsque les hautes terres sont sur-représentées, qu'elles constituent un vivier de notables, un terrain de faveurs politiques, elles tendent à monopoliser l'action d'aménagement de la région. Le tracé exclusivement intra-régional du parc des volcans d'Auvergne confirme cette option, très peu macro- ou inter-régionale, avec un parc valorisant certes la montagne auvergnate, mais qui illustre, par son poids dans l'action régionale, une certaine frilosité de la région à l'égard d'une conception plus dynamique du développement, du rôle à donner à sa capitale. Néanmoins, le Centre européen du volcanisme, tel le Futuroscope (1,7 million de visiteurs en 2012), dont il est assez proche dans l'esprit, est plus métropolitain : situé à 20 km de Clermont-Ferrand, accueille 342 000 visiteurs en 2012 et justifie un très important programme d'aménagement touristique, hôtelier notamment, pour tout l'ouest de l'agglomération (c'est-à-dire son flanc montagnard).

LES GRANDES VALLÉES

Dès l'étude de la répartition inégale de la population et des activités, les vallées fluviales et celles des grandes rivières (Moselle, Saône, Dordogne, Marne) sont apparues comme des lieux privilégiés de concentration, inscrivant des rubans de hautes densités, guidant des flux conséquents, à travers des zones de basse pression constituées par les plateaux et les massifs encadrants. Il y a donc une très forte originalité à la fois intra- et trans-régionale de ces amples sillons, puisqu'ils forment une coupure au sein de leur région, mais aussi un trait d'union d'amont en aval entre les régions traversées, imposant une certaine solidarité de fait. Cette originalité se marque dans l'organisation en chapelets urbains, qui constituent les axes majeurs de leurs régions, ainsi que dans le paysage, le sentiment d'identité, propres à ces géosystèmes aux dynamiques géographiques, naturelles et historiques, très différentes des espaces encadrants.

La dénomination de Val, de Garonne, de Seine, de Saône, mais surtout de Val de Loire, révèle cette reconnaissance ancienne d'un espace vécu à forte personnalité. Le terme de « Val » est utilisé pour désigner l'espace plus large que le simple lit majeur actuel du cours d'eau, une vallée toujours large, mais présentant une succession de dilatations et de rétrécissements de son profil, parcourue de cours d'eau secondaires et parallèles au principal. Cette appellation souligne que l'hydrographie est certes déterminante, mais qu'elle n'est pas suffisante pour caractériser un milieu diversifié (versants, fond inondable, terrasses successives, bourrelets de rives, bras morts et îles) et un système d'occupation de l'espace qui valorise certes la navigabilité (au moins passée), mais aussi et surtout des terroirs complémentaires en position d'abri climatique, des points de passage obligés ayant fixé des villes.

La grande vallée peut donc être lue selon deux « clés » complémentaires : c'est un milieu de vie et c'est un axe de circulation structurant de niveau régional et national. Pour chacune de ces fonctions, on observe des mutations qui vont toujours dans le sens d'une emprise croissante, d'une artificialisation plus complète, d'une concurrence et d'une pression écologique plus fortes. Paradoxalement, les grandes vallées sont des non-lieux administratifs ; elles ne sont jamais constituées en territoire d'une compétence globale pour l'aménagement. Celui-ci relève d'une multitude d'agents, aux préoccupations sectorielles, comme l'EDF et ses chapelets de centrales, les entreprises prélevant (moins librement qu'avant 1976 toutefois) sables et graviers, les entreprises de batellerie, les collectivités locales… Seules les agences de Bassin, un établissement public d'aménagement de la Loire ou la Compagnie nationale du Rhône, ont une vision globale des vallées, mais là encore orientée vers un traitement sectoriel (sécurité et qualité de l'approvisionnement en eau, régulation des crues et soutien des débits d'étiage, aménagement hydraulique économique et énergétique). Cette vision sectorielle subit un recul sous la pression des mouvements associatifs, hostiles à des solutions strictement techniciennes impliquant peu ou pas les populations riveraines. Ainsi, dans le cas de la Loire, à la suite de crues meurtrières en 1980, l'établissement public d'aménagement avait projeté quatre barrages. En 1994, après d'âpres affrontements, il a été décidé d'en abandonner un (Serre de la Fare), au profit d'une stratégie fondée sur des systèmes d'alerte plus efficaces, dans le cadre d'un plan nommé « Loire grandeur nature ».

Deux profils

Sur le plan du milieu de vie, il convient de percevoir les grandes vallées dans leurs deux profils : transversal et longitudinal.

■ ***Transversalement*** d'abord, l'incision hydrographique a livré quatre grands types de milieux en contacts mutuels (les « écotones » de l'écologie) :

– Les rebords des plateaux et des massifs encadrants ainsi que le sommet des versants constituent un milieu fréquemment boisé, aux sols minces et très filtrants, parfois accompagnés d'une corniche rocheuse (celle du tuffeau en Loire, du calcaire jurassique en Bourgogne), ou constitués des plus anciennes terrasses d'alluvions, grossières et lessivées (Garonne).

– Les versants, selon leur pente et leur exposition, présentent souvent de bonnes conditions pour l'arboriculture et la viticulture, sur des sols constitués de colluvions glissés des rebords, d'éléments alluviaux. Les « climats », selon l'expression bourguignonne, y sont variés et fondent des appellations soigneusement préservées, parfois minuscules, comme la « coulée de Serrant » en Anjou. Le poids des vignobles de vallée est ainsi considérable, notamment pour ce qui est des vignobles de cru : même si les vignes débordent des vallées, les 40 000 ha des vignobles liés à la Loire et à ses affluents, les 58 000 ha de Côtes-du-Rhône, les 16 000 du Beaujolais, les 27 000 de Bourgogne (sur 818 000 ha au total) se disposent sur d'étroites et longues bandes de coteaux (rarement plus de 2 à 10 km de largeur pour des dizaines en longueur).

– Les bords des cours d'eau parallèles, les fonds non inondables, soit par leur hauteur relative, soit par conquête de terres par endiguement (comme derrière les levées ou « turcies » de Loire), sont les lieux privilégiés de l'habitat, souvent linéaire, et des cultures moins délicates ou moins sensibles à la lourdeur des sols, aux brumes et aux gelées, bien que l'arboriculture puisse y progresser rapidement (Garonne) de même que les cultures légumières, florales, dans le Val de Loire, par exemple.

– Enfin les zones ripuaires, inondables et instables sont souvent préservées (forêt-galerie comme les « ramiers » garonnais, les « iscles » duranciennes, marais et varennes bordant les « boires », les bras morts, de la Loire) ou au contraire entièrement artificialisées : ponctuellement, par les remblais urbains qui mettent hors d'eau les parties les plus anciennes des villes, remblais portuaires, industriels, ballastières, ou plus continûment par la fixation des berges, la rectification des méandres, le passage d'un canal latéral. Transversalement toujours, ce profil est souvent dissymétrique, topographiquement et dans son occupation, car le cours d'eau est rarement au centre de sa vallée, pour des raisons tectoniques et hydrologiques. Une telle coupe se retrouve souvent sur les basses vallées des grands affluents (Maine, Sèvre nantaise, Vienne, Lot, Dordogne, Doubs...).

■ ***Le profil longitudinal*** présente, quant à lui, une succession de tronçons dont l'occupation est partiellement déterminée par le potentiel hydraulique. La navigation et les limites qu'elle a subies en devenant de plus en plus lourde, sont des facteurs importants de division des vallées. Les navires de mer remontent jusqu'à Paris, Lyon ou Angers ; les convois lourds ne dépassent pas Saint-Jean-de-Losne sur la Saône ; la Garonne est vide de navires dès Bordeaux, comme la Loire en amont d'Angers.

D'amont en aval, on distingue ainsi deux tronçons sur les grands fleuves : l'amont est la zone-réservoir, en région montagneuse ou de hauts plateaux peu peuplés (Haute-Saône, Massif central, plateau de Langres). C'est la partie dans laquelle les ouvrages de régulation sont nombreux, lacs et barrages, contestés aujourd'hui, au moins dans leur extension, sur la Loire et l'Allier par exemple, avec une dizaine de barrages comme ceux de Naussac et de Villecrest. Les eaux y sont gérées en fonction des besoins de l'aval, prélevées pour l'irrigation, le refroidissement ou la vapeur des centrales, mais celles-ci, lorsqu'elles sont thermonucléaires, sont plutôt implantées plus en aval. En effet, jusqu'à l'embouchure soumise à une dynamique marine, l'aval constitue en quelque sorte le « centre » où l'eau est plus massivement et diversement consommée (par l'agriculture et les usages domestiques de plus en plus, tandis que la consommation industrielle diminue). À plus grande échelle, les grandes vallées sont divisibles en tronçons plus courts, combinant plus ou moins les caractères précédents avec les facteurs topographiques qui ont guidé l'installation des villes les plus importantes, comme le coude de la Loire à Orléans, la confluence Maine-Loire à Angers, l'alternance plaines-défilés sur le Rhône (Tain-l'Hermitage, Donzère).

Sur le plan de l'organisation régionale, les grandes vallées sont des sillons inégalement commodes. Les moyens modernes de transports tendent à les éviter, au moins dans le détail, recoupant les grands méandres, préférant les plateaux bordiers, d'autant plus que la voie d'eau a perdu toute importance réelle, même là où le trafic reste lourd (3 % seulement des tonnages qui transitent dans la vallée du Rhône, soit moins de 5 millions de tonnes d'hydrocarbures pour un quart, du sable et des marchandises diverses pour le reste, sur une distance moyenne de 180 km, grâce à des travaux nombreux améliorant les gabarits et la sécurité entre le Rhône et Fos, Sète). Mais bien des tracés restent orientés par elles, tout simplement par le rôle de liaison entre des villes, des activités, que les vallées faisaient largement vivre. Les espaces bordiers ne sont pas toujours hospitaliers et imposent une congestion progressive du fond de vallée par des installations lourdes et nuisibles, comme dans le cas des étroits sillons rhodanien ou alpin, à moins de coûteuses et impopulaires expropriations sur les terroirs productifs et esthétiques des rebords, comme sur le tracé du TGV-Méditerranée et plus récemment, en 2011, sur le tracé du nouveau gazoduc Eridon, à 220 km de la vallée du Rhône. Les franchissements de ces vallées et surtout des cours d'eau, les confluences majeures, sont des carrefours entre axes conformes et orthogonaux aux vallées, et fixent de longue date des villes de contact, de ponts, de frontière (sur le Rhône notamment).

Les grandes vallées n'ont, pour l'instant, pas bénéficié de l'engouement pour les « territoires » que l'on a évoqué au chapitre précédent. Seuls les fleuves, comme tous les cours d'eau dans le cadre de la loi sur l'eau de 1992, font l'objet d'une politique de plus en plus intégrée. Des fleuves nourriciers, on était passé aux fleuves égoutiers, le nouveau terme est celui des fleuves restaurés, « patrimonialisés ». Il existe ainsi un plan d'action Rhône prévoyant la restauration d'un fleuve vivant, la baisse des risques de pollution accidentelle, la diminution des pollutions toxiques, mais aussi organiques. Mais la tendance à un aménagement intégré des fleuves et de leurs rives progresse. Les engagements d'EDF et de la Compagnie nationale du Rhône qui avaient été pris d'achever, avant l'an 2010, la liaison à grand gabarit entre Rhin et Rhône (214 km), malgré les oppositions écologistes au projet, en étaient un signe ; après l'abandon de 1997 et la mise en sommeil du projet, le projet réapparaît en 2009 sans guère se préciser. De même, à une échelle plus modeste, mais avec une visée d'aménagement global, pourrait-on citer le programme-cadre interrégional qui vise à rendre à nouveau navigable le Lot (121 millions d'euros ont été investis de 1994 à 2000, 137 ensuite, sur 590 communes, 5 départements et 4 régions) dans le but de rétablir la navigation de loisir (50 000 passagers en 2010). Les agences de l'Eau (découpées selon les bassins hydrographiques) deviennent ainsi des acteurs importants de l'aménagement.

Celle du bassin Adour-Garonne, par exemple, couvre 17 départements dans lesquels sont consommés 60 % des eaux d'irrigation françaises. Le bassin est déficitaire d'environ 330 millions de mètres cubes annuels. Ce déficit, estival, a incité l'agence à lancer un programme d'équipement quinquennal de 2 milliards d'euros, comprenant notamment la création de nouvelles retenues destinées à réalimenter la Garonne. C'est aussi cette agence qui pilote le projet de la vallée du Lot.

Mais les relations entre élus et organismes d'aménagement des fleuves ne sont pas toujours harmonieuses : ainsi l'Établissement public d'aménagement de la Loire (EPALA) malgré le plan Loire-Nature, est-il sévèrement critiqué par les élus du département de la Loire qui considèrent que la partie amont du fleuve est peu aménagée, bien que le département et la ville de Saint-Étienne soient les seconds contributaires derrière Nantes et la Loire-Atlantique, notamment face aux risques économiques et écologiques constitués par les pollutions et les perspectives de vidange des grands réservoirs.

SECONDE PARTIE

LES GRANDS ENSEMBLES RÉGIONAUX

Les chapitres précédents ont montré qu'au-delà des grands ensembles, une bonne analyse de la différenciation spatiale imposait une lecture plus fine des « micro-formes », du « modelé » du territoire. Cette lecture « micro » de la géographie française bénéficie d'un engouement actuel, comparable et symétrique de celui dont jouissait une lecture par régions et métropoles aux temps de l'aménagement centralisé du territoire. Les deux approches ne sont pas contradictoires. La première lecture s'estompe ; cela traduit le recul des grands chantiers, de l'engagement de l'État, de la confiance mise en une politique peu efficace de rééquilibrage. La lecture « micro-territoriale » progresse. C'est le résultat de l'engagement croissant des collectivités de base dans le développement économique, de la conscience d'un impact souvent restreint spatialement, d'une crise ou d'un projet de développement socio-économique, qui impose des solutions « sur mesure ». Le risque existe d'un traitement de plus en plus fragmentaire du territoire. C'est la raison pour laquelle la DATAR ainsi que certains présidents de conseils régionaux ont mis en avant la concertation, voire la planification inter-régionale.

Entre grands ensembles territoriaux et « bassins de vie », comment dès lors découper la France pour en esquisser une vision régionalisée ?

Il existe des régions ; pourquoi ne pas simplement les étudier les unes après les autres ? La région existe en tant qu'institution, en tant que collectivité territoriale, parce qu'elle répond à un besoin, besoin d'un niveau intermédiaire de gestion d'abord, besoin de la vie démocratique ensuite, qui conduit à la doter d'une instance représentative. La région procède donc de plusieurs légitimités. Reconnue par ses habitants, cadre d'action, elle est un objet géographique potentiel. Cependant, les objectifs qui président à son invention, en particulier la continuité administrative qui impose des limites strictes, voire arbitraires, figent l'étude du territoire. Les logiques d'organisation de celui-ci livrent d'autres ensembles et des hiérarchies que tendent à nier ou à masquer les régions administratives.

Il nous apparaît plus efficace, pour dresser la géographie régionale de la France, de procéder à des regroupements issus de critères convergents : le rapport à Paris, loin, proche, seul recours ou évité, l'organisation urbaine (hégémonie d'une métropole ou partage entre plusieurs), l'héritage de la géographie de la production (opposition nord-sud et surtout est-ouest). Le résultat est proche de celui de la division du territoire, par l'INSEE, le Commissariat au plan, la DATAR, et l'UE (niveau NUTS 1), en huit zones d'étude et d'aménagement du territoire (ZEAT) dont le tableau ci-après donne la liste, les surfaces et les populations.

Si certaines de ces zones sont discutables au plan de leurs limites, c'est qu'elles regroupent les régions existantes, et les limites de celles-ci sont parfois mises à rude épreuve par les dynamiques de rapprochement ou de marginalisation. Ainsi avons-nous séparé l'étude de la Bourgogne rhodanienne et « séquanne » (de la Saône), et celle de la Bourgogne « parisienne ». Il en est de même de la Franche-Comté, dont le Nord se rattache nettement à l'« arc industriel » du Nord-Est, mais dont le Sud est tourné vers Lyon, ou du Limousin, étudiable avec un Grand Ouest ou avec le Midi aquitain. On obtient ainsi six grands ensembles :

– Paris et le Bassin parisien, sorte de France en réduction, où s'exerce partout l'empire parisien, Paris jouant comme capitale nationale *et* capitale régionale.

– L'Ouest armoricain, à forte spécificité rurale et maritime héritées, mais sous emprise de la région-capitale et en forte croissance néo- et post-industrielle.

– La région lyonnaise, France au 1/10e, est la seule à présenter une puissance et une diversité économiques, un rang international, capables d'équilibrer relativement la prépondérance parisienne.

– Les régions de tradition industrielle forment un arc nord-est où l'on retrouve de nombreuses similarités dans la gestion difficile de l'héritage industriel et fronta-lier, et la forte dépendance à l'égard de Paris dans le rattachement à la mégalopole européenne.

– Les Midis, avec de fortes spécificités aquitaines et méditerranéennes, peuvent être regroupés au titre de leur commune originalité méridionale, de leurs systèmes urbains relativement autonomes, chacun articulé à celui du Nord par le biais de régions intermédiaires (Poitou, sillon rhodanien) aux fortes croissances économiques et urbaines.

– L'outre-mer aux fortes spécificitées sera traité à part.

Ce découpage se rapproche de celui des Missions interministérielles et interrégionales d'aménagement du territoire constituées en 1997 pour susciter les coopérations et les études interrégionales (Grand sud-est, incluant Rhône-Alpes et Auvergne, Grand sud-ouest, incluant le Languedoc-Roussillon, Grand ouest, Bassin parisien, Grand est y compris Champagne Ardenne, et Pays du Nord).

Taille et population des zeat

ZEAT	Superficie en km²	Population 1990 en millions	Population 2012 estimation en millions
Région parisienne	12 012	10,600	11,915
Bassin parisien	145 644	10,267	10,790
Nord	12 414	3,965	4,050
Est	48 029	5,027	5,390
Ouest	85 099	7,449	8,670
Sud-Ouest	103 598	5,435	6,960
Centre-Est	69 711	6,671	7,690
Méditerranée	67 455	6,623	7,650

Source : INSEE.

7

L'Île-de-France et le Bassin parisien

Par bien des aspects, le Bassin parisien constitue une France en modèle réduit. Paris et sa région urbaine y exercent le double rôle de capitale nationale et régionale, dans une relation complexe avec les régions voisines (Picardie, Haute-Normandie, Centre, Champagne-Ardenne) qui reçoivent les activités et les habitants exclus ou fuyant l'Île-de-France. La symétrie et la dépendance entre une région parisienne, issue de la concentration et de la différenciation des populations et des fonctions, et des régions « de Paris », définies par leur situation périphérique, organisées en auréoles concentriques autour de Paris, fondent l'étude commune de ce Bassin. Elles n'en épuisent pas l'analyse géographique. À l'échelle régionale, les espaces concernés sont fortement diversifiés, spécialisés. Au cœur des choix politiques et des décisions d'aménagement, s'ouvrent les débats sur le rang de Paris, l'évolution des espaces sub- et péri-urbains, les relations entre villes. Mais, à l'échelle du Bassin, l'organisation de l'espace ne se limite pas à l'opposition centre-périphéries. Les réseaux urbains, appuyés sur les villes « fleurons de la couronne », ainsi que les axes de communication radiaux, enfin les spécialisations rurales, fournissent matière à une lecture moins schématique. C'est pour gérer cette relation complexe qu'un aménagement inter-régional, prenant en compte cette interdépendance entre régions, s'esquisse lentement.

QU'EST-CE QUE LE BASSIN PARISIEN ?

■ ***Une région naturelle.*** Inventé par les géologues du XVIIIe siècle, le Bassin parisien est d'abord une vaste région naturelle. La centralité parisienne bénéficie d'une convergence hydrographique, soulignée par des lignes de reliefs remarquables, constituée par des roches sédimentaires de résistance contrastée, affleurant en auréoles d'âge décroissant (du trias au miocène) des rebords vers le centre. L'image est simplifiée mais parlante : un épais empilement d'assiettes dont les rebords rythment, à l'est surtout, la succession plateaux secs-fronts de côte-dépressions humides, rompue par les percées, en entonnoir, de larges vallées dont le fond ou les buttes surplombantes abritent souvent des villes aux fonctions militaires anciennes (les Bars, Verdun, Laon).

À l'est, les paysages typiques sont ceux de vallées à fond plat, ayant accueilli une activité métallurgique, verrière ou textile, pré-industrielle, de forêts étendues ourlant les fronts et les revers, trouées de villages-clairières ; sur ces plateaux, la discontinuité des placages limoneux laisse de grandes étendues sèches, faiblement peuplées. Les dépressions plus imperméables ont accueilli récemment de grands lacs régulateurs (Der, Orient). Elles sont surmontées des lignes de côtes aux versants abrités dont les lignes de sources fixèrent les villages-rues aux finages dessinés perpendiculairement au talus. Autrefois vignerons, certains le restent (vignoble champenois sur la Montagne de Reims et la côte des Bars). Les paysages géo-militaires sont nombreux. Près des anciens champs Catalauniques, Valmy, la côte d'Argonne, les Hauts de Meuse, les grands camps militaires champenois deviennent des îlots de verdure sur les plateaux crayeux, débarrassés de leurs pins noirs et convertis aux grandes cultures.

À l'ouest, les limons sont plus abondants, le moindre relèvement des couches induit moins de contrastes lithologiques sinon à l'occasion de bombements éventrés par l'érosion (le pays de Bray). L'argile à silex, altérite de la craie, est très répandue, parfois façonnée en collines (Perche) à l'approche des marges armoricaines. Au sud, les Gâtines, les placages sableux (Sologne), le grand coude de la Loire et l'originalité de son Val, l'intrusion du socle morvandiau, introduisent des variantes au schéma de base plateau-dépression que l'on retrouve bien entre Champagne berrichonne et Val humide de Germigny. Là encore, comme dans les vallées de l'Orne, de l'Eure, les héritages métallurgiques et verriers, associés au bois, à l'eau et aux gisements locaux, rappellent l'Est.

Au nord enfin, les plateaux picards, crayeux et limoneux, les buttes et les vallées marécageuses qui fixèrent les lignes de front, les trouées de l'Aisne et de l'Oise, le passé industriel illustre de Saint-Gobain, confirment cette unité du Bassin, tout en présentant comme l'ouest (pays d'Auge, de Caux, de la basse Seine) cette ouverture maritime relative, par de petits estuaires (Somme, Canche, Authie) séparés par des falaises de craie et des dunes.

Ce Bassin parisien des géologues ne s'arrête qu'aux Flandres, à l'Artois, à l'Ardenne, aux Vosges, au Morvan, et entre en contact avec l'Armorique par une complexe « pénéplaine de la France de l'Ouest » (C. Klein).

■ ***Le Bassin parisien des aménageurs,*** lui, fait un retour remarqué depuis une vingtaine d'années. Plutôt qu'un vaste espace central qui ne serait défini que par les insuffisantes métropolisations de Lille, Metz ou Rennes, il s'agit d'un cadre plus restreint destiné à accueillir plus qu'à subir la pression foncière, démographique, économique, exercée par l'agglomération parisienne. Longtemps laissée aux fonctions d'arrière-cour pour Paris et assimilée à une banlieue parfois dorée de châteaux et de forêts royales, l'Île-de-France est un cadre trop étroit pour l'aménagement. Elle constitue toutefois une unité économique et géographique complexe mais réelle, formée de Paris et des deux couronnes départementales, présentant elles-mêmes des éléments de centralité essentiels (villes nouvelles, aéroports, technopôles). Les relations de mitoyenneté de cette « île » avec les six autres régions sont en train d'évoluer rapidement. Le contrat de plan inter-régional, la Conférence des présidents de régions, l'Association des villes du grand Bassin parisien, remettent en cause cette insularité (qui n'a certes jamais été absolue) et revigorent les anciennes relations historiques.

C'est donc une région en construction que ce Bassin, dessinée par une ligne isochrone d'une heure à une heure trente de trajet ferroviaire ou autoroutier depuis Paris, présentant une polarisation intégrale autour d'une aire métropolitaine en expansion. Celle-ci est constituée de l'Île-de-France et des cantons, villes voire départements mitoyens. Étant donné le caractère dynamique de cette évolution, les limites conventionnelles sont peu satisfaisantes : la Bourgogne, officiellement rattachée à la zone d'étude et d'aménagement du territoire Bassin parisien, ne peut y être vraiment incluse que pour son versant nord (Yonne, et partiellement Nièvre) ; en revanche, la Sarthe, incluse dans l'Ouest, voit sa géographie et son économie largement transformées par la déconcentration industrielle parisienne, l'accessibilité du Mans par le TGV et l'A11, le rôle croissant des résidents secondaires dans ses campagnes.

Ainsi défini, le Bassin parisien représente environ 21 millions d'habitants, dont J. Scheibling et F. Damette (*Le Bassin parisien*, 1992) proposent la partition suivante : Île-de-France (12 millions d'hab. en 2012, en croissance de 2,7 % de 1990 à 1999, soit deux fois moins qu'entre 1982 et 1990, puis 0,5 % par an depuis), pourtours de l'Île-de-France (l'Oise, l'Eure, l'Eure-et-Loir, le Loiret, l'Yonne : 2,82 millions d'hab., en croissance de 5,5 %), périphérie du Bassin (8 millions d'hab., soit 2 % de moins qu'en 1990). Non sans comparaison possible avec le Bassin de Londres, il est la seule région d'un tel poids hors de l'« axe lourd » de l'Europe de l'Ouest. Il combine plus que les pôles anglais et germano-italien de cet axe les fonctions de production et de services. L'étude doit en être conduite en liant fonctions, populations et espaces, du centre vers les périphéries, en soulignant les dynamiques de rapprochement, d'intégration, qui remplacent des organisations de niveau local ou régional.

PARIS ET L'ÎLE-DE-FRANCE

Cette région-capitale n'est pas une région comme les autres, qui, après avoir connu un long régime d'exception, serait aujourd'hui réductible à un classique schéma de stabilisation et d'étalement de ses populations, de tertiarisation de son économie (8,7 % de la valeur ajoutée brute régionale dans les branches industrielles en 2010 contre 22 % vingt ans plus tôt, 71 % dans les services marchands et le commerce. La zone centrale de l'agglomération avait gagné moins de 500 000 habitants de 1962 à 1990 mais en gagne encore 445 000 de 1999 à 2012 dans les trois départements de petite couronne ; Paris en avait perdu 640 000, et encore 36 000 de 1990 à 1999 mais regagné 150 000 depuis (2012). La zone extérieure en avait gagné près d'1,7 million, puis encore 262 000 de 1990 à 1999 mais en regagne 75 000 depuis (1999-2009). Globalement le solde migratoire reste déficitaire depuis 1975, et ne soutient plus la croissance de la grande couronne (+1,1 % de 1990 à 1999, contre 2,5 % entre 1982 et 1990). Dans toute la région, c'est un excédent naturel record (0,9 % par an contre 0,3 % pour le reste de la France) qui soutient une modeste augmentation d'effectifs. La région parisienne reste donc bien une exception. Mais les dernières années, 1999-2012, ont vu une sensible reprise de la croissance : grâce à une forte augmentation de la population des grandes communes mitoyennes de Paris (Maison-Alfort, Montreuil, Issy…) les départements de petite couronne accroissent leur population d'1 % par an, et Paris gagne 0,3 % par an, tandis que les départements plus éloignés, représentant 44 % des franciliens, s'accroissent moins vite désormais (+ 246 000 de 1999 à 2012).

Mais elle n'est pas non plus une région totalement atypique, en quelque sorte « monstrueuse », aspirant sans relâche les forces vives du pays vers un territoire anarchique qui aurait agglomèrerait hommes et activités, aurait défié tous les choix d'aménagement, en fonction des seules lois du prix du sol, maximaux au centre, minimaux aux marges, entraînant des mouvements strictement centrifuges ou centripètes.

Les évolutions longues et les facteurs ayant conduit à la formation de la région-capitale sont bien connus. On peut en rappeler les traits essentiels :

– Un site exceptionnel de convergence hydrographique majeure, encaissée dans de bas plateaux, apte à en faire une plaque tournante, que symbolisent la vieille étoile des routes de poste, puis celle, ferroviaire, de Legrand, et enfin celle des autoroutes.

– L'accumulation des fonctions politiques, économiques et intellectuelles, la « fusion des affaires et de la robe » (F. Damette, 1995) qui produisent, à partir des XVIIIe et XIXe siècles surtout, une accumulation démographique et une suprématie non concurrencées par des villes toujours trop lointaines ou trop proches.

C'est ce que continue à traduire un poids économique en France supérieur au poids démographique (18,3 % des Français). Ce poids constitue une source d'économies d'échelle ou d'agglomérations ainsi que de critiques acerbes de la surconcentration. Sur 2,2 % du territoire, 44 % des emplois stratégiques (soit de direction et d'encadrement dans les fonctions clés de l'économie), 52 % des chercheurs (35 % des chercheurs du secteur public), 43 % des emplois du secteur culturel, 40 % des cadres et professions intellectuelles, 40 % des dépenses de Recherche-Développement, 30,4 % des étudiants de second et troisième cycles… Mais ce poids représente aussi des difficultés spécifiques, occasionne des surcoûts qui sont des « déséconomies » : ainsi y sont enregistrés 18,3 % des défaillances d'entreprises en 2012 (25% en 2009).

Le système productif francilien : la première région européenne et la cinquième mondiale par le PIB

Le rang européen et mondial de la France doit énormément aux adaptations de la région métropolitaine face à l'internationalisation financière, industrielle et culturelle, à la dématérialisation des systèmes productifs des grandes puissances économiques. Dans cette économie régionale représentant 30 % du PIB national (2010) des économistes distinguent, à partir de l'essor industriel spectaculaire des années 1960 (aéronautique, automobile, agro-alimentaire) cinq phases d'adaptation de la base productive :

– Jusqu'en 1974, l'Île-de-France connaît un développement de l'industrie légère et une concentration des services de niveau supérieur.

– De 1974 à 1984, le reflux industriel est à peine compensé par l'accroissement des services ; le chômage progresse car la population active continue à augmenter.

– De 1985 à 1990, la reprise est comparable au reste du pays. La rénovation et la restructuration des entreprises assurent des gains élevés de productivité reposant sur une qualification croissante des emplois.

– De 1990 à 1993, la perte de 180 000 emplois salariés annule les effets du boom précédent. Depuis, la reprise est sensible (4,5 millions d'emplois salariés en 2003), mais le chômage reste élevé et très discriminant (la Seine-Saint-Denis comportait 14,5 % de chômeurs en 1998, 9,3 % en 2008, 13,2 % en 2013, soit le plus fort taux dans la région).

Le bilan est plus complexe que la simple et fréquente opposition d'une industrie en crise et d'un tertiaire triomphant.

Globalement, depuis la crise de 2008, l'emploi france-îlien résiste mieux que l'emploi national, mais avait augmenté moins vite auparavant.

Si les effectifs industriels avaient chuté de 430 000 salariés de 1974 à 1992 et de 370 000 de 1990 à 2012, cela signifie un recul bien plus sensible et plus durable qu'ailleurs en France, 6,9 % des emplois sont industriels contre 12,2 % au plan national, ils demeurent significatifs la première région française avec 392 000 emplois. Des qualifications plus élevées, une forte compétitivité, s'expliquent par le rôle des fonctions abstraites de l'industrie dans ces effectifs franciliens, par le rôle aussi des petites unités de production spécialisées dans les séries courtes, les prototypes. Néanmoins, la région reste très marquée par les grandes usines : dans l'automobile (100 000 emplois dans 400 établissements) à Aulnay, Flins, Poissy malgré d'inéluctables fermetures à brève échéance comme celle de PSA. Aulnay en 2014 ; aéronautique (100 000 emplois dans 800 établissements) à Évry. De même, les infrastructures lourdes de stockage et de production énergétique et chimique, constituent de vastes emprises et des installations classées « à risques », dans les zones industrialo-portuaires de Gennevilliers ou en amont de Paris notamment. Une autre spécifité forte de l'économie francilienne est le poids du secteur de la construction : 6 % des salariés du secteur privé et une sensibilité forte aux crises mais aussi aux reprises d'activité et aux grands chantiers (18 000 emplois attendus sur les chantiers du Grand Paris d'ici 2018)

Un marché de 12 millions d'habitants, des fonctions internationales, la concentration des sièges sociaux et de l'appareil de l'État, expliquent le poids du secteur tertiaire dans l'économie régionale, qui atteint 91,5 % de l'emploi régional. Au sein de ce secteur flou, les emplois les plus qualifiés progressent le plus, avec une hausse de 46 % pour les cadres de 1982 à 1990 et encore de 2,8 % de 2000 à 2005 (1er rang national). La valeur ajoutée produite par ces services représente 31,4 % du total français pour 21 % des actifs. C'est là l'expression chiffrée du poids des fonctions urbaines supérieures, des emplois dit « stratégiques », de gestion, de recherche, d'information, de la banque, des transports et du commerce de gros. Les emplois d'encadrement représentent 24 % de l'emploi régional, contre 12 à 17 % ailleurs.

Cette spécialisation dans les fonctions directionnelles montre aussi le « passage d'une économie généraliste, où une base industrielle importante côtoyait des activités de services propres à une économie de spécialité » (IAURIF, 1995). En matière industrielle, les spécialités de la région sont moins nombreuses, traduisant une sélection au profit des plus valorisantes : aéronautique, construction électrique et électronique, biens de consommation de haut de gamme. En matière de services, ce sont les services marchands aux entreprises qui ont le plus progressé, notamment par l'« externalisation » de nombreuses tâches par les grandes firmes (500 000 emplois dans le conseil, soit près de 10 % de l'emploi régional). Le secteur banque-finance-assurance reste concentré à 40 % dans la région. Enfin, le poids des fonctions logistiques est souligné par l'emprise spatiale et économique des grands aéroports, des centres routiers (Garonor, Rungis), qui constituent des pôles d'activités directes et induites, tirés vers le haut par les nouveaux parcs d'activités qui les suivent : zone

SILIC de Rungis, parc de Paris-Nord II et parc d'exposition et de congrès de Villepinte, près de Roissy. Les gestionnaires, Port de Paris, Aéroports de Paris, se font promoteurs grâce aux emprises foncières dont ils disposent.

Cette spécialisation francilienne, fortement internationalisée (environ 10 700 établissements et 440 000 salariés sous contrôle de groupes étrangers), est aussi un facteur de vulnérabilité. La forte concurrence de Bruxelles ou de Londres pour l'accueil des quartiers généraux européens des firmes transnationales en est un exemple. Socialement, la compétitivité des activités se paie d'une très forte précarité de l'emploi et d'une grande sensibilité aux changements de conjoncture. L'inadéquation entre l'offre d'emplois très qualifiés et la demande émanant d'une population nombreuse, héritière du proche passé industriel et tertiaire « de base », le fort turn-over imposé aux cadres et aux professions intermédiaires, favorisent le creusement d'inégalités durables. L'hémorragie d'emploi subie par Paris (– 0,6 % par an depuis 1998, stabilisé cependant, avec un taux de chomage inférieur d'un point à la moyenne nationale), les difficultés d'insertion des populations des quartiers sensibles (13 à 14,5 % de chômeurs dans les départements de l'est et du nord de Paris), expliquent pour partie que la région soit l'une de celles où la pauvreté a le plus progressé depuis dix ans. L'espace francilien enregistre et révèle avec force les mutations de l'économie et de la société : différenciation sociale des quartiers, polarisation des flux par les activités économiques motrices concentrées dans des espaces restreints, concurrences entre collectivités pour l'équipement de zones d'activités susceptibles d'accueillir les fonctions « nobles ».

Les évolutions territoriales

Il faut d'abord rappeler la profonde hétérogénéité de l'espace régional. Du point de vue morphologique, plus que la tripartition Paris, première couronne, seconde couronne, il convient de retenir la typologie proposée par l'IAURIF, qui distingue une zone centrale et une zone extérieure, composées de secteurs définis selon la proximité de Paris, l'origine de l'urbanisation, le site de celle-ci, en vallées, tôt desservies par le chemin de fer et vectrice d'une urbanisation linéaire, puis sur leurs rebords et enfin sur les interfluves.

Les évolutions démographiques de ces différents secteurs résultent des grands mouvements urbanistiques du siècle : « marée pavillonnaire » de l'entre-deux-guerres, provoquée par la loi Loucheur de 1928, cités de logements sociaux des années 1960-1970 en zone interne et sur les rebord de plateaux au-delà, qui avaient été précédées par les cités-jardins de petits immeubles en briques. La dernière génération morphologique est celle des « nouveaux villages » diffus en zone extérieure, forme française des « communautés fermées » nord-américaines. Le déclin démographique de la zone centrale n'a rien d'inéluctable, enrayé par une « alchimie » immobilière particulièrement active dans les années 1980, au profit des catégories les plus aisées, dans l'anneau central qui comprend les arrondissements extérieurs de Paris et les communes limitrophes.

Cette trame urbaine, suburbaine, et péri-urbaine est émiettée, du point de vue de sa gestion, en un semis de communes trop petites, héritières des villages pré-urbains. Elle est segmentée par des axes lourds, faisceaux de voies de toute nature, de lignes électriques, à des gabarits démesurés pour ces communes, et qui y représentent de très fortes coupures urbaines et des facteurs d'enclavement.

Sur cette trame courent de grandes lignes de clivages fonctionnels et sociologiques, anciennes, mais largement confirmées par les évolutions récentes. La vieille coupure est-ouest qui sépare le Paris ouvrier du Paris bourgeois, héritée de l'histoire pré-industrielle puis industrielle, reste valable à l'échelle de la région en l'infléchissant en un axe nord-ouest/sud-est, de Pontoise à Melun. Elle est plutôt nuancée que remise en cause par des exceptions d'échelle communale, des îlots modestes ou aisés, et par le schéma centre (« noble »)/périphérie (« dortoir »). En effet, c'est presque la totalité de la première couronne qui fut ouvrière, à l'exception d'un quart ouest, en prolongement du XVIe arrondissement.

À cette coupure sociale correspond une coupure économique, accentuée dans la période récente : F. Damette la résume par le passage d'une « ségrégation associée » (usines et logements ouvriers associés à l'est) à une « ségrégation dissociée » : déclin industriel relatif de l'est, mais maintien de ses caractéristiques sociales, essor des activités « nobles » à l'ouest. P. Beckouche rappelle que ce n'est plus le risque de dualisme social et spatial, aux échelles locale et régionale, mais les façons d'en sortir qui sont à l'ordre du jour (*Strates*, n° 7, 1993).

À l'échelle régionale, la centralité « décalée » de Paris-Ouest et des Hauts-de-Seine occidentaux, qui fixent 50 % du gain de cadres de la région entre 1982 et 1990 se prolonge vers l'ouest, Essonne et Yvelines, et laisse la Seine-Saint-Denis à part avec seulement 4 % de cadres supérieurs dans sa population active (6 et 7 % en Seine-et-Marne et Val-d'Oise, contre 9 à 16 % dans l'ouest).

La métropolisation économique se traduit donc de manière très hétérogène dans l'espace : 60 pôles multicommunaux sur 15 % de la surface régionale concentrent 80 % de l'emploi. Ils se renforcent en zone centrale, du centre-ouest de Paris à la Défense, et apparaissent en zone extérieure, dans les villes nouvelles, autour de Massy, Orsay, Vélizy-Villacoublay, les Ulis, sur le technopôle d'Île-de-France Sud. Le département des Yvelines résume et localise ces mutations. À côté de secteurs de forte pauvreté justifiant des grands projets urbains (Mantes, Trappes), le taux de chômage y est très inférieur à la moyenne régionale (7,5 contre 8,6 % en 2013) autant grâce aux grands employeurs industriels désormais restructurés (25 000 emplois de plus en plus qualifiés dans l'automobile, 30 000 dans l'armement et la défense) qu'aux fleurons de la « nouvelle économie ». Entreprises du secteur des télécommunications (Alcatel, Bouygues), centres de recherches (INRA, INRIA… soit un chercheur francilien sur quatre), PME-PMI innovantes et de services aux entreprises, quartiers généraux étrangers (environ 350, surtout sur Saint-Quentin-en-Yvelines) s'y sont implantés particulièrement nombreux dans le département. Les espaces défavorisés se trouvent moins en zone centrale, car ils sont convertis aux nouvelles fonctions, que dans les villes de la périphérie plus lointaine, comme Mantes ou les Mureaux.

Bien qu'ils ne s'y limitent pas, les déplacements quotidiens de main-d'œuvre se font encore massivement vers la zone centrale : plus longs et en augmentation (+ 62 000 vers Paris de 1982 à 1990 mais – 21 % de 2001 à 2012), dirigés vers la zone centrale, ils traduisent une forte mais multi-polarisation de l'emploi régional. Dans un tiers des communes travaillent 98 % des salariés régionaux ; elles sont situées pour la plupart en zone centrale ; le seul VIIIe arrondissement concentre 216 000 emplois salariés. 20 pôles de Paris et de petite couronne concentrent 3 millions de salariés contre 1 million dans 40 de grande couronne. Seules Aulnay, Roissy, Vélizy et les villes nouvelles concentrent en zone extérieure plus de 25 000 salariés. Ce phénomène, non contradictoire avec un mouvement centrifuge (de 1979 à 1998, la part de la première couronne dans l'emploi régional était passée de 76 % à 68,5 %), culmine dans le cas des 700 000 emplois dits « stratégiques » (encadrement et direction) : 45 % à Paris, dont 1/4 dans 5 arrondissements de l'ouest, 22 % dans les Hauts-de-Seine, 7 % dans les Yvelines.

La géographie de l'important complexe militaro-industriel, de Paris vers le sud-ouest, balayant un faisceau compris entre les autoroutes A15 et A10, résume bien ces disparités géographiques, qui transcendent totalement les oppositions habituelles secondaire/tertiaire, public/privé.

Des types d'espaces caractérisés

On peut identifier des espaces définis par leur position, leur contenu social et leur fonction économique au sein de la région. Une telle typologie pourrait d'ailleurs être adaptée à la plupart des grandes aires urbaines françaises.

■ ***Paris.*** Les contrastes historiques sont connus, entre est et ouest, rive gauche aérée et rive droite plus dense et plus étendue. Les centres fonctionnels sont toujours repérables : culturel et diplomatique en rive gauche, politique à l'ouest, économique et bancaire en rive droite ; de même que les grands repères radio-concentriques : ceintures de boulevards, gares, percées monumentales. Au-delà de cette géographie historique, on peut insister sur les facteurs d'évolution que représentent les grandes opérations d'urbanisme des trente dernières années : elles sont datées par leurs formes (tours des années 1960-1970, immeubles néo-haussmanniens plus récents), par leurs matériaux (verre moderne, pierre post-moderne), leur hauteur (élevée et dérogatoire puis plus modeste), par leur contenu social : classes moyennes autour de la place d'Italie, modestes à Belleville, aisées sur le front de Seine. Elles le sont aussi par leurs intentions urbanistiques : meubler un trou par un centre commercial aux Halles, ériger une tour de bureaux à Montparnasse, renforcer l'Est à Bercy, La Villette, Bastille, Tolbiac, sur d'anciens entrepôts et emprises ferroviaires. Mais il s'agit toujours de créer des centres, des repères, pour des quartiers en restructuration. Elles témoignent des enjeux politiques et fonciers que représente l'espace parisien, entre mairie et État, et même présidence de la République.

Ces opérations sont aussi des points de cristallisation des contestations civiques, et secondairement esthétiques : les ZAC qui entourent ces grands monuments sont aussi des machines à recomposer le tissu social. Enfin, elles peuvent changer littéralement la polarité des arrondissements périphériques, en les recentrant sur Paris. Le XIIIe « bascule » de la ZAC Italie vers celle de Tolbiac et sa Bibliothèque de France ; de même le XIIe est recentré sur Bercy et la gare de Lyon. Enfin, elles ne doivent pas faire oublier les évolutions plus discrètes d'un tissu urbain très varié. Sous l'effet des réhabilitations publiques, comme à la Goutte d'Or, dans le XVIIIe arrondissement, ou de celles des marchands de biens et des investisseurs institutionnels, on assiste à une mutation des immeubles haussmanniens (transformés en bureaux, puis réaffectés au logement), des « villages » progressivement occupés par les catégories jeunes, aisées et sans enfants, des îlots insalubres rasés et reconstruits, parfois restaurés, rarement avec relogement sur place ; le quartier du Marais en fut un exemple précoce.

■ ***Les tissus mixtes d'habitat et d'activités dans la première couronne.*** Paris intra-muros s'achève sur l'ancienne « zone » des fortifications, occupée par les immeubles en briques de l'habitat bon marché (HBM) des années 1930, les stades du projet avorté de ceinture verte, et l'anneau mal aimé, mal ou pas couvert, du périphérique, saturé car mal soulagé par une A86 inachevée. Au-delà, on trouve un rare imbroglio architectural et fonctionnel, qui ne s'ordonne et ne s'anoblit qu'à l'ouest. Ailleurs, de Clichy à Boulogne, sous les forts et sur l'ancienne ceinture maraîchère, se trouvent toutes les catégories sociales rejetées de Paris, la banlieue au sens strict, décrite par Céline, Cendrars, Fallet. Pavillons, cités-jardins, petits immeubles de rapport, grands ensembles construits dans l'urgence des années 1950-1960, usines reconverties après un stade prolongé de dégradation et de friches, ateliers, entrepôts. Le parc de logement y est très hétéroclite, comprenant de nombreux « logements sociaux de fait », de médiocre qualité, résistant mal aux entreprises de réhabilitation très ségrégatives. Bastions communistes dont l'électorat et les finances ont été fragilisés par la désindustrialisation et les pathologies des grands ensembles, ce sont aujourd'hui des terres de mission de la droite militante, et parfois affairiste (Clichy, Levallois). Terreau des réflexions sur les idéologies politiques et urbaines, ces communes de proche banlieue sont durement tiraillées entre une évolution de type parisien vers les bureaux et les classes moyennes, et l'attachement à l'activité industrielle, à l'aristocratie ouvrière. L'emprise de Paris, de ses grands ensembles, de ses cimetières, de ses centrales électriques et d'incinération est omniprésente. L'héritage industriel est difficile à résorber, comme en Plaine-Saint-Denis, dont la promotion comme nouvelle zone d'activité s'est longtemps heurtée à l'image tenace préjugé d'une banlieue défavorisée, sans illusions excessives sur les retombées du stade de France.

■ ***Les pôles d'activité de proche couronne.*** Émergeant de cette nébuleuse complexe, des centres, promus par les autorités départementales et régionales, autour de grosses villes de 100 à 250 000 habitants, ont été reliés à Paris par les extensions du métro, puis par le RER : c'est le cas de Nanterre, Bobigny, Créteil, Saint-Denis. La centralité y est surtout administrative, universitaire, culturelle, pour le nord et l'est. La Défense est un pôle de bureaux, de sièges sociaux d'une tout autre importance nationale ; placée sur l'axe triomphal, gérée par un établissement public, sur des terrains de l'État, c'est une exceptionnelle concentration de services supérieurs, dans un parc de gratte-ciel inédit en France. Plus de 100 000 emplois, dans quelque 4 000 entreprises, allant des sièges sociaux ou quartiers généraux de firmes multinationales aux petites entreprises de conseils, de services, y sont implantés, et bien reliés au centre de Paris par une ligne de métro, le RER et la SNCF, et une voie routière rapide.

■ *Les (ex-) villes nouvelles.* Nées de l'exemple anglais, quoique, en France, placées en continuité et non à distance de l'agglomération, elles découlent du schéma directeur de 1965. Soumises à des révisions à la baisse de leurs objectifs démographiques, ces cinq villes apparaissent pourtant comme des pôles sur toutes les cartes d'emploi, de population, de création de logements, de bureaux, d'activités de pointe. Elles matérialisent les deux axes parallèles à la Seine selon lesquels le SDAU de 1965 organisait le futur développement de la région.

Expériences institutionnelles, avec les syndicats d'agglomération nouvelle, laboratoires architecturaux, elles ont, à défaut de vrais centres-villes, des quartiers d'urbanisme et de fonctions variés, bien reliés à Paris. Elles échangent beaucoup d'actifs avec l'ensemble de leur département et avec Paris, mais hébergent des emplois industriels et tertiaires plutôt plus qualifiés, dans de grands établissements. À Saint-Quentin-en-Yvelines par exemple, 103 000 emplois dans 8 800 établissements restent très tributaires de sept groupes qui représentent plus du quart de l'emploi total (Technocentre Renault, 99 000 emplois, mais aussi, notamment, Thalès et Bouygues). Leur originalité tient à la formation planifiée d'un tissu social où dominent les populations de jeunes adultes, les classes moyennes et modestes, venues de la zone centrale et de l'extérieur de la région. L'urbanisme y a privilégié le collectif, petit et moyen, le pavillonnaire dense, et la mobilité quotidienne des résidents est très forte.

Au-delà de ces traits communs, une hiérarchie s'est établie en termes d'emploi, de ratio emploi/résidence, de réussite de la cohésion urbaine : Cergy-Pontoise (90 000 emplois) combine tous les indices positifs, Sénart (36 000 emplois) la plupart des difficultés, notamment celle d'être tard venue et concurrencée par Évry (69 000 emplois) et par Marne-la-Vallée (131 000 emplois), étendue sur les deux couronnes de banlieue, en expansion sur une vaste zone orientale inaugurée par le parc Disneysland (15 000 emplois) ; Saint-Quentin-en-Yvelines (103 000 emplois) a une position intermédiaire, bien située à l'ouest, mais comprenant des foyers en difficulté comme Trappes.

Ces villes ont le mérite essentiel de pratiquer une intercommunalité, certes forcée, dans le cadre des syndicats communautaires, parfois encombrante et en conflit avec les établissements publics d'aménagement, mais qui fait largement défaut dans la gestion francilienne. Ayant désormais perdu leur statut de villes nouvelles devenues des communautés d'agglomération, elles assurent un rôle régional bien supérieur aux villes anciennes de la zone extérieure. Ces dernières, souvent en site de pont, fortement différenciées en un centre historique et des quartiers neufs très mal intégrés, se voient aujourd'hui redonner un rôle par le nouveau SCOT ; ce sont Mantes-la-Jolie, Melun, Versailles, Meaux… au total 18 villes, 710 000 habitants, soit 20 % de plus qu'en 1970.

■ *Les quartiers « sensibles ».* Présentés comme le lieu de tous les dangers lors d'incidents de plus en plus graves et médiatisés, les grands ensembles sont des territoires à part dans le tissu urbain. Objets de nombreuses attentions depuis 20 ans, comme le montrent la destruction de tours et barres dégradées, la « politique des quartiers », les opérations Banlieue 89, des films-symboles, ces quartiers sont souvent désignés comme des ghettos, des espaces d'assignation à résidence sans mobilité ni sociale ni résidentielle. Or ce terme de ghetto est alors utilisé à contre-sens étant donné la diversité ethnique des habitants et la forte mobilité résidentielle qu'ils montrent. Tout au plus ces cités peuvent-elles montrer un caractère socialement, culturellement, spatialement assez clos, délimité en 157 zones urbaines sensibles, également répartis en zone extérieure et intérieure. Ils abritent quelque 12 % des Franciliens (1,3 M en 2006), avec 10 000 habitants en moyenne par quartier. Ceux-ci sont issus des deux grandes générations de logements sociaux d'après-guerre : celle des ZUP (1950-1960), symbolisée par les 4 000 de La Courneuve, ou l'ensemble de Sarcelles, destinés aux exclus de Paris, aux rapatriés d'Afrique du Nord (d'où l'importante communauté juive de Sarcelles), est principalement localisée en zone intérieure ; celle des ZAC, dans les années 1970, est plus lointaine, dans les vallées de la Seine, de la Marne et de l'Oise, est faite d'immeubles plus petits, aux formes plus recherchées, comme à Grigny, Chanteloup-les-Vignes par exemple.

Ces quartiers ne semblent victimes d'aucun déterminisme simple, qui serait seul responsable de leurs difficultés actuelles : ni ethnique (les étrangers y sont 23 % de la population), ni géographique ; même si certains sont effectivement enclavés entre voies ferrées et autoroutes, loin des centres commerciaux, des mairies et gares, d'autres sont bien desservis et pourtant en situation d'extra-territorialité sociale. En revanche, l'accumulation de difficultés sociales est évidente et explosive en phase de crise de l'emploi et de restriction des budgets et des prestations publiques. Les pauvres y sont par définition plus nombreux puisque des logements sociaux, le chômage (de 7 à 15 %) au-dessus des moyennes départementales. Mais cela ne saurait permettre la confusion entre problème social et problème spatial. Ainsi, 75 % des chômeurs de longue durée vivent hors des 400 quartiers couverts par des contrats de ville (France entière). Porteurs d'un idéal urbanistique moderne, celui des disciples de Le Corbusier, de Pouillon, mais nés dans l'urgence, bâtis puis gérés à moindre frais, ces grands ensembles souffrent le plus souvent d'une conjonction locale de handicaps sociaux, économiques et spatiaux. Ceux-ci sont catalysés en période de récession, par la taille importante des familles, le poids des jeunes, pré-adolescents notamment, et des sans diplômes (36,6 % contre 25,6 % en moyenne régionale), l'insuffisance des services et dessertes urbaines. Cette conjonction a d'ailleurs été identifiée, et les politiques mises en œuvre ont évolué du niveau du quartier, « îlots sensibles » et « développement social des quartiers », vers celui de la ville tout entière avec les contrats de villes et les grands projets urbains. D'ailleurs la pauvreté est souvent bien plus forte et moins prise en compte dans un « habitat social de fait » plus diffus. Comme dans les autres grandes villes françaises, 23 zones franches ont été créées. On s'interroge sur le risque d'y officialiser des ghettos, par une discrimination positive qui exclura des zones immédiatement voisines et à peine moins défavorisées. La « territorialisation » des difficultés sociales et économiques et de leur traitement ne va-t-elle pas trop dans le sens d'une tendance inquiétante à revendiquer une identité territoriale contre la loi générale ? Le risque existe, par une politique « d'exception », de ne pas régler le problème de l'accès à l'emploi, emploi qui existe pourtant à proximité de ces zones, mais auquel n'accèdent plus des actifs invalidés par le simple fait de mentionner le nom de leur cité de résidence ou leur patronyme à consonance étrangère. En situation d'urgence, on peut néanmoins comprendre aisément le succès des mesures de « zones franches » chez les élus, toutes tendances politiques confondues, et leur inquiétude devant leur remplacement par d'autres mesures. Au plan national, le bilan de ces 100 zones franches urbaines, crées à partir de 1996, est conséquent : environ 62 000 établissements et 305 000 emplois en 2012.

Par ailleurs ces quartiers souvent stigmatisés, inhumanisés par les politique sécuritaires, ne sont pas si simplement vécus comme tels, comme des lieux de relégation par leurs habitants. Ils connaissent aussi une densité exeptionelle d'expériences sociales, associatives, urbanistiques, qui invite à pondéder l'image dégradée par les épisodes de violence et la territorialisation délinquante ou intégriste.

■ ***Les technopôles.*** À l'autre extrême social et spatial, un type d'espace, mal délimitable, peut être qualifié globalement de technopolitain. Mais, n'étant pas circonscrit comme dans les autres grandes villes, il s'agit de technopôles « de fait », aux contenus divers. Le plus clairement identifiable est celui d'Île-de-France Sud : s'y trouvent rassemblés des grandes écoles déconcentrées, HEC et Polytechnique, des institutions publiques, le CEA, la Faculté d'Orsay, et des milliers d'emplois de recherche, de conception, en informatique, aéronautique… sous des formes très variées, du campus à l'américaine à la zone d'activité en passant par l'insertion discrète dans le tissu pavillonnaire d'un cadre réputé attrayant – la vallée de Chevreuse et ses rebords boisés et cultivés. Très bien reliée à Paris par le RER, les autoroutes A10 et F18, cette zone s'étire entre les villes nouvelles d'Évry et de Saint-Quentin.

Mais d'autres espaces peuvent incarner cette évolution vers les hautes technologies : le front urbain et aéroportuaire de Villepinte-Roissy (50 000 emplois sur la zone aéroportaire de Roissy), la cité Descartes de Marne-la-Vallée… Les multiples intervenants sur ces pôles, communes, région, chambres consulaires, promoteurs, forment un efficace lobby, qui souligne la précarité de l'ancrage international de la région et le danger qu'il y a, ou qu'il y aurait, à la pénaliser par des mesures restrictives prises au nom de la décentralisation. C'est ce que formalisent depuis 2004, 7 pôles de compétitivité sur les 71 nationaux, dont 5 mondiaux (sur 17) dont les entreprises se répartissent sur l'ensemble du territoire, avec cependant un fort tropisme central et sud-ouest.

L'Île-de-France, espace d'aménagement

L'action volontaire d'aménagement s'est tôt manifestée dans cette région. Les « grandes manœuvres » haussmanniennes, maîtrisant l'eau, puis la voirie et une partie du parc immobilier, les transformations de la zone des fortifications, soulignent le rôle historique de l'État. La période la plus contemporaine est marquée par plusieurs phases témoingnante du rôle concurent ou complémentaire de l'État et de la Région, ellemême témoin d'affrontements gauche-droite marqués.

Plusieurs grands domaines d'aménagement ont fait de l'Île de France un terrain précoce d'expérimentation à une échelle trop souvent municipale ou départementale (RATP, Offices HLM) puis peu à peu régionalisée sous l'égide de l'État : Dès 1932, avec le Plan Prost, et 1960, les objectifs de canalisation de la croissance, de limitation de celle-ci, sont présents. Mais c'est surtout Paul Delouvrier, archétype du « grand commis de l'État », Préfet de Région en 1965 qui signe durablement le premier Schéma directeur, programmant les villes nouvelles au-delà de l'agglomération existante) puis de la Région. Mais celle-ci, du fait de l'importance des emprises et fonctions de l'État central dans la région capitale et aussi du coût très élevé et de l'intérêt national d'une partie essentielle des aménagements, est fortement liée aux engagements de l'État. De 1965 à 1976, intégrant la Loi d'Orientation Foncière de 1967, les révisions de 1969, l'aménagement est piloté par l'État dans une optique qui reste celle de la réduction du déséquilibre Paris-Province. À partir de la décentralisation politico-administrative et donc de 1982, la Région affirme ses choix : Ainsi y eut-il un conflit entre les deux acteurs en 1994 dans l'élaboration du nouveau Schéma Directeur, à propos des prévisions démographiques, des choix environnementaux, et aussi des mesures visant à décentraliser l'économie en dissuadant l'investissement immobilier dans la Région : L'« agrément – promoteur » qui avait créé un marché de pénurie de bureaux de 1960 à 1985, est supprimé en 1985 et déclenche une fièvre immobilière rapidement traduite par une crise de mévente, véritable marée de friches tertiaires, à la fin des années 1980 ; son rétablissement en 1990 déclenche une chute de la construction en pleine fragilisation économique de l'Île de France, attribuée aux excès de la décentralisation.

Le Schéma de 1994 aboutit donc à un compromis entre les choix étatiques de poursuivre la décentralisation et les impératifs régionaux de croissance du rôle international de Paris et de ses environs. Croissance des pôles existants, rééquilibrage est-ouest, développement du tramway, choix du développement durable, sont ainsi prioritaires à l'époque. En revanche peu de progrès sont réalisés en matière d'intercommunalité, de péréquation des ressources et d'harmonisation des choix de part et d'autre des limites départementales, entre Paris et les communes mitoyennes. Les clivages politiques État/Région, Paris/banlieues, sont alors encore très forts.

À partir de 1998 et de 2001 (majorité socialiste au Conseil régional puis à Paris), plus de cohérence serait possible. Pourtant depuis 1994 aucune révision n'a abouti, et le projet adopté en 2008 ne fut jamais promulgué. Cela traduit des évolutions législatives importantes (Grenelle de l'environnement de 2009, réforme des collectivités en 2010), mais aussi l'antagonisme politique État -Région en phase de volontarisme métropolitain de l'État : La loi de Juin 2010, annoncée dès 2007 sur le Grand Paris, associe Paris et la première couronne, contre l'avis du Conseil régional, et avait même créé un secrétariat d'État au Grand Paris, alors même que la Loi SRU de 2000 maintenait pour la seule Île-de-France la planification régionale (ailleurs remplacée par les Schémas de cohérence territoriale).

De 2011 à 2013 c'est donc un double processus dont il faut relater les grands traits : Élaboration d'un nouveau Schéma régional (adopté en 2013 sous le titre « Vision 2030 ») et avatars politiques du projet métropolitain du Grand Paris.

Pour ce qui est du Schéma régional, trois « piliers » le fondent : relier et structurer, polariser et équilibrer, préserver et valoriser. Il se veut un schéma de transition écologique : donnant priorité aux déplacements collectifs – 77 gares, 240 km de métro, 75 de tramways et 70 de RER sont programmés – et limitant l'urbanisation – 1300 ha maximum par an, 2300 hectares de parcs et jardins crées –, densifiant donc le logement : 1.5 million de logements neufs programmés, dont 30 % sociaux, ce qui témoigne de la crise persistante du logement dans la Région : Comme l'indique G. Burgel (Le

Monde 14/03/2013) « en vingt ans, de 1991 à 2010, quelque 800 000 logements ont été construits, soit 40 000 par an en moyenne. C'est annuellement 30 000 de moins que l'objectif fixé par la région depuis près d'une décennie ». Objectif économique enfin, visant la création de 28 000 emplois par an, accompagnant la formation du hub francilien (130 sites logistiques multimodaux, 9 nouvelles gares TGV). L'opposition régionale conteste ses objectifs du fait d'une politique nationale qui confirme le projet métropolitain à une échelle territoriale plus réduite (Paris et les trois départements mitoyens, soit 60 % de la population et 70 % du PIB régionaux) au détriment des compétences de la Région et de la zone externe de celle-ci.

Quant à ce projet du Grand Paris, complexe du fait du changement politique de 2012, il peut être présenté sous deux angles originaux, dans une claire tendance globale des gouvernements à accompagner et à stimuler le processus généralisé de métropolisation étendue et multipolaire.

La première spécificité est de donner une place absolument centrale et directrice à la planification de nouveaux systèmes de transport dans le but de multipolariser la métropole en développant et en reliant ses pôles, dont des « clusters » scientifiques et techniques comme celui centré sur Saclay et le Plateau d'Orsay : Initié par la controverse entre un projet circulaire (Arc express) du Conseil Régional et un projet de « grand Huit » (Christian Blanc), il se concrétise dans une synthèse des deux projets et par un protocole État-Région de 2013 prévoyant le financement d'un métro automatique (Grand Paris Express) et une quarantaine de projets de modernisation, de création et/ou prolongement des lignes de métros (très au-delà des communes très proches de Paris), RER, autant d'objectifs intégrés dans le SDRIF décrit ci-dessus. La non-concurrence entre création et amélioration des réseaux existants, mises en parallèle, est une évolution appréciée sans distinction de camps politiques. Complémentairement une vingtaine des territoires sous contrat de développement est délimités, pour 14 en première couronne et six en grande couronne, incluant actuellement, sur 10 % de la surface régionale, 38 % de ses habitants et 42 % de l'emploi. Ils sont un cadre intercommunal à objectif de spécialisation économique (sciences et santé, culture et création, « Grand Orly », « Cœur économique Roissy »...).

L'autre dimension, plus discutée, témoigne des contradictions entre structures existantes et logiques métropolitaines ; il s'agit de la question de la gouvernance de cet ensemble. Là, outre le classique ajout d'un niveau supplémentaire de gouvernance (au lieu d'un arbitrage franc entre Région et gouvernement métropolitain complet), on remarque une sorte de contradiction entre choix économiques et spatiaux, débordant de la première couronne, et choix institutionnels, ou plutôt non-choix entre nouvelle gouvernance métropolitaine et échelon régional. Après l'échec, en 2010, du projet de fusion de Paris et des départements de petite couronne proposée en 2009 par la Commission Balladur, et l'échec d'un syndicat mixte Paris-métropole, on s'achemine vers une « super-intercommunalité » regroupant Paris et les communes des trois départements mitoyens, prévue pour 2016, dont un conseil devrait être élu au suffrage universel en 2020, pour des compétences en matière de logement et d'environnement. Mais sa compétence ne couvrira ni le développement économique (laissé au Conseil régional) ni le transport, laissés au Syndicat des Transports d'Île-de-France (dont l'État s'est retiré en 2005, laissant cette compétence à la Région et aux Conseils départementaux) ET à la Société du Grand Paris, EPIC d'emblée accusé de remettre en cause la compétence régionale, à peine acquise, bien que le STIF soit affirmé comme autorité de premier rang et que les projets soient lancés selon les priorités décidées par la Région. En l'état actuel, un dernier trait d'évolution de cette gouvernance très… plurielle, est le regroupement récent, entre 2000 et 2010 des intercommunalités existantes en de très grosses communautés d'agglomération, supportant les territoires sous contrat de développement évoqués plus haut : Plaine commune, fondée dès 2001 sur la Plaine Saint Denis, Est Ensemble, à l'est-nord-est, Grand Paris Seine Ouest… Cette « multi-gouvernance » complexe manque évidemment de lisibilité, et multiplie les risques de divisions, voire de blocage, au sein ou entre ses composantes. De plus elle est en somme très sélective, privilégiant certains territoires, certains grands acteurs ; même si le passage des clusters aux territoires de développement plus étendus infléchit cette tendance, la question centrale des disparités socio-spatiales, en termes de service, des risques de fragmentation urbaine, de métropolisation non ou mal partagée, n'est guère mise en avant. Réponse technique plus que politique et sociale, les choix du Grand Paris, ancien et « nouveau » (depuis 2012), rappellent un peu les priorités techniques plus que sociales de la politique de la Ville. C'est aussi la rançon de la fin de toute forme d'État (et collectivités)-providence.

On peut souligner, en l'état actuel (fin 2013), à quel point la dimension politique est à la fois centrale et bouleversée dans ces projets : Ainsi les élus de l'opposition régionale condamnent-ils des projets dont l'ancienne majorité gouvernementale était porteuse, au nom des prérogatives d'une gouvernance régionale qui leur échappe pour l'essentiel depuis 15 ans. La dimension financière est tout aussi essentielle : le financement partagé est lourd en phase de contraintes budgétaires fortes, et les emplois et activités induites directement puis indirectement par les chantiers (entre 100 et 300 000 attendus) ne compenseront pas les coûts de ceux-ci.

Paris et le Bassin parisien : quelles relations ?

La solidarité des deux unités officialisée par les documents d'aménagement ne va pas de soi. Proclamée tant par la DATAR que par le SDRIF et la charte du Bassin parisien d'avril 1994 puis la mission Frémont de 2002, elle doit prendre en compte le fort contraste entre l'intérieur de ce Bassin, fortement urbanisé et polarisé par Paris jusqu'à 160 km environ, et l'auréole externe, jusqu'à 250 km environ, urbanisée « en archipel », par des villes isolées ou rivales, marquées par une dépendance, un sous-équipement tertiaire, une sous-qualification relative de l'emploi, attribués à l'effet-Paris. Globalement, les villes-relais de la métropole parisienne présentent un profil plus équilibré que la capitale. Mais leur rayonnement régional varie en s'étendant à leur seul département (Orléans, Tours, Le Mans, Troyes, Amiens) ou en le dépassant et en organisant un sous-réseau régional (Reims, Rouen). Quant au Bassin tout entier, F. Damette et J. Scheibling (op. cit.) distinguent trois zones et trois axes à partir d'une commune faiblesse de l'emploi abstrait :

– Une zone Nord-Est, très sous-qualifiée et sous-encadrée, exception faite du sud de l'Oise, une zone Nord-Ouest, normande, moyennement qualifiée, une zone Sud, la plus qualifiée, surtout autour des trois villes ligériennes. Les deux dernières zones sont très polarisées par l'Île-de-France, la première nettement moins sur ses rebords méridionaux.

– Un axe de l'Oise en conversion difficile, un axe industriel et logistique lourd, celui de la Seine, et l'axe de la Loire, le plus qualifié.

La diversité industrielle du Bassin est remarquable ; toutes les générations de toutes les branches sont représentées. La puissance agricole n'est pas moindre. Les villes y sont à la fois des centres régionaux et sous-régionaux et des relais parisiens, confirmant cette double métropolisation du Bassin. Son organisation repose sur leurs liaisons avec le centre et entre elles. Elles seules peuvent contredire une organisation trop strictement radiale, qui ferait du Bassin un espace de transit dont les branches cloisonneraient des aires agricoles et récréatives.

LES FRANGES DE L'ÎLE-DE-FRANCE

La délimitation

Entre 70 km et 110 km de Paris est désormais bien identifiée une auréole cruciale pour l'articulation du Bassin avec l'Île-de-France. Elle est constituée des marges extrêmes de la région, rurales ou du moins agricoles pour l'essentiel, sauf dans les vallées, et surtout des départements limitrophes. Par les échanges de populations actives et résidentes qui s'y développent, cette auréole est un espace charnière avec les régions du Bassin. Pour celles-ci, ce sont des marges qui occasionnent un fort clivage interne, mais aussi des interfaces essentielles pour récupérer les bénéfices de la proximité parisienne. Les frontières administratives ont beau être peu tangibles, elles jouent un rôle non négligeable dans la vie quotidienne des migrants, avec l'absence de « Pass navigo » pour les transports par exemple, ou dans les choix d'implantations d'activités. Les villes y sont petites et moyennes ; sur leur profil pèsent non seulement leur position de « portes de l'Île-de-France », mais aussi leur appartenance à tel ou tel des axes et zones évoqués plus haut. Enfin, leur héritage culturel, industriel, les différencient fortement : Chartres ou Sens, ont plus d'atouts que Creil ou Dreux.

Ces franges ont d'abord une forte individualité par leur démographie. En effet, elles sont de plus en plus nettement des espaces où s'arrêtent les immigrants de la France vers la région parisienne, et que rejoignent les émigrants en sens inverse, retraités ou actifs. Ce proche Bassin parisien accueillait environ 135 000 actifs travaillant en Île-de-France en 1990, soit 50 000 de plus qu'en 1982 et la moitié des actifs provinciaux travaillant dans la Région. Pour ce qui est de la population totale, le solde migratoire annuel avec l'Île-de-France est d'environ 153 000 personnes entre 1982 et 1990, bien plus actuellement. Cette population nouvelle, massivement venue de l'Île-de-France, continue à y travailler pour un tiers. Mais, au moins jusqu'à 2001, l'emploi, tertiaire surtout, a beaucoup augmenté, avant de retomber en 2009 à son niveau de 1995.

Dans cette population, on remarque (M. Berger, *Regards sur l'Île-de-France*, INSEE, 1993) une surreprésentation des employés et ouvriers parmi les actifs venus résider hors de l'Île-de-France mais continuant à y travailler, ainsi que des populations de jeunes adultes et de retraités. Cette migration est donc partiellement choisie : retraite « au vert », aspiration à la maison individuelle et au cadre rural. Elle est aussi, dans le sens province-Paris, un choix géographique intermédiaire entre région d'origine et de travail. Elle est enfin subie, résultant des coûts fonciers et immobiliers élevés, imposant des trajets longs, vers Paris, les villes nouvelles, les grandes usines des vallées. Coûteux, ces trajets imposent aussi une grande rigidité dans l'organisation de la vie familiale et personnelle. Ces franges sont donc d'abord de grandes banlieues-dortoirs. Le cas de l'Eure est éloquent avec 50 000 habitants de plus en 1990 qu'en 1982, 36 000 de plus en 2010 qu'en 1999, soit 2/3 de la croissance régionale haute-normande, 12 000 actifs « pendulant » chaque jour vers l'Île-de-France. Dans les zones rurales et péri-urbaines, un tel accueil représente une charge élevée pour les communes, une forte pression sur l'environnement (ballastières, constructions...) et une déstabilisation du commerce par la prolifération de grandes surfaces. Entre le quart et la moitié des permis de construire sont déposés par des franciliens.

Les fonctions

Mais ces franges reçoivent aussi des activités nouvelles. Les projets et réalisations de zones d'activités se multiplient aidées par des subventions de la région Île-de-France (de 10 à 100 000 euros par emploi). Leur géographie est plus discontinue que l'auréole de la croissance démographique qui n'est nulle part inférieure à 20 % en 8 ans dans les cantons limitrophes de l'Île-de-France. Polarisée par les villes, les vallées, les échangeurs autoroutiers, l'activité nouvelle (37 000 emplois créés de 1993 à 2008 quand l'Île-de-France en perdait 30 000) se greffe sur un tissu ancien tôt touché par la désindustrialisation, dans la verrerie, la métallurgie, le textile. Les nouvelles activités industielles se sont d'abord rattachées aux fonctions d'approvisionnement de l'Île-de-France (centrale thermonucléaire à Nogent-sur-Seine, cimenteries) et à la décentralisation industrielle des années 1960-1970, notamment l'industrie électrique et électronique de la vallée de l'Eure, de Dreux à Pacy. Ces activités de fabrication, de manutention, de logistique, assez faiblement qualifiées, sont d'ailleurs celles qui sont surreprésentées dans l'ensemble du Bassin. De moins en moins pourvoyeuses d'emplois (– 30 000 de 1993 à 2008, compensés par 70 000 dans les services), elles contribuent, par la rapide transformation des sociétés et des espaces locaux, à leur déstabilisation politique comme le montrent les records des votes du Front national à Dreux où la population a crû de 80 % de 1962 à 1990 ou les incidents multiples à Creil et Montataire. La généralisation est cependant exclue car bien des villes échappent à ce malaise, et jouent de cette image du « bien-vivre ». Modestie relative de la taille (7 de plus de 50 000 habitants, 20 de 10 à 50 000 habitants) et de la croissance (Provins, Montereau), valorisation touristique d'un patrimoine naturel et historique, développement d'un habitat résidentiel péri-urbain (Chantilly, Senlis, Nemours, Chartres, Les Andelys...), enfin émergence de pôles d'activités beaucoup plus techniciennes. Si les exemples sont assez rares dans la vallée de l'Oise, ils le sont un peu moins à l'est-sud-est (EDF à Nogent, plasturgie à Sens, industrie agro-alimentaire et éthanol à Provins, Nogent, parachimie et pharmacie dans le Montargois et le Sénonais). Ils deviennent très significatifs à l'ouest, notamment dans le triangle Vernon-Évreux-Val-de-Reuil. Autour de la SEP (propulsion de fusées) à Vernon, et des industries électroniques, pharmaceutiques, se constituent des pôles de qualification, des systèmes locaux de sous-traitance et de services aux entreprises. Le Vaudreuil est l'exemple d'une ex-Ville Nouvelle haute-normande qui perdit son statut après un relatif échec démographique, mais qui redémarre grâce aux industries de pointe et fait partie du pôle de compétitivité « Cosmetic Valley » (300 entreprises, 36 000 emplois, sur 6 départements et 3 régions entre Seine et Loire).

Les franges de l'Île-de-France, ainsi baptisées par une étude de l'IAURIF de mars 1995, sont donc un espace complexe, de réserve, mais déjà fortement inséré dans les processus qui ont donné son actuel visage à la « grande couronne » de Paris. Cette situation provoque d'ailleurs des résistances, des refus, qui s'expriment par exemple, en 1991, dans le *Livre vert du sud de l'Oise*, soulignant « une volonté ferme de refuser la dépendance : toute venue dans l'Oise d'habitants de l'Île-de-France doit être conditionnée par des compensations ».

LA PÉRIPHÉRIE DU BASSIN PARISIEN : SPÉCIALISATION ET ORGANISATION RÉGIONALE

Au-delà de 110-120 km de Paris, l'appartenance fonctionnelle au Bassin parisien n'est plus la seule appartenance à l'aire d'influence directe de Paris. D'autres organisations régionales sont perceptibles, combinant des régions agricoles puissantes et spécialisées, des ensembles forestiers étendus, un semis urbain diversifié et se prêtant à la réalisation de réseaux de villes jusqu'alors concurrentes. La faiblesse des densités régionales, de 54 (Champagne-Ardenne) à 100 hab./km^2 en Picardie, sauf en Haute-Normandie (150), n'est pas un facteur négatif en soi ; elle résulte notamment de l'emprise agricole des très grandes exploitations.

Mises en réseau, ces villes avant-postes pourraient devenir les « métropoles d'équilibres » du Bassin. Elles ne forment cependant pas une couronne homogène. Outre leur rang et leur taille, leur emprise régionale et les relations qu'elles entretiennent entre elles permettent de distinguer le nord, avec trois capitales (Rouen, Amiens, Reims) assez mal connectées entre elles, et le sud où apparaît un « système ligérien » (Orléans, Tours, Bourges) fortement lié à Paris. Ces organisations régionales rentrent plus ou moins bien dans les limites administratives des régions. La Picardie est écartelée entre Oise, Aisne (très tournée vers Reims) et Somme. Le Mans appartient au Bassin parisien. Ces limites sont d'ailleurs désormais moins contestées que complétées par un début de planification inter-régionale. On peut aussi remarquer une tendance au prolongement des faisceaux spécialisés de l'Île-de-France : industrie et logistique au nord-nord-est, conception et fabrication plus qualifiée vers le sud-sud-ouest.

Les grandes aires urbaines

Elles ont, dans l'ensemble, fortement crû depuis les années 1960. Mais si les taux de croissance atteignent plus de 60 % à Blois, Beauvais, Tours, Compiègne, de 40 à 50 %

à Reims, Bourges, Châlons-sur-Marne, ils tombent à 20-30 % à Troyes, Rouen, Charleville, Le Mans. Cinq grandes aires se détachent, points d'appui des organisations régionales et des futurs réseaux de villes.

■ ***Une métropole normande éclatée.*** Du fait de la proximité des villes, du rôle directeur de l'estuaire désormais franchi à Rouen, Tancarville et Honfleur, un avenir d'aire métropolitaine polynucléaire est plausible autour de la basse Seine. Le Havre (300 000 hab. dans l'aire urbaine) y dispose d'une place particulière comme avant-port de vitesse puis de grande industrie navale, pétroléochimique, automobile. Le lien spatial et fonctionnel, étroit puis distendu entre la ville d'armateurs, de négociants, puis d'ouvriers, et le port, tôt passé sous la coupe de l'État, se renoue actuellement. Depuis la réforme portuaire de 2008, le Grand Port Maritime est géré comme EPIC par des représentants de l'État, des collectivités, de la CCI. Les grands espaces gagnés sur l'estuaire sont toujours les lieux privilégiés de l'industrie et du stockage, mais le port développe de nouvelles fonctions commerciales plus valorisantes pour la ville : centre de commerces, redistribution de conteneurs vers l'Europe (1er port français pour les conteneurs).

Rouen a le statut et le profil équilibré d'une capitale régionale, mais qui a été investie par la grande industrie, chimique surtout, profitant de la position de fond d'estuaire mais portant atteinte à son image de marque. La contrainte topographique de la vallée est brisée par l'expansion des zones d'habitat et d'emplois, plus typiquement métropolitaines sur les plateaux, vers le nord. L'aire urbaine est particulièrement imposante, avec 652 000 habitants dans 189 communes. Le nombre élevé de cadres, l'aire d'influence régionale étendue, l'amélioration des liaisons vers le nord-est et l'est fondent les espérances de devenir une « Eurocité ». Celle-ci sera certes moins appuyée sur les zones industrielles et ouvrières installées par générations successives en fond des vallées et sur la rive gauche de celle de la Seine, que sur la rive droite hébergeant surtout des cadres, le campus et les parcs d'activités non polluantes. Pourtant, au regard d'aires urbaines comparables, celle de Rouen présente un fort déficit d'attractivité pour les cadres et les étudiants. La concurrence havraise (université) et surtout parisienne, autant que les fragilités industielles peuvent l'expliquer.

Caen (400 000 hab. dans l'aire urbaine), au centre d'une campagne de grande culture qui est désormais son aire péri-urbaine, montre aussi cette mutation de type métropolitain : abandonnée par la sidérurgie sur l'Orne, longtemps tributaire de grands établissements industriels (Moulinex-SEB, réduit à néant entre 2001 et 2009, Renault-Trucks qui dépend de Volvo emploie encore près de 2 000 salariés), elle a concentré les équipements de haut niveau culturel, scientifique et technique, en recherche médicale, physique (accélérateur d'ions lourds), notamment sur sa périphérie nord et ouest, dans un espace urbain dont la rénovation a commencé après les destructions de 1944.

■ ***Une « métropole-jardin » sur la Loire.*** Cette région Centre est massivement concernée par la décentralisation industrielle (95 000 emplois environ). Elle est la 8e région industrielle française, structurée autour du chapelet des villes-ponts et villes-châteaux. L'obliquité de la Loire, qui coule du nord-est vers le sud-ouest après Orléans, en fait à la fois un élément d'une radiale parisienne (A10 parallèle à la Loire) et un axe relativement autonome, ouvert sur d'autres directions, appuyé sur

Orléans (419 000 hab. dans l'aire urbaine) et Tours (477 000 hab. dans l'aire urbaine). « Fausses jumelles », par leur inégale distance à Paris, leur rivalité administrative, elles finissent par se ressembler beaucoup dès lors que le TGV a mis Tours à une heure de Paris. Leur rayonnement propre est assez peu étendu, mais elles structurent un système urbain ligérien en fortes inter-relations (avec Châteauroux, Bourges) et relayé par les villes plus lointaines (Chartres, Le Mans, Poitiers). Toutes les villes de l'axe ligérien ont profité de transferts d'emplois industriels (Blois, Meung, Vendôme, plus à l'écart du Val), mais la grande proximité de Paris vaut à Orléans une puissante fonction « quaternaire », en partie localisée sur la grande zone universitaire et technologique de La Source, sorte de ville nouvelle de fait au sud de la Loire. En dehors de cet axe urbain de la Loire, discontinu mais bien relié, l'apparente symétrie entre le nord et le sud de la région doit au fait qu'on y trouve bien deux groupes urbains : Dreux-Chartres, Bourges-Châteauroux-Vierzon. Mais le second est excessivement dépendant du complexe militaro-industriel, qui a inauguré ici une décentralisation stratégique, dès les années 1930, mais aussi les restructurations du plan Armée 2000 et des industries de défense depuis les années 1980. Bourges dépend étroitement de ce secteur, avec, par exemple, 2 000 emplois pourvus par l'Aérospatiale (1 000 de moins qu'en 1985), les groupes MDBA (missiles) et Nexter (ex-GIAT).

■ ***Le Mans, occidentale ou parisienne ?*** Par son relatif éloignement, jusqu'à sa desserte par l'autoroute et le TGV, la capitale du Haut-Maine (341 000 hab. dans l'aire urbaine), rattachée aux Pays de la Loire, appartient aux confins de l'influence parisienne. De tradition ouvrière, renforcée par l'extension de l'industrie automobile (2 400 emplois chez Renault), elle est aussi un pôle tertiaire, principalement dans le secteur des assurances mutuelles. Son développement a occasionné une nette polarisation du département de la Sarthe, traditionnellement coupé en une moitié armoricaine à l'ouest et une autre plus normande et « parisienne ». La position excentrée à la fois par rapport au Bassin et au monde ligérien et armoricain renforce la dépendance à l'égard de Paris.

■ ***Le triangle champenois.*** Placées géographiquement sur le « deuxième cercle », celui des capitales régionales des régions limitrophes, avec Rouen, Orléans et Amiens, les trois villes champenoises sont fort dissemblables. Elles sont relativement isolées dans cette moitié est du Bassin où manque le « troisième cercle » que forment, à l'ouest, Caen, Le Mans, Tours, voire Bourges. Le passé des foires de Champagne est un souvenir valorisant plus qu'un fondement entretenu du prestige urbain. Reims (314 000 hab.) est la seule à présenter un rayonnement extra-départemental, sur le plan universitaire, culturel, et cela non seulement sur la Champagne, mais aussi sur les Ardennes et sur la Picardie orientale. C'est un bel exemple des permanences d'une situation géo-historique tôt valorisée par les différents pouvoirs, et de continuité des cadres politiques et administratifs. D'abord capitale d'un peuple gaulois, allié avec les Romains, ceux-ci en font un carrefour de grandes voies et la capitale de la Belgique Seconde. Les structures du pouvoir ecclésiastique (archevêché) se moulent sur celles de l'empire passé, s'imposent au royaume franc (baptême de Clovis), à l'empire carolingien (le premier sacre fut celui de Louis le Pieux), à la monarchie capétienne.

Même sa structure d'emploi, avec près de 40 % d'emplois abstraits, lui confère le rang, sinon le titre, de capitale régionale. Les relations très fortes avec Charleville-Mézières indiquent l'étendue de son bassin d'emplois. La mise en service du TGV-est et de la plate-forme européenne de fret aérien de Vatry renforceront son poids.

Châlons (82 000 hab. dans l'aire urbaine), désormais nommée Châlons-en-Champagne, a le titre de capitale mais apparaît, avec trois fois moins d'habitants, sous influence rémoise, dans un triangle en fortes relations avec Épernay. Troyes (189 000 hab.), capitale comtale traditionnellement rivale de l'archevêché rémois, est une ville industrielle où la modernisation du textile (bonneterie) s'est traduite par de fortes réductions d'emplois, un desserrement vers une authentique banlieue ouvrière et vers les petites villes proches. Son rattrapage tertiaire débute depuis peu, grâce à la décentralisation universitaire rémoise, aux espoirs fondés sur un carrefour autoroutier achevé (A5-A26). Celui-ci accentue une relation privilégiée avec Dijon.

■ ***Les villes picardes.*** De tradition industrielle (textile surtout), mais aussi militaire, les villes picardes, placées chacune sur une radiale différente, sont peu organisées en réseaux. La coupure nord-sud de la région est bien manifestée par la géographie urbaine : les villes de type « francilien élargi » sont des villes industrielles de décentralisation (Beauvais, Château-Thierry) ou d'industries lourdes dans les fonds de vallée de l'Oise et du Thérain. Les fermetures récentes ou annoncées (Continental à Clairoix) soulignent cette fragilité. Compiègne fait relativement exception par le développement d'industries à haute valeur ajoutée et la présence de la première université technologique ; celle-ci s'appuie sur l'héritage et l'environnement urbains d'une ville impériale. Au-delà, la Picardie « picarde » comprend une typologie urbaine assez semblable : villes industrielles en quête de conversion (Saint-Quentin, Tergnier, La Fère, Abbeville) d'où partent de nombreux migrants quotidiens vers le sud, et villes militaires et administratives (Laon, Soissons) affaiblies par le repli des effectifs militaires. Toutes ces villes fondent de grands espoirs sur les autoroutes transversales, celle des estuaires, celle « des Anglais » vers le sud-est. Amiens (293 000 hab.) synthétise la plupart de ces caractéristiques, mais avec un rang administratif et démographique qui lui a valu des transformations considérables. Mise à l'écart par le TGV, mieux desservie par l'autoroute, elle impulse une part essentielle des rattrapages picards, en matière de formation et d'accueil d'activités innovantes.

La puissance d'agricultures de moins en moins « régionales »

On doit d'abord souligner la place décisive des systèmes agricoles du Bassin dans l'ensemble national, et cela jusqu'en Île-de-France où 2 % de la SAU (surface agricole utile) nationale livrent 6,5 % de la production en valeur : poids et intensivité des productions céréalières et végétales (Picardie : 7 % des livraisons sur 2,4 % des surfaces, 1er rang céréalier européen pour le Centre), taille des exploitations (plus de 80 ha en moyenne, mais comprenant de nombreuses exploitations de cultures spéciales), prestige des productions viticoles champenoises et ligériennes, modèle de l'intégration agro-alimentaire par les grandes firmes sucrières, le grand négoce céréalier, la production d'agro-carburants.

Un autre trait remarquable est l'existence de types agricoles, picard, champenois, beauceron, centrés sur des régions correspondant aux plateaux limoneux à substrat calcaire ou crayeux. Ces modèles, sociologiques et technico-économiques, donnent aussi lieu à des paysages typiques, qui se sont diffusés vers leurs périphéries. En Normandie, Champagne humide, Perche, on assiste au recul des types régionaux fondés sur l'association de l'élevage, laitier notamment, aux céréales. Modèles techniques des régions proches, dynamismes individuels et collectifs, dispositifs nationaux et européens de protection et d'incitation aux productions végétales expliquent ces mutations.

Le dernier trait, moins original, est la coexistence de ces agricultures avec une périurbanisation très active, ou, du moins, une diversification forte de fonctions de l'espace rural qui rejoint des formes de ruralité partiellement détenues par les exploitants agricoles et les grands propriétaires fonciers : parc immobilier important transformé en résidences secondaires, pratique étendue de la chasse en plaine et en forêt, alchimie foncière de terrains agricoles en terrains à bâtir aux limites des agglomérations, impulsion donnée à des parcs naturels régionaux (Vexin, Trois Forêts, Perche), « bulles » tropicales de loisirs en Eure-et-Loir et en Sologne, grâce à un patrimoine forestier prestigieux et bien entretenu.

Au-delà de ces traits généraux, quelques spécificités distinguent les grands ensembles :

– En Beauce et Champagne berrichonne se trouve un des « greniers du monde » (J.-P. Charvet). En grandes fermes assez dispersées, céréalières, mais jamais en monoculture, les exploitations font une place croissante aux oléagineux, au maïs irrigué, non sans problème de gestion d'une eau assez peu abondante et parfois gâtée par les engrais nitratés. Les bordures vendômoises, gâtinaises, thimeraises, de la Beauce, les gâtines tourangelles, les pays d'herbe du Perche et du Boischaut ont partiellement adopté ces systèmes à haute intensité de capital, sur des terres moins favorables ; il en résulte une grande fragilité économique car l'adoption a été souvent tardive, au moment où les politiques agricoles sont devenues moins protectrices (1975-1980), y compris pour le lait qui reste assez souvent le « salaire », faible mais régulier, des exploitants.

– En Picardie, c'est l'association blé-betterave, avec des oléagineux et des légumes de plein champ, qui a fait la puissance des exploitations et qui fait reculer l'herbe en Thiérache, dans le Bray, le Tardennois. Les industries agro-alimentaires sont très fortement présentes (12 % des emplois industriels picards), à l'origine de nombreux établissements en milieu rural comme dans la vallée de l'Aisne.

– En Champagne crayeuse, le temps des bois de pins plantés sur les « savarts », maigres pelouses sur des sols minces, autrefois pastoraux est révolu depuis longtemps. Ce passé de faible pression foncière a favorisé la constitution de très grandes fermes : la moitié de la SAU appartient à des exploitations de plus de 100 ha. Céréalières, puissamment organisées en coopératives et syndicats de producteurs, elles règnent sur un *openfield* quadrillé, en vastes blocs de culture par des chemins orthogonaux, qui remonte sur le plateau briard et le Vallage humide.

– La Normandie présente une agriculture de moins en moins « normande » du Caux au Vexin, des campagnes de Caen à celles d'Alençon. C'est-à-dire que les céréales, betteraves, oléagineux, les élevages bovins en stabulation, laitiers mais aussi pour la viande, font reculer les prairies permanentes complantées de pommiers. Inversement, les spécialisations se renforcent à l'échelle des petits pays comme le bassin laitier du Bray, du pays d'Ouche et d'Auge, de la Vire.

Ce même processus de spécialisation dans des productions sous l'appellation contrôlée est encore plus net dans les vignobles : celui de Champagne, qui s'étend et s'accroît de la Montagne de Reims vers le Barrois, avec une structure très originale liant de petites exploitations peu ou pas vinificatrices et de grandes maisons. Les vignobles méridionaux sur les versants des vallées de la Loire et de ses affluents, de l'Yonne, profitent de l'attrait des marchés pour les vins de qualité mais de moindre prestige, de l'Anjou à l'Auxerrois en passant par la Touraine.

Les difficiles cohésions régionales

On a déjà évoqué le dédoublement des régions en un « versant » parisien et un versant extérieur. Avec des variantes liées à l'environnement géographique (direction des grandes vallées, ouverture maritime) et aux grandes dynamiques de l'espace français tout entier (essor des régions occidentales, transition post-industrielle à l'est et au nord), les cinq régions limitrophes présentent le même type d'organisation : le rôle essentiel d'une « épine dorsale », vallée ou axe autoroutier, dans la concentration des villes, des flux, des activités, contraste avec les espaces encadrants, dont la densité et l'activité plus faibles vont en se renforçant vers le centre parisien.

La Haute-Normandie (1,851 million d'hab. en 2012) est la plus conforme à ce schéma : « région-couloir dans l'ombre de Paris » comme la désigne F.-J. Gay, (1995), dissociée de la Basse-Normandie pour respecter la rivalité Caen-Rouen, elle est tout entière organisée par cet axe lourd constitué de la Seine navigable, de l'autoroute A13, du chapelet des villes et des établissements industriels appartenant à de grands groupes. Cet axe s'alourdit en aval et en amont de Rouen puis sur l'estuaire lui-même, celui-ci devant connaître une importante rénovation dans le cadre du projet Port 2000, afin d'accueillir les très grands porte-conteneurs sur de nouveaux quais (12 km à terme). De part et d'autre, la densité élevée de la région s'explique par le maillage très serré des petites villes, régulièrement espacées d'une quarantaine de kilomètres, qui donnent leur individualité aux pays : Caux, Vexin, au nord de la Seine, Lieuvin, plaine du Neubourg, plateau de Saint-André au sud. Le littoral du pays de Caux, à falaises, reste très terrien malgré les échancrures des valleuses qu'occupent de petits ports de pêche et des stations balnéaires modestes, bien que très parisiennes. Il est assez mal desservi.

Le schéma proposé est tout aussi valable pour la région Centre (2,56 millions d'hab.). Celle-ci, très étendue, symbolise l'arbitraire de tout découpage administratif. Le Val de Loire la partage par le milieu, et tend à devenir le vrai fédérateur de la région avec un peuplement dense et renforcé de Montargis à Tours. L'éloignement handicape les confins méridionaux : Berry, Marche, Brenne, aux marges du Massif Central. Au sud d'une ligne Loches-Gien, toutes les zones d'emploi perdent des habitants depuis 1990, surtout en ville : Bourges se dépeuple quatre fois plus entre 1990 et 1999 qu'entre 1982 et 1990 et recule encore de 8 % de 1999 à 2010, de même que Vierzon et Châteauroux. Le nord de la région, rattachable aux marges franciliennes, ne connaît pourtant pas une croissance aussi forte que les chiffres de 1982-1990 pouvaient le laisser prévoir. Chartres et l'Eure-et-Loir connaissent une progression ralentie, Dreux perd 10 % de sa population en dix ans (mais reste stable depuis 1999) tandis que les agglomérations de Tours et surtout d'Orléans attirent à elles deux 1 habitant sur 3 gagnés par la Région de 1990 à 2010.

La Picardie (1,914 million d'hab. en 2010) obéit partiellement à cette structuration autour d'un axe majeur, avec la vallée de l'Oise. Mais les difficultés industrielles et urbaines de celle-ci laissent plus de place à une organisation par la position intermédiaire entre deux foyers très peuplés, au nord et au sud. La région est en effet rayée de grands axes routiers et ferroviaires en éventail vers Paris qui rendent secondaires les liaisons est-ouest, même si le transit nord-ouest/sud-est s'accroît. Les marges nord et sud sont peu tournées vers Amiens. La ligne qui passe par Beauvais, Compiègne, Soissons, délimite une Picardie francilienne. Le littoral, traditionnellement au service balnéaire de Paris, grâce à sa proximité et une capacité d'accueil élevée (160 000 lits environ) est l'objet d'une vigoureuse action de réhabilitation écologique et commerciale, fondée sur la protection et la valorisation touristique de milieux pittoresques : dunes, vasières des petits estuaires.

En Champagne-Ardenne (1,335 million d'hab. en 2010), on ne peut guère parler d'épine dorsale. Cette région, authentifiée par l'Histoire puisqu'elle correspond pratiquement à l'ancienne généralité de Châlons, est bien mal soudée. Une pointe ardennaise, en attente de l'autoroute A 34 vers la Belgique, industrielle et forestière, relevant des conversions comme celles du Nord ou de la Lorraine, un sud plutôt Bourguignon (Langrois, Bassigny), lui échappent à certains égard. Pourtant un axe se dessine par l'alignement Reims-Châlons-Troyes, reliées désormais par l'A26, et par l'auréole de la craie sur laquelle la grande culture s'est développée. La périphérie constituée par la Haute-Marne annonce les sous-peuplements problématiques (un des 13 départements de moins de 200 000 hab., en recul continu (– 16 % de 1968 à 2010).

Enfin, en Basse-Normandie (1,473 million d'hab. en 2010), le schéma d'« axe majeur » n'est plus que suggéré par celui qui longe le littoral à distance, qui relie Caen et Cherbourg à Rouen et Paris. On assiste à une mutation de l'organisation régionale qui évoque l'ouest en général plutôt que le Bassin parisien. Traditionnellement clivée en bandes méridiennes soulignant les contrastes naturels et agricoles entre le Massif armoricain, cloisonné et bocager, et le bassin sédimentaire, cette région présente désormais un contraste nord-sud. Le nord est la façade littorale de Paris, d'Honfleur à la Hague. Cette façade dispose des principaux pôles urbains, des têtes de pont avec l'Angleterre et l'Irlande, des industries les plus qualifiées et des stations touristiques anciennes et prestigieuses. La polarisation par Caen est très forte : 72 % de l'accroissement régional (ralenti à 0,23 % par an de 1990 à 1999) sont acquis sur les 200 communes du bassin d'emploi Caen-Bayeux. Le sud-sud-ouest est moins urbanisé. Les villes petites et moyennes (Flers, Vire, Saint-Lô) sont nombreuses ; elles sont fragilisées par leur dépendance à l'égard des industries de main-d'œuvre (on songe aux effets ravageurs de la crise qui a frappé la firme Moulinex, née à Alençon et ayant longtemps essaimé dans les petites villes du bocage). Les agricultures de type armoricain, moins impliquées pourtant dans les révolutions techniques et sociologiques que celles de Bretagne n'y ont pas autant d'effets sur l'industrialisation diffuse par l'agroalimentaire.

Deux lectures géographiques du Bassin parisien sont possibles. On peut insister sur sa symétrie et sa complémentarité à Paris : espace dont Paris est la capitale régionale, il en est le symétrique du fait de son industrialisation, par des établissements spécialisés dans les fonctions de fabrication, travaillant pour les firmes d'Île-de-France ou de l'étranger. Cette couronne d'évitement de Paris forme une périphérie dans laquelle on peut identifier des faisceaux, très peuplés et actifs, appuyés sur des réseaux urbains régionaux bien structurés, par lesquels l'influence parisienne s'étend très loin, vraie capitale de toute la France du Nord. Entre ces faisceaux demeurent des espaces aux caractères plus proches des régions extérieures, ligérienne, lorraine, bourguignonne. Cette lecture montre une unité fonctionnelle du Bassin, intégrée par les activités et les migrations résidentielles comme le travail. Une autre lecture, plus régionaliste, privilégierait les spécificités encore nettes des anciens pays constitutifs de provinces à fort, particularismes : Champagne du vignoble, Loire des châteaux et des cultures délicates, Normandie herbagère et des villes d'État, Picardie côtière, partiellement gagnée sur la mer. Cette pluralité, étendue à une partie de la Bourgogne et des Pays de la Loire, est le terreau du rapprochement des régions qui ont établi en 1994 un projet résumé en une Charte. Celle-ci respecte la subsidiarité et n'envisage que des thèmes de coopération inter-régionale, transports, environnement, formation. Elle hiérarchise le territoire de l'aménagement en trois niveaux : les espaces de développement local, les espaces de projet associant plusieurs agglomérations, les espaces métropolitains. On peut y voir l'expression originale, et pour l'heure inédite, d'une supra-régionalité incitée par les « grands chantiers d'aménagement » de la DATAR et qui serait l'échelle pertinente d'une région métropolitaine intégrée, de rang mondial.

Le Bassin parisien : paysages et systèmes productifs

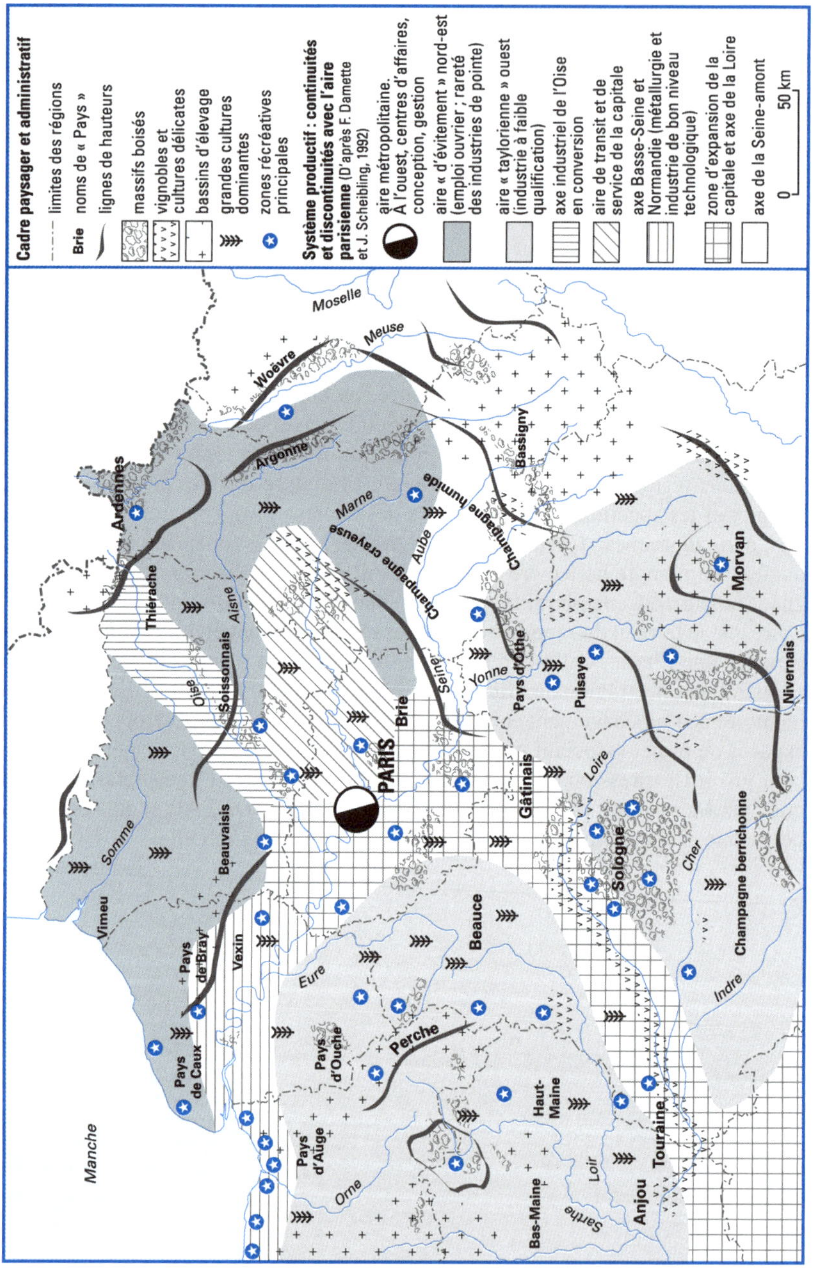

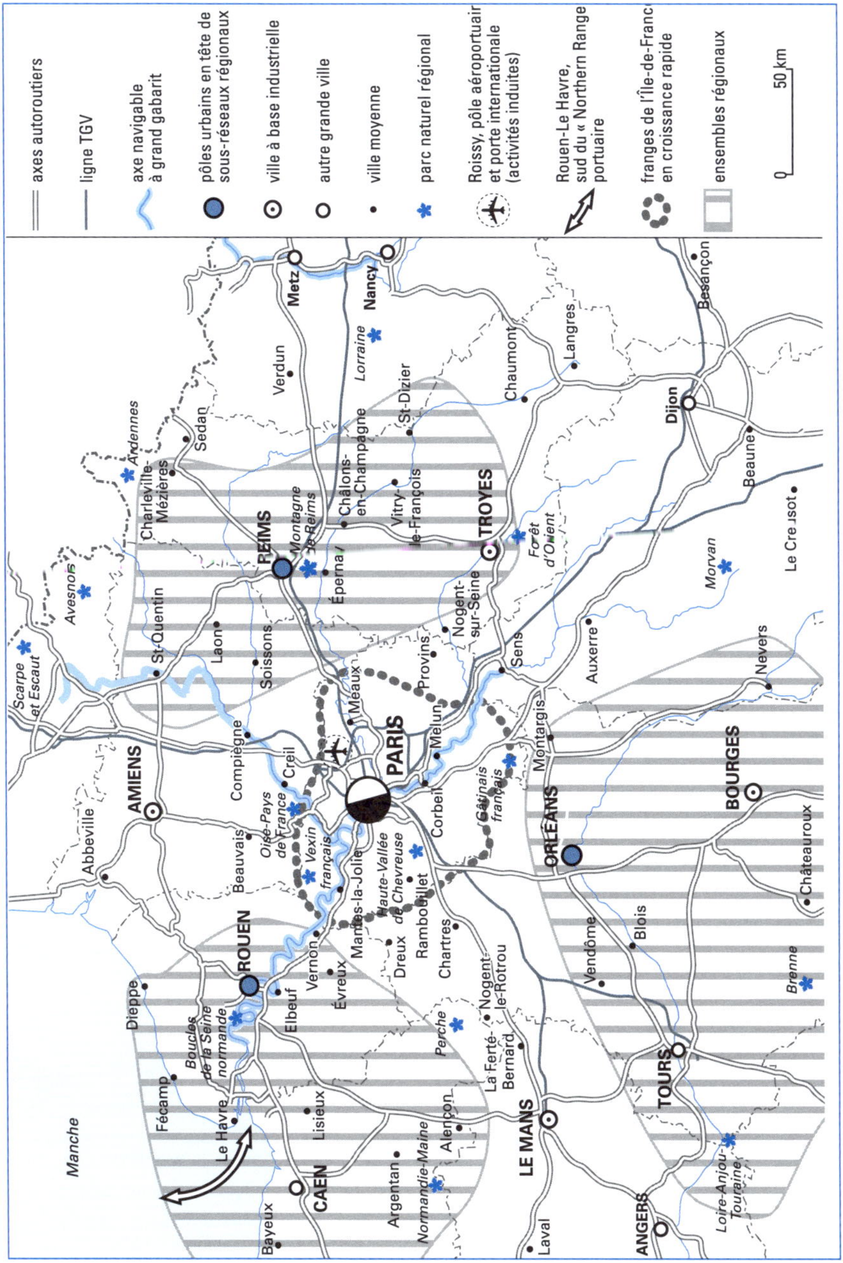

Le Bassin parisien : radiales, rocades et armature urbaine

L'Île-de-France : pôles et axes principaux

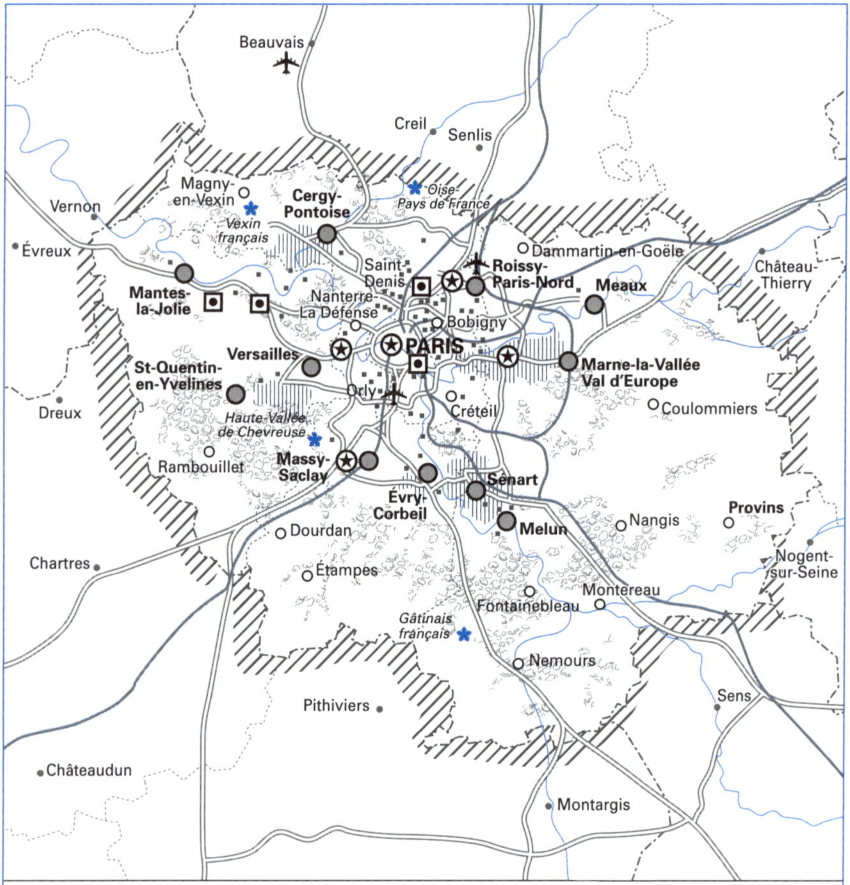

- limite régionale
- limite départementale
- forêts
- parc naturel régional
- principales liaisons autoroutières
- TGV
- aéroport et « aéroville » associée
- 0 — 50 km
- villes nouvelles
- principaux quartiers d'habitat social (plus de 10 000 habitants)
- pôles de première couronne
- pôles régionaux
- villes « trait d'union »
- villes des franges extérieures
- plus de 20 % des actifs résidants travaillant en Île-de-France
- zones industrielles en mutation
- centres d'envergure européenne à fonctions internationales

8

L'Ouest, intérieur et maritime

De la Basse-Normandie, au moins dans sa partie occidentale, aux pays poitevins voire charentais, il n'est pas fallacieux de chercher des traits communs anciens et récents, qui justifient le fréquent emploi de l'expression de Grand Ouest. Pour ce qui est des traits anciens : l'océanicité partout forte, le poids du monde rural, des « paysans de l'Ouest » (Paul Bois) dans des paysages souvent issus de bocages, mais aussi les effets réduits et ponctuels des transformations urbaines et industrielles du XIXe *siècle, l'emprise du fait religieux, en particulier sur des tempéraments politiques conservateurs. Sur le plan géographique, les contrastes, entre littoraux, qui ont participé à l'« économie-monde » atlantique à partir du XVII*[e] *siècle, et arrière-pays sont des héritages encore repérables. Parmi les traits contemporains : la fin de la sous-industrialisation, l'essor des villes moyennes, les spectaculaires transformations de l'agriculture et de l'élevage, vecteurs d'une intégration à l'économie nationale, et bases de puissantes industries agro-alimentaires exportatrices, ou encore l'efficacité des réseaux de transports rapides dans l'arrimage des finisterres à la France continentale. Ce terme de finisterre rappelle en effet l'importance de la position très excentrée de cet ensemble, et notamment des péninsules du Cotentin et d'Armorique. Ces divers éléments sont suffisamment partagés pour qu'une coopération inter-régionale se développe, qui place les responsables du Grand Ouest à l'initiative et au centre de l'Arc atlantique, fédérant les 21 régions et États de la périphérie atlantique de l'Europe depuis 1989.*

Cet ensemble n'est pas seulement contigu au Bassin parisien. Les flux migratoires traditionnels, l'orientation des mouvements de décentralisation industrielle, l'importance des liaisons routières, ferroviaires, avec Paris, pour ces campagnes intégrées comme pour des villes de taille assez modeste, arriment l'Ouest à la région-capitale. La crainte, souvent exprimée par les responsables, de la marginalisation de l'Ouest, la promotion d'une image d'espace « alternatif » aux engorgements parisiens, reposent sur cette liaison très étroite, qui n'exclut pas les particularismes.

UNE RÉVOLUTION SILENCIEUSE

Le tableau ci-après montre à la fois l'appartenance de l'Ouest à la France moins urbanisée, l'ampleur des gains de productivité d'une agriculture aux effectifs divisés par deux en 15 ans ; on pourrait y ajouter l'importance des livraisons animales qui varie de 72 à 88 % du total, sauf en Poitou (40 %, soit moins que les 46 % de la moyenne française). On observe aussi que, comme ailleurs, le monde rural est massivement occupé par des populations non agricoles. Ce rural résidentiel et péri-urbain est particulièrement représenté dans l'Ouest où les populations agglomérées sont moins nombreuses. L'exode agricole a nourri un spectaculaire renouvellement des alentours des villes, sous la forme de lotissements, de conversion résidentielle de l'habitat rural dispersé.

Les régions de l'Ouest : poids de l'agriculture et rôle économique en 2009-2010

	Pop. non urbaine/ pop. totale	Actifs agricoles/ total des actifs en 1975	Actifs agricoles/ total des actifs en 2010	Agriculture en % de la VAB en 2009	VAB régionale/ VAB national (2009)
Bretagne	42,70 %	23,20 %	3,2 %	3,1 %	4,4 %
P. de la Loire	62,50 %	18,70 %	2,9 %	2,7 %	7,8 %
Poitou-Ch.	49,00 %	19,80 %	3,7 %	3,5 %	2,3 %
Basse-Norm.	47,00 %	22,40 %	3,4 %	3,3 %	1,9 %
France	26,00 %	10,10 %	1,8 %	1,7 %	

Source : INSEE et CCI de France.

Souvent prises comme exemple de la modernisation de l'Ouest, les mutations agricoles sont aussi responsables d'une forte différenciation sous-régionale. La trame ancienne des pays a très diversement participé à cette « révolution silencieuse » (C. Canevet).

Le modèle agricole breton

Au risque de simplifier une réalité particulièrement nuancée, on peut considérer que le modèle agricole breton, décrit par C. Canevet, est central. Il localise, explique et différencie les mutations d'une région qui tient une place essentielle dans l'agriculture nationale. En effet, si vers 1950, 9 % des exploitations françaises y assuraient 7 % de la production nationale, actuellement, sur 6 % de la SAU, aux conditions de sol et de relief souvent neutres, voire défavorables aux grandes cultures, sont produits 12 % de la production nationale en valeur. Ce modèle comporte des fragilités très visibles depuis quelques années, mais il continue à donner une utile référence pour traiter de nombreux espaces voisins, dans les trois régions limitrophes. À ce titre, il est une version régionale, avec de fortes spécificités, de caractères assez généraux de l'agriculture française dans le cadre européen. Ce modèle d'agriculture productive, familiale, spécialisée, sélective, présente enfin des éléments quasi communs à toute la région, mais se décline différemment à l'échelle micro-régionale et locale.

Les traits essentiels en sont :

– Le gonflement et la spécialisation des productions qui représentent 58 % du porc français, 34 % des volailles, 42 % des œufs, 21 % du lait.

– Le maintien du cadre familial, malgré une réduction spectaculaire des effectifs, ou peut-être à cause d'elle, car elle a surtout concerné les agriculteurs âgés et ceux qui exploitaient moins de 20 ha. L'Ouest conserve relativement et inégalement le caractère ancien d'un monde de petites exploitations : pour une surface agricole utilisée moyenne de 78 hectares en France (exploitations professionnelles, 55 ha pour le total des exploitations), les moyennes régionales sont de 52 en Bretagne, 56 en Basse-Normandie, 71 en Pays de Loire, et 50 en Poitou-Charentes.

– L'intensivité et l'orientation animale de productions (4/5e des exploitations), hors-sol surtout, assurées par une population jeune et formée, participant fortement aux organisations professionnelles, coopératives et revendicatives. Bien que l'âge moyen s'élève sensiblement depuis 2000 (- 7 % pour la part des moins de 35 ans, + 7 % pour celle des plus de 55 ans).

– Le caractère principalement endogène de ces mutations, peu impulsées par les villes et assez peu soutenues par les politiques nationales et européennes de protection agricole.

– L'importance des effets induits de cette production sur l'industrialisation des moindres petites villes (abattage, découpe, conditionnement) et sur le secteur des transports routiers.

– Enfin, l'hétérogénéité des situations individuelles, des jeunes agriculteurs endettés aux entreprises quasi industrielles.

Les facteurs de cette originalité sont différents selon les phases considérées, C. Canevet les distingue ainsi :

– Une amorce ancienne des transformations au début du xxe siècle, comprenant un début d'encadrement et d'émancipation paysanne, à l'égard des tutelles cléricales et aristocratiques.

– Dans les années 1950, la diffusion, notamment à travers le rôle de la Jeunesse agricole chrétienne (JAC) et d'un « bloc social moderniste », du progrès technique et d'une idéologie moderniste, dans un contexte démographique favorable. C'est une période clé, celle de la motorisation, de l'intensification de la polyculture-élevage, des débuts de l'élevage avicole hors-sol.

– Dans les années 1960-1970, le phénomène d'intégration est essentiel : mouvement coopératif, organisation des marchés (les marchés « au cadran » par exemple), croissance des industries agro-alimentaires et de la grande distribution bretonne (Leclerc, Intermarché, Géant). Ces éléments se révèlent très sélectifs socialement ; des tensions apparaissent au sein du mouvement syndical, traduisant des divergences d'intérêt entre les producteurs.

– Enfin, les années 1980 sont marquées par les crises à répétition, en liaison avec les réformes de la PAC, les aléas des cycles des produits et des marchés.

Le modèle est ébranlé et mis en cause dans son caractère de course à la productivité. Celle-ci a pu conduire à négliger la qualité des produits et de l'environnement : débocagement, drainage souterrain, pollutions aux nitrates par les engrais et les lisiers, ces revers de la croissance rapide rendent ces agricultures très fragiles, lors des périodes sèches par exemple. Cette crise écologique concerne l'ensemble de la région Bretagne, dont 60 % des approvisionnements en eau pourraient être compromis à échéance de 10 ans, si le plan « Bretagne eau pure » ne parvient pas à enrayer les effets des pollutions. La diminution des teneurs en nitrate est nettement amorcée depuis 2000, mais à des coûts élevés d'adaptation des exploitations. Par ailleurs, la viabilité à terme de nombre d'exploitations est incertaine du fait de l'endettement très lourd dans un contexte de concurrence avec les agricultures de l'Europe du Nord. Le revenu moyen des exploitations agricoles connaît des chutes brutales : en 2001-2002 par exemple, le cours du porc chute de 30 %, et près de 1 000 emplois disparaissent de Bretagne en 2003 dans les abattoirs de volaille, eux-mêmes résultant d'un plan de réduction drastique des élevages en batterie. En 2013 près de 900 emplois sont supprimé dans les abattoirs porcin Gad, 1 000 dans le pôle « frais » de Doux, soit près de 2 % de l'emploi agroalimentaire breton. Enfin, la dépendance est extrême à l'égard des grandes coopératives (UNICOPA, CECAB…), plus gestionnaires que partenaires sociaux, et surtout des firmes agro-industrielles, en amont (engrais, aliments pour le bétail) et en aval (abattoirs, négoce, conserveries). Ces entreprises sont des groupes très concentrés : les dix premiers groupes dans la région emploient 42 000 des 57 000 emplois régionaux agroalimentaires (40 % de l'emploi industriel régional).

Les effets des mutations sont enfin très différenciés géographiquement, et introduisent des reclassements rapides des régions agricoles. La spécialisation des exploitations se fait d'abord au niveau de bassins de production intensive, déterminés par une série de facteurs individuels, économiques (coopératives, entreprises de transformation). C'est surtout le cas pour l'élevage porcin : aux 3/4 dans le Finistère et sur une zone médiane discontinue (Châteaulin, Penthièvre, Groëlo, Trégor, centre Morbihan). Même type de concentration spatiale pour les volailles, principalement élevées dans la moitié ouest, où 7 à 10 % de la SAU abritent la moitié des diverses volailles (poulets, pondeuses, dindes). Les légumes présentent une concentration semblable dans le nord-Finistère. Au total, la moitié de la production en valeur est obtenue sur un tiers de la SAU. En revanche, le lait, les céréales fourragères, sont plus diffus. Une réaction évidente aux crises socio-économiques et écologiques du modèle productiviste est la rapide augmentation des producteurs sous signe de qualité : plus de 10 % des exploitations en 2012.

Des trajectoires régionales contrastées

Une hiérarchie micro-régionale peut être mise au jour, qui a permis de distinguer des « trajectoires régionales contrastées » (Canevet, 1972) :

– Zones à dynamisme élevé dans le nord-Finistère (élevage porcin et bovin dans le Léon intérieur, légumes sur le littoral), le secteur de Lamballe et celui du centre-Morbihan (avicole surtout).

– Zones à dynamisme notable, mais moins intégrées par les grands groupes privés et coopératifs polyvalents : bassin de Châteaulin, Trégor oriental, zone de Loudéac, est de l'Ille-et-Vilaine.

– Zones à croissance modérée (intérieur occidental de la région, nord-ouest du Morbihan), et limitée (est de la région) et zones de recul agricole. La péri-urbanisation autour des grandes villes, le désinvestissement agricole au profit du tourisme dans le sud-Finistère, la dévitalisation démographique dans les monts d'Arrée et autour de Lannion, sont autant de causes de ce recul. La diversité de ces évolutions n'est explicable que par des combinaisons de facteurs structurels (démographie, formation, IAA, traditions socio-politiques) et conjoncturels (état des marchés, acteurs locaux, activités alternatives, niveau d'urbanisation).

Autour de la Bretagne, on peut distinguer des types agricoles plutôt conformes à ce modèle breton, et influencés par lui, des types intermédiaires, et des types différents.

Sont conformes au modèle : le bassin laitier normand drainé par les grandes laiteries de la vallée de la Vire qui présente une réelle fragilité car les systèmes du bocage sont peu diversifiés face à l'application des quotas laitiers ; les campagnes mancelles sont plus diversifiées, laitières, mais aussi porcines et avicoles ; une partie de l'Anjou entre Mauges et plateau nantais, sous l'influence de la puissante coopérative de La Noé-

Ancenis ; le bassin laitier de l'Aunis et du sud des Deux-Sèvres, dont la tradition coopérative est ancienne (1888 à Surgères) et aujourd'hui concentrée en grosses unités, travaillant surtout les produits beurriers et fromagers sous appellation.

D'assez vastes ensembles n'ont connu qu'une transformation partielle des systèmes traditionnels d'élevage ou de polyculture-élevage qui y restent moins intensifs, intégrés à des filières industrielles moins concentrées : Cotentin laitier et légumier, bocages sud-normands, mayennais, segréens, des Mauges, de la Vendée intérieure et du nord des Deux-Sèvres. Il s'agit d'une périphérie bretonne.

Enfin des « pays » échappent à ce modèle, soit par une spécialisation très délimitée, soit par leurs affinités avec les systèmes de grande culture des bassins sédimentaires proches, parisien et aquitain. D'un côté donc, les vignobles angevins, nantais, de crus, mais assez hétérogènes et livrant des produits de gamme et de prix moyens (près de 2 millions d'hectolitres, répartis entre Muscadet, Bourgueil, Anjou et Chinon), le vignoble de Cognac, aux terroirs concentriques et de qualité décroissante autour de la Grande Champagne cognaçaise, produisant pour la fameuse double distillation, particulièrement rémunératrice, aux produits exportés à 93 % par des firmes comme LVMH formée en 1987.

D'un autre côté, on trouve les campagnes, non bocagères, qui s'apparentent, pour les plus productives, aux terres de grande culture de céréales et, de plus en plus, d'oléagineux, sur les plateaux saintongeais, les plaines de Niort, de Thouars, de Châtellerault, de Fontenay-le-Comte, les plateaux de l'est sarthois. Les marges en sont originales : « gâtines » et « brandes » tard défrichées du Haut-Poitou, de l'Angoumois, des confins limousins de la Vienne, aux agricultures en repli, extensifiées, tout comme les élevages ovins (Montmorillonnais, Confolentais) et bovins pour la viande (Gâtine parthenaise). Marges aussi sont les marais atlantiques, de Vendée, du Poitou et de Saintonge, anciens golfes marins aux terres alluvionnaires très fertiles à condition d'être drainées (voir chapitre 6).

Croissances urbaines et industrialisations

Une des caractéristiques des systèmes agricoles intensifs évoqués ci-dessus est de recourir à une main-d'œuvre encore importante et surtout de nécessiter une première transformation à proximité immédiate des lieux de production. Ceci est un facteur d'industrialisation diffuse et de rayonnement des petites villes. Leur semis dense ajoute à l'impression de très forte continuité de l'occupation humaine, déjà donnée par le défrichement quasi total des campagnes et la dispersion de l'habitat.

Au niveau supérieur, la hiérarchie urbaine est assez écrasée, au moins traditionnellement : on compte beaucoup de villes petites et moyennes (en Bretagne : 101 villes de moins de 10 000 hab. sur 125 unités urbaines), qui profitent d'ailleurs de la proximité des capitales dans un rayon de 30 à 50 km. Mais le nombre des grandes agglomérations (60 000 à 200 000 hab.) est faible et les capitales, isolées (Nantes, Rennes) ont des effectifs à peine supérieurs aux autres villes régionales (Poitiers). Elles sont par ailleurs peu complémentaires. Nantes, Rennes, Angers, sont en relations très fortes avec Paris plutôt qu'entre elles, illustrant, outre une carence du système urbain de l'Ouest, « une caractéristique importante du système urbain français : les échanges sont en général plus importants entre villes de la même famille qu'entre les villes de profils différents »

(J. Scheibling, F. Damette op. cit.), car c'est Paris qui exerce un quasi-monopole de la mise en relation des activités économiques et des services publics.

Les taux d'urbanisation plutôt inférieurs à la moyenne et parfois très bas (50 et 53 % en Mayenne et en Vendée), traduisent moins désormais un retard urbain qu'une forme contemporaine d'urbanisation diffuse, dans les cadres ruraux anciens. Partout en effet, la transition économique, elle, a été rapide, et c'est bien sûr par les villes, moyennes surtout, que la situation démographique de l'Ouest s'est rapprochée de la situation nationale, avec des soldes naturels et migratoires faiblement positifs. Or ces villes, moyennes et grandes, ont été le théâtre d'un rapide rattrapage en matière d'activités industrielles et de services publics. Elles animent des mouvements migratoires encore considérables, qui ont provoqué l'étalement pavillonnaire, les aménagements routiers (contournements), urbains (restauration des centres anciens), et commerciaux (multiplication des grandes surfaces). Ces transformations n'ont rien d'original en France, mais elles se sont opérées rapidement et beaucoup plus par arrivée des populations rurales régionales que par exurbanisation des citadins ou arrivées extra-régionales. Les populations immigrées sont par exemple tout à fait sous-représentées dans l'Ouest : 2,2 % (2005) en Bretagne, 2,8 % et 3,8 % en Poitou-Charentes, 3 % dans les Pays de Loire, 2,78 % en Basse-Normandie, contre 8,5 % en France et 8 à 10 % dans les régions de l'Est, du Nord, du Midi.

L'industrialisation est une transformation majeure associée à cette croissance urbaine et péri-urbaine. Si les modernisations agricoles ont été largement endogènes, la situation est plus partagée en matière d'industrie. Des foyers existaient, certes, avant les Trente Glorieuses, et contribuaient, avec l'activité portuaire à laquelle ils étaient souvent liés, au fort contraste littoral intérieur que présentait la géographie urbaine de l'Ouest. Ces foyers sont ceux de la construction navale, des arsenaux, de Cherbourg à Rochefort, où les bâtiments de la Corderie royale incarnent le passé industriel converti en monument culturel. De même, la métallurgie, la construction mécanique, la chimie lourde, l'alimentation, avaient de solides bases près des ports d'importation : forges d'Hennebont, de la Basse-Loire, usines d'engrais, biscuiteries, conserveries, furent à l'origine de bastions ouvriers revendicatifs, sur les estuaires et les grandes rades militaires, et donc d'une opposition relative de ces villes de la mer, du commerce et de l'industrie avec leur arrière-pays rural. Les intérieurs n'étaient pas dépourvus d'industries de main-d'œuvre, transformant une matière première régionale : textile (toiles, voiles), chaussures, ganterie, papeterie, etc. Ces industries ont fait la notoriété de villes comme Angers (ardoisières), Angoulême (fonderies, papeteries), Cholet, Fougères (textile, chaussures). Elles ont connu pour la plupart leur apogée dans les années 1950 et ont ensuite subi d'importantes réductions d'effectifs, par une concentration technique et géographique rapide et une perte d'indépendance lors du rachat par des groupes extra-régionaux.

Il faut donc évoquer les générations plus récemment installées. M. Phlipponeau a proposé un *Modèle industriel breton* (1994). Plus encore que le modèle agricole, il semble commun à l'ensemble de l'Ouest, ou du moins être la variante bretonne d'un modèle de l'Ouest. Serait alors bretonne la sur-représentation des IAA, et des localisations littorales ou de fond d'estuaire. M. Phlipponeau souligne plus les différences que les points communs de l'organisation de l'espace néo-industriel. « Le modèle industriel breton se caractérise sur le plan spatial par une localisation éclatée des nouvelles implantations, s'appuyant sur un réseau urbain original. Ces implantations [...] précoces et massives dans la capitale régionale ont favorisé son expansion et se diffusent aujourd'hui dans un large rayon. Plus récentes dans les villes secondaires et dans les multiples chefs-lieux de cantons, elles ont compensé le déclin d'activités traditionnelles plus que provoqué un accroissement global de l'emploi [...]. Le modèle breton, dont on retrouve des éléments dans toute la France bocagère du Nord-Ouest, s'oppose au modèle aquitain à dominante métropolitaine [...]. Il diffère aussi du modèle poitevin-charentais où les quatre préfectures, de taille équivalente, commencent à s'organiser en réseau, comme du modèle ligérien dont le chapelet de villes marque le cours du fleuve, comme de la nébuleuse choletaise, avec une seule ville-centre et des activités industrielles diffuses dans les campagnes voisines ».

Ainsi sont résumés les caractères géographiques de cette industrialisation récente. Mais on peut aussi nuancer cette divergence des modèles au sein du grand Ouest en soulignant que s'y retrouve partout la combinaison récente de dynamismes endogènes, d'un volontarisme politique régional et national, et d'une dépendance forte à l'égard de décisions et de marchés extra-régionaux (mais là encore, c'est désormais peu original en France). Dynamisme endogène dans la confection choletaise, par exemple, par sous-traitance dans les pays à faibles coûts de main-d'œuvre, mais maintien d'un tissu de PME modernisées en milieu rural. Ceci, combiné à de gros établissements exogènes, Michelin, Thalès, fait de cette petite région trans-départementale (Maine-et-Loire et Vendée) un îlot à la démographie dynamique. Modernisation aussi dans la construction électrique et mécanique d'origine locale en Angoumois (Leroy-Somer), en Normandie (Moulinex). Ces activités de main-d'œuvre (largement féminines, souvent faiblement qualifiées et rémunérées), tayloriennes dans leur organisation, liées à l'essor de la consommation dans les années 1960-1970, sont ensuite fragilisées par les concurrences extra-européennes, l'internationalisation des groupes, leurs erreurs de gestion. Ainsi, Moulinex annonçait dès 1996 la suppression de 2 600 emplois et la fermeture de 4 usines en 2001, à Alençon notamment. Origine locale encore dans l'agro-alimentaire avec de multiples exemples d'entreprises devenues des fleurons de l'exportation ou des groupes nationaux : grandes maisons du Cognac, biscuiterie nantaise, groupes bretons (Doux, Bolloré, Guyomarch), grandes entreprises d'abattage et de découpe.

Le volontarisme national puis régional a joué un grand rôle pour valoriser les atouts socio-démographiques de régions peuplées et peu revendicatives auprès d'industries fordistes. C'est toute l'action d'aménagement du territoire qui a profité à l'Ouest : plan routier breton, autoroutes et voies rapides vers Le Mans, Rennes, Angers, Poitiers, Nantes, et TGV dans les mêmes directions ont mis fin à l'éloignement ancien. La décentralisation industrielle s'y exerce aussi, particulièrement dans l'automobile, dès les années 1960 : Citroën (puis PSA) à Rennes, Renault à Caen et Lorient ; mais Michelin ferme, ces dernières années, ses usines de Poitiers (2007), puis de la Roche-sur-Yon (2009). Autres secteurs bien implantés, la chimie, l'industrie pharmaceutique, l'aéronautique, le matériel ferroviaire, dans les Pays de Loire et le Poitou-Charentes, l'électronique et la téléphonie en Bretagne, en Anjou. Ce dernier exemple est révélateur du rôle des décentralisations de services publics et de recherche, comme le CNET en 1959 à Lannion, de l'installation des grandes firmes (Alcatel, Matra, Thomson) à Rennes, à Lorient, à Brest, à Cholet. Conjugué à l'attrait de ces régions, ce processus a des effets d'entraînement sur les investissements étrangers (Mitsubishi, ou Canon, près de Rennes). Environ 42 000 emplois, dont beaucoup dans des PME, font du secteur des TIC un des pôles régionaux et nationaux majeurs. Mais il n'est pas à l'abri aussi de fortes réductions d'effectifs : des fermetures se sont produites notamment dans le secteur des télécommunications (6 000 emplois supprimés depuis 2001). Le phénomène est moins sensible autour des capitales, qui avec une grande diversité de branches d'activités, peuvent miser sur l'équipement de recherche et de formation pour bâtir des technopôles. Ainsi Rennes est la troisième agglomération (derrière Lyon et Paris) pour la création d'entreprises.

LA MER, LES VILLES, LES TERRES

Deux traits majeurs dominent l'organisation des régions de l'Ouest. L'ampleur de la littoralisation de l'économie, du peuplement, très forte en Bretagne, sensiblement moindre ailleurs malgré des pôles urbains et des spécialisations touristiques essentiels pour les économies charentaise, ligérienne, et normande ; la polarisation par les deux métropoles, Nantes et Rennes laissant un espace libre pour l'apparition plus avancée qu'ailleurs de réseaux de villes moyennes.

La Normandie armoricaine

Le Cotentin est, de ce point de vue, emblématique. Le fond rural bocager et laitier, assez peu renouvelé sinon par la grande coopérative de Sottevast, comprend peu de villes. En revanche, Cherbourg, avec 117 000 habitants dans l'aire urbaine, concentre les fonctions urbaines, industrielles et portuaires en position avancée et excentrée. Le trafic voyageur trans-Manche a beaucoup augmenté, mais la ville, le port, et la région restent fortement tributaires des grands employeurs publics ou para-publics que sont l'arsenal, ses sous-traitants, et l'énorme usine de retraitement de déchets nucléaires de la Hague. Celle-ci, installée, comme la centrale nucléaire de Flamanville (choisie en 2004 comme site du futur réacteur européen à eau pressurisée) sur des terrains cristallins et métamorphiques stables, sur des landes ventées et peu peuplées, a certes été une source de contestations, mais c'est aussi une source d'emplois qualifiés, de désenclavement routier, de tourisme industriel fort important. La ville de Cherbourg accentue son rôle de relais caennais. Au sud du Cotentin, la vie littorale est assez limitée à l'ouest sinon entre Granville et Le Mont-Saint-Michel, plus développée dans le Bessin. Dans l'intérieur, le bocage est partout, sauf dans un couloir de plaines prolongeant celle de Caen, d'Argentan à Alençon. Les villes sont petites et très dépendantes des industries agro-alimentaires, des firmes locales (l'archétype fut Moulinex, mais désormais fortement délocalisée et sous contrôle de Seb) ou nationales dans les branches de l'électronique, mécanique, plastique, notamment à Alençon, Flers, Saint-Lô, Condé-sur-Noireau et surtout Argentan (– 1000 emplois en trois ans). Ces évidentes fragilités, socialement dramatiques, ont stimulé de multiples efforts de développement qui se traduisent par l'implantation de PME innovantes (nautisme, monétique) principalement dans le Calvados. Le pôle caennais, affecté lui aussi par les réductions d'emplois industriels (Philips par exemple), constitue cependant un technopôle conséquent autour de la recherche physique, électronique, biologique et médicale. Le fossé entre ce Calvados caennais et les départements de la Manche et de l'Orne, plus ruraux mais sans les cadres modernistes bretons, s'est creusé.

La Bretagne

Les lectures géographiques de la Bretagne intègrent des héritages qui restent essentiels :

– une différence de densité, d'urbanisation, de conditions climatiques, de ressources naturelles, entre l'intérieur (l'Arcoat d'autrefois) et une bande littorale assez large, l'Armor (au moins jusqu'au fond des « rivières » que forment les basses vallées ennoyées des petits fleuves côtiers) ;

– une césure est-ouest entre Haute et Basse-Bretagne, l'une de parler gallo, la seconde de parler breton ;

– de forts particularismes culturels et agraires à l'échelle des pays bigouden, trégorois, léonard, etc.

Mais l'organisation régionale est aussi déterminée par les transformations des années 1970-1980, comme les larges rocades routières proches du littoral et les axes de l'intérieur, le tout rattaché à Rennes. Ce sont des facteurs de cohésion mais qui représentent aussi des axes privilégiés de localisation.

L'autre facteur majeur d'organisation est le poids démographique et fonctionnel de la capitale. Son bassin d'emploi, qui dépasse largement les limites du bassin topographique dont elle occupe le centre, a une soixantaine de kilomètres de diamètre. C'est la seule zone d'emplois dont le solde migratoire soit positif ou nul dans toutes les tranches d'âge. C'est aussi la seule où les croissances de l'emploi et de la population sont continues dans le temps et dans l'espace. Ville d'État par tradition, c'est enfin le pôle de croissance le plus actif pour les emplois tertiaires et les hautes qualifications (ces dernières représentent 80 % des 16 000 emplois du technopôle d'Atalante). Le bassin d'emploi compte 761 000 habitants (pour une population bretonne de 3,2 millions en 2010). Son organisation est nettement concentrique, comme celle de l'ensemble du bassin : centre ancien restauré, couronne technopolitaine (Beaulieu notamment) et universitaire, couronne industrielle (notamment au sud, avec les 5 600 salariés – 14 000 dans les années 1990 – de l'usine PSA de La Janais), couronne péri-urbaine très étendue avec de petits centres de déconcentration industrielle et de résidence pavillonnaire (Bruz, Noyal, Janzé) et des relais urbains plus étoffés aux limites de la zone d'emploi (Vitré, Redon, Fougères).

Néanmoins, la position orientale de Rennes dans la péninsule laisse une place considérable à une ceinture de villes littorales dont les bassins d'emplois sont quasiment jointifs, surtout au sud, et plus encore au sud-est où la proximité nantaise et rennaise joue fortement. Dans l'intérieur, le quasi-monopole des industries alimentaires, la modestie des villes (Pontivy, Loudéac) donnent un grand rôle à des initiatives de développement industriel local. Fragilité et dépendance se combinent à une situation périphérique dans la géographie départementale pour alimenter des flux migratoires vers la côte, sud surtout, vers Rennes, et hors de la région. Brest (200 000 hab. dans l'agglomération et une zone d'emploi qui en compte 451 000) et Lorient (114 000 hab. dans l'agglomération, 289 000 hab. dans la zone d'emploi) sont des villes tard venues dont la dépendance à l'égard de la marine nationale s'estompe lentement. À Brest, par exemple, 55 % des actifs en dépendent encore, malgré l'essor de l'activité universitaire, scientifique (60 % des chercheurs français en océanographie), industrielle de pointe (armement, électronique). Lorient subit une forte concurrence tertiaire et touristique de Vannes (76 000 hab.) et de

Quimper (79 000 hab.). Sur la côte nord, à l'exception de Saint-Malo et Dinard, en aval de la ria de la Rance et de sa célèbre, mais bien expérimentale, centrale marémotrice, les villes et pôles d'activités restent en arrière du littoral et la vie portuaire est limitée. Les villes comme Lannion et Morlaix doivent leur dynamisme aux implantations récentes (électronique, téléphonie) et aux industries agro-alimentaires. Hors de la Bretagne rennaise (Ille-et-Vilaine, est des Côtes-d'Armor), le reste de la Bretagne urbaine et littorale apparaît donc sous forte influence économique parisienne.

Mais le tableau d'une organisation régionale littorale doit aussi intégrer le « trait d'union » que constituent un chapelet de quelque 114 ports de pêche, ayant donné lieu, pour bon nombre, à de petites villes, et à des activités induites (conserveries, réparation...). Concarneau est le plus important, mais de plus petites unités sont aussi de puissants pôles de pêche des produits de qualité, en une mono-activité dangereuse (Le Guilvinec), mal relayée par une aquaculture encore limitée. Bien d'autres animent désormais un littoral touristique qui est le second de France par sa fréquentation estivale (98 millions des 260 millions de nuités touristiques littorales en 2011). Ce tourisme breton apparaît singulièrement dynamique et original. Associé à la naissance du phénomène et à ses premiers pratiquants distingués (les Anglais à Dinard, les peintres à Pont-Aven), il ne connaît qu'une massification tardive et assez diffuse, alimentée par une clientèle originaire de la région ou très attachée à elle. Ce « tourisme affectif » d'habitués, comprenant aussi des Européens fervents vacanciers bretons, repose sur les images nouvellement porteuses de la mer « tonique », de la celtitude, du patrimoine menacé (en témoignent les mobilisations intra- et extra-régionales lors des marées noires comme celle de 1999-2000 et contre les algues vertes).

Le renouveau breton est évident : première région pour l'agriculture, pour la pêche, pour la notoriété des industries nouvelles... Cet élan est fortement valorisé, en termes d'image de marque, par l'individualité culturelle bretonne, le dynamisme régionaliste et moderniste de ses dirigeants politiques, économiques, voire universitaires. Si des zones d'ombre persistent (émigration des jeunes, restructurations industrielles, crise de la pêche, surproductions et pollutions agricoles), l'image tant bien que mal.

Les Pays de Loire

Par comparaison, les pays ligériens présentent sensiblement moins de cohésion. La Loire est certes un axe considérable de circulation, de concentration des cultures délicates. Elle a fixé les villes. Mais c'est aussi une limite, qui ne guide guère les flux majeurs de la région. Nantes est une métropole évidente sur les plans démographique et fonctionnel, mais, de tradition maritime, elle est excentrée dans sa région. Les lectures régionales convergent pour en souligner le morcellement. Provinces (Anjou, Maine), milieux très inégalement océanisés (socle bocager, Val, marais littoraux, plateaux sédimentaires du Sud et du Nord-Est), systèmes urbains (manceau, angevin, nantais, choletais...), tout conduit à l'hétérogénéité et explique peut-être, pour une part, l'importance de la participation ligérienne aux institutions inter-régionales. Il s'agit en effet, par l'Arc atlantique, par l'autoroute des Estuaires, de donner un second souffle à une construction régionale qui a connu une rapide croissance économique vers 1950-1980, mais qui enregistre depuis une quasi stagnation des emplois, alors que la population

(3,572 millions en 2010) s'accroît de 0,57 % par an de 1990 à 1999 puis de 1 % par an depuis (cinquième rang national), surtout dans l'ouest de la région. À la restructuration de l'agriculture et à la fin des activités traditionnelles (fer segréen, ardoisières angevines, construction navale nantaise) s'ajoutent des réductions d'emplois dans les établissements implantés vers 1960-1970 : – 1,4 % dans l'automobile par rapport aux années 1970, baisses dans l'électronique à Laval, Cholet, chez Bull à Angers (230 emplois contre 3 000 vers 1970). Ce contexte favorise la suprématie métropolitaine qui inclut les villes proches de Nantes : Saint-Nazaire, La Roche-sur-Yon, Cholet, Angers, bénéficient d'un report partiel de l'effet-capitale. Laval, Le Mans, grâce à leur rôle de préfecture et à la proximité de Rennes, voire de Paris, se tiennent mieux sur le plan démographique et économique. Le Mans (341 000 hab. en 2010 dans l'aire urbaine) connaît une croissance continue de 0,5 à 0,3 % par an depuis les années 1970.

Le trait le plus original de l'organisation régionale réside dans la puissance de la « porte nantaise » (A. Chauvet, *Porte nantaise et isolat choletais*, 1985), que constitue l'estuaire de la basse Loire. Elle relève d'abord d'une organisation typique des grands estuaires. Traditionnellement entourées d'un arrière-pays essentiellement agricole, Nantes, puis Saint-Nazaire, ont concentré la quasi-totalité des fonctions maritimes de la région ; les ports vendéens sont très secondaires. L'aménagement, par les armateurs nantais puis par le port autonome, de la navigation et des berges de l'estuaire en ont fait un axe industriel et portuaire majeur de la façade occidentale de la France. Le trafic, multiplié par 3 de 1966 à 1998 se stabilise depuis 2004 (environ 30 millions de tonnes en 2012) et reste dominé par les entrées de gaz et de pétrole, mais révèle aussi une diversification des flux qui est en cours. Les autres marchandises atteignent 30 % du trafic total grâce à la progression des lignes régulières de porte-conteneurs et de navires routiers. Le port atlantique est donc non seulement un opérateur maritime contrôlant les trois grands types de sites portuaires, urbain à Nantes, industrialo-urbain à Saint-Nazaire, extra-urbain à Donges-Montoire, en amont immédiat de Saint-Nazaire, mais c'est aussi un aménageur de sites industriels. En arrière des quais urbains, des entrepôts et bassins, des terre-pleins remblayés le long des terminaux spécialisés, les industries et activités de transports sont peu pourvoyeuses d'emplois. Les Chantiers de l'Atlantique (majoritairement coréens dans le groupe STX) occupent cependant encore près de 2 000 salariés (et jusqu'à 4 000 en sous-traitance), embauchent des spécialistes jusque dans l'Europe élargie et animent une active sous-traitance grâce au marché en essor des grands navires de croisière. Ces activités de transports s'avèrent par ailleurs grosses consommatrices d'espace et de matières premières, pour le raffinage, la production d'électricité thermique, la fabrication d'engrais. Elles soutiennent les trafics portuaires. Le port autonome manifeste un souci récent d'une gestion plus soucieuse de l'environnement estuarien. Les pressions écologistes accompagnent donc les mutations du système économique de la région nantaise. Les grands établissements traditionnels demeurent entourés d'un réseau de sous-traitants, ils sont sous la direction de groupes désormais extra-régionaux (Airbus à Nantes et Saint-Nazaire, second pôle français après Toulouse, 4 500 emplois en 2013, alimentation et arsenal à Nantes). On assiste à une montée des fonctions de recherche et de conception au sein de ces unités, et surtout autour du complexe technologique et scientifique nantais (biologie, nouveaux matériaux), en liaison avec les fonctions centrales, universitaires et médicales notamment.

La géographie socio-urbaine de l'aire métropolitaine (873 000 hab. en 2010, en progression d'1 % par an depuis 1975) souligne ces contrastes et ces mutations industrielles : rénovation et boom immobilier du centre historique, de la ville de l'Erdre, des quais de la Loire et de l'île Beaulieu, développement technopolitain et résidentiel vers le nord et la vallée de l'Erdre, avec le campus et la dizaine de grandes écoles, mais maintien de la dominante ouvrière de la rue usinière estuarienne, vers Indret, Cheviré, de même qu'à Saint-Nazaire (210 000 hab. dans une aire urbaine héritière de l'urbanisme géométrique de l'âge industriel et de la reconstruction). Au-delà de cette dernière, c'est une côte touristique densément occupée et de bon standing qui commence à La Baule-Pornichet et s'étire jusqu'au Croisic et au Pouliguen, isolée des terres de la presqu'île guérandaise par les marais salants de Guérande. La rive gauche de l'estuaire est traditionnellement moins occupée ; Paimbœuf est un site portuaire ancien, mais délaissé par la navigation et l'industrie chimique. Les grands ponts, en amont (Cheviré) et en aval (Saint-Nazaire) accentuent la péri-urbanisation du pays de Retz et du Val de Sèvre. Le projet d'aéroport de Notre-Dame des Landes (ouverture prévue en 2015), dans une zone déjà fortement construite tant le projet fut différé, suscite de nombreuses oppositions, accrues avec l'accès du maire de Nantes au poste de Premier ministre en 2012.

Les autres grands pôles régionaux sont conformes aux évolutions générales de l'Ouest : Angers maintient une forte autonomie urbaine grâce à sa tradition universitaire catholique, lui assurant une jeunesse record (40 % des 397 000 hab. de l'aire urbaine ont moins de 25 ans). Ses relations avec Nantes sont moins fortes que leur proximité ne le laisserait attendre. L'industrie y est aussi plus récente et plus allogène (Scania, Bull, Thomson, Motorola).

Les espaces moins polarisés par ces deux grandes villes (Le Mans étant une ville du Bassin parisien) présentent pour deux d'entre eux au moins une forte originalité :

– Le Choletais est un système industriel local, où les bourgs très étoffés, comme Les Herbiers, Chemillé, Beaupreau, offrent une structure sociale, culturelle, et spatiale fondamentale pour l'accueil des industries légères, tout en étant subordonnés à une ville active et diversifiée (103 000 hab. dans l'aire urbaine de Cholet en 2010). Cet archétype de système productif local est très touché par les délocalisations (chaussure, confection, meubles désormais, ont fortement chuté depuis dix ans). Dans les Mauges, en nord-Vendée, les PME dynamiques (IAA, électronique, plasturgie) sous-traitent largement pour les donneurs d'ordre de l'estuaire et de la métropole.

– L'autre est aussi en continuité avec la région Poitou-Charentes. C'est le littoral vendéen, sableux, longtemps désert entre les ports de pêche de Saint-Gilles-Croix-de-Vie, des Sables-d'Olonne. Très ensoleillé, il a été conquis par un tourisme massif (35 millions de nuitées représentant la première activité économique du département), en stations parfois créées *ex nihilo*, de lotissements pavillonnaires et d'opérations de promotion lourde (Merlin). Il s'adosse à un marais qui est beaucoup plus terrien, de culture et d'élevage (bovins, volailles de Challans) que maritime ; la conchyliculture de la baie de Bourgneuf fait un peu figure d'annexe de celle d'Oléron.

Poitou-Charentes : un « Centre-Ouest » ?

Trois éléments originaux distinguent cette région de l'Ouest central et septentrional et expliquent quelque peu son manque d'unité, la modestie de ses effectifs (1,77 million d'hab. en 2010, une densité de 70 hab./km^2), sa difficulté à les retenir, notamment les plus jeunes, le rôle limité de l'industrie et des services supérieurs.

C'est d'abord son partage en trois grands domaines géographiques qui laisse une part réduite à une spécificité régionale. Le nord et le nord-ouest sont armoricains (bocage), et ligériens (plaine de Châtellerault), l'est confine au Limousin, au Massif central, et connaît une sensible déprise agricole et démographique, le sud (Double Saintongeaise, Cognaçais, rive nord-ouest de la Gironde) a de fortes affinités avec l'Aquitaine.

C'est ensuite l'absence de grande ville : Poitiers (252 000 hab. dans l'aire urbaine), La Rochelle (204 000) d'une part, Niort et Angoulême d'autre part (151 000 et 178 000 hab. dans leurs aires urbaines) sont les bases d'un réseau de villes, gérant la formation, l'innovation et les facteurs de croissance (universités, spécialisation technologique). L'absence du capitale évidente a freiné l'accueil des emplois et des fonctions stratégiques.

Enfin le dédoublement du grand axe nord-sud, vers Bordeaux, décalé vers l'ouest pour ses modes rapides (autoroute et TGV) au détriment d'Angoulême, laisse peu de place aux liaisons est-ouest. L'existence d'un axe urbain traditionnel de la Charente autrefois navigable, et le croisement autoroutier dont la branche Nantes-Niort est raccordée à l'A10, ne compensent pas cette forte orientation.

C'est dans ce quadrilatère Poitiers-Angoulêmes-Saintes-La Rochelle que se trouvent les principaux points forts de l'économie régionale : Poitiers s'est dotée d'un équipement de prestige, avec le Futuroscope (1987), « Parc européen de l'image » fréquenté par 1,5 million de visiteurs par an, en accroissement depuis 2003 après 10 ans de baisse sensible, téléport, lycée pilote, centre de congrès, relié à l'autoroute et au TGV au nord de l'agglomération, mais bien séparée d'elle. Le tout forme une petite technopôle de 7 000 salariés et 1 500 étudiants (2011). La Rochelle est un port de commerce secondaire et une ville industrielle (construction ferroviaire) mais qui tente avec succès de promouvoir une image plus valorisante autour du pôle universitaire (près de 8 000 étudiants depuis 1993), d'un petit technopôle (Technocéan), et d'une ville historique, touristique, grâce à l'immense port de plaisance des Minimes, à proximité des îles de Ré et d'Oléron. Angoulême partage avec Poitiers des activités industrielles assez proches : papeteries, imprimeries, chimie, construction électrique et mécanique. À Niort, le poids du tertiaire d'exécution (grandes mutuelles) s'est renforcé avec le déclin industriel (bois de placage).

Entre ces pôles d'activités, on retiendra la résistance des pays organisés autour de villes moyennes et petites, dotées surtout d'industries agro-alimentaires à Cognac, à Thouars, à Surgères, ainsi que l'originalité des deux grands marais, poitevin et charentais. Leur partie maritime abrite une importante activité ostréicole, autour de Marenne d'Oléron. De ce fait, le tourisme balnéaire est surtout le fait des deux grandes îles, traditionnellement très terriennes (élevage, viticulture, maraîchage), mais où ces activités sont désormais subordonnées au tourisme, voire à la péri-urbanisation depuis leur « arrimage » par des ponts.

Un Arc atlantique : mythe ou réalité ?

Ce fut de l'Ouest français que vint l'impulsion : une association de régions (21), de l'Andalousie à l'Écosse s'est formée sous le nom « d'Arc atlantique » en 1989, inclus dans la conférence des (150) régions périphériques maritimes de l'UE. À travers ce label, on lit à la fois le facteur de solidarité espérée, de complémentarité (l'océan comme lieu d'une histoire commune, d'échanges, voire d'identité), et la velléité d'être l'un des axes majeurs de la construction d'une Europe des régions, non ternie par les embarras de la congestion urbaine et industrielle de la « dorsale » centrale. Au foyer de cette courbe, dans la partie française (et anglaise), on se trouve au plus près des standards européens de niveau de vie et des grands pôles urbains. L'effet-pays est évidemment plus favorable pour l'Ouest français qu'en Irlande ou au Portugal, États moins riches, donc moins généreux pour leurs régions. La tentation est grande pour les responsables politiques et économiques de privilégier les relations avec le Bassin parisien plutôt qu'avec des espaces suffisamment comparables pour que les échanges mutuels ne se justifient guère. Néanmoins la coopération inter-régionale et internationale progresse dans les domaines de la gestion des trafics portuaires (système informatisé Arcantel), des rapprochements culturels (surtout bilatéraux), des transports (projet de corridor ferroviaire atlantique). Les projets sont plus nombreux que les réalisations, mais ils ont facilité, à l'échelle du Grand Ouest, les concertations inter-régionales dans certains domaines : réalisation de l'autoroute des Estuaires, cette rocade de liaison entre les villes littorales ; coopération inter-universitaire entre Nantes, Rennes, Brest et Angers ; accès aux Fonds européens d'aide au développement régional ; prospection auprès des investisseurs étrangers ; renforcement d'une Société commune de développement régional. L'association (non l'appartenance) du Limousin à ce groupement est aussi intéressante car elle indique un « tropisme » atlantique récent de cette région.

La mer, le tourisme, les villes et la formation, les routes, sont les thèmes essentiels de ce rapprochement atlantique. Le poids de cet ensemble reste tout de même modéré ; ainsi en matière portuaire, les ports de l'Arc représentent environ 650 millions de tonnes de trafic dont 55 pour la partie française, de Bayonne à Caen, contre 434 pour Rotterdam.

La limite financière de ses capacités d'action place cette association bien en deça de celle qui regroupe les régions riveraines de la Baltique par exemple.

Les régions de l'Ouest : pays, agro-complexe, activités littorales

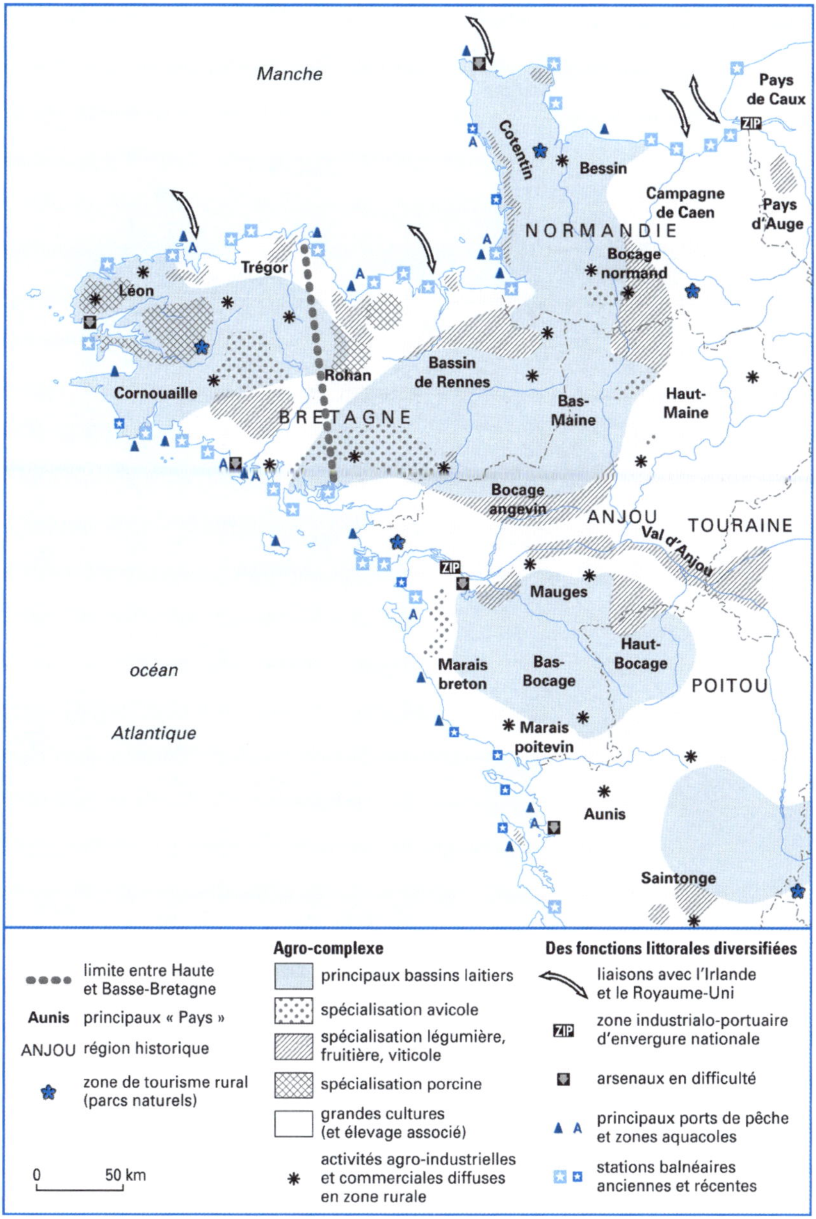

Les régions de l'Ouest (desserte, armature urbaine, industrialisation)

limite de région

parc naturel régional

Une desserte de qualité amarrant l'Ouest au Bassin parisien

autoroute et voie rapide

en projet

autre route

ligne empruntée par le TGV

Un semis urbain étoffé grâce au renouveau industriel mais faiblement hiérarchisé

ville moyenne (20 000 à 75 000 habitants)

grande ville

capitale régionale

principales liaisons urbaines

industrialisation récente

T technopôle

U université

9

LA RÉGION LYONNAISE ET LE CENTRE-EST

Lyon est la seconde agglomération française, au centre d'une région étendue, dont les limites, dessinées par l'influence de la métropole relayée par neuf des quarante premières villes françaises, dépassent celles de Rhône-Alpes, pour s'étendre au sud franc-comtois et bourguignon, à l'est auvergnat, voire à une partie de la France méditerranéenne. Seule aire urbaine et seule région métropolisée capable d'équilibrer Paris, de rivaliser avec la région capitale, de dialoguer sur un pied d'égalité avec les grandes régions européennes, la région lyonnaise et ses bordures alpines, comtoises, bourguignonnes et auvergnates, réunissent des caractéristiques de la France de l'Est, industrielle, urbaine, frontalière ; de celle des montagnes jusqu'à celle du Midi. Fortement structurée par le sillon Saône-Rhône et les grands carrefours européens qui le jalonnent, incarnant l'isthme français par excellence, n'ayant pas été affectée par le souci étatique du rééquilibrage Paris-province, sinon sous la forme d'implantations publiques de haut niveau, la région lyonnaise semble cumuler les conditions favorables.

Des espaces moins favorisés existent tout de même, comme les foyers de mono-activité industrielle, les zones de moyenne montagne délaissées. Certains problèmes sont l'envers de ses réussites : la congestion des axes lourds, des espaces suburbains et des zones touristiques.

La région lyonnaise est la seconde région urbaine et industrielle du pays. C'est ce que propose d'illustrer le tableau ci-dessous, qui permet la comparaison de quelques données économiques avec l'Île-de-France.

Problème de définition et de découpage : la réunion précoce de la région rhodanienne et des Alpes semble cohérente si l'on se réfère au rôle de la polarisation lyonnaise. Mais il ne faut pas oublier que la région Rhône-Alpes, elle-même, est un défi à l'Histoire : cette réunion de principautés frontalières tardivement françaises et d'espaces géographiques fort différents impose une sous-régionalisation de l'étude. Il faut distinguer la région urbaine lyonnaise des Alpes où la montagne est omniprésente au-delà du bas Dauphiné. Les Savoies ne sont pas dépourvues d'un très marginal mouvement autonomiste qui révèle leur particularisme. Se pose enfin le problème de l'extension que l'on donne à la partie occidentale de cet ensemble : il inclut le versant oriental du Massif central, soit l'essentiel de l'Auvergne. C'est nier *a priori* la réalité du Massif central comme région, au moment où les élus comme la DATAR tentent de lui redonner une existence. Au nord, la Bourgogne, intégrée par la DATAR à une région euro-lyonnaise, ainsi que le sud de la Franche-Comté, ont des traits caractéristiques de ce grand Centre-Est, notamment l'appartenance à un corridor Rhône-Saône-Doubs et la présence d'une montagne de type préalpin, le Jura. Mais d'autres découpages intègrent ces deux régions dans un Grand Est, ou annexent tout le Sud-Est français à Lyon dans un « Grand delta ». Ce dernier géographisme mérite une analyse en relation avec le rayonnement métropolitain de Lyon. Notre étude régionale s'arrêtera aux limites de l'influence lyonnaise directe, à Valence, au Vercors et aux plateaux ardéchois, même si l'on a évoqué (voir chapitre 6) l'incontestable unité constituée par les grandes vallées comme celle qui s'étend de la Saône moyenne au delta du Rhône, soit 400 km d'un axe majeur de l'isthme français en Europe.

Le poids démographique et économique des régions du Centre-Est

	Population (milliers)		PIB/hab. (k€)		Structure du PIB (2011)		Nuitées touristiques intérieures % du total en 2011
	1975	2010	1982	2011	industriel	tertiaire	
Rhône-Alpes	4 780,7	6 230	51	30,6	17,4 %	74,6 %	11
Bourgogne	1 570,9	1 642	15	26,5	15,9 %	72,8 %	2,3
Franche-Comté	1 060,3	1 171	8,7	25	21,1 %	70,2 %	1,4
Auvergne	1 330,5	1 347	8,3	25,6	16,5 %	74,6 %	2,8
Île-de-France (rappel)	9 878,6	11 786	153	47	17,6 %	87,7 %	5

Source : INSEE.

LYON ET SA RÉGION URBAINE

Si Lyon structure aussi fortement une vaste région, c'est d'abord parce qu'elle a toute les caractéristiques, démographiques et économiques, d'une aire métropolitaine complète. F. Damette (1995) indiquait que Lyon à elle seule représentait 26,4 % des 260 000 cadres que comptaient alors les métropoles de province. Tous les indicateurs la placent au second rang loin derrière Paris, mais loin devant toutes les autres villes.

On a vu précédemment (chapitre 2) que la région lyonnaise était un archétype de la région construite par l'emprise économique et financière d'une ville. Cette expression de région lyonnaise peut aussi s'entendre à une échelle plus grande, par l'existence d'un cadre d'aménagement et de coopération intercommunale élargi autour de Lyon depuis 1989 : la Région urbaine lyonnaise (RUL) s'étend en effet très au-delà des limites de la Communauté urbaine (Le Grand Lyon). Comprenant tout le département du Rhône, mordant sur ceux de l'Ain, de la Saône-et-Loire, de la Loire, de l'Isère, elle comprend 678 communes et 3 millions d'habitants, soit 60 % de la population régionale. Aire métropolitaine, elle est le cadre d'un partage social et fonctionnel complexe de l'espace que l'on peut aborder sous trois angles privilégiés : les mutations de l'industrie dans une région qu'on qualifie parfois de France au 1/10e (500 000 emplois industriels, soit 12,5 % des effectifs nationaux, pour 11 % des exportations nationales, avec une extrême variété des branches), la gestion d'un carrefour d'envergure nationale et européenne et la dynamique spatiale de la région urbaine.

Désindustrialisation et « technopolisation » autour de Lyon

Les liens historiques entre fabrique, négoce et banque ont joué à Lyon un rôle fondateur (voir chapitre 2). Mais l'espace urbain et suburbain est surtout marqué par les vagues d'urbanisation et d'industrialisation conjointes qui ont constitué les ceintures successives de la ville, des collines de l'Ouest vers les plaines et bas plateaux de l'Ouest, ainsi que dans les fonds de vallées vers Neuville et Villefranche au nord, Givors voire Péage-de-Roussillon au sud : les industries intra-urbaines du textile, de la construction mécanique fondèrent des faubourgs ouvriers devenus des villes de plus en plus diversifiées comme Vénissieux, la ville de l'ancien Berliet, Bron et Villeurbanne. Des industries ex-urbanisées au départ mais quasiment enkystées dans des extensions péri-urbaines le long des grands axes sont des facteurs de nuisances considérables, comme celles du couloir de la chimie, de Feyzin à Pierre-Bénite. La ville même de Lyon connaît une classique évolution de centre directionnel, au tissu résidentiel réhabilité ou converti en bureaux, appuyé sur deux quartiers d'affaires (presqu'île-Perrache et Part-Dieu soutenue par la gare du TGV). Les grands chantiers d'une ville à direction socialiste témoignent d'une volonté d'accentuer le rayonnement culturel (notamment dans la suite du classement du vieux Lyon au patrimoine de l'Unesco), l'attractivité tertiaire, la qualité du « décor » urbain : Projet d'aménagement de la confluence, aménagement des berges du Rhône et de la Saône, achèvement de la Cité Internationale, salon de la mode, « Canceropôle ». Les villes suburbaines et les quartiers extérieurs de Lyon connaissent, eux, une véritable mutation technopolitaine. Le technopôle lyonnais est constitué de trois grands ensembles intra- et suburbains, représentant une exceptionnelle association de grandes écoles, de centres de recherches, notamment en biologie, pharmacie, électronique (plus de 500 laboratoires et de 10 000 chercheurs au total). L'un, à Lyon-ouest autour du Mont-d'Or et à Écully, occupe une banlieue résidentielle, les autres participent à la requalification de quartiers mixtes habitat-industrie, à La Doua, Villeurbanne, Gerland, Saint-Fons, Vénissieux et Lyon-Sud.

La désindustrialisation (perte du 1/3 des effectifs dans les années 1990) a été réelle, ainsi qu'une perte d'autonomie des établissements à l'égard de groupes, parfois d'origine lyonnaise, mais aux logiques désormais transnationales, comme Rhône-Poulenc, Renault-Trucks (ex-Berliet). Mais cette perte quantitative va de pair avec une élévation du niveau de qualification et d'abstraction des emplois et des fonctions ; les fonctions concrètes sont reportées au-delà de l'agglomération. Au demeurant, les grands groupes (11 d'entre eux contrôlent 20 % de l'emploi industriel régional), les technopôles (18 sites dans la région, jusqu'à Alimantec à Bourg-en-Bresse), sont des caractéristiques de l'ensemble économique Rhône-Alpin.

Le carrefour

Site complexe de collines, de ponts et de confluence, Lyon, la plus accessible des métropoles régionales, occupe aujourd'hui le centre d'une aire de croisements et de bifurcations qui guident plus que jamais l'aménagement, l'extension urbaine, par des emprises considérables existantes et à venir. Les activités induites par des flux croissants et par l'amélioration des communications représentent l'aspect le plus tangible de la formule « eurocité ».

Entre monts du Lyonnais, plateau humide des Dombes et plus sec du Bas-Dauphiné, les grandes voies ont d'abord suivi des vallées mal commodes, car inondables, puis s'en sont affranchies. Le Rhône et la Saône restent des voies d'importance, malgré le rétrécissement du gabarit à Saint-Jean-de-Losne, qui en fait un cul-de-sac pour la navigation moderne. Les aménagements sont largement dus à l'équipement d'abord énergétique du Rhône par la Compagnie nationale du Rhône (CNR). Cette compagnie était donc logiquement devenue, aux côtés d'EDF, l'un des moteurs du lobby, puis du projet concret, aujourd'hui abandonné, pour la construction de cette liaison Rhin-Rhône (le port de Lyon ne tient que le 10e rang national mais son trafic conteneurisé s'accroît fortement.)

L'évolution majeure du carrefour est constituée par les contournements qui permettent ou permettront à brève échéance de relier les grands axes autoroutiers alpins (A42, 43, 48) et occidentaux (A47 vers Saint-Étienne, A89 – achèvent en 2013 la liaison Lyon-Bordeaux) à l'épine dorsale majeure qu'est l'A6. Celle-ci fut longtemps condamnée à l'étranglement lyonnais et se transforme désormais en faisceau de pénétrantes et de rocades à partir de Villefranche et jusqu'à Givors. L'étoile ferroviaire à 10 branches est, elle aussi, dominée par la branche nord-sud, héritière du PLM mais dédoublée par le TGV qui passe plus à l'est. Le pôle aéroportuaire Lyon-Saint-Exupéry, qui a pris à l'est le relais de Bron devenu aéroport d'affaires, est un point d'appui des fonctions internationales, qui est promu comme « l'autre grand accès de la France » : parc d'exposition, plate-forme logistique, à proximité de la ville nouvelle de L'Isle-d'Abeau. Il reste cependant au 47e rang européen et loin derrière Genève par exemple. La liaison ferroviaire Lyon-Turin, par TGV et ferroutage représente un chantier majeur depuis 2006, non sans contestation sur les choix de tracé, comme l'ensemble des grandes infrastructures de transports, particulièrement sensibles et contestées en Rhône-Alpes (comme sur le versan italien d'ailleurs).

Les formes d'extension de l'aire urbaine

Au-delà de la zone centrale de l'agglomération définie par le contournement autoroutier, une ceinture suburbaine présente les plus forts contrastes sociaux est-ouest, avec des quartiers et des communes très sensibles aux isolements sociaux et spatiaux, comme à Vaux-en-Velin ou Vénissieux. Le métro lyonnais, qui eut d'abord un objectif de relance d'un centre-ville dominé par les commerçants et les notables, a joué ensuite un rôle significatif de désenclavement des banlieues est.

Au-delà de la seconde rocade autoroutière, la modestie des centres urbains laisse place à des extensions de deux types :

– Strictement planifiées par les autorités d'aménagement sur de vastes espaces préemptés comme le parc industriel de la plaine de l'Ain, non loin de la centrale du Bugey, ou comme la ville nouvelle de L'Isle-d'Abeau qui s'étire le long de l'A43. Cette dernière a du mal à être plus qu'un ensemble de zones d'activités et de quartiers dortoirs. La croissance prévisible de l'aéroport de Satolas lui procurera vraisemblablement un supplément d'attractivité.

– D'initiative plus locale, des extensions linéaires de zones d'activités existantes, à Villefranche, Montluel, et surtout par rénovation de zones industrielles, touchées par le vieillissement ou l'abandon des usines : Rive-de-Gier, Péage-de-Roussillon, Chasse, Vienne… Entre ces axes, les interfluves à l'est, les collines à l'ouest, restent ruraux, à fonction récréative (Dombes surtout).

La structure de l'offre de terrains pour activités économiques dans la région urbaine montre sa spécialisation métropolitaine : 40 % des surfaces disponibles le sont en parcs d'activités tertiaires et en zones d'activités de pointe.

S'il y a une effective unité de gestion intercommunale de la zone centrale (les 58 communes et 1,2 million d'hab. du Grand Lyon sur lesquelles l'autorité métropolitaine exerce depuis 2013 les compétences du département), la zone extérieure de la région urbaine présente moins d'unité, des limites beaucoup plus floues qui rejoignent des pôles urbains importants comme Saint-Étienne, Valence, Bourg-en-Bresse, tous fortement industrialisés, ou des zones d'industries diffuses anciennes, du Pilat, du Roannais, du Bugey, polarisées par des villes moyennes. Les croissances démographiques y sont fortes (1,3 % par an depuis 1999). Une gouvernance métropolitaine a été créée en 2012 qui regroupe 2 millions d'habitants jusqu'à Vienne, Saint-Étienne et aux portes de l'Isère.

Par vocation européenne, tournée vers l'Italie et la Suisse, la région lyonnaise, à grande comme à petite échelle, présente un fort tropisme oriental : les responsables économiques militent pour l'établissement de liaisons de plus en plus étroites, par TGV notamment, avec Turin, Genève, Milan, concurrentes autant que partenaires historiques (on se souvient du rôle des Lombards dans la banque lyonnaise) et contemporaines. Ce triple caractère, de ville européenne, de puissante métropole nationale, en relation privilégiée avec Paris mais entretenant des liaisons avec toutes les autres grandes villes françaises, et de capitale régionale, pose le problème de la place de Lyon dans le dispositif métropolitain français.

Elle est bien la seule métropole, hors Paris, à combiner effet de taille et effet de réseaux. F. Damette observant les liaisons téléphoniques entre les villes, remarquait une liaison originale entre Lyon et le Sud-Est. Ainsi les relations téléphoniques entre Lyon et Marseille, plus importantes qu'entre Marseille et Paris, soulignent la réalité économique du sillon rhodanien, la participation forte des entreprises lyonnaises à l'économie des Bouches-du-Rhône. Mais les relations sont aussi très fortes avec les villes de la Côte d'Azur, celles du comtat Venaissin, et encore significatives avec celles du Languedoc. Cette relation originale, de complémentarité ou de contrôle relatif de Lyon sur l'aire méditerranéenne, a fondé depuis 1997 les propositions d'aménagement visant à renforcer un « Grand Sud-Est ». L'intensité des relations matérielles sur l'axe rhodanien et sur ses deux prolongements, italo-provençal et ibéro-languedocien, incitent aussi à réfléchir à l'intérêt d'un aménagement concerté articulant façade et couloir, dans ces régions qui sont depuis cinquante ans des terres de grands aménagements nationaux (équipement énergétique, navigable, hydroagricole du Rhône, du golfe de Fos, du littoral languedocien). Pourtant depuis les années 2000, aucune dynamique ni acteurs majeurs ne semblent porter ce « grand chantier » de l'aménagement.

LES ALPES DU NORD

Pour des raisons historiques (Savoie et Haute-Savoie rattachées en 1860) et géographiques (individualité des massifs, unité des vallées, spécificité des activités), les Alpes du Nord sont plus que de simples bordures de la région rhodanienne. Mais il convient ici de montrer la forte articulation existant entre la région lyonnaise et la portion française de l'arc alpin. Métropolisation sans étouffement pourrait-on dire, tant se superpose au schéma d'une aire d'influence lyonnaise circulaire la trame forte des massifs préalpins puis alpins, des sillons méridiens, des pénétrantes est-ouest. À leurs croisements, s'est établi le chapelet des trois grandes villes à fort rayonnement régional et national que sont Annecy, Chambéry, Grenoble. Lire l'organisation régionale de cet ensemble suppose de prendre en compte les éléments suivants : les forts contrastes et complémentarités entre vallées et hauteurs, l'évolution touristique différenciée des massifs selon leurs altitudes, leurs pentes, leur enneigement, les gradients de densité, d'industrialisation, de « touristification » d'amont en aval de ces longues vallées (Isère, Arc, Arve), enfin, les niveaux élevés de risques naturels et techniques.

Mais cette originalité géographique ne fait pas de l'ensemble alpin une région identifiée, vécue en tant que telle. Les Alpes sont une invention des gens des plaines : l'alpe est avant tout un pâturage d'été. En revanche, la forte participation économique de cet ensemble à la région rhône-alpine et à l'ensemble national y assure une forte vitalité démographique. Celle-ci se manifeste, en montagne notamment, par une relation originale entre espaces urbains et non urbains, paysages et genres de vie hérités et contemporains. S'il existe, depuis 1985, un comité et un commissariat interrégionaux de massif dotés de pouvoirs significatifs de programmation et de coordination, qui élaborent (depuis 2005) un schéma de massif, il demeure une forte spécificité des Alpes du Nord par leur densité, leur fréquentation, leur urbanisation.

La régionalisation de cet ensemble doit donc combiner les lignes nord-sud des massifs et les passages transversaux.

L'avant-pays

Bas plateau Bressan, Dauphiné, plaine de Valence, présentent des polycultures à dominante céréalière, associant le petit élevage hors-sol, côtoyant les vergers des hautes terrasses du Rhône et de l'Isère. Cet avant-pays butte littéralement sur les Préalpes calcaires : chaînons du Bugey au nord du Rhône, puis, à l'est, Chablais, Aravis, Faucigny, Bornes, Bauges, Chartreuse, Vercors, présentent une morphologie comparable, surtout pour les trois derniers : bastions ceinturés de corniches calcaires, hauts plateaux et chaînons recoupés par des cluses profondes, modelés karstiques, plus que glaciaires, qui sont des archétypes de la moyenne montagne issue de structures plissées, montagne humide et forestière où les alpages sont moins importants que les prés de fauche. Retraites de moines et terres de grands maquis des années 1940, ces massifs sont bien intégrés aux économies régionales, surtout sur leurs marges : une vivace économie laitière produisant des fromages d'appellation et contournant partiellement les restrictions de la PAC grâce au classement en agriculture de montagne, une péri-urbanisation active, des stations-villages et des stades de neige permettent cette intégration. Cette combinaison est cependant mal réalisée dans le Bugey, dans le Diois où la dépopulation est désormais stoppée : les vallées, comme celles de l'Albarine et de la Drôme, sont étroites, dépourvues de villes étoffées, menacées dans leur desserte par la concentration du trafic sur les axes TGV tout proches et les villes actives de Chambéry ou Valence. Les économies locales (métallurgie dans la vallée de l'Albarine, agriculture et viticulture dans le Diois) sont très peu pourvoyeuses d'emplois. En revanche, les villes de piémont et de bas plateaux, de Bourg-en-Bresse à Romans, entre région lyonnaise et grandes villes alpines, gagnent de nombreux habitants.

Les grands sillons longitudinaux

Ils correspondent à des accidents tectoniques majeurs entre massifs cristallins et couverture sédimentaire. Ces sillons, remodelés par les grands glaciers de vallée, présentent de larges fonds plats, ou surcreusés et occupés par les lacs d'Annecy, de Genève et du Bourget. La mise en valeur paysagère et touristique de ces lacs est active ; ils fixent une péri-urbanisation résidentielle sur des berges désormais bien préservées de la pollution.

Ces grands sillons, Grésivaudan et Combe de Savoie surtout, sont les « vases d'expansion » des grandes villes-portes des Alpes, qui furent des foyers politiques et économiques précoces. On se souviendra par exemple des rôles de Grenoble, Vizille, Lancey, dans les révolutions politiques puis hydroélectriques des XVIIIe-XIXe siècles, ou du dynamisme culturel, calviniste, et économique autour de Genève. Les banlieues de cette dernière sont en effet essentiellement françaises et restent des pôles de travail et de coopération transfrontalière (Genevois, pays de Gex). Ils valent à l'Ain et à la Haute-Savoie les taux de chômage les plus bas et les soldes migratoires les plus positifs d'une région elle-même attractive depuis 50 ans.

Les trois grandes villes-préfectures, héritières de provinces historiques et d'États tard rattachés à la France, ne peuvent être mises exactement sur le même plan ; elles fondent cependant, avec Lyon, l'appartenance de la région Rhône-Alpes à la France « jeune » et attractive du croissant méridional.

Grenoble est fondamentalement une ville industrielle, d'abord spécialisée dans la ganterie et l'agro-alimentaire, puis dans les techniques avancées de l'électricité, du nucléaire, de l'ingénierie. Le système productif s'établit en symbiose avec l'équipement des Alpes (électrification, construction mécanique) puis avec la recherche parisienne et lyonnaise, enfin sous des formes de technopôle, associant grands groupes et petites entreprises fortement spécialisées, sous l'égide des grandes institutions publiques universitaires et scientifiques, sur des parcs comme ceux de Meylan (ZIRST) et de Fontaine. Mais c'est aussi une ville d'État, à tradition parlementaire, montrant une réelle autonomie par rapport à Lyon. Ville de grande taille et de grande étendue (100 000 hab. en 1940, 670 000 en 2012 dans l'aire urbaine), elle a une notoriété européenne évidente, soutenue par l'État, comme le montrent l'implantation de grands laboratoires publics et les jeux Olympiques de 1968.

Un taux exceptionnel d'encadrement (7e rang français pour les effectifs de cadres) et un haut niveau relationnel (plus élevé que Rennes ou Montpellier, selon F. Damette) la rapprochent de Toulouse, comme symbole de modernité urbaine.

Le grand chantier Europole prolonge cette dimension en revalorisant la partie centrale d'une agglomération étendue le long des trois branches du Y formé par l'Isère et le Drac. De même, le pôle de Crolles 2 (Motorola, Philips, STMicroelectronics) fortement soutenu par l'État et la région, vient-il depuis 2002 conforter la dimension internationale et innovante (conception des prochaines générations de puces électroniques) de l'agglomération. Néanmoins, aux portes sud-est et nord-est de la ville l'image est moins flatteuse : c'est celle des vieilles usines chimiques, métallurgiques et papetières de la rive gauche de l'Isère, de la confluence Drac-Romanche et du bassin minier de La Mure.

Chambéry et Annecy (213 000 et 217 000 hab. dans leurs aires urbaines) ont fait plus longtemps figure de villes de services et conservent cette orientation, fondée sur les fonctions de passage vers l'Italie et la Suisse, et sur le tourisme des Alpes du Nord, administré depuis ces préfectures. Mais des fonctions industrielles très techniciennes sont bien présentes à Annecy, qui commande une partie de la métallurgie de la vallée de l'Arve, et à Chambéry, dotée désormais d'un petit pôle technologique au Bourget (Technolac). Elles ont toutes deux en commun une forte croissance urbaine et périurbaine depuis une vingtaine d'années. La seule agglomération d'Annecy a presque doublé de 1968 à 2010 bénéficiant d'une image particulièrement flatteuse, dans la combinaison d'une forte activité et d'un environnement très valorisant. La Combe de Savoie, entre Montmélian et Albertville, tend à constituer une nébuleuse urbaine dans le prolongement du Grésivaudan.

Le Genevois français constitue le dernier pôle d'activité majeur, mais moins comme centre régional que comme banlieue d'une région urbaine lémanique transfrontalière. Le particularisme fiscal de la Suisse, les fonctions internationales de Genève, le différentiel des charges, des salaires, des prix fonciers et immobiliers, fixent une population importante, des activités valorisantes comme les installations du Centre européen de recherche nucléaire (CERN). Une euro-région de fait s'y est constituée, d'environ 1 million d'habitants, dont 77 000 dans le pays de Gex, 144 000 en Haute-Savoie ; 65 000 résidents en France vont quotidiennement travailler en Suisse.

Au total, l'axe Grenoble-Genève représente 1 million d'habitants et 450 000 emplois. Et du Genevois à Grenoble, ce sont quelque 108 000 habitants supplémentaires qui ont été recensés en 1999 par rapport à 1990. Une telle pression a considérablement empiété sur les terres fertiles et abritées des glacis viticoles et arboricoles, des basses terrasses céréalières désormais protégées des crues. Lotissements, voies autoroutières, zones d'entrepôts et d'usines composent le cadre banal des espaces denses (*cf.* p269).

Les massifs alpins et les grandes vallées

Les massifs centraux s'imposent d'abord par leur caractère de très haute montagne, présentant un étagement complet des formes et de la végétation. Il impose un fort cloisonnement et des ouvrages d'art complexes, viaducs, encorbellements, tunnels, pour absorber une circulation internationale croissante : Modane reste la première gare de marchandise de France, le tunnel du Mont-Blanc et ses abords ne supportent pas le moindre incident social ou naturel sans s'engorger très rapidement. Dans bien des bourgs, des solutions de type suisse ou autrichien, interdisant ou réduisant les trafics poids-lourds ne seraient plus impopulaires.

Ces hauts massifs du Mont-Blanc, de la Vanoise, de l'Oisans, de Belledonne, sont réputés comme des sites sportifs et touristiques d'importance mondiale. Mais ce sont aussi des châteaux d'eau qui ont fait l'objet d'aménagement hydroélectriques de plus en plus intégrés. Les lacs de retenue et les bassins-versants sont reliés par des galeries souterraines permettant de nombreux turbinages de la même eau. L'exemple du bassin Arc-Isère est parlant : des sources de l'Arc, sur la frontière italienne, jusqu'à la chute à l'usine du Cheylas, non loin de Grenoble, ce sont des dizaines de kilomètres de galeries souterraines, trois grands lacs (Mont-Cenis, Bissorte, Grand-Maison) et de multiples usines qui stockent, turbinent et acheminent l'eau d'un bassin de 80 km d'est en ouest sur 20 km de largeur. Ces massifs restent enfin le berceau d'une tradition pastorale bien conservée : l'organisation collective des alpages, de la production fromagère, en Beaufortin par exemple, est un cas révélateur de la combinaison modernisme-tradition évoquée plus haut.

Les vallées qui les séparent furent d'abord des voies d'accès aux grands cols, fixant des lignes de villes souvent fortifiées (Briançon, Modane, Moûtiers). Voies d'émigration précoce, elles redeviennent dès la fin du XIXe siècle des lieux d'activités et de peuplement, considérables mais différents selon la position haute, moyenne ou basse des tronçons de vallées (voir chapitre 6).

L'économie touristique est bien, dans les Alpes du Nord, un « or blanc » mais c'est aussi un facteur de fragilité face aux aléas de l'enneigement et de l'économie. Seconde région française pour l'hôtellerie, les villages de vacances, les résidences secondaires, Rhône-Alpes est la première pour le tourisme hivernal. Le tourisme procure 7 % du PIB régional. Une telle emprise du tourisme est loin d'être homogène : quatre types de stations au moins sont distinguables : stations anciennes de vallée, stations d'altitude, stations intégrées de haute altitude, stations-villages récentes, rompant avec l'urbanisation envahissante des alpages. Mais d'autres hiérarchies interviennent : elles sont sociales, sportives, et ont été accentuées par les équipements olympiques de la Tarentaise (plus que de la Savoie tout entière). En face de « politiques de massifs », de véritables réseaux de stations, organisés à partir d'un pôle, lui-même constitué de plusieurs sites, et auquel sont reliés des stations-villages satellites permettent une déconcentration des formes d'habitat, aujourd'hui critiquées (tours et barres concentrées sur un front de neige) et vieillissant mal. De tels domaines tendent à être interconnectés, comme en Tarentaise ou à cheval sur les frontières franco-suisse en Haute-Savoie (« Portes du Soleil »), et franco-italienne dans le Briançonnais. Ces grandes « usines à ski » sont fortement concurrentes, n'ayant guère de particularismes à vendre. Leur accessibilité déterminent avant tout leur rentabilité. Celle-ci, remise en cause dans les années 90, incite les grands opérateurs financiers à une concentration, amorcée par la Compagnie des Alpes, filiale de la Caisse des Dépôts gérant autant de stations de ski que de parcs de loisirs. Il reste aux autres stations, plus isolées, à vanter les mérites d'une montagne « authentique », « autogérée », « villageoise », comme en haute Maurienne (Val-Cenis, Bonneval-sur-Arc). Mais l'enneigement plus aléatoire, les moyens promotionnels plus faibles, plongent ces collectivités dans des endettements dangereux, guère compensables par le tourisme estival.

LES RÉGIONS RIVERAINES

L'Ouest de la région lyonnaise et l'Auvergne

La partie occidentale de la région est sans conteste rhodanienne : bassins industriels en reconversion à Saint-Étienne, Roanne (crise structurelle des industries d'armement), industrie diffuse dans une montagne regardant vers le Rhône (Pilat, Ardèche), campagnes actives (Beaujolais, Roannais) ou plus désertées, forestières, reprises par les néo-ruraux et les fonctions de loisir (haute Ardèche, monts du Lyonnais). Mais où s'arrêter à l'ouest ? Que faire du Massif central dans une géographie régionale de la France ? Il s'agit certes d'une image forte mais jeune et très artificielle de la géographie française. Produit de la géologie, mais aussi d'un spectaculaire évitement par les grandes liaisons ferroviaires, que ne démentent pas les menaces ou la raréfaction qui pèsent sur ces dessertes, ce Massif n'a pas d'unité administrative en dehors de l'Auvergne. De celle-ci le rayonnement métropolitain de Clermont-Ferrand ne déborde guère, ou depuis peu. Il est donc tentant de rattacher le versant est du Massif central au Centre-Est étudié ici. Le Limousin, les parties sud que sont les Cévennes, la Montagne Noire, les Grands Causses seront étudiés en rapport avec les régions bordières du Midi.

On doit pourtant rappeler que le Massif central a fait l'objet d'une définition comme espace cohérent pour l'aménagement et même comme construction géopolitique antique (argument incertain à la réactivation d'une région centrale). La filiation, rappelée par P. Mazataud (in Wackerman, 1996) est celle-ci : le Massif central a la valeur symbolique que lui confère son rôle de refuge (celui des derniers peuples gaulois irrédents, Bituriges, Lémovices, Arvernes, respectivement à l'origine du Berry, du Limousin, de l'Auvergne) et de cœur du territoire national. Son écartèlement, fruit d'une faible résistance économique et démographique à l'époque contemporaine, est accentué par son partage entre des régions et des influences métropolitaines qui lui sont essentiellement extérieures. Néanmoins, les grands équipements routiers ou hydrauliques, les décentralisations industrielles vers l'Allier, les plans et organismes de développement ont fleuri dans les années 1970, pour donner une existence autonome à une telle région. Ces efforts, promus par des responsables auvergnats (V. Giscard d'Estaing) et corrézien (J. Chirac) n'ont pas inversé la tendance, sinon à une échelle plus locale, sous la forme de promotion et de relance par le tourisme, les activités du bois, les villes moyennes. Les grandes infrastructures ont démontré leur rôle d'accompagnement et non de création du développement. Il apparaît donc aujourd'hui plus réaliste de concevoir le Massif central comme un terrain privilégié d'une politique de coopération inter-régionale (notamment pour améliorer les liaisons est-ouest) et de politique de pays que comme un ensemble « auto-centré ».

L'ouest du Rhône, le département de la Loire, présentent tous les caractères des moyennes montagnes hercyniennes, minières : hauteurs délaissées, industries textiles et métallurgiques « de terroir », rudement sélectionnées par les capacités d'innovation, industries manufacturières et industries de base héritées du XIXe siècle ; textile et arsenal roannais, et surtout sillon usinier stéphanois. Saint-Étienne et la triple agglomération du Gier (Saint-Chamond), du Furans (Saint-Étienne) et de l'Ondaine (Firminy) sont un archétype : celui d'un pays noir, de vallées usinières étroites laissant peu de place à un habitat fortement dégradé jusque vers 1960-1980, en pleine crise du charbon, de la métallurgie et du textile. L'industrie stéphanoise se composait d'un tissu de petites entreprises effectuant des travaux très parcellisés sous la direction de la Manufacture d'armes et cycles qui assemblait et fabriquait les pièces clés de ces deux produits. Dans ce « Coventry français » le déclin fut amorcé tôt, dès 1935-1940, mais c'est autour de 1980 que le système s'est effondré, ne laissant que quelques établissements de haute technologie.

Les pouvoirs publics jouent un rôle essentiel dans la rénovation urbaine et économique de l'agglomération : rénovation de logements, transports urbains et métropolitains vers Lyon, conversion des friches industrielles en pôle technologique. Ainsi un pôle optique-vision est-il depuis peu promu par un partenariat région-agglomération stéphanoise. Mais l'image héritée reste handicapante si près de l'aire lyonnaise. C'est la plaine forézienne qui accueille ces nouveaux espaces d'activités.

Globalement, l'aire stéphanoise, avec 508 000 habitants, avec une croissance modérée retrouvée depuis 1999, plus nettement pour la zone d'emploi, présente des activités plus diversifiées que l'image industrielle le laisserait penser, un nombre élevé de cadres, pourrait prétendre au rang de métropole. Ses relations limitées avec les villes de la région, son faible commandement régional, conduisent à en faire plutôt une partie intégrante de la région urbaine lyonnaise. Ce qui est officialisé en 2012 par la création du pôle métropolitain.

Plus à l'ouest et au sud-ouest, on retrouve systématiquement et à diverses échelles, la combinaison caractéristique de ce versant du Massif central. D'abord, les lourds massifs surmontés des reliefs postiches liés au volcanisme récent. Massifs du Forez et du Velay, de Margeride, de l'Aubrac, montagne auvergnate, sont recouverts ou jalonnés de coulées, de cônes et de pointements de laves acides dont le groupement isole de grands édifices volcaniques : Monts Dore et Dôme, Cézallier, Cantal, Velay, Mézenc. Ensuite, entre ces hautes terres, sillonnées de gorges peu élargies par les glaciers quaternaires et harnachées de barrages et de petites centrales électriques, on trouve des plaines allongées, planes ou collinéennes, calcaires et limoneuses parfois, qui correspondent à des fossés tectoniques. Ce sont les « limagnes » ; elles hébergent les agricultures les plus intensives, sous des climats d'abri qui contrastent avec l'âpreté et l'humidité des hauteurs, où la neige est lourde, remaniée en congères par le vent. Enfin, au contact de ces ensembles, se trouvent les villes, de petites tailles mais commandant des pays bien individualisés ; certaines ont des spécialisations très étroites, rendues viables à force d'investissements : tourisme thermal à Vichy, industrie métallurgique légère et plasturgie dans les bassins de Thiers et d'Yssingeaux, papetière à Ambert.

D'une certaine manière, Clermont-Ferrand obéit à ce schéma, mais l'impact de l'industrialisation, les fonctions de capitale administrative, en font une aire urbaine étendue, qui donne corps au Val d'Allier, de Brioude à Vichy. Clermont-Ferrand a longtemps représenté la ville mono-industrielle, tout entière sous la coupe d'une grande entreprise, à la direction particulièrement ferme, aux relations sociales « maison », comparable à l'emprise de Peugeot sur le pays de Montbéliard. Les immenses faubourgs usiniers et de cités ouvrières Michelin, au nord-est de la ville, rappellent ce temps révolu, après de fortes réductions d'effectifs et un redéploiement extra-régional de la firme. L'aire urbaine (463 000 hab., en forte croissance depuis 1999) est désormais plus orientée vers les services de niveau régional, voire transrégional, destiné à tout le Massif central : université, chambres consulaires, sociétés de développement. Le projet de fusion avec le Limousin est régulièrement avancé et défendu. Très bien reliée à Paris et à Lyon (Paris-Clermont, ambition de développement de l'aéroport d'Aulnat, où les subventions attirèrent brièvement Ryan Air), elle domine un réseau de villes moyennes du Val d'Allier qui comprend aussi Montluçon et Moulins. Mais tandis que les zones d'emploi de ces deux agglomérations perdaient 4 000 habitants entre 1999 et 2010, le bassin de Clermont en gagne près de 26 000, y compris en ville où l'arrivée de nombreux étudiants inverse le mouvement à la baisse de la décennie précédente.

En revanche, le monde rural hors des plaines est affecté d'une déprise humaine et agricole ancienne, qui ne pèse plus, depuis 1999, sur l'évolution démographique de la région (1,347 million d'hab. en 2010, soit + 0,3 % par an depuis 1999). La déprise rurale a alimenté une véritable expatriation qui fut la base de l'« amicalisme », si important dans l'invention du Massif central, à Paris, Toulouse ou Montpellier. La combinaison de la déprise démographique (ralentie presque partout, mais à un très bas niveau), de la spécialisation agricole coûteuse et fragile (extensivité et qualité) et d'un tourisme vert auxiliaire, doit peu aux villes, avec lesquelles les relations sont très distendues, les communications médiocres. La cohésion régionale en est très affectée et a sans doute peu à attendre des nouveaux axes routiers rapides, qui concernent surtout les centres urbains (liaison Clermont-Béziers par Saint-Flour et Millau). C'est plus en termes de « pays » et de moyenne montagne que de région que l'on a été amené à parler de l'Auvergne rurale (voir chapitre 6). Ce terme de « pays » rend bien compte de la méfiance à l'égard des initiatives et des personnalités extérieures, de la spécificité culturelle, religieuse, politique parfois, et industrielle presque toujours, de ces « districts », au sens économique, que sont l'Yssingelais, le Velay, le Montluçonnais, le Thiersois. Ces districts souffrent beaucoup, ces dernières années, des restructurations des industries métallurgiques, plasturgiques, d'armement.

La Bourgogne et le Sud franc-comtois

On prendra de nouveau le risque de maltraiter la géographie administrative : celle d'une Bourgogne rattachée au Bassin parisien dans les cartes des régions européennes, à l'ensemble « eurolyonnais » de la DATAR, au Grand Est par d'autres publications ; celle d'une Franche-Comté à forte individualité historique, mais nettement et doublement scindée en un nord en difficulté et un sud plus dynamique, en un axe majeur (du Doubs et de l'autoroute A36) et ses bordures. Comment les vastes ensembles « en creux » de la Bourgogne et de la Franche-Comté (Morvan, Nivernais, plateaux de la Haute-Saône, voire Bourbonnais, rattaché à l'Auvergne, Bugey, rattaché à Rhône-Alpes) trouvent-ils place dans les régions officielles ? Faible emprise de la capitale régionale sur ces espaces d'occupation très discontinue, polarisations lyonnaise et parisienne sur les zones « fortes » de la région, voilà qui renforce et donne un sens large aux formules de J.-J. Bavoux : la Bourgogne « espace intermédiaire », « région de carrefours » (*Annales de géographie*, n° 570, 1993). Tout incite en effet à cette lecture : une géographie historique et contemporaine organisée autour des grands passages nord-sud, héritière de l'État « routier » bourguignon, une mutation rapide de la démographie (ralentissement sensible depuis 1982 et solde migratoire négatif) et de l'économie, avec un fort passé industriel, dans lequel modernisation et concurrence, délocalisations d'établissements à capitaux étrangers opèrent des coupes claires ; enfin des difficultés à valoriser la position de carrefour tellement enviée ailleurs, ici faite de voies historiquement fluctuantes mais de nœuds urbains stables (Beaune, Dijon, Chalon).

Au centre de cet ensemble, et qui en justifie le mieux son rattachement à la région lyonnaise, le Val de Saône : fleuron historique de la Bourgogne (la référence à l'ancien duché y est fréquente), et de ce fait très visité, il représente un couloir de plaines d'origine tectonique, partiellement inondables, bordées d'escarpements très marqués et souvent démultipliés en sillons, petits chaînons ou plateaux intermédiaires entre « côte » et « montagne bourguignonne ». Ces escarpements occidentaux portent les célèbres vignobles groupés en plusieurs ensembles : côtes de Gevrey, de Nuits, de Beaune, côtes châlonnaise, maconnaise, et, à l'est, côtes du Jura, moins prestigieuses, moins étendues, mais en plein essor autour d'Arbois. Le fond de ces plaines, forestier (Chaux, Cîteaux), céréalier et herbager, et surtout leurs rebords, comportent des lignes de villes de contact entre plateaux et plaines. Ligne des petits centres administratifs et industriels jurassiens (agro-alimentaire, chimie, du sel à l'origine) de Dole, Salins, Poligny, Lons-le-Saunier, mais surtout axe ancien de liaisons et de foires entre le nord et le sud européens entre Dijon et Mâcon. Cet axe a été renforcé par les autoroutes vers Langres, Troyes et Nancy, et vers Mulhouse. La ligne à grande vitesse Rhin-Rhône, officiellement acceptée par le CIADT de 2003, a été mise en service fin 2011 (mais la seconde phase, de Belfort à Mulhouse, est actuellement repoussée). Dans ce couloir de 150 km sur 40, réside 40 % de la population bourguignonne, et 20 % pour la seule aire Dijon (374 000 hab.)-Beaune. Seule zone – avec l'autre couloir de peuplement dense, celui de l'Yonne (342 000 hab.) – à gagner des habitants, elle est aussi celle de la plus grande diversité économique : aux traditionnelles industries agro-alimentaires, en recul, s'ajoutent des établissements décentralisés, des activités lourdes et d'avenir incertain autour de Chalon et de Mâcon (verre, matériel électrique, métallurgie). Dans les villes, nombreuses et étoffées, le tertiaire bourguignon est surtout constitué d'emplois d'exécution, de services publics, d'emplois induits par les transports. Dijon est à la tête d'un département qui, fait original, n'est pas le premier de la région : la Saône-et-Loire est plus peuplée de 30 000 habitants, mais en avait perdu 15 000 de 1990 à 1999 (+ 11 000 depuis) quand la Côte d'Or en gagnait 30 000 de 1990 à 2010. Cette attractivité est essentiellement le fait de la capitale, à laquelle les fonctions universitaires assurent une forte population jeune et un dynamisme culturel associé à une image de qualité de vie flatteuse.

À l'ouest du Val de Saône, la région est relativement cloisonnée en petits bassins industriels métallurgiques et miniers en difficulté et en pays ruraux peu peuplés. Les trois bassins industriels datent des premiers temps de la révolution industrielle ; pionniers au temps du fer et du coke, les petites villes industrielles du Bourbonnais, du Nivernais, du bassin d'Autun et surtout de Blanzy – Montceau-les-Mines – Le Creusot doivent compter aujourd'hui sur des activités plus légères, venues de l'extérieur, sous l'effet des primes d'aide aux conversions. Le sillon Dheune-Bourbince est un véritable « pays noir ». Foyer des maîtres de forges de la famille Schneider, il subit depuis les années 1980 le déclin de la métallurgie lourde et son repli sur des activités à plus haute valeur ajoutée (construction mécanique, chaudronnerie nucléaire) mais moins pourvoyeuses d'emplois. Les emplois industriels avaient reculé de

30 % de 1982 à 1990 dans le bassin. La création difficile d'un pôle technologique et tertiaire autour de la gare TGV de Montchanin ne compense pas ces pertes.

Autour de ces bassins on retrouve l'organisation micro-régionale des espaces peu peuplés, en pays autour de petites villes desservant un espace rural dont elles collectent la production, de viande notamment (Charollais, Auxois, Morvan), mais aussi de bois, de vin (Chablis, Irancy). Les conditions naturelles restent importantes pour comprendre ces petites unités. Le Morvan est aujourd'hui une destination touristique appréciée. À l'ouest, il sépare de la Bourgogne « séquane » une Bourgogne « ligérienne » et nivernaise. Au nord et au nord-ouest, il est entouré d'une dépression humide et herbagère (Bazois, Avallonnais, Terre Pleine, Auxois), site de petites villes de contact, qui exploitent la proximité autoroutière. Ensuite, c'est la ceinture des plateaux calcaires, plus secs, plus bas que le Morvan, parfois argilo-sableux, et largement forestiers qui se rattachent aux confins du Bassin parisien, du Nivernais au plateau de Langres. Pays bocagers, d'élevage, pour les plus hauts et les plus humides, de céréales voire de vignes (Sancerrois, Auxerrois) sur les calcaires, ils forment des ceintures d'approvisionnement et de loisirs parisiens, traversées par les grandes radiales et les rocades (RN6, A6, A5, A31, TGV) sans guère d'effets induits. Le sud du Morvan, ses bordures charollaises, brionnaises, sont bien plus tournés vers la Saône.

À l'est de la plaine de la Saône et de la Bresse, toutes deux partagées entre Bourgogne et Rhône-Alpes (bien que l'Ain soit historiquement plus bourguignon et jurassien que lyonnais sauf dans la Dombe), le Haut-Jura, plissé, frontalier, a un caractère de montagne préalpine, fortement peuplée. Peu de signes d'abandon dans la montagne sylvo-pastorale, dont les « joux », noires pessières (bois d'épicéas) et sapinières, sont bien exploitées, et les prés bien fauchés. L'élevage laitier, relativement protégé par son classement en agriculture de montagne, trouve des débouchés dans les appellations Comté, Morbier, etc. Mais la densité rurale élevée (environ 50) est moins le fait du tourisme, en rapide développement dans le cadre du parc naturel du Haut-Jura, qu'un héritage de la tradition de double activité dans ces pays de neige. L'industrie est omniprésente, dérivée du travail traditionnel du bois, de la corne, du métal. Elle est surtout en constante adaptation commerciale et technique dans des branches très porteuses : objets de luxes (horlogerie, diamants), de bonne valeur ajoutée (micro-mécanique, lunetterie, jouets en bois) font vivre près de 800 entreprises, souvent familiales, et encore parfois à domicile, reposant sur de petites villes (Morez, Morbier, Moirans, Saint-Claude), relais frontaliers des villes de plaine (Lons, Dole). On trouve un système un peu comparable dans la retombée rhodanienne du Jura, dans l'Ain, autour d'Oyonnax. Travaillant d'abord la corne et le buis, l'industrie s'y est développée avec la production d'objets en plastique moulé, injecté puis extrudé. La « Plastics Vallée » représente 550 établissements, en voie de concentration et de liaison avec les grands groupes, 12 000 emplois dans un système très territorialisé, doté depuis 1989 d'un centre de recherche en développement. Ces districts industriels contrastent avec des plateaux ruraux extensivement occupés. Un cas original, mais qui rappelle les grands centres de soin des Pré-Alpes (plateau d'Assy, rebords de la Chartreuse), est celui d'Hauteville, au sud de l'A40 et du département de l'Ain. Un vaste complexe hospitalier (1 400 lits, 16 établissements, 1 250 emplois), né des besoins en sanatoria au début du XXe siècle, s'avère vital pour un Bugey fragile, menacé de perdre ses lits au profit de Lyon, dans le cadre des nouveaux Schémas régionaux d'organisation sanitaire.

En conclusion, ce Centre-Est étendu et fort hétérogène, où tout n'est certes pas lyonnais, confirme son poids national : industrie et énergie, nucléaire notamment, grands groupes et grands établissements, spécialisation économique à grande échelle, et diversité paysagère à plus petite, tourisme, constituent les points forts de l'ensemble rhône-alpin. Celui-ci appartient donc à la France démographiquement attractive, économiquement exportatrice. L'espace régional est centré sur la région urbaine de Lyon, entourée d'un triangle lourd délimité par Valence, Roanne, et Annecy, prolongé par l'aire métropolitaine Dijon-Mâcon. Au-delà, vers Besançon, Clermont-Ferrand, les pôles et axes d'activités sont en relations plus distantes avec Lyon, plus isolés ; les espaces ruraux sont moins actifs ; l'opposition est-ouest, Massif central/Alpes-Jura reprend ses droits.

La grande originalité réside donc dans l'étendue et dans l'organisation, bien au-delà de Rhône-Alpes, de l'aire de relation lyonnaise. Elle a, à sa tête, une métropole à la fois régionale et nationale, au profil économique moins « épuré » que celui de Paris après la décentralisation industrielle. Elle présente un cas original de région structurée par un réseau urbain hiérarchisé (Grenoble de rang national, Saint-Étienne, Annecy, Valence, Chambéry, Dijon et Besançon de rang régional, une trentaine de villes sous-régionales), aux profils d'activité presque partout pluri-fonctionnels. Les régions du Centre-Est : le fait montagnard

Les régions du Centre-Est : l'armature des villes, des réseaux et des carrefours

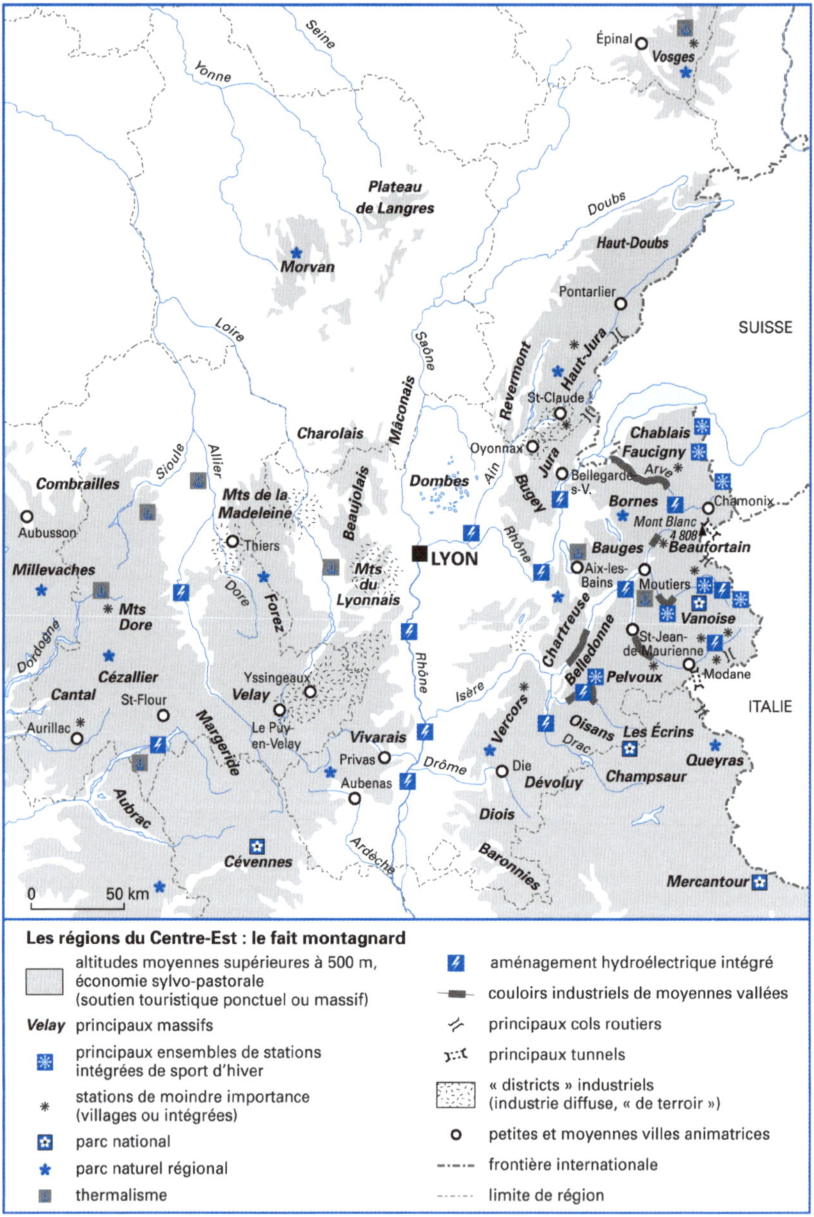

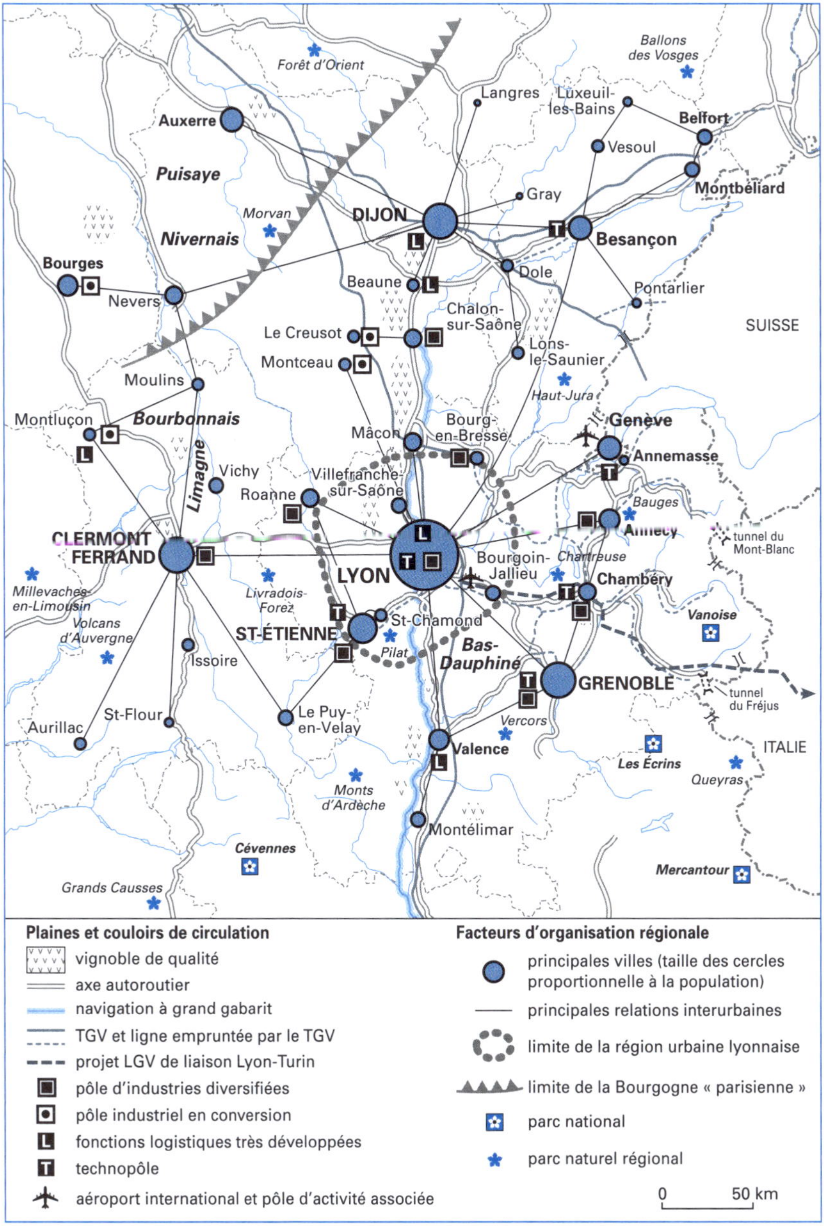

Ballons des Vosges
Forêt d'Orient
Langres
Luxeuil-les-Bains
Belfort
Auxerre
Vesoul
Puisaye
Montbéliard
Gray
Morvan
DIJON
Besançon
Nivernais
Bourges
Dole
Nevers
Beaune
Pontarlier
Chalon-sur-Saône
SUISSE
Le Creusot
Lons-le-Saunier
Montceau
Moulins
Haut-Jura
Montluçon
Bourbonnais
Bourg-en-Bresse
Genève
Mâcon
Annemasse
Limagne
Vichy
Villefranche-sur-Saône
Roanne
Bauges
Annecy
tunnel du Mont-Blanc
CLERMONT FERRAND
Bourgoin-Jallieu
Chartreuse
LYON
Chambéry
Millevaches-en-Limousin
Livradois-Forez
Volcans d'Auvergne
St-Chamond
Vanoise
ST-ÉTIENNE
Pilat
Bas-Dauphiné
Issoire
GRENOBLE
tunnel du Fréjus
St-Flour
Le Puy-en-Velay
Aurillac
Vercors
Valence
ITALIE
Les Écrins
Queyras
Monts d'Ardèche
Montélimar
Cévennes
Mercantour
Grands Causses
Plaines et couloirs de circulation
vignoble de qualité
axe autoroutier
navigation à grand gabarit
TGV et ligne empruntée par le TGV
projet LGV de liaison Lyon-Turin
pôle d'industries diversifiées
pôle industriel en conversion
fonctions logistiques très développées
technopôle
aéroport international et pôle d'activité associée
Facteurs d'organisation régionale
principales villes (taille des cercles proportionnelle à la population)
principales relations interurbaines
limite de la région urbaine lyonnaise
limite de la Bourgogne « parisienne »
parc national
parc naturel régional
0 50 km

10

Les régions du Nord et de l'Est

Il est devenu commun, dans la terminologie de l'aménagement, à l'échelle européenne notamment, de parler des RETI : ce sigle désigne les régions de tradition industrielle. Avec l'étude de l'arc nord-est de la France, nous sommes confrontés aux seules régions françaises qui rentrent dans cette catégorie. Mitoyennes les unes des autres, périphériques, tard rattachées, souvent détachées du territoire national, ce qui entretient un mélange complexe de particularisme et de patriotisme, ces régions continuent à représenter un ensemble imposant, même si l'âge industriel est révolu. On y mesure l'impact considérable de l'industrialisation, sur les plans géographiques, sociaux ainsi que la complexité de la notion de crise : synonyme de déclin plus ou moins brutal, crise signifie aussi « renouvellement ». Mitoyennes du Bassin parisien, ces régions en sont, sur le plan de la vie urbaine, de leurs relations avec Paris, un prolongement et une périphérie. Une position, certes handicapante, jusqu'à ce que l'intégration européenne ouvre d'autres horizons. De ce fait deux lectures, hexagonale ou européenne, sont souvent possibles, sans être contradictoires.

Pourquoi, au-delà des images, parfois des clichés, anciens ou récents qui font de ces régions du Nord et de l'Est français la partie centrale du « croissant fertile », des glacis toujours exposés aux invasions, des espaces privilégiés de la grande industrie avec leurs cortèges de triomphes capitalistes, puis de problèmes sociaux et économiques, convient-il d'étudier ensemble ces quatre régions Lorraine, Alsace, Nord-Pas-de-Calais et Franche-Comté ?

La position géographique frontalière de cet archipel de bassins de tradition industrielle, leur association, à faible distance entre eux, parfois, et avec de grands pôles urbains, l'impact des crises sectorielles et l'ampleur des dispositifs de conversion, de diversification, permettent de comparer ces régions : les bassins industriels en furent les piliers, ils en sont aujourd'hui des zones sinistrées mais encore vives, voire revivifiées, greffées sur les grandes concentrations humaines de l'Europe rhénane. Le tableau suivant propose quelques indicateurs qui soulignent la validité du regroupement proposé, mais aussi la nécessaire différenciation de cet ensemble, ne serait-ce qu'à l'échelle des régions.

Une étude thématique des trois types d'espaces de ces régions, du Nord-Pas-de-Calais à la Franche-Comté septentrionale s'impose donc : les bassins industriels, les grands pôles urbains et leurs auréoles péri-urbaines, foyers de conversion et de diversification, les campagnes qui les entourent. Enfin, on montrera les spécificités des quatre régions, authentifiées par l'histoire et la polarisation.

Le profil démographique et économique de l'arc nord-est

	Population 2010 (milliers)	Évolution 99-10 (%/an)	En aire urbaine (% du total)	% des actifs industriels		Valeur ajoutée brute industrielle (% du total/2009)
				1975	2010	
Nord-Pas-de-Calais	4 038	+ 0,1	90 %	40,6	19 %	15,9
Lorraine	2 350	+ 0,3	75 %	39,7	21 %	15,8
Alsace	1 845	+ 0,6	80 %	37,6	22,8 %	17,5
Franche-Comté	1 171	+ 0,4	89 %	44,0	27 %	18,4
France	64 612	+ 0,7	80 %	29,4	17,2 %	12,5

Source : INSEE.

LES BASSINS INDUSTRIELS FACE AUX CRISES

Ces bassins sont des entités géographiques particulièrement nettes : délimités par les gisements de houille, de fer, de sel secondairement, concentrant et associant sur peu d'espace usines, cités ouvrières, grandes emprises ferroviaires et fluviales, ils s'inscrivent en discontinuité avec un environnement plus rural, ou plus urbain, puisqu'ils ne sont, à certains égards, ni vraiment l'un ni vraiment l'autre. Les espaces agricoles n'y manquent pas mais la ruralité est depuis longtemps estompée par les activités extractives et leurs effets induits. Les agglomérations sont à la recherche de plus d'urbanité.

Malgré les échanges indispensables avec les espaces voisins (accès aux services métropolitains, aux zones plus pourvoyeuses d'emplois, aux loisirs), les bassins industriels participent fortement au cloisonnement micro-régional très caractéristique de ces régions, pourtant assez peu étendues. Il s'y est développé un très fort sentiment d'identité, qui a pu retarder ou empêcher des exodes massifs au moment des crises ; il est vrai aussi que celles-ci se sont étalées dans le temps. Ce sentiment a aussi alimenté un fort mouvement syndical, un particularisme politique. Les bassins sont enfin des réservoirs de main-d'œuvre, expérimentée sinon hautement qualifiée ; une telle population active a pu répondre aux besoins de l'industrie automobile notamment. Ces sociétés de mineurs, de sidérurgistes, retrouvent, plus ou moins, une identité glorifiée mais muséifiée dans les efforts de « patrimonialisation » des paysages et du souvenir de l'âge industriel. Mais, à côté de quelques écomusées, des milliers d'hectares de friches industrielles laissés pour compte ont fait l'objet d'aménagement plus radicaux : terrils et crassiers aplanis ou « végétalisés », bâtiments rasés pour laisser place à de nouvelles zones d'activités et de loisirs. Au-delà des paysages désertés perdurent aussi des pathologies médicales et sociales particulièrement lourdes et propres aux bassins industriels et miniers : maladies professionnelles de longue durée, très invalidantes, retards et surcharges des équipements publics (dans le Nord-Pas-de-Calais, un seul CHU pour 4 millions d'hab. et 4 agents de l'État pour 100 hab., au dernier rang national), indicateurs démographiques médiocres, difficultés d'insertion des jeunes générations.

Dépasser le temps de l'industrie est donc une transition longue : entamée (dans la douleur), avancée (mais en partie par une réindustrialisation fragile et une tertiarisation sélective), elle n'est certes pas achevée. Aller plus loin par la transition énergétique, tel est le sens d'un ambitieux « *master plan* » présenté en octobre 2013 par l'économiste américain Jeremy Rifkin à la demande de la Région Nord-Pas-de-Calais : cinq piliers pour une troisième révolution industrielle fondent le plan à échéance 2050 ; énergies renouvelables et produites de façon déconcentrée, bâtiments producteurs d'énergie, stockage de celle-ci, réseaux intelligents et transports non polluants.

Les bassins miniers

Ce sont les caractères géologiques combinés aux techniques d'exploitation disponibles et à une demande industrielle, qui ont déterminé la forme, l'extension, la durée et l'intensité de leur exploitation.

Celui du Nord et du Pas-de-Calais est le plus important, par sa taille (plus de 100 km d'est en ouest sur une quinzaine de largeur) et par la population qui y vit (1,4 million d'hab. sur les 4 que compte la région), et qui y a travaillé (218 000 actifs à la mine en 1947). Façonné par une quasi-monoactivité pendant 100 ans ou plus (voir chapitre 1), le pays minier en a tiré une spécificité sur absolument tous les plans : économique et paysager bien sûr, mais aussi démographique, socio-culturel. Mais, depuis 1990, l'exploitation a pris fin au terme d'un lent déclin : 220 000 emplois furent perdus en 30 ans les premiers efforts de conversion datent de 1955 à Béthune et la fin des années 1960 marque le début d'une politique globale de réaménagement. Après le sursis des années 1980, c'est en termes d'héritage et de conversion qu'il faut évoquer cet immense ensemble :

– Héritage matériel d'abord : 10 000 ha d'emprises minières, 2 500 terrils, 1 000 ha de friches industrielles mais environ 8 000 ha traités dans les années 1990-2000), 1 100 km de voiries, 70 000 logements, en cités, après démolition puisque les Houillères en détenaient 120 000 en 1969 (une large part a été réhabilitée sur les 70 000 restants).

– Héritages sociologique et démographique : les transferts sociaux aux 140 000 ayants-droits des Houillères (en rapide diminution désormais) constituèrent une véritable « morphine du pays minier » (P. Garcette). La démographie même du bassin était spécifique : milieu fermé à forte fécondité et à faible espérance de vie, le bassin montre maintenant une certaine normalisation démographique (déficit migratoire faible et banal pour le Nord de la France, fin de la surnatalité, vieillissement particulièrement accentué). Seule la surmortalité subsiste, expression forte des inégalités persistantes de condition, même chez les jeunes, notamment chez les nouveaux entrants dans un parc immobilier largement social où les retraités des mines jouent de moins en moins leur rôle d'« amortisseurs » de la pauvreté.

– Du point de vue économique enfin, la mutation s'inscrit en symétrie du déclin charbonnier que planifient les plans Jeanneney (1960-1965), Bettencourt (1968), et elle doit beaucoup à un interventionnisme tous azimuts, de l'État surtout (le GIRZOM, groupe d'intervention pour la reconversion des zones minières, créé en 1972 et les fonds spéciaux de toutes sortes des années 1970), mais aussi des Houillères elles-mêmes, des collectivités locales et régionales par le biais de sociétés d'investissement. Jusque vers 1975, il y eut une compensation des pertes d'emplois miniers par des créations : emplois induits anciens (carbochimie de Mazingarbe, cokerie de Drocourt), mais surtout nouvelles activités dans l'automobile principalement, à Douai, Douvrin, Valenciennes, Ruitz (un tissu dense de 7 très gros établissements et plus de 300 sous-traitants, 35 000 emplois, mais en forte diminution dans les années 2000), dans le textile, l'industrie des pneumatiques, la chimie, la plasturgie, la mécanique. Dans les années 1990 et 2000, c'est encore l'automobile qui pérennise le caractère industriel de ces bassins, avec la construction de deux grandes usines, Sevelnord (2 400 emplois) pour Peugeot et Fiat à Hordain, Toyota à Valenciennes (Onnaing, 4 000 emplois). Ainsi, s'il n'est plus sur-industrialisé comme dans les années 1960 (3,6 % des actifs nationaux de l'industrie pour 2,6 % de la population française), le bassin reste très industriel, sinistré par le chômage (près de 50 % en 2011) et surtout sous-tertiarisé, sinon pour les services non marchands (santé, enseignement). C'est la marque d'un paradoxe : l'urbanisation est quasi exclusive, mais l'urbanité manque souvent, sauf là où existaient des villes avant la mine. Ces villes-centres à noyaux historiques et identité culturelle bien marqués, Béthune, Douai, Valenciennes, sont sous-dimensionnées, tandis que les autres communes urbaines sont d'anciens villages débordés depuis longtemps par les cités, les faubourgs usiniers. L'hétérogénéité micro-régionale héritée des frontières de « pays » et de départements différents, mais aussi du découpage territorial des houillères, de la géographie des nouvelles implantations, oppose les marges est, ouest et sud aux zones centrales fortement métropolisées par Lille. L'efficacité des nouvelles logiques d'aménagement, plus globales, plus soucieuses de restauration de l'environnement (habitat, avec un logement sur deux en HLM dans la région, espaces boisés), montre l'importance du chemin accompli pour la rénovation du bassin. Mais les traces de l'ancienne logique extractive qui subsistent marquent la distance qui sépare le bassin d'une région comme la Ruhr, redevenue très attractive.

Le bassin houiller lorrain

Entre Forbach, Boulay, et Sarrelouis, il a connu son apogée à la fin de l'ère charbonnière, après 1945, et la dernière mine, celle de Creutzwald, a fermé en 2004. Le bassin, peuplé de 260 000 habitants, est beaucoup moins industrialisé que celui du Nord. L'exploitation tôt modernisée, ses inductions industrielles (centrales, cokeries, carbochimie de Carling), son moindre impact social et spatial et sa relative marginalité régionale y rendent la crise moins grave. La conversion (Grundig à Creutzwald, Continental à Sarreguemines, Smart à Forbach), le recours à l'emploi transfrontalier en Allemagne, d'où vient aussi l'essentiel des capitaux industriels récents, atténuent les effets du déclin minier.

Le bassin ferrifère lorrain

Le minerai de fer lorrain est un bon exemple d'« atout » naturel relativisé par les conditions historiques (la frontière de 1871 ignorait la continuité du gisement), les conditions techniques (faible teneur et nécessité d'un procédé de déphosphoration inventé en 1876), et économiques (la perte de l'avantage comparatif avec la réduction des prix de fret sur les minerais importés). Aussi le bassin ferrifère lorrain est-il aujourd'hui un bassin fossile. Exploité sur le front de la côte de Moselle de Longwy à Nancy, puis sur le plateau lorrain (« Pays Haut »), il produisit jusqu'à 63 millions de tonnes en 1962, puis ferma en 1997. Fortement associé à la sidérurgie des vallées, il a donné lieu à un paysage très classique de cités greffées sur les villages des plateaux, de puits reliés par un réseau de voies ferrées locales aux usines d'enrichissement et aux installations sidérurgiques. La fin de son exploitation est une péripétie, si l'on peut dire, de la grande crise de la sidérurgie lorraine.

Il y a d'autres bassins miniers dans l'Est, mais ils ont perdu de leur importance plus tôt et sont aujourd'hui fortement intégrés à une aire urbaine dont ils ne constituent pas l'essentiel : potasse mulhousienne extraite jusqu'à 2002, à l'origine d'un micro-pays minier à l'ouest de l'agglomération, sel lorrain à l'est de Nancy (Dombasle), 11 concessions encore exploitées au sud de Sarreguemines, à l'origine d'une industrie chimique (firme Solvay) plutôt détrônée par celle du charbon et des hydrocarbures dans la région.

Les vallées sidérurgiques

Bassins industriels aussi liés à des sites géologiques, les vallées sidérurgiques contrastent avec l'environnement de plateaux ruraux dans lequel elles s'inscrivent : vallée de la Sambre bordant l'Avesnois bocager et laitier, vallées de l'Orne, de la Fentsch et de la Chiers incisant le haut pays lorrain, forestier et herbager. Lieu d'extrême concentration linéaire d'usines et de cités mobilisant tout l'espace disponible et repoussant l'habitat plus récent sur les versants et les rebords des plateaux, elles concentrent aussi tous les handicaps consécutifs à la fin de la mono-activité : lourdes friches industrielles, difficiles à raser et à excaver, absence de vrai tissu urbain, société marquée par la rigidité des conditions d'emploi, manque de filières de formation longue ou tout simplement alternatives.

Dans le Nord, la sidérurgie de l'Escaut, autour de Valenciennes, n'était pas une mono-industrie. Mais la reconversion vers les aciers spéciaux, la fermeture des hauts fourneaux après l'entrée en service d'Usinor-Dunkerque, ont contribué à l'aggravation de la crise du bassin minier. L'annonce, en 1997, de l'implantation de Toyota près de Valenciennes puis la montée en puissance de la première usine du groupe en Europe, sont particulièrement bienvenue. Plus à l'est, la « rue » usinière de la Sambre (230 000 hab. dans la zone d'emploi de Maubeuge, en recul constant depuis 1975), très liée à l'aval belge de la vallée, est la zone d'emploi la plus sinistrée de la région : elle a massivement contribué à une perte globale d'emplois dans la métallurgie régionale (de 50 000 emplois entre 1975 et 1990). Si la Meuse ardennaise fut un foyer métallurgique ancien, il n'en reste plus que de petits et moyens établissements de fonderie, de forge, de carrosserie (Mouzon, Monthermé, Revins), moins importants que l'industrie automobile implantée à Charleville-Mézières.

Enfin, la Lorraine présente les cas les plus variés, du déclin quasi absolu dans les plus petites vallées, sites tôt étriqués, imposant des lignes d'usines peu extensibles et peu modernisées, jusqu'aux installations très performantes (mais menacées depuis la fusion Arcelor-Mittal) subsistant dans la vallée de la Moselle et de la basse Orne (Gandrange). Cette spectaculaire rétraction de l'emploi et de l'emprise sidérurgique a connu son apogée entre 1980 et 1989 (– 46 %), mais ses causes structurelles remontent déjà à la période faste de la reconstruction et des Trente Glorieuses : aciers de moins en moins recherchés (acier Thomas, et non à l'oxygène ou électrique), usines vieillies dissociant les différentes opérations de la fonderie au laminoir, excès de produits longs sur les produits plats, enclavement relatif pour l'approvisionnement en minerais à haute teneur. On voit donc se succéder les plans nationaux et européens de restructuration, les mouvements sociaux, les fermetures ou les contractions d'effectifs, vers 1974-1975 puis 1983-1984. Au total, de 130 000 vers 1960, à 90 000 emplois en 1975, la sidérurgie est passée à 8 000 en 1993, les hauts fourneaux ont disparu sauf à Florange où la fusion Arcelor-Mittal (2007) fait craindre de nouvelles diminutions, malgré les promesses du groupe indien. Si la conversion a pu commencer assez tôt près des grandes villes (automobile là encore, à Metz, Thionville pour environ 15 000 emplois), elle a tardé dans la partie nord, autour de Longwy en particulier. Aujourd'hui l'ensemble frontalier de Longwy, Rodange (Luxembourg), Athus (Belgique), qui a perdu 20 000 emplois sidérurgiques de 1975 à 1992, est devenu un laboratoire et une vitrine de la coopération transfrontalière pour une agglomération trinationale de 127 000 habitants. Environ 6 000 emplois y ont été créés depuis 1986, principalement grâce à des capitaux étrangers (Daewoo, Allied Signal) fortement aidés par des primes diverses, dans des activités à forte valeur ajoutée (fibres, électronique). Ces implantations, lorsqu'elles se révèlent durables (ce qui est dramatiquement démenti dans le cas de Daewoo, et JVC, cas typique d'entreprises « chasseur de primes » pour « usines-tournevis »), contribuent à polariser une zone qui fait l'objet d'un projet global de réhabilitation sous le nom de « pôle européen de développement » : habitat, formation technologique, amélioration des liaisons avec la région et avec Luxembourg et désormais un très vaste projet économique et urbain sur une ancienne friche luxembourgeoise à Esch : sur 120 ha sont prévus 2 5000 emplois, 5 à 7 000 logements. Pour l'heure Luxembourg demeure l'échappatoire indispensable vers lequel de nombreux frontaliers (15 000 des 33 000 actifs de la zone) se rendent chaque jour et occupent des emplois de faible qualification.

LE RÔLE DES GRANDES VILLES DANS LA RECONVERSION ÉCONOMIQUE ET L'ORGANISATION DE L'ESPACE

L'arc nord-est de la France appartient à ce que J.-F. Drevet appelle l'Europolygone des capitales, où toute ville se trouve à moins de 200 km d'une capitale d'État, où les densités fortes débordent très loin des agglomérations. Les régions étudiées doivent ce fort peuplement à une progression démographique qui atteint son apogée dans les années 1970, combinant immigration (y compris les grandes vagues est-européenne, italienne, puis maghrébine et turque) et fécondité élevée du « croissant fertile » d'autrefois. Elles ont aussi en commun d'avoir subi de fortes ponctions et destructions pendant les guerres : « zone rouge » d'indemnisation après 1918, zones interdites pendant la Seconde Guerre mondiale, villes détruites… Pourtant, ces transformations territoriales n'ont produit que très ponctuellement une « stérilisation » économique et démographique : grand vide autour de la vallée de la Meuse, de Verdun à Givet, zones de servitudes militaires, de fortifications, le long de l'ancienne frontière de 1871 et autour des villes de garnison, dissuasion de certains investissements industriels. Bien que ce versant Français de l'« équerre rhénane » (A. Gamblin), à l'exception du Nord, soit plutôt moins urbanisé que les régions frontalières adjacentes, les grandes villes, leurs aires d'expansion étendues, leur organisation en doublet, en archipel de centres quasi jointifs, jouent un rôle essentiel, sinon dans la compensation des crises sectorielles, du moins dans la substitution d'activités plus abstraites ou de plus forte intensité en capital aux activités héritées de l'âge industriel.

Ainsi est-ce largement grâce aux étudiants que les villes du Nord et du Pas-de-Calais gagnent des habitants depuis 1990 : leur nombre a doublé en 10 ans, ils sont 10 000 sur le littoral et à Saint-Omer, 14 000 en Artois, 10 000 à Valenciennes.

De même, entre bassins industriels en conversion et aires métropolitaines, se constitue, grâce à des positions frontalières avec l'Europe rhénane, un terrain particulièrement propice à l'accueil des investissements étrangers. Il est remarquable qu'en 2011 par exemple, derrière l'Île-de-France (7 003 emplois créés ou maintenus par ces investissements), on trouve Rhône-Alpes (4 536 emplois), le Nord-Pas-de-Calais (1 347 emplois, 6e rang), l'Alsace (1 820, 3e rang), la Lorraine (1 374, 7e rang). La Franche-Comté introduit un hiatus dans une géographie très nettement orientale et méridionale de l'attraction des IDE

L'agglomération lilloise

Communauté urbaine depuis 1960, seule grande conurbation française, avec les noyaux anciens de Lille, Roubaix, Tourcoing, et plus récemment (1967) Villeneuve-d'Ascq, elle représente le quatrième ensemble urbain national (1,158 million d'hab.), le plus jeune (36 % de moins de 25 ans) et le plus frontalier. Il forme l'extrémité sud d'un grand ensemble urbain flamand. Sa situation est sans cesse améliorée par les relations aisées avec Londres, Bruxelles et surtout Paris. Représentant 30 % de la population de la région, 40 % des actifs du tertiaire et 70 % de ses cadres, elle a bénéficié longtemps d'un grand attrait sur les populations des zones en crise proches. C'est le premier signe, et le plus visible, de ce que J. Scheibling et F. Damette désignent comme un cas de « métropolisation absolue », compromettant l'emploi de la notion même de réseau urbain, tant sont faibles les relations entre les autres villes, très spécialisées.

Longtemps très industrialisée (51 % des actifs vers 1970), notamment du fait de l'industrie textile et métallurgique qui marque encore les faubourgs lillois et les centres de Tourcoing et de Roubaix, villes lainières, l'agglomération s'est précocement désindustrialisée : elle perd 66 000 emplois de 1962 à 1982. Les grands groupes du textile, à structure familiale, se sont ainsi fortement diversifiés, vers la vente par correspondance, les grandes surfaces commerciales ; l'emploi industriel dans le textile s'élevait à 160 000 en 1962 dans la région, à 33 000 en 2000, 12 000 en 2011, après que les retards techniques anciens des entreprises se soient révélés brutalement dans les années 1970 (fermeture des usines Motte-Bossut, La Lainière). Depuis, la région urbaine s'est réindustrialisée, notamment dans les zones du sud, limitrophes du bassin minier, de l'aéroport et, à court terme, sur l'eurozone du Nord-Est. Là se développent des montages urbanistiques et financiers communs avec les villes belges pour établir réseaux de transports et zones d'activités. Mais le reflux industriel a surtout permis le démarrage d'une rénovation urbaine dans les quartiers péri-centraux, plus avancée à Lille qu'au nord-est, bien que Roubaix s'enorgueillisse d'un téléport au centre d'un complexe tertiaire. La ville nouvelle de Villeneuve-d'Ascq, devenue une technopole particulièrement attractive pour les cadres et les classes moyennes, rapproche l'habitat, l'université, les activités de recherche et la zone technologique. Par son style aéré et son modernisme, elle contraste avec le reste de l'agglomération, plus qu'elle ne le soude à Lille, malgré l'efficacité du métro (VAL). L'autre grand pôle de rénovation, depuis 1990, est le quartier d'affaire Euralille, autour des gares de Lille-Flandre et de Lille-Europe sur une ZAC de 70 ha. Grande opération immobilière intra-urbaine reposant sur la construction de bureaux (Grand Palais), d'hôtels, d'espaces publics et culturels autour de la gare TGV, elle a d'abord souffert d'une conjoncture très médiocre pour la commercialisation de 60 000 m² de bureaux et donc de fortes difficultés financières. Le lancement de Lille capitale européenne de la culture en 2003, de même que les effets touristiques du TGV et du tunnel sous la manche soulignent la recherche active d'un nouveau souffle métropolitain, porté par le projet Euralille 2 et l'écoquartier de l'Union (6 000 emplois et 1 400 logements prévus entre 2009 et 2025).

Metz et Nancy

Ces deux villes formaient une métropole double dans l'aménagement du territoire des années 1960, prenant en compte la supériorité industrielle et démographique nancéenne (434 000 hab. contre 390 000 à Metz), mais aussi la tradition commerciale, administrative, militaire de Metz. En réalité, ce sont les deux points d'appui d'un axe mosellan, représentant plus d'1 million d'habitants. De Nancy à Thionville, il n'y a pas de continuum urbain, mais un couloir de circulation multi-modal qui accueille l'essentiel des extensions urbaines et industrielles des deux villes. Nancy est certes évitée par la Moselle, mais elle termine un axe secondaire sur la Meurthe et se trouve à peu de distance au sud du confluent Meurthe-Moselle. Celui-ci était exploité par le grand complexe sidérurgique de Pompey-Frouard, mais la proximité de la grande ville lui vaut une reconversion possible en activités diversifiées.

Metz fut avant tout une ville d'État et reste marquée par cet héritage. Dans cette ville-forteresse, qui fut d'abord une cité épiscopale et une ville libre de l'Empire germanique, c'est surtout au XIXe siècle que se marque le rôle prééminent de la logique militaire dans la trame urbaine et péri-urbaine. Les révolutions industrielles et urbaines dans la région renforcent cette forte ségrégation spatiale en multipliant des noyaux urbains, séparés par de grandes emprises inconstructibles. Pour ce qui est de la ville elle-même, la fonction militaire reste essentielle, sur le plan spatial d'abord, par de nombreux bâtiments et terrains dont certains sont des opportunités pour les aménagements urbains (les universités notamment) ; sur le plan fonctionnel ensuite, puisque, malgré les restructurations consécutives au plan Armée 2000 qui lui font perdre son rôle de commandement, il restait 12 000 emplois militaires en 2008 mais près de 6 000 sont supprimés ou en passe de l'être de 2009 à 2013, non compensés par des implantations ou réimplantations d'emplois publics, militaires et civils. L'agglomération tire son caractère industriel d'implantations comme celle de Citroën en 1969, désormais PSA (1 700 emplois, en fort recul depuis 2008 et à l'avenir incertain) et de la relative continuité avec la Moselle dont les ports fluviaux sont modernisés. À mesure que reculent les emprises de l'industrie lourde se constitue un espace polynucléaire, dont les points forts sont Metz-Techopole (4 000 emplois et le premier téléport de France) et l'université, qui expliquent le maintien de l'emploi, alors que les voisins en perdent (Briey, Hagondange, Thionville). L'artère Metz-Thionville (650 000 hab.) pâtit sans doute de l'absence d'une gestion intégrée qui pourrait en faire un ensemble comparable à Sarrebruck où une politique globale hiérarchise et articule des pôles traditionnellement dissociés par les activités militaires ou industrielles.

Nancy, qui échappa à l'annexion de 1871, avait acquis une suprématie démographique et fonctionnelle jusque vers 1975. La belle ville historique, héritière de l'âge d'or de l'urbanisme classique et du duché de Lorraine, est aussi le centre d'une agglomération complexe. L'axe industriel ancien vers le nord et le sud mosellans a vu s'accumuler toutes les générations d'industries anciennes, des brasseries ou des anciens laminoirs, à Neuves-Maison, Pompey, Frouard, Custines, au bassin chimique de Dombasle. Plus récents sont les établissements industriels de Toul (mais la fermeture de Kléber en 2009 porte un coup sévère à la zone), et surtout le pôle technologique de Nancy-Brabois, occupant 500 ha sur les hauteurs forestières du Sud-Ouest de la ville (15 000 emplois dans 300 établissements). Là, et surtout sur les anciens sites sidérurgiques réhabilités, les PME industrielles diversifiées sont nombreuses. Nancy conserve son caractère de grande ville industrielle et les grandes cités d'habitat social y sont représentatives des tentatives faites pour concilier modernisme architectural et urgence sociale (le Haut-du-Lièvre, très comparable à la Cité radieuse de Le Corbusier à Marseille). Nancy est par ailleurs un pôle universitaire et scientifique de premier ordre (2 500 chercheurs, 17 000 étudiants), notamment grâce au regroupement de huit écoles d'ingénieurs en un Institut polytechnique de Lorraine. La région urbaine accueille donc 29 % des cadres et salariés des professions intellectuelles de la Région.

Strasbourg

Avec ses 761 000 habitants dans l'aire urbaine, Strasbourg n'entre pas dans les mêmes schémas de conversion, pour la simple raison que l'Alsace ne connaît pas à proprement parler ce type d'espace industriel. C'est une ville à tradition marchande sur laquelle se greffe un développement étatique. Elle partage quelques traits historico-géographiques caractéristiques des villes précédentes. Ville forte, point d'appui de la politique du « pré carré » de Louis XIV, ville marquée plus que Metz par une période de modernisation sous l'administration allemande, ville frontalière et donc, comme Lille, grand carrefour, aujourd'hui favorisé par la position européenne.

En revanche, et c'est un autre trait qui la distingue de Nancy, Metz et Lille, elle joue un rôle unificateur à l'échelle du « Grand Est », reconstituant en quelque sorte une Alsace-Lorraine traditionnellement dissociée sur le plan culturel et urbain. Strasbourg est en tête des deux axes structurants de l'Alsace-Lorraine : Strasbourg-Nancy et Strasbourg-Mulhouse.

Son rang de capitale européenne (Conseil de l'Europe et Parlement de l'Union) est en outre un facteur de promotion et de modernisme urbains, quoique le siège du Parlement soit relativement symbolique et semble parfois compromis à terme. Enfin, à la différence des autres villes alsaciennes, elle a une position dominante par rapport à la rive allemande du Rhin. De forme bien radio-concentrique, malgré l'originalité d'un centre dédoublé en une ville médiévale et des quartiers datant de la période allemande, l'agglomération présente un espace urbain et suburbain presque dépourvu de vieux quartiers mixtes habitat-industrie, sauf vers le nord-ouest (grandes brasseries). L'est et le sud-est, à proximité d'un port fluvial très important par le tonnage (3e rang national) plus que par la valeur des produits, abritent les grandes zones d'industrialisation et d'activités récentes (automobile notamment, énergie, cellulose, plate-forme Eurofret), isolées par le *ried* boisé des grandes cités suburbaines, comme Illkirch, parc d'innovation centré sur les sciences de la vie (3 500 salariés, 1 500 chercheurs, 2 500 étudiants sur ce technopôle).

Besançon

Besançon est un cas relativement atypique dans ce Nord-Est. Par sa taille modeste (245 000 hab.), par la quasi-exclusivité des fonctions d'État, à peine nuancée par une industrialisation tardive et fragile, recentrée sur les PME des secteurs de pointe (microtechniques) depuis les années 1970 (crise horlogère), elle pèse moins lourd que la grande aire urbaine de la porte d'Alsace (Belfort-Montbéliard). Plus attractive désormais que cette dernière, par son statut de capitale, elle n'exerce une véritable polarisation que dans un rayon de 30 à 40 km, comme élément d'un axe du Doubs. Le récent dynamisme démographique de son bassin d'emploi (301 000 hab., en croissance soutenue depuis 40 ans) en fait une sorte d'îlot dans la région. Ville remarquable par son site (la boucle du Doubs), ceinturée de banlieues récemment urbanisées et surtout centrées sur des zones industrielles de PME, sa taille modeste la pousse à une coopération croissante avec Dijon (lien rapide par la LGV, liens universitaires étroits, volonté politique de faire contrepoids aux pôles lyonnais et alsaciens ou lorrains, eux aussi bicéphales).

Les villes-capitales jouent donc un rôle d'autant plus important dans cet arc nord-est qu'elles jouxtent des bassins industriels en conversion. Les métropoles tendent à « confisquer » les facteurs de croissance, mais elles jouent aussi, par proximité, un rôle de diffusion de ces facteurs vers leurs périphéries. Elles n'ont pas de concurrentes dans ce rôle, car, relativement modestes par leur taille (sauf Lille), elles dominent fortement des réseaux urbains déséquilibrés comptant de nombreuses villes moyennes et petites, tournées vers les fonctions concrètes et d'exécution.

L'aire urbaine de Belfort-Héricourt-Sochaux-Montbéliard

Elle représente un autre cas original, en position frontalière de la Franche-Comté (la limite linguistique avec les toponymes et parlers germaniques est d'ailleurs d'une netteté frappante au nord-est de Belfort). Cette position frontalière résume des traits fréquents des régions de l'Est. Les dynamismes économiques, ici l'implantation de la firme Peugeot à Mulhouse (voir chapitre 3), à partir du foyer sochalien, rapprochent des territoires que le passé frontalier a séparés et qui n'entretiennent pas autant de relations qu'on l'attendrait. Non métropolitaines, mais premier pôle urbain régional, sans l'unité organique relative d'autres conurbations nationales, inscrites dans un espace très rural et forestier, ces deux aires de la Porte d'Alsace compte 276 000 habitants, soit près du quart du total régional. Elle représente aussi un espace industriel et urbain fragilisé par la dépendance à l'égard de mono-industries, et de logiques de grands groupes aux racines régionales très relâchées : construction mécanique à Belfort (Alstom, 2 900 emplois contre 8 000 en 1968), automobile (Peugeot, 12 000 salariés, mais 20 000 de moins qu'à l'apogée) à Sochaux et dans une dizaine de petites villes voisines. Cette écrasante domination industrielle a rendu très sensible le déclin de l'emploi. Ces reculs n'ont pas été compensés par les emplois de services ou par de nouvelles industries, sinon à Belfort, plus « urbaine » de ce point de vue que le reste de la porte d'Alsace. Cet ensemble compte beaucoup dans le recul de l'emploi régional (recul de 22 % de l'emploi industriel de 1999 à 2009).

ESPACES RURAUX, AGRICULTURES ET INDUSTRIES DIFFUSES

Loin d'être de simples « interstices » entre les régions urbaines et industrielles, les espaces ruraux y pénètrent profondément, dans le Nord surtout, et accentuent l'impression de mosaïque micro-régionale. Cela tient à leur grande diversité paysagère et productive, à leur très inégale participation à l'économie et à la démographie régionales. Espaces délaissés ou fortement desservis par les villes moyennes, très fréquentés par les populations urbaines, ils ont aussi très tôt accueilli une part importante de l'activité industrielle, issue de l'agriculture, de l'élevage et des matières premières. La typologie qui suit est simplifiée mais commune aux quatre régions.

Les bassins d'industries diffuses

Très répandus autrefois, fondés sur le bois, le fer et l'eau en Haute-Saône métallurgique, sur les sables et argiles de la Lorraine verrière et faïencière, le textile linier et dentellier dans le Cambraisis, le Calaisis, ces bassins sont aujourd'hui en rétraction. Les établissements disparaissent, sont concentrés dans les petites villes, ou doivent leur maintien à une production de très haute qualité, relevant des métiers d'art (lutherie de Mirecourt, verrerie de Baccarat) ou d'une production de haut de gamme : c'est le cas de l'industrie horlogère et micro-mécanique du Haut Doubs frontalier. Le cas le plus grave d'extinction est celui du textile des vallées vosgiennes et sous-vosgiennes. Ce fut un système industriel issu pour l'essentiel du repli ou du partage des capitaux des industriels alsaciens entre Alsace allemande et Vosges françaises en 1871. À l'apogée, les petites usines aux forts liens techniques (filature, tissage, et même féculeries pour l'amidon) et économiques (groupes d'origine alsacienne), échelonnées le long des cours d'eaux, animaient des lignes de villages et de bourgs ouvriers, abritant 60 000 ouvriers et ouvrières en 1913. Aujourd'hui les friches industrielles abondent, difficilement réoccupées. Même si les vallées de la Moselle et de la Meurthe livrent une part importante d'une production nationale en recul, l'emploi textile vosgien ne comptait plus que 3 300 salariés en 2007 (– 40 % 2000 à 2006) mais sur des produits de plus en plus techniques et recherchés. Plus concentrées, la papeterie, la faïencerie, la verrerie sont vitales pour des petites villes comme Arches, Lunéville, Sarreguemines. Des cas semblables existent dans le Nord. La cristallerie d'Arques, bien qu'ayant perdu 5 500 emplois de 2002 à 2010, est désormais le premier employeur industriel de la région Nord-Pas-de-Calais (6 500 salariés ; tandis que les entreprises de fabrication textile de la Thiérache, de l'Avesnois et de la vallée de la Lys sont en repli. Dans la « pointe de Givet », enclavée dans l'Ardenne belge, l'annonce de la fermeture définitive de l'usine textile Cellatex, après de multiples plans sociaux et tentatives de reprises, a provoqué une brève mais violente occupation des locaux, assortie d'une pollution volontaire de la Meuse pendant l'été 2000. De même en 2003 la fermeture brutale de l'usine Metaleurope à Noyelles-Godault, par le repreneur suisse de ce qui employait 830 salariés (plus 300 chez ses sous-traitants) témoigne des limites des politiques de conversion et d'aide aux entreprises en difficultés ou plus préoccupées de profits maximum que des effets locaux de leur départ.

Les zones de grandes cultures

Les systèmes à dominante végétale sont bien représentés dans le Nord-Pas-de-Calais et en Alsace. Ils furent tôt liés aux villes, aux voix navigables, pour la production vivrière et de plantes industrielles : betteraves, houblon, tabac et maïs sous climat d'abri alsacien, oléagineux de plus en plus répandus. Ces systèmes, associés aux sols limoneux épais et aux paysages d'*openfield* à habitat groupé, occupent des « pays » très individualisés : Haut-Boulonnais, Artois et Cambraisis, Kochersberg et plus généralement plaine d'Alsace (sauf les basses terrasses caillouteuses). Une civilisation rurale solide s'y est développée, bien évoquée par le parcellaire en « lames de parquet » des champs alsaciens issus des partages successoraux (de plus en plus remembrés), par les gros villages à faible distance des villes, par les terroirs issus du drainage collectif de la Flandre ou des plaines de la Lys. Une importante industrie agro-alimentaire caractérise ces zones : sucreries, brasseries, biscuiteries, de plus en plus concentrées et relayées par des capitaux étrangers (Coca-Cola, Ferruzi, Nestlé dans le Nord par exemple). Dans ces zones, l'élevage n'est jamais absent, mais il est souvent hors-sol et fait une grande place aux porcs, aux volailles. Ces « modèles » tendent à se diffuser vers les zones où la polyculture-élevage est traditionnellement dominante : Sundgau alsacien, porte de Bourgogne, plateaux lorrains, Avesnois, bas Boulonnais.

Les pays d'élevage

Ils sont fort variés car associés à des milieux très différents. Au sud, la moyenne montagne et ses contreforts (Vosges saônoises, plateaux du Doubs) est de tradition laitière. Dans les Vosges, le Jura, le Haut-Doubs, les bovins séjournent longtemps en étable, influençant l'architecture rurale, faite de très vastes maisons-blocs. Ils montent en été sur les « hautes chaumes » vosgiennes, les prés-bois jurassiens, fauchés autant que pacagés. Les formes de valorisation laitière diffèrent : fruitières coopératives et industries en Franche-Comté, « marcaireries » autrefois et laiteries non coopératives aujourd'hui dans les Vosges. La production est désormais massivement transformée par les grands groupes laitiers (Bel). Soutenue par les appellations fromagères contrôlées (Comté, Munster), c'est une partie importante de systèmes de moins en moins sylvo-pastoraux.

D'autres pays laitiers sont plus fragiles, moins protégés des quotas et des excédents, et donc de plus en plus orientés vers la production de viande ; ce sont ceux des plateaux de Haute-Saône, de la Vôge, les dépressions humides du Val de Meuse, de la Woëvre, très touchés par la déprise rurale, le vieillissement agricole, l'extension forestière et l'extensification des exploitations les plus grandes qui subsistent. Ces zones humides sont riches en étangs et surtout en sources thermales, dont les grandes stations de Vittel, Contrexéville tirent un parti industriel et des activités de tourisme médical, de plus en plus tournées vers la « remise en forme » et le tourisme vert.

Enfin des pays d'élevage originaux, bocagers s'individualisent très nettement dans l'Avesnois et dans le Bas-Boulonnais. Associés à des terres argileuses, sur des reliefs collinéens, ce sont des pays herbagers, aux haies simplifiées, mais bien conservées, de même que leur habitat dispersé en « rues » ou « sarts ». L'Avesnois dispose d'appellations fromagères notoires (Maroilles) et les deux « pays » sont des zones de développement du tourisme, d'initiatives locales très entreprenantes, soutenues par le Parc naturel régional dans la « Fosse » du Boulonnais. Il en va de même du parc naturel Scarpe-Escaut, au cœur de l'ancien pays minier, créé très tôt (1967) comme conservatoire et outil de promotion du Hainaut vert, aire récréative densément peuplée (180 000 hab. sur 43 000 hectares) de populations péri-urbaines.

Les grands massifs forestiers

Il peut sembler paradoxal de leur faire une place en tant que tels. Pourtant cet arc nord-est est une véritable anthologie de la forêt française : massifs célèbres, comme l'Ardenne, « l'immense forêt de petits arbres », décrite par Michelet. Massifs « stratégiques », issus de forêts frontières, des « haies » forestières de Mormal, de Toul, de la Hardt mulhousienne, des crêtes forestières de l'Argonne mitraillées puis reconstituées. Massifs à fonction récréative, surtout dans le Nord (Saint-Amand), massifs à très forte productivité en Lorraine, grande région papetière (Épinal, Arches) et sylvicole, et en Franche-Comté où les forêts mixtes et les bois de résineux purs sont des mannes pour les budgets communaux (la forêt est partout essentiellement communale et donc gérée par l'Office national des forêts). Massifs à grand enjeu écologique enfin, on les crut menacés d'appauvrissement par l'enrésinement, et de mort par le vitriol des pluies acides. Bien moins catastrophistes, les études sur des placettes-test permettent de supposer plutôt de complexes interactions entre sols acides, sécheresse climatique et pollutions dans les processus de dépérissement. Après les tempêtes de décembre 1999, les forêts lorraines offrent un paysage désolé à des populations, des collectivités et des entreprises, publiques comme privées, durablement traumatisées (la tempête a jeté bas l'équivalent de 8 ans de récolte annuelle et fait chuter les cours du bois de 30 à 40 %). Ces massifs sont apparus, comme ailleurs (Limousin, Landes...), d'une grande portée symbolique, identitaire. Cette dimension justifie, tout autant que les considérations économiques, non seulement les mesures d'urgence engagées, mais aussi une réflexion sur les modes de gestion, les choix des essences dans les forêts à reconstruire. Les forêts sont décidément des lieux de mémoires et des territoires de notre imaginaire autant que des écosystèmes (Arnould, Hotyat, Simon, *Les Forêts d'Europe*).

Les zones de cultures spéciales

Tout à l'opposé des vides forestiers, le grand arc nord-est présente enfin des espaces minutieusement et intensivement cultivés, sur de petites exploitations, proches des villes. Si les anciennes arboriculture et viticulture qui ourlaient les fronts de côtes lorrains ont presque disparu, il n'en va pas de même dans le Nord et en Alsace. Menacé par l'urbanisation, le bas, plat et humide pays flamand, aux portes de Lille, fait partiellement figure de pays maraîcher (cultures sous serres, tunnels à endives) et avicole. Un parcellaire serré est dessiné par les canaux de drainage (les « Watergangs » flamands). En Alsace, où la polyculture intensive sur de petites exploitations était le type dominant (ce qui a favorisé le phénomène des doubles actifs ouvriers et paysans), les terroirs maraîchers péri-urbains et, surtout, le vignoble alsacien occupent ces espaces de culture intensive. Spécialisé dans les vins blancs, ce vignoble occupe les collines sous-vosgiennes. Il est fortement coopératif, très proche des vignobles d'outre-Rhin. Constitué d'environ 7 400 exploitants, pour 14 000 ha, il joue un rôle économique non négligeable et contribue à la forte identité culturelle et paysagère, donc au succès touristique, de l'Alsace.

LES ORGANISATIONS RÉGIONALES

Les héritages démographiques et économiques rendent ces régions comparables. Le tracé des frontières et la contrainte qu'elles représentent pour les grandes voies de communication disposées en rocades parallèles à ces frontières et reliant des villes, toutes militaires, est encore un trait commun. De même le fait que ces surimpositions frontalières souvent stérilisantes deviennent des atouts, très inégalement exploités, pour le développement contemporain (voir chapitre 13). Mais il n'existe aucun cadre institutionnel inter-régional ; les pôles sont concurrents pour la réussite de leur conversion, et chaque région conserve de forts particularismes. C'est l'un des effets d'une situation de glacis défensif du Bassin parisien que cette forte dépendance des villes et des régions de l'arc nord-est à l'égard de Paris, participant à la grande coupure nord-sud de la France. La constitution d'une « inter-région »

Bassin parisien justifie l'urgence d'une réflexion sur le renforcement des cohésions de l'arc Nord-Est.

Le Nord-Pas-de-Calais

Nord de la France mais sud du grand ensemble flamand, cette région, relativement unifiée par sa densité (324 hab./km^2) et son taux d'urbanisation record, est cependant d'une grande complexité. Elle provient de son cloisonnement et de l'inégal avancement des mutations économiques. Celles-ci affectent des sociétés étonnamment stables du point de vue démographique : émigration, certes, mais pas exode, fécondité en baisse mais encore élevée, stabilité politique aussi, avec un fort ancrage socialiste et communiste, qui n'a été que très récemment menacé, avec l'accès des « Verts » à la direction de la région et les poussées de l'extrême droite dans les secteurs les plus sinistrés (Vallée de la Sambre et Centre du bassin minier).

La diversité intra-régionale, la position de carrefour et de grand passage, le monopole lillois sur des fonctions métropolitaines fortement concurrencées par Paris, sont trois traits essentiels pour lire l'organisation régionale. La première est favorisée par une réelle diversité des milieux : bas pays flamand, plateaux et collines de l'Artois, du Boulonnais, de l'Avesnois, du Cambraisis. Le second n'est pas contrarié par ce trait, malgré une disposition méridienne des grandes voies, qui se concentrent sur le seuil de Bapaume. Enfin, l'aire lilloise est sans conteste le centre géographique et économique de la région. Le bassin minier y est largement arrimé, au moins pour sa partie nord, car il n'est guère uni : à cette distinction nord-sud s'ajoute surtout une opposition est-ouest, l'ouest lensois ayant été plus tôt en crise et plus tôt reconverti et métropolisé par Lille que l'est valenciennois. Au sud, les pays évoqués ci-dessus forment une ceinture plus rurale.

■ ***La façade littorale*** mérite un traitement particulier : liséré touristique de grande importance, parisien puis lillois, le sud (Le Touquet-Berck) fut un des lieux privilégiés de l'invention du tourisme balnéaire dès le début du XIXe siècle. Sa clientèle reste internationale, en tant que « Sud » de l'Europe du Nord. La façade portuaire commence au nord et présente un triptyque de ports entre lesquels un partage des fonctions s'est opéré. Boulogne (133 000 hab. dans l'aire urbaine) est le premier port de pêche national ; après une crise sévère dans les années 1980-1990, la filière s'est concentrée et constitue un pôle de compétitivité. Secondairement c'est aussi un port du trafic trans-Manche et un pôle touristique significatif. Calais (126 000 hab.) est spécialisé dans le trafic trans-Manche. L'industrie y est en repli relatif et l'ouverture du tunnel sous la Manche a suscité de très importants aménagements logistiques et commerciaux, visant entre autres à minimiser ses effets négatifs sur la navigation. Dunkerque (258 000 hab. dans l'aire urbaine, en recul constant depuis 1975) est avant tout une grande zone industrialo-portuaire. Elle fut baptisée « Monopolville » par le sociologue M. Castells en raison de l'installation envahissante de la sidérurgie sur l'eau dans les années 1960-1970, qui est tôt entrée dans une longue crise désormais surmontée (3 300 emplois chez Arcelor-Mittal en 2013). Gigantesque front de mer organisé en darses et terminaux spécialisés, le port industriel (47 millions de tonnes de trafic en 2011, et le 3e rang français) compte désormais moins que les industries plus diversifiées, d'origine nationale (Péchiney, devenu Rio Tinto) et surtout étrangère (Coca-Cola) qui ont redonné de minces effectifs (moins de 1 000 pour chaque établissement) à ce pôle de conversion. La complémentarité des trois ports n'est pourtant pas évidente ; malgré leur lien autoroutier, ils n'ont guère à échanger. Les trois villes sont pourtant associées en un pôle métropolitain et un ensemble universitaire tripolaires, l'université du Littoral Côte d'Opale (10 000 étudiants). L'autoroute A16 reliant les trois villes entre elles, à Paris, à Rouen, à l'autoroute des estuaires, et à la Belgique matérialise un lien. Celui-ci d'abord initié entre Calais et Dunkerque, étendu à Boulogne, sous la forme du Syndicat mixte de la Côte d'Opale, qu'a rejoint aussi le district de Saint-Omer.

■ ***Les carrefours*** sont en fait partout présents dans le Nord, région littéralement quadrillée de grandes voies diversifiées : carrefour maritime sur la façade la plus fréquentée du monde (mais cette position souffre de la proximité des géants d'Anvers et de Rotterdam). C'est un carrefour fluvial très récemment modernisé et encore mal relié au sud par le canal du Nord. Mais ce sont surtout les réseaux ferroviaire et autoroutier qui sont particulièrement denses. La modernisation et la prolongation de ces réseaux permet de passer d'une géographie des flux très massivement orientée nord-sud à une véritable fonction de plaque tournante avec l'Angleterre et le Bénélux. Là encore, Lille est au centre, mais le triangle Lens-Douai-Arras, le Valenciennois, sont des nœuds importants où les trafics peuvent induire des activités variées (on connaît l'importance de la vente par correspondance dans la Région). Les concurrences sont fortes en la matière : les élus régionaux, en décidant la création d'une plate-forme logistique près de Lens (Delta 3, 300 hectares sur rail, route et voie d'eau), pourraient fragiliser la reprise des activités de Dunkerque.

■ ***Le monopole lillois*** s'exprime surtout par défaut de concurrence des autres villes régionales. Au centre d'une étoile de voies de communication, Lille capte l'essentiel des relations régionales et extra-régionales. Les quatre autres villes importantes, Valenciennes, Arras, Dunkerque, Calais, sont confinées dans les fonctions d'exécution et de logistique. Elles constituent des capitales sous-régionales mais ont peu de relations entre elles malgré les efforts locaux et étatiques pour améliorer l'équipement universitaire, hospitalier, culturel (Le Louvre à Lens depuis 2012) et attirer des capitaux extérieurs sur des zones d'entreprises, malgré les potentialités locales de villes historiques comme Arras, et des villes proches de frontières de plus en plus ouvertes, Lille continue à focaliser les échanges intra-régionaux et tend à monopoliser les relations extra-régionales.

La Lorraine

Héritière de la Lotharingie médiévale, la Lorraine est très logiquement organisée dans le sens méridien. Mais elle fut aussi un ensemble de pièces tardivement rapportées au royaume de France (1552 pour les Trois Evêchés, 1766 pour les duchés) qui n'a pris la forme d'une région qu'après la fin des aléas politico-militaires, dans les années 1950. Jusqu'alors elle n'est guère qu'une agglomération de bassins industriels, mais aussi un symbole patriotique, du moins pour sa partie restée française après 1871, car la Moselle, devenue allemande, conserve un fort particularisme, linguistique et administratif (régime concordataire, comme en Alsace). L'épine dorsale de la région est la vallée de la Moselle, des Vosges cristallines aux portes de l'Allemagne, du Luxembourg et de la Belgique. Cette disposition d'ensemble, que recoupait en biais la frontière de 1871, pose aujourd'hui trois problèmes :

– Le premier est le renforcement incessant de cet axe au sein de la région, dès avant et depuis le recensement de 1999 : pour une population stable, cinq zones d'emploi seulement sur seize (Metz, Toul, Nancy, la Sarre et le bassin houiller) connaissent un accroissement significatif. Le contraste vides/pleins est spectaculaire, moins dans les Vosges, dont les vallées restent bien peuplées, que sur le plateau occidental (et oriental dans une moindre mesure car le bassin minier est proche). Les pays de la Meuse en particulier, vidés par les guerres successives, sont fort dépeuplés. Les villes (Verdun, Bar-le-Duc) y sont très isolées, assez dépendantes des restructurations militaires. Cette forte disparité se retrouve au sein même des espaces affectés par les crises industrielles, dont les rives et les abords mosellans (et secondairement ceux de la Meurthe) restent très peuplés. Hors de cet axe, les foyers denses des bassins de Longwy, de Sarreguemines et de Forbach doivent compter sur les emplois frontaliers (environ 82 000 soit presque 10 % du total lorrain), vers la Sarre (1/4 du total), le Luxembourg (près de 3/4) et la Wallonie, pour maintenir les effectifs en recul.

– Le second problème est la cohésion de cet axe. Desserte ferroviaire cadencée (Métrolor), autoroute, canal à grand gabarit rapprochent les deux grandes villes et desservent leur intervalle, mais diffusent peu leurs effets d'entraînement jusqu'aux extrémités (Thionville, Épinal, Saint-Dié) dont les effectifs stagnent ou diminuent malgré leur rôle micro-régional réel.

– Enfin, l'intégration de cet axe méridien dans l'espace national et international est un thème majeur d'aménagement. Les grandes radiales perpendiculaires occasionnent des carrefours dont la modernisation a été inégale, créant des rivalités interurbaines. Le cas de l'A4 est connu, qui a donné un privilège relatif à Metz. La gare TGV, comme le récent aéroport de Lorraine, sont situés entre les deux villes. Peu à peu le maillage des voies rapides est homogénéisé, et les liaisons avec le Luxembourg, par Thionville, vers la Belgique par Longwy, vers la Sarre et la vallée du Rhin par Saint-Avold et Forbach renforcent les effets d'axe et les pôles urbains majeurs.

L'Alsace

La notion d'axe est encore fort utile pour résumer l'organisation régionale. Très nettement définie géographiquement et culturellement par un dialecte germanique, une ligne de crête partageant les Vosges, l'Alsace présente une géographie régionale qui combine des bandes méridiennes et des aires de rayonnement urbain à peu près circulaires. D'ouest en est, les paysages sont ceux de la montagne forestière, des collines viticoles, de la plaine, elle-même différenciée par les vallées de l'Ill et du Rhin, dont les plus basses terrasses sont moins occupées (au sud surtout, où la forêt de la Hardt abrite la grande usine Peugeot de l'Île Napoléon). Le Rhin, qui fut un axe médiéval et moderne décisif en Europe, a été longtemps ici rendu étranger à l'organisation régionale par sa fonction de frontière. Tardivement corseté de digues, doublé d'un canal et de barrages-écluses pour la navigation et la production hydroélectrique, il redevient un puissant facteur de localisation industrielle en combinaison avec l'autoroute Hambourg-Francfort-Bâle. Au droit des grandes villes, il compte trois ports fluviaux (Strasbourg est le plus grand avec 8 millions de tonnes de trafic en 2012), ainsi qu'une dizaine de franchissements très empruntés, notamment par les frontaliers vers le pays de Bade et le canton de Bâle. Les routes et voies ferrées nord-sud sont nettement en retrait, et l'autoroute principale est allemande.

Au débouché des vallées vosgiennes et en position de carrefour avec les voies méridiennes, le réseau urbain est particulièrement dense et hiérarchisé, héritier de la décapole du XIVe siècle, dont six villes étaient alsaciennes. Un assez net partage de fonctions s'est opéré entre les trois villes principales. Le rayonnement de Strasbourg s'arrête vers Sélestat au sud, mais elle a l'exclusivité des fonctions régionales et internationales. Colmar (127 000 hab. dans l'aire urbaine) est une ancienne capitale politique et commerciale ; elle doit à cette période pré-française un exceptionnel patrimoine urbain, sans toutefois avoir l'importance, même culturelle, de Fribourg, juste en face. L'industrialisation y est récente et limitée, sur le Rhin. Mulhouse est aussi en position d'infériorité et de dépendance par rapport à Bâle, d'où sont venus le protestantisme, les technologies, les capitaux. Mais c'est une agglomération étoffée (281 000 hab. dans l'aire urbaine) et à forte tradition industrielle. Les crises du textile et de la potasse ont touché la périphérie du tissu urbain malgré l'implantation de Peugeot dès 1961 (8 500 salariés en 2013). Après le modernisme urbain du « quartier de l'Europe » mal greffé sur le vieux centre, l'aménagement privilégie depuis 15 ans, des opérations beaucoup plus adaptées au tissu existant, comme les zones piétonnes, la réhabilitation des quartiers ouvriers et des projets de zones d'activités universitaires, culturelles, technopolitaines, en périphérie et sur d'anciennes friches industrielles.

Au total, l'Alsace présente à bien des égards une forte originalité en France et au sein de l'arc nord-est. D'intégration tardive à la France, maintenant quelques particularismes (religieux et scolaires, politiques et linguistiques), ses responsables cultivent une image européenne et des liaisons fortes outre-Rhin qui lui valent de nombreuses implantations étrangères, américaines, japonaises mais aussi allemandes, avec des mouvements croisés de capitaux et de main-d'œuvre. Densément peuplée jusqu'en zone rurale, où les exploitations agricoles restent petites (la moitié de la moyenne française) et cultivées fréquemment à temps partiel, elle est une exception démographique dans ce quart nord-est. Elle est restée très attractive jusqu'aux années 1980, notamment sur les régions voisines, grâce aux possibilités de travail frontalier (environ 64 000 salariés en 2011). Cette exception se confirmait au vu du recensement de 1999 : elle était la seconde région française pour l'accroissement de sa population (7 % depuis 1990), derrière le Languedoc-Roussillon et devant sept autres régions, toutes méridionales, mais elle n'est plus que la 10e en 2010. Cette croissance, appuyée sur un solde migratoire positif jusqu'en 1975 mais seulement sur le solde naturel depuis, souligne les atouts de la position frontalière : investissements (1 820 emplois en 2011, au 3e rang français), mais aussi nouveaux résidents : 15 000 Allemands et Suisses au moins résident aujourd'hui en Alsace contre 5 200 en 1990. Cependant, cette situation n'est pas sans fragilité du fait de sa forte dépendance à l'égard des investisseurs extra-régionaux (en 2003 les 1 685 entreprises à capitaux étrangers, allemands pour plus de la moitié, réalisaient la moitié des investissements et les deux-tiers des exportations régionales), des décisions politiques allemandes, françaises ou communautaires et de la concurrence des pôles bâlois et badois. La crise de l'emploi se fait sentir dès 2002 et plus encore depuis 2008 : Les pertes d'emplois industriels ne sont plus compensées par les créations dans les services, témoignant de ce « double-tranchant » que vaut sa position très internationalisée à l'Alsace.

La Franche-Comté (nord et centre)

On retrouve là encore une organisation en un axe majeur et deux aires urbaines. Mais des modalités différentes apparaissent, dues à la vaste ampleur des espaces ruraux, à la faible pression démographique, à l'orientation rhodanienne et bourguignonne des bordures sud et ouest. On retrouve aussi le dynamisme démographique des cantons frontaliers, soutenu par des relations économiques et sociales transfrontalières (22 000 frontaliers en 2011, contre 13 000 en 1999). L'axe majeur est celui du Doubs et de l'autoroute comtoise : la polarisation bisontine s'opère avant tout sur cet axe, y intégrant les villes petites et moyennes proches (Vesoul, Gray, Pontarlier). Mais cet axe, qui représente 55 % de la population et 60 % des actifs régionaux n'est pas continu et laisse apparaître la profonde coupure nord-sud de la région. Le nord-ouest est très rural, peu à peu vidé de l'industrie textile et métallurgique qui ne subsiste que par petits établissements peu inducteurs et conserve les ressources modestes du bois, du lait, du thermalisme, du tourisme vert. Le nord-est est beaucoup plus peuplé mais sur-industrialisé. Tout le nord de la région montre de nombreux signes de difficultés économiques et sociales : retards en matière de liaison ferroviaire et routière, de niveau de formation. Elles condamnent les initiatives à beaucoup de modestie. Les faibles croissances, voire les reculs démographiques (Haute-Saône jusqu'aux années 1990), comme les modestes croissances des zones frontalières de la Suisse, de l'Alsace, de Rhône-Alpes témoignent de la dépendance à l'égard des foyers de développement proches.

Le centre-sud de la région présente plus de signes d'intégration aux activités valorisantes et aux espaces métropolisés. Cela démontre qu'un axe, fût-il bien équipé et servant de liaison avec l'Europe médiane, ne produit pas d'effets uniformes et continus. Mais on peut aussi comprendre que, face à des indicateurs régionaux assez médiocres, les responsables économiques aient milité activement pour la réalisation des liaisons Rhin-Rhône par TGV, de même qu'une liaison autoroutière Langres-Vesoul-Belfort peut-être achevée en 2018.

Les régions du Nord et de l'Est

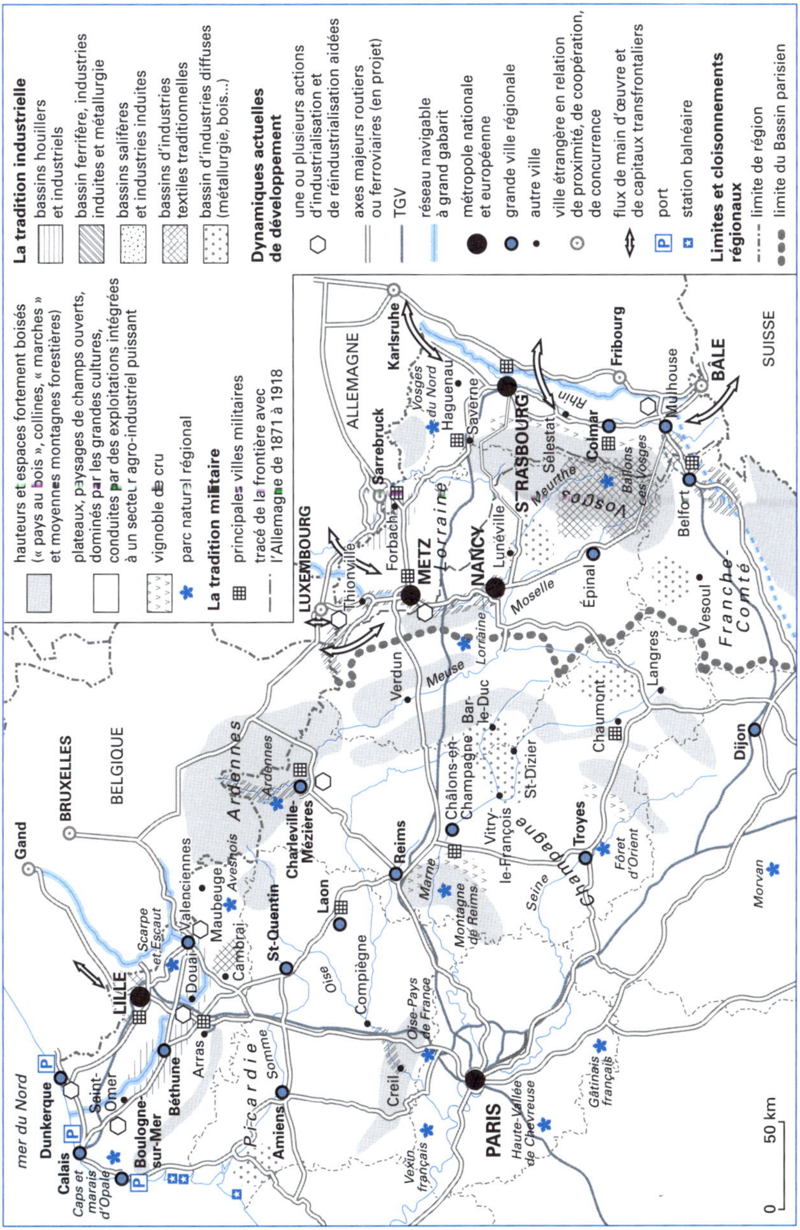

11

La France méridionale

Le Midi est, avec le Nord, l'un des repérages les plus élémentaires de la géographie vécue des Français, et l'un des plus parlants malgré sa simplicité. Cette méridionalité évidente explique que le Sud-Ouest et le Sud-Est soient regroupés dans le même chapitre. Mais, périphéries longtemps marquées par des retards économiques et par leur dépendance à l'égard du Nord, les régions méridionales de la France font, un peu hâtivement, figure d'une « sun belt » française.

Entre une vision euphorique, qui emprunte aux rattrapages spectaculaires opérés par des villes à fortes traditions étatiques, aux migrations très héliotropiques, et une vision plus sombre des très fortes oppositions entre métropoles concurrentes et arrière-pays mal intégrés, entre espaces saturés et espaces délaissés, il ressort surtout un double clivage : entre Sud-Ouest et Sud-Est, la méridionalité commune n'efface pas la très grande différence des peuplements, des paysages, des ouvertures maritimes, des relations avec la France du Nord et avec Paris. Au sein de chaque ensemble, la cohésion fait spectaculairement défaut, entre façades et intérieurs, populations et espaces, activités en essor et en grandes difficultés.

Les régions du Midi

	Aquitaine	Midi-Pyrénées	Languedoc-R.	PACA	Corse	France
% du territoire total	7,61	8,34	5,03	5,77	1,6	100
Pop. en 1975 (milliers)	2 550,3	2 268,3	2 115	3 675,7	289,8	52 591,6
Pop. en 2010 (milliers)	3 232	2 882	2 636	4 899	309	64 612
% de la population totale	5	4,46	4	7,6	0,48	100
Évolution 99-2010 (%)	+ 10	+ 11	+ 13	+ 8	+ 16	+ 7
dont solde migratoire	9	10	11	5	– 16	+ 2
PIB/hab. 1990 (milliers d'€)	15,5	15,4	13,9	16,4	13,4	17,6
PIB/hab. 2011 (milliers d'€)	26,7	26,6	22,9	27,8	23,8	29,5
VAB industrielle[1]	11,9	12,8	8	9,4	5,4	12,6
VAB tertiaire[1]	77,5	77,4	81,6	82,5	82,9	79,5
VAB agricole[1]	3,4	2,6	3,2	1,4	1,4	1,8
Part dans le tourisme français[2]	7,8	5,3	10,1	11,6	2,1	100

1. En % de la valeur ajoutée brute régionale.
2. En % du nombre de nuitées des touristes francais.

Source : INSEE et CCI de France.

Le tableau ci-dessus donne un aperçu très partiel de la méridionalité française : attractivité démographique forte, ce qui se traduit aussi par une place importante des personnes âgées (au moins 4 % de plus que la moyenne française dans la structure d'âge), faiblesse globale de la présence industrielle classique, importance des productions agricoles à forte valeur, sur-représentation des activités de services, dans des régions où les villes d'État sont nombreuses et où le tourisme est une branche forte de l'économie.

Si l'on retient souvent la coupure de la Loire comme limite du Midi, c'est par une surestimation des déterminations climatiques et surtout culturelles. Et, d'ailleurs, il est apparu que le Poitou (sinon les Charentes, plus bordelaises par tradition que poitevines) et le nord du Limousin tenaient plus du monde de l'Ouest au regard des types de mutations agricoles et industrielles ou des relations avec Paris. De même, à l'est, la réalité d'un Centre-Est autour de Lyon s'interpose clairement dans cette coupure nord-sud. Au sud de Limoges, de Clermont, de Lyon, avec les bassins de la Garonne et du Rhône, s'individualisent des ensembles historiques marqués par leur éloignement par rapport au centralisme parisien et aux grands foyers de l'âge industriel, ou par leurs affinités avec l'Europe latine. Aux contrastes des héritages paysagers (milieux et paysages ruraux en mosaïques complexes), linguistiques (langue d'oc), juridiques (tradition du droit romain, écrit), s'ajoutent ceux qui sont liés à l'histoire économique et urbaine. Participant à des économies-mondes tôt déclinantes, celle de la Méditerranée, celle de l'Atlantique tropical, les grandes métropoles portuaires en ont retiré une certaine richesse, une autonomie politique, puis l'isolement relatif, qui les subordonnent aux relations radiales avec Paris, et les soumettent aux concurrences des villes de l'intérieur (Toulouse, Aix, Montpellier, Lyon). Phénomène d'autant plus net que la riche tradition urbaine de ce monde très romanisé a multiplié les capitales sous-régionales, villes militaires, administratives, parlementaires, universitaires, religieuses, chacune avec une forte emprise sur des campagnes tôt orientées vers des productions commerciales. La plupart des villes, et surtout les plus grandes, sont très marquées par les fonctions d'État.

Dans une lecture globale du Midi, le hiatus constitué par le Massif central entre les deux midis n'est pas absolu. Incontestable au plan des systèmes urbains, des voies de communications radiales, il favorise une relation des métropoles et des régions fondamentalement tournée vers Paris. Mais, outre que le désenclavement de ce massif progresse lentement et qu'il permet son partage entre les influences métropolitaines méridionales, l'importance du couloir garonnais qui le contourne par le sud, est aujourd'hui l'occasion de projeter un « Grand Sud », un « isthme sud-européen » encore largement rêvé, pratiquement le seul axe non radial, contraire à l'organisation « parisiano-centrée », en France. Les sommets économiques de novembre 2011 à Toulouse, 2012 à Bordeaux rassemblent 800 décideurs des 3 régions, autour des thèmes des infrastructures (LGV), de l'innovation (pôles de compétitivité) et des exportations, sont un signe de dépassement possible des rivalités.

LE SUD-OUEST

Les spécificités du Sud-Ouest sont à la fois évidentes et complexes : la méridionalité des milieux, des cultures, des agricultures, mais aussi une atlanticité climatique qui va en s'atténuant considérablement vers l'est, un ouest très peu occupé sinon à la faveur du grand estuaire de la Gironde et de l'entité basque, frontalière. Si les limites orientales du Sud-Ouest prêtent à discussion (le Languedoc-Roussillon est parfois inclus dans un « Grand Sud-Ouest »), l'espace dessiné par les deux régions Aquitaine et Midi-Pyrénées montre une commune symétrie. Le Val de Garonne et ses bordures en sont l'épine dorsale, les rebords sont constitués des hautes terres limousines, cantaliennes, aubracoises, au nord, pyrénéennes au sud, les unes et les autres précédées d'un avant-pays molassique au sud, de causses calcaires au nord-est et à l'est. La cohésion de l'ensemble est enfin donnée par une organisation spatiale et des dynamiques de deux ordres, peu compatibles : d'une part, une très forte polarisation par les deux métropoles, bien au-delà des 30-40 km habituellement intégrés dans la mouvance des capitales régionales ; les relations de Bordeaux et de Toulouse avec les villes moyennes sont donc particulièrement déséquilibrées. D'autre part, existe une foule de petites cités au cœur de « pays » de niveau cantonal, dont l'évolution démographique est souvent négative dès qu'elles sont éloignées des grands axes.

Ces deux très grandes régions (7,6 % et 8,3 % du territoire national) ne sont ni naturelles, ni historiques. Elles sont avant tout le produit d'une très forte emprise de leurs capitales dont les aires d'influence se recoupent. Elles sont relativement sous-peuplées (5 % et 4,46 % de la population nationale). Leur rattrapage démographique, industriel et urbain (84 % et 79 % de la population régionale en aires urbaines) sur le Nord de la France est d'abord moins sensible et désormais plus rapide que celui du Sud-Est. Elles s'en distinguent par une moindre attractivité puis une plus grande, sur les migrants intérieurs comme sur les étrangers. Leur attractivité sur les investissements étrangers placent le Midi-Pyrénées au 3e et l'Aquitaine au 8e rangs des régions françaises pour le nombre de projets sur 2008-2012. Enfin, elles se caractérisent par de nouveaux dynamismes très inégalement partagés, selon un schéma centre-périphérie, métropole-région, presque caricatural dans le Midi toulousain, à peine atténué en Aquitaine, entre métropole bordelaise et pays de l'Adour. Dans une perspective inter-régionale, tout le problème réside dans les complémentarités et les ignorances mutuelles qui se tissent entre Bordeaux et Toulouse.

Les pôles métropolitains, aires d'influence et trait d'union garonnais

Malgré une histoire très différente, les deux capitales méritent d'être rapprochées. Villes d'État par excellence, dont l'espace urbain porte des traces prestigieuses (allées de Tourny, place des Quinquonces à Bordeaux, Capitole de Toulouse), elles restent étroitement dépendantes de décisions extérieures dans leur récent essor. Celui-ci repose largement sur des activités innovantes, transférées ou développées par l'État. La promotion des métropoles y prend appui sur un milieu local solidement constitué par les fortunes foncières et libérales, les traditions universitaires et commerciales. Cette croissance urbaine se traduit par de grandes opérations de rénovation des quartiers centraux, et par la construction de grandes zones tertiaires constituant aujourd'hui des sites de technopoles (Le Mirail, Labège à Toulouse, Talence, Montesquieu à Bordeaux). Leurs zones d'influence étendue se recouvrent sensiblement au nord (Dordogne, Corrèze,

Haute-Vienne) et dans les Pyrénées. Mais elles laissent une certaine autonomie à un système urbain du piémont (Pau, Tarbes) et du littoral (Bayonne) où elles sont concurremment influentes. Dans la partie centrale, en Agenais, Quercy, Gascogne, les zones d'influence se partagent plus nettement. Toutes deux débordent largement au-delà de leur région vers le Poitou, l'Ouest, le Limousin, pour Bordeaux, vers le Languedoc-Roussillon pour Toulouse, ce qui pourrait être un facteur de complémentarité supplémentaire. Pourtant leur coopération est quasi nulle.

■ ***La région bordelaise.*** Bordeaux est, comme Nantes ou Rouen, une ville de fond d'estuaire, de premier pont, sur un estuaire où la navigation est rendue délicate par les bancs de vase et le brouillard fréquent. Il n'existe pas d'autre franchissement en aval du pont autoroutier d'Aquitaine, et l'occupation industrielle et urbaine de l'estuaire est pratiquement limitée à sa partie amont, de Bordeaux à Blaye, et principalement en rive droite, tandis que Bordeaux est, pour l'essentiel, bâtie sur la rive gauche de la Garonne. L'absence de grand avant-port (Le Verdon est un modeste terminal à conteneur), le déclin industriel le long de l'estuaire, marqué par la fermeture des raffineries du Bec d'Ambès, de Pauillac, la faiblesse du trafic total (8 millions de tonnes) encore constitué pour 50 % par les hydrocarbures, souligne l'orientation tertiaire et néo-industrielle, peu maritime, de la métropole.

Cette aire urbaine (1,128 million d'hab. en 2010) représente un tiers de la population régionale et ne cesse de s'étaler, particulièrement sur la rive gauche. Si Libourne, Pauillac, le nord-Médoc, le nord-Blayais, représentent des zones d'emplois dont la population est moins attirée par Bordeaux, c'est grâce à des fonctions largement dépendantes de la présence de la grande ville : centrale nucléaire du Blayais, vignoble et négoce, port du Verdon. En revanche, de vastes zones comme le bassin d'Arcachon, le sud médocain, le proche Entre-deux-Mers, la haute Lande girondine, sont, depuis les années 1980, entièrement subordonnées à l'aire urbaine pour l'emploi de la majorité de leurs actifs.

La zone cruciale pour cette emprise croissante de Bordeaux sur sa proche région, est située aux limites de l'agglomération, notamment sur les axes vers le sud et le nord (autoroute Aquitaine). En effet, sur ces limites marquées par la rocade autoroutière, ont été créées les grandes zones d'activités des années 1960-1980, qui accueillent les grands établissements industriels d'origine nationale ou étrangère (IBM, Ford). Partiellement publics ou dépendants des commandes de l'État (EADS, SNPE, Dassault, Thomson), à forte intensité de main-d'œuvre et dans des secteurs de pointe très concurrencés, ils sont peu assurés de préserver leur haut niveau d'effectifs. Ces grandes zones ont pris le relais des industries lourdes, chimiques surtout, et anciennes (alimentaires) des bords de l'estuaire. Elles constituent des pôles périphériques liés à l'aéroport de Mérignac, aux échangeurs de l'Ouest et du Sud (Blanquefort, Pessac). Elles justifient d'importants mouvements de main-d'œuvre. Ainsi, comme dans toutes les grandes villes-ponts, la circulation est un problème majeur, puisque les trafics de niveaux local, régional et supra-régional empruntent les mêmes réseaux. La desserte des faubourgs plus ouvriers de la rive droite est peu commode et fut un enjeu politique et urbanistique dans le choix d'un tracé pour le tramway. Elle regroupe pourtant un quart de la population totale.

Le partage spatial des fonctions est donc fort classique. La zone d'emploi centrale a stoppé son déclin démographique depuis 1982 et accueille les fonctions décisionnelles : 31 % des emplois stratégiques régionaux dans les quartiers centraux. Ceux-ci sont de grande qualité architecturale, comme dans toutes les grandes villes où l'urbanisme aéré et géométrique de la période moderne a rompu ostensiblement avec celui du Moyen Âge. La Garonne y occasionne un front monumental qui contraste fortement avec les grandes emprises portuaires en face et en aval. Les quartiers péri-centraux dégradés ont été remplacés par le grand centre d'affaires et d'administration de Mériadec et par des opérations immobilières (portes de Bordeaux, cité mondiale du Vin, Saint-Christoly). Dans la vaste zone péri-urbaine très composite, se mêlent la forêt landaise, des vignobles prestigieux comme celui des Graves et du Haut-Médoc, l'habitat résidentiel, des zones industrielles et commerciales, enfin des pôles tertiaires récents comme le quartier du Lac (foire exposition), l'immense campus de Talence, les technopôles Unitec, qui lui est associé, à Pessac (2 000 emplois), et Montesquieu (600 emplois).

Néanmoins, les extensions urbaines sont relativement freinées par l'emprise considérable de la forêt et du vignoble aux portes même de l'agglomération. Par ces « cloisons », quasi vide pour l'une, animant de petits centres, comme Libourne, pour l'autre, Bordeaux se trouve éloignée des villes moyennes et grandes de la périphérie régionale, du Périgord, de l'Adour. L'axe garonnais en revanche, sur 60 à 80 km, présente un chapelet de villes en fortes relations avec la capitale.

La forêt des Landes échappe, pour l'essentiel, à l'emprise bordelaise. La propriété de la forêt, des capitaux industriels et des grandes clairières agricoles sont d'origine assez largement extra-régionale. La péri-urbanisation, sur les bords de l'estuaire et surtout autour des stations balnéaires du bassin d'Arcachon conduit à distinguer la zone d'emploi du bassin d'Arcachon qui s'accroît de près de 2 % par an depuis 1999. Le vignoble, lui, reste bordelais. La publicité des acquisitions de quelques châteaux par des capitaux extérieurs à la région ne doit masquer ni les liens historiques essentiels entre vignoble et prospérité urbaine du négoce, ni le rôle peuplant d'un vignoble de petits propriétaires. En effet, ce vignoble est remarquable par sa diversité : diversité des productions, et diversité des qualités. La micro-géographie des reliefs et des sols fait apparaître des « centres » prestigieux sur 50 000 ha environ (Haut-Médoc, Graves, Sauternais, Saint-Émilion) et des aires plus vastes, où l'appellation d'origine contrôlée (AOC) reste une règle, mais où les prix sont moins élevés, les quantités plus fortes, les structures plus coopératives, la monoculture moins fréquente : 60 000 ha environ, en Blayais, dans l'Entre-deux-Mers, dans le Bas-Médoc, dans les confins charentais. Dans toute cette région du vignoble, les villes (Libourne, Langon) sont dans les vallées de la Dordogne et de la Garonne. Le vignoble est, depuis 2008 surtout, en difficulté économique relative et les négociants réduisent leur personnel devant les concurrences et les incertitudes des grands marchés d'exportation, mais aussi et surtout le recul de sa part du marché français.

■ ***La région toulousaine.*** Distante de moins de 200 km de Bordeaux, très bien reliée à elle et de taille comparable (1,232 million d'hab. dans l'aire urbaine), présentant de grands établissements liés aux mêmes branches, voire aux mêmes firmes (aéronautique, électronique), Toulouse a bien des raisons d'être concurrente de Bordeaux. La position même de Toulouse, seule grande ville et ancienne capitale du Languedoc, au centre des grandes unités sous-régionales et d'une étoile routière à 7 branches principales, entre Atlantique et Méditerranée, a favorisé son essor. Elle explique aussi les relations très déséquilibrées avec une couronne de villes moyennes équidistantes dont aucune n'atteint le 1/10e de la masse toulousaine : Albi, Castres, Montauban, et plus secondairement Auch, Saint-Gaudens, Foix. Cette métropole de fait, devenue métropole de droit, a connu un tel essor qu'elle est devenue un archétype de métropole « en déséquilibre » avec sa région (voir chapitres 4 et 5). Soupçonnée d'en confisquer les dynamismes, il est pourtant démontré que Toulouse a une croissance largement auto-alimentée aujourd'hui, faute d'un marché régional pour les activités les plus stratégiques de services aux entreprises, et que son dynamisme se « desserre » désormais largement vers les villes proches.

Toulouse a bénéficié d'un renforcement administratif et culturel commun à toutes les capitales, avec ses effets induits sur les services, l'emploi, mais aussi d'une décentralisation précoce de grands services publics (tels que la Météorologie nationale), et surtout d'une série d'institutions de recherche et d'enseignement dans le domaine aéronautique et spatial (CNES, ONERA, ENAC, Sup. Aéro dans les années 1960-1970). Elle est l'archétype des villes d'État sur lesquelles celui-ci a greffé l'industrie. On peut la rapprocher de Grenoble, avec laquelle elle partage une commune image de modernité et de dynamisme urbain, qui font cohabiter une société locale très forte et une population de cadres, de chercheurs « expatriés ». Outre une tradition pionnière dans l'aéronautique, tôt structurée en un grand groupe public (1936), il s'est donc constitué, à la faveur de la politique des métropoles d'équilibre, un pôle de développement économique qui a largement soutenu la croissance spectaculaire de l'aire urbaine. La quarantaine de firmes et la dizaine de laboratoires impliqués dans l'industrie spatiale et aéronautique représentent en effet environ 30 000 emplois, soit 40 % des effectifs nationaux de cette branche. Ce pôle est structuré autour du CNES, d'Airbus (170 000 emplois) et de grandes firmes comme Thalès, Astrium, Air France. Ils font vivre un grand nombre de sous-traitants, dans l'électronique, l'exploitation de données spatiales et surtout l'aéronautique : en 2010, la sous-traitance régionale de ce secteur était évaluée à 55 000 emplois et 900 établissements, dans le département pour l'essentiel. Il s'agit donc d'un « système technico-productif intégré » dans lequel se développe « un processus localisé de création technologique » (J.-P. Gilly et C. Dupuy). Le pôle « Aeroconstellation » de Blagnac, pour le développement de l'A380 représente à lui seul 9 000 emplois sur 300 hectares.

Le technopôle toulousain comprend aussi plusieurs milliers d'emplois dans les biotechnologies (Oncopôle : 2 400 chercheurs), la biochimie, le textile. Les aléas conjoncturels pèsent sur ces secteurs de pointe, sensibles à la concurrence américaine (aéronautique), aux obligations d'un consortium européen (Airbus, implanté aussi à Hambourg par exemple). Pourtant, sur le moyen terme, la concentration géographique et technologique a contribué à une croissance démographique spectaculaire. L'aire urbaine, passée en 1999 au cinquième rang national, devant Bordeaux désormais, connaît un accroissement d'environ 20 000 hab. par an depuis 1999 (second rang derrière Montpellier). Elle représente 50 % des emplois et 43 % de la population régionale.

Une telle croissance a posé de nouveaux problèmes urbains à cette vieille ville-pont où les encombrements routiers sont légendaires, imposant une nouvelle rocade à l'ouest, justifiant un métro, sur une ligne sud-ouest/nord-est. Dans l'espace urbain, appuyé sur un solide patrimoine architectural ancien (la « ville rose »), réhabilité dans le quartier Saint-Georges, deux traits sont remarquables : le regain d'attrait pour la ville-centre (qui gagne 32 000 hab. de 1990 à 1999 et 50 000 de 1999 à 2010, après en avoir perdu 24 000 de 1975 à 1982), et la tentative d'étendre à la ville tout entière la désignation de technopole. Celle-ci se présente comme une ceinture de parcs d'activités, autour de l'aéroport et des centres universitaires de Rangueil et du Mirail, principalement à l'ouest de la ville. Ces quartiers ont été sinistrés, de même que la ville a été profondément ébranlée, au plan matériel et psychologique, par l'explosion de l'usine AZF en 2001. Les lenteurs de l'enquête et des réparations qui l'ont suivie, ainsi que les réductions d'effectifs dans l'industrie chimique, ajoutées aux reculs de l'emploi dans l'aéronautique et le transport aérien, ont, un temps, terni l'image de la ville. Mais cette ceinture se renforce au sud-est, en direction de Montpellier, de Barcelone, par la grande zone Toulouse Sud-Est (environ 4 000 entreprises, 33 000 salariés, un campus de grandes écoles, 5 600 étudiants).

Au-delà de la zone agglomérée, le lien avec la grande région toulousaine et les villes distantes de 50 à 70 km se marque par une croissance démographique très nettement supérieure au long des axes routiers principaux, débouchant sur la région Languedoc-Roussillon vers Castelnaudary. Seuls les axes sud et sud-ouest sont moins dynamiques, plus discontinus. Entre ces derniers les reculs réguliers de la population depuis trente ans sont fréquents. Aux extrémités de ces axes de diffusion de la croissance démographique toulousaine, les villes sont de tailles et de statuts variés : préfectures peu concurrencées comme Auch (40 000 hab. dans l'aire urbaine) ou Montauban (130 000 hab.), doublets départementaux comme Castres-Albi, Foix-Pamiers, petites villes et villes moyennes pour les autres. Construites sur des bases économiques très différentes, elles évitent toutes les situations de crise profonde que connaissent les villes mono-industrielles plus excentrées, auxquelles se rattache Saint-Gaudens par exemple. En effet, là où l'industrie traditionnelle faiblit, comme le textile à Castres (67 000 hab.), la sidérurgie à Pamiers, la verrerie et la métallurgie à Albi (96 000 hab.), le relais est pris par la tertiarisation administrative ainsi que par des industries nouvelles : pharmacie, automatismes, à Castres, technopôle autour de l'École des Mines à Albi par exemple. Là où la fonction administrative primait (Auch, Foix), elle se renforce et se diversifie. Par ailleurs, chacune de ces villes présente autour d'elle une auréole de croissance démographique, de moindre vieillissement, contrastant avec les reculs environnants. R. Marconis (in Gamblin, 1994) souligne que la forme de ce réseau évoque les modèles théoriques gravitaires puisque l'on trouve à un niveau inférieur (8 000 et 10 000 hab.) un grand nombre de petites villes à mi-chemin entre Toulouse et les centres évoqués ci-dessus, comme Villefranche-de-Lauraguais, Muret, Rabastens, Grenade qui deviennent les limites de l'aire urbaine toulousaine et des migrations quotidiennes de travail.

Métropolisation partagée ou simple déconcentration de l'aire toulousaine, la réponse est sans doute différente dans le triangle de Toulouse-Albi-Montauban, particulièrement dynamique sur le plan démographique, et au-delà, vers le sud-ouest et l'ouest.

■ ***Le Val de Garonne.*** Si la Garonne est encore d'un débit modeste à Toulouse, d'environ 230 m^3/seconde, elle y coule déjà dans une large vallée, et des cours d'eau la suivent avant de s'y jeter, ce qui différencie le val de la simple vallée. Ce dispositif s'amplifie en aval de la confluence avec le Tarn, le débit se renforce pour tripler vers Agen. Le val, plaine alluviale et terrasses sur 15 à 20 km de largeur, est dissymétrique. Le versant de rive droite est souvent plus raide, surmontant le vieux canal latéral désormais réservé au tourisme fluvial. Au contraire, l'emboîtement puis l'étagement des terrasses alluviales se développent sur 10 à 20 km en rive gauche, présentant des sols de plus en plus légers et filtrants vers le haut, sur les plus anciennes. Elles se raccordent sans rupture nette avec les collines environnantes de Lomagne, de l'Agenais, du Marmandais. Ainsi, à l'écart des crues violentes du fleuve, aujourd'hui largement endigué, s'est ouvert un couloir de villes, qui furent souvent des bastides, villes-neuves médiévales au plan en damier plus ou moins allongé, comme Grenade, Valence-d'Agen, Castelsarrasin. Elles sont plus développées que les centaines de créations urbaines ou villageoises de ce type qui maillent ces anciennes terres d'affrontement, de reconquête et de colonisation rurale médiévales, en Aquitaine, du Périgord à l'Armagnac, car le passage y est intense, fluvial autrefois, puis ferroviaire, routier et autoroutier. Ce passage a précocement ouvert un marché régional et national aux cultures délicates très variées, pratiquées sur les terrasses : arbres fruitiers, tomates, cultures sous serres et irriguées, vignobles, comme ceux du Frontonnais entre Tarn et Garonne. Ces cultures restent la base d'une spécialisation garonnaise.

Les migrations de travail sont facilitées par le passage de l'autoroute « des Deux-Mers », qui affaiblit l'autonomie d'Agen, à mi-chemin entre les deux capitales. Aire urbaine de 110 000 habitants, la ville polarise un pays extrêmement rural, où la polyculture aquitaine, sur de petites exploitations, reste bien représentée.

Le Val de Garonne, espace privilégié de péri-urbanisation, n'a cependant pas la continuité industrialo-urbaine qui tend à s'établir dans les grandes vallées de l'Est et du Nord-Est, ni surtout la densité urbaine du Val de Loire.

■ ***Pays et petites villes.*** L'Aquitaine et Midi-Pyrénées restent rurales avec 30,3 % et 35,5 % de non-citadins. Malgré des traits hérités nombreux, les agricultures s'y sont profondément transformées. Ces mutations sont d'abord celles de la population, avec des effectifs en recul de 30 % depuis 1962 en Aquitaine, de près de 55 % en Midi-Pyrénées. Les structures sont bouleversées en conséquence. Le nombre des exploitations agricoles place encore les 2 régions aux premiers rangs français mais a encore diminué de 26 et 15 % dans les deux régions entre 2000 et 2010, la surface moyenne par exploitation (48 hectares en Midi-Pyrénées, 32 en Aquitaine) a presque rejoint la moyenne nationale (de 55 hectares). La valeur des livraisons est cependant relativement faible si l'on excepte l'apport considérable des produits du vignoble aquitain (30 % du revenu agricole régional). Les productions et les systèmes traditionnels étaient céréaliers (maïs, très amélioré génétiquement depuis sa précoce introduction), arboricoles, intégrant tôt des cultures spéculatives comme le tabac et la vigne. Ils associaient l'élevage bovin et de basse-cour dans un paysage-marqueterie, où le complant, la haie, le parcellaire émietté, l'habitat semi-dispersé, combinaient des traits méridionaux et atlantiques. De nombreux traits subsistent, mais l'introduction massive des oléagineux (colza, tournesol), des protéagineux (soja, sorgho), de l'irrigation par aspersion et par utilisation de petits lacs collinaires, la spécialisation croissante des exploitations encadrées par les coopératives et la vulgarisation technique, représentent de grandes transformations. Celles-ci s'opèrent dans le cadre encore bien vivant des pays, des petites régions agricoles, qui résultent de nuances topographiques, pédologiques et climatiques sensibles.

Les pays les plus spécialisés sont d'abord les Landes de Gascogne. Le plus grand massif forestier européen (10 000 km²) appartient à ce type de régions françaises faiblement peuplées qui ont été radicalement transformées au XIXe siècle dans un souci de valorisation, qui est d'abord mono-actif puis se diversifie (Champagne crayeuse, Camargue). Ici, sur une topographie surbaissée, opposant plaines sableuses, dunes, vallées à peine marquées mais amphibies, sur des sols acides et facilement engorgés, le boisement en pins maritimes a été conditionné, fin XVIIIe et sous le Second Empire, par l'obligation faite aux communes de drainer ces landes à moutons, insalubres et sous-peuplées. Le réseau des « crastes » est ainsi le quadrillage de base sur lequel s'inscrivent ensuite les trames successives de l'exploitation forestière, chemins, voies ferrées étroites, pare-feux, limites des grands domaines constitués par les notables, les groupes résiniers puis papetiers. Cette forêt, jeune, à peu près mono-spécifique, connaît son âge d'or au tournant du XIXe siècle, puis n'est rénovée qu'après les grands incendies des années 1940-1950. Elle devient alors un de ces grands chantiers d'aménagement rural dont les Midis sont coutumiers, sous l'impulsion de la Compagnie d'aménagement des Landes de Gascogne. La forêt, rajeunie, exploitée selon des révolutions plus courtes, devient papetière, sauf sur le littoral où elle conserve sa fonction protectrice, fixant les dunes. La tempête de 2008 l'a cependant très affaiblie (de 30 % environ). Entre les grands domaines forestiers, des clairières exploitées par des rapatriés d'Algérie et surtout par des céréaliculteurs de la France du Nord, sont plantées en maïs irrigué. Le peuplement reste faible, dispersé, sauf en quelques rares bourgs autour des puits de pétrole (en sommeil depuis quinze ans mais réactivés pour une part) ou des camps militaires proches des grands étangs littoraux. Le littoral est jalonné de stations planifiées sur le modèle languedocien par la mission d'aménagement de la côte Aquitaine de 1970 à 1988.

Les terroirs du vignoble d'Armagnac, ceux des grandes vallées affluentes de la Garonne sont aussi spécialisés : celles de la Dordogne, du Lot, de l'Aveyron, du Tarn, une fois sortis de leur profond encaissement dans les causses calcaires, prennent certains aspects du Val de Garonne. Au long de ces rivières en faible pente, autrefois flottées et naviguées, sont cultivées les plantes délicates et rémunératrices (fruits, raisins de table), sur les terrasses et les versants, tandis que les céréales et les oléagineux irrigués occupent les fonds larges et inondables. Des vignobles de qualité, bénéficiant de la demande croissante des vins de gamme moyenne, comme ceux du Frontonais, de Cahors, de Gaillac, de Bergerac, de Monbazillac contribuent à cette spécialisation, ainsi qu'à une forte notoriété touristique : les tourismes vert, gastronomique, culturel (sites préhistoriques) attirent une clientèle importante, étrangère notamment (7 % des résidences secondaires appartiennent à des étrangers, anglais pour une petite moitié). Ces vallées échappent ainsi à la déprise démographique des interfluves.

La polyculture-élevage reste très répandue dans la Gascogne non landaise. Les campagnes y sont très défrichées. Le Gers (Haut Armagnac), le plateau de Lannemezan (Magnoac), mais aussi la Chalosse, le Bas Armagnac, partagés entre les bassins-versants de la Garonne et de l'Adour, présentent tous ces paysages très humanisés de collines, fortement rythmés par des vallées aux versants dissymétriques, aux tracés parallèles ou en éventail. On peut encore y lire l'ancienneté du cadastrage gallo-romain, l'étendue des défrichements médiévaux sur les « lannes », les « artigues », c'est-à-dire les essartages de terres incultes, par des créations urbaines et villageoises, laïques (« castelnaux ») et ecclésiastiques (« sauvetés ») disposées sur les lignes de crêtes. Domaine d'intervention de la Compagnie d'aménagement des coteaux de Gascogne, le développement agricole (par l'irrigation surtout, grâce aux lacs collinaires) a été payé d'un fort dépeuplement qui se répercute sur l'inégale résistance d'un semis de petites villes, original par sa densité.

La soixantaine de petites villes aquitaines fait un peu figure d'oubliée de l'aménagement du territoire. Celui-ci a en effet privilégié le niveau supérieur des capitales, sous-capitales et centres principaux. Vers 1977-1982, les contrats villes moyennes et villes-relais réintègrent la frange supérieure des villes locales dans les dispositifs d'aide. Mais cet ensemble de petites villes, qui représente environ 330 000 habitants dans la région, en faible augmentation (+ 16 % de 1962 à 1990, contre 15 % pour la région entière), tend encore à être négligé, peut-être à cause de son hétérogénéité. Kaléidoscope démographique et économique, du « village-centre » au bourg industriel, ces villes présentent pourtant des traits communs : une forte expansion spatiale, qui en a multiplié la surface par 5 à 10 depuis les années 1950, souligne la place des pavillons, des surfaces commerciales, autour de petits centres médiévaux peu modifiés. Une certaine homogénéisation sociale est notable, par sur-représentation des employés, artisans, commerçants, petits patrons, retraités (souvent autour d'un tiers de la population). Toutes ces villes montrent aussi une grande dépendance à l'égard d'une activité industrielle locale : Fumel par exemple où l'un des plus gros établissements industriels de la région, la fonderie SADEFA a divisé par 6 ses effectifs de 1970 à 2002, avant de déposer son bilan puis d'être relancée par ses salariés et par le groupe Metaltemple (250 emplois). Il en est ainsi trop souvent des petites villes du délainage et de la mégisserie – Graulhet, Mazamet –, des équipements automobiles à Cahors, Castres, et Labastide-Saint-Pierre. Les villes et les usines travaillant pour l'aéronautique (Figeac, Capdenac) résistent mieux, de même que celles situées dans les vallées importantes, en position de villes chefs-lieux (Langon, Lesparre), ou de relais dans les moyennes vallées (Orthez, Bazas). Il en va de même sur le littoral (Mimizan, Biscarosse). Elles apparaissent en tout cas comme un maillon essentiel de la cohésion régionale, de l'offre de services, de la qualité de vie urbaine, symbolisée par de très nombreux festivals.

Les Pyrénées et leur piémont

■ ***Les Pyrénées.*** Cette chaîne tertiaire présente une zonation des altitudes et des formes comparables à celle des Alpes, mais avec un moindre développement de chacune des unités : massifs centraux frontaliers, intégrant plus que les Alpes d'importants fragments du socle primaire, zone nord-pyrénéenne aux plis chevauchant les pré-Pyrénées et les « petites Pyrénées » aux chaînons calcaires recoupés en cluses par les vallées des gaves (grands torrents affluents de l'Adour à l'ouest), puis progressivement ennoyés par le piémont molassique. Ce versant français de la chaîne est humide et forestier, il porte une empreinte glaciaire et péri-glaciaire importante. Les vallées perpendiculaires sont cependant moins larges que dans les Alpes, et surtout se terminent en bout-du-monde, cirques majestueux mais sans guère de cols aisés, ce qui fut longtemps un facteur de l'isolement et de la formation de communautés pastorales en relation avec les vallées de Navarre et d'Aragon. L'altitude élevée des cols a repoussé l'essentiel du passage aux extrémités basque et catalane de la chaîne.

Les évolutions récentes de la population sont bien différenciées selon une géographie qui transcende les grands ensembles culturels qui se partagent la chaîne en segments d'ouest en est : basque, béarnais, de Bigorre, de Comminges, du Couserans… Les Pyrénées ont été globalement un espace très touché par le dépeuplement. L'hydroélectricité, l'électro-métallurgie, la chimie, n'ont que localement et provisoirement compensé le déclin d'une économie sylvo-pastorale et pré-industrielle (forges ariégeoises, exploitation forestière intensive pour la construction navale et le charbon de bois).

Les densités sont plus faibles que celles du Massif central (environ 30 hab./km^2 contre 45) ; pourtant la dépopulation s'est arrêtée et les bilans migratoires sont devenus partout positifs, mais avec des disparités et des composantes bien différentes. Un triple gradient peut résumer, en simplifiant, les évolutions :

- l'ouest gagne plus que l'est et le centre (on laisse à part les Pyrénées catalanes qui connaissent aussi des signes de reprises rapides) ;
- la moyenne montagne « redémarre » moins que la haute montagne ;
- les vallées principales concentrent les gains au détriment des vallées secondaires.

Ces évolutions traduisent le rôle croissant du tourisme estival et hivernal malgré les aléas de l'enneigement, grâce à des stations de plus en plus hautes, attirant une clientèle de l'Ouest français et espagnol. Le tourisme est bien vital pour la croissance démographique et la diversification des activités (thermalisme ancien, ski plus récent), tandis que l'élevage laitier, bovin et surtout ovin, et les reboisements contribuent aux très faibles effectifs de la moyenne montagne. L'amélioration des liaisons routières dans la vallée de l'Ariège, vers les grands sites des Pyrénées centrales par les vallées des gaves d'Aspe, d'Ossau, de Pau et d'Oloron, vers Andorre et Lourdes, compense les crises industrielles sévères des petits centres textiles anciens (Lavelanet), métallurgiques (alumineries Péchiney en recul ou fermées, près de Tarascon, de Foix, de Lannemezan), papetiers, chimiques (Pierrefite-Nestalas).

■ ***Les pays de l'Adour.*** Définis par le bassin-versant de ce fleuve pyrénéen, ces pays, entre Landes et Pyrénées, Lannemezan et Pays basque, présentent une certaine unité physique et surtout une organisation urbaine propre, si peu bordelaise qu'elle avait laissé imaginer une possible région administrative. Ce sont surtout les lignes de villes qui en font la spécificité : celle du Marsan, au contact de la forêt landaise, celles des vallées du gave d'Oloron, de l'Adour et du gave de Pau. À partir d'elles, les campagnes de Bigorre, du Béarn et de Chalosse, typiquement aquitaines

(« serres » et coteaux, viticulture du Jurançon, du Tursan et du Madiran, élevage, herbages et maïs dans les fonds de vallées) sont structurées par des marchés agricoles actifs. Pour l'instant, peu de convergences réelles fonderaient une telle entité, sinon l'existence d'organismes spécialisés comme l'Agence de bassin, avec une ambitieuse politique de qualité des eaux, ou l'importante coopérative Maïs-Adour (8 000 coopérateurs, 5 000 salariés, 16e groupe coopératif français). Le principal facteur d'autonomie de cette région est l'ensemble formé par Pau et les petites villes du pétrole et du gaz (Lacq et la petite ville nouvelle de Mourenx). Les technologies, plus qu'une production d'hydrocarbure et des industries lourdes quasiment condamnées, l'image très avantageuse d'une ville-jardin, pré-montagnarde, son insertion dans des réseaux nationaux (par l'université par exemple, 12 000 étudiants dont un tiers à Bayonne) et internationaux (Espagne), ont donné lieu à une croissance rapide puis plus lente de Pau (241 000 hab. dans l'aire urbaine). Plus attirée par Toulouse ou Paris que par Bordeaux, elle met en cause la vision traditionnelle d'une armature urbaine hiérarchisée, dans laquelle elle serait une sous-capitale subordonnée à Bordeaux. Malgré sa liaison par TGV avec cette dernière, Pau s'inscrit surtout, avec Bayonne, dans un réseau de villes du piémont, comprenant aussi Lourdes, Oloron, Tarbes. Mais cette dernière, beaucoup plus militaro-industrielle (pyrotechnie, garnison importante, Alstom-transport), est presque deux fois moins peuplée et très touchée par la fermeture, en 2006, du groupe GIAT (armement terrestre). Elle est aussi bien moins autonome du point de vue des services supérieurs, à la fois rattachée à Toulouse et éloignée d'elle. Elle est donc très tournée vers Pau, comme en témoigne le nouvel aéroport commun Pau-Tarbes-Lourdes (452 000 passagers en 2011, en baisse sensible), destiné, entre autres, au transit d'une partie des 6 millions annuels de pèlerins (et même 9 millions en 2008).

■ ***Le Pays basque.*** Sans statut territorial, à la différence de son versant espagnol, et d'une assez faible étendue (canton de Bayonne et deux cantons de la Soule), il a pourtant une forte originalité, culturelle bien sûr, transfrontalière, mais aussi au sein du Sud-Ouest. Cela vaut régulièrement à ses élus de réclamer la création d'un département basque, et d'appuyer les tentatives de constituer une région des « Trois B », (Basque, Bigorre, Béarn). Périphérie extrême, ce pays est un îlot de croissance démographique régulière depuis les années 1930. Bien qu'inégalement répartie et désormais très littoralisée (280 000 hab. dans l'aire urbaine de Bayonne) cette croissance renforce l'impression de grande continuité du peuplement donnée par la dispersion de l'habitat et l'aspect bocager des collines. Pays vert, très humide, il comprend trois zones assez contrastées : une montagne pastorale, laitière, un piémont collinéen de polyculture-élevage, animé par de petits centres, d'industrie textile notamment (Mauléon, Hasparren) et surtout un littoral presque continûment urbanisé autour de l'agglomération de Bayonne-Anglet-Biarritz. Si l'on y ajoute Saint-Jean-de-Luz, pour la pêche, Hendaye comme ville-frontière, le partage des tâches est net : tourisme ancien et très actif, de standing (casino, congrès, festivals) à Biarritz, industrie portuaire à Bayonne, où la sidérurgie estuarienne du Boucau a été remplacée par des usines chimiques et aéronautiques. Bayonne est aussi le centre administratif de l'aval des pays de l'Adour, notamment pour les stations touristiques importantes que sont Dax (première station thermale française), Hossegor, Cap-Breton. À ce titre la croissance de plus de 1 % par an des aires de Bayonne, du Sud des Landes, peut laisser penser à la constitution d'une vaste aire métropolitaine polynucléaire et transfrontalière, de Saint-Sébastien à Dax, au poids démographique supérieur à celle de Bordeaux.

Le Limousin et les bordures sud-occidentales du Massif central

Bien peu reconnu par la géographie administrative, ce massif présente un versant limousin, périgourdin, quercynois et rouergat, dominé par les hauteurs du Cantal, de l'Aubrac. Leur climat, leur fréquentation touristique, leurs liaisons, les rattachent principalement au Sud-Ouest bordelais et toulousain.

■ ***Le Limousin.*** Cette région est souvent présentée comme l'archétype des régions en difficulté, enclavée, dépeuplée, trop petite. Elle est pourtant une province très anciennement constituée et produit des efforts vigoureux pour changer d'image, convertir en atouts l'excès de ruralité, la densité légère (46). On ne peut nier que des indicateurs soient effectivement alarmants, liés à la poursuite d'un dépeuplement ancien qui l'a vidée du tiers de ses effectifs depuis la fin du XIXe siècle : population vieillie (22 % ont plus de 65 ans et le solde migratoire redevenu positif compense difficilement un solde naturel très négatif, faible participation à la production nationale (1,28 % de la population, soit 719 000 hab. en 1995, 742 000 en 2010, occupe 3,1 % du territoire et représente 1 % de la valeur ajoutée brute). On doit surtout remarquer les très fortes disparités intra-régionales. Là encore les évolutions démographiques résument bien les dynamiques régionales. L'opposition haut/bas Limousin, d'est en ouest, se lit dans les densités. La montagne, monts de Blond, plateau de Millevaches, est particulièrement dépeuplée, les densités tombent de 6 à 9 hab./km^2, les villages ne sont occupés que par des exploitations extensives, productrices de viande ovine et bovine sous label, ou de bois. La promotion d'un pays vert, château d'eau de grande qualité et bien préservé, prend appui sur des initiatives très localisées, dans les chefs-lieux cantonaux, sur des exploitations proposant des séjours et des activités de loisirs.

Le bas Limousin connaît lui aussi des zones de très faibles densités dans le nord (Combrailles, Creuse, Marche), très forestier (reboisements très étendus en résineux) et pays d'élevage (ovins, chevaux, nouveaux élevages de gibier, de bisons). Mais partout les soldes migratoires sont redevenus positifs. Deux axes démographique et fonctionnel ressortent (O. Balabanian, G. Bouet, *Norois*, 1991) :

– Celui de la Vienne moyenne est un vieil axe d'industrie au fil de l'eau, papetière notamment, récemment modernisée à Saillat, mais en déclin ailleurs. Limoges anime des banlieues et un bassin d'emplois très étendu, grâce à des activités diversifiées, administratives, universitaires, militaires, et industrielles. Celles-ci y sont largement dérivées de la tradition manufacturière porcelainière, qui a évolué d'un métier d'art à une industrie de pointe, produisant céramiques industrielles, nouveaux matériaux et appareillage électrique (firme Legrand). Capitale régionale incontestée, qui a connu une croissance démographique élevée jusqu'en 1982, plus faible ensuite et forte depuis 1999, Limoges (285 000 hab. dans l'aire urbaine) ne peut insuffler un regain d'activité au-delà de son bassin d'emplois, notamment à cause de l'étroitesse du marché régional des services, de la consommation et de la main-d'œuvre, et cela malgré une politique ambitieuse d'aide régionale au développement. La liaison autoroutière avec Paris et Toulouse, achevée en 2011, servira d'abord ses projets de technopôle « à taille humaine » (1 700 emplois, 2 grandes écoles), mais renforcera encore le lien avec Paris. Par sa capitale, ses flux, les villes moyennes du nord (Guéret, La Souterraine), la région regarde plus vers Paris que vers l'Arc Atlantique ; néanmoins l'appartenance de la région à cet ensemble volontariste traduit les efforts tous azimuts pour rompre l'image d'enclavement et de retard.

– L'autre axe est celui de la Corrèze, sensiblement plus aquitain, tourné vers la Dordogne. C'est surtout vrai du bassin de Brive où les cultures délicates, de fruits, de tabac, de légumes, profitent de l'effet d'abri entre causse et massif ancien. Brive et Tulle : deux capitales pour la Corrèze, pourrait-on dire. La première ne l'est pas officiellement, mais elle est plus peuplée (102 000 hab.) et plus tertiaire, particulièrement bien desservie, tandis que la seconde (31 000 hab.) conserve un aspect de ville usinière. En amont, Égletons, Meymac, Ussel, prolongent cet axe et confirment ce caractère d'archipel de peuplement et d'activités, concentrant la croissance plus qu'ils ne la diffusent vers leur arrière-pays rural. Celui-ci est de plus en plus dépendant du tourisme et des activités primaires ; mais l'extraction du kaolin (facteur du succès porcelainier précoce de Limoges) ou de l'uranium, a cessé. Ce sont l'eau, le bois (45 % de taux de boisement), les paysages et l'accueil touristique qui peuvent encore donner « un charme discret à la déprise » (O. Balabanian, *in* Gamblin, 1994) et une ruralité agricole forte (3 fois plus d'actifs agricole qu'au plan national).

■ ***Du Périgord à la Montagne Noire.*** En périphérie nord et nord-est des deux grandes régions du Sud-Ouest, le contact entre les pays garonnais et les montagnes du Massif central se fait de façon très progressive par le biais de grands plateaux : bas plateaux dans le Périgord, le Quercy, où ils sont essentiellement de calcaires, parfois recouverts de placages plus siliceux, d'altérites, provenant pour partie des terrains du socle, ils sont plus élevés en Rouergue et dans les Grands Causses. Le milieu naturel, par l'altitude et surtout la nature des sols et des sous-sols, a été un facteur important de régionalisation : Périgord blanc, « fromentaux » (pays de blé et non de seigle) correspondent à des pays calcaires, au modelé karstique, où l'eau est rare, les cuvettes argileuses très recherchées pour les cultures et l'abreuvage des troupeaux d'ovins. Au contraire, en Périgord noir, Châtaigneraie, Ségala, Lévezou, Viadène, dans la Montagne Noire, les monts de Lacaune, le Sidobre, les sols sont plus acides, la forêt tient plus de place. À Carmaux, Decazeville, ce sont de petits bassins houillers qui, comme à Alès, Saint-Étienne ou Blanzy, ont vu se développer des foyers miniers et métallurgiques aujourd'hui abandonnés ou en passe de l'être. Ils sont devenus des pôles de conversion difficiles à reconstituer, connaissant une forte émigration vers les villes voisines et les capitales régionales.

Recoupant ces divers ensembles, les grandes vallées déjà évoquées, Dordogne, Lot et Célé, Aveyron et Viaur, Agout et Thoré, concentrent la quasi-totalité des villes. Partout les densités sont faibles, fruits du dépeuplement commencé au XIXe siècle, et parfois à l'origine de véritables diasporas, comme celles des Aveyronnais et des Auvergnats avec lesquels ils ont constitué de solides filières à Paris, Bordeaux, Toulouse, Montpellier.

Là où les densités sont les plus faibles, les spécialisations rurales sont finalement plus faciles à rentabiliser, au prix d'un accès plus malaisé aux services. Une certaine forme d'extensivité peut être payante si elle a pour débouché une transformation et des marchés acceptant une haute valeur ajoutée. C'est le cas du bassin laitier de Roquefort, qui soutient une forte résistance des grands éleveurs des Causses, y compris, naguère, face aux extensions du camp du Larzac, et aujourd'hui aux pressions nord-américaines. Dans une moindre mesure, c'est aussi le cas de l'élevage ovin de Lacaune, du Sidobre et de la Montagne Noire, dont les débouchés lainiers sont complétés par une orientation bouchère ; mais cela suppose l'achèvement d'une transition difficile, à coup de concentration et d'investissements technologiques, pour l'industrie du délainage, de la mégisserie, de la filature, à Mazamet (3 000 salariés, 250 entreprises dans le textile) ou Graulhet.

Le Périgord a ses formes d'extensification-spécialisation avec les productions liées à ses arbres (noix, fruits, bois, cèpes, truffes) qui renforcent une image touristique déjà forte grâce aux sites préhistoriques et religieux. L'éloignement des métropoles peut laisser place à un essor vigoureux des villes-préfectures qui concentrent alors l'essentiel des investissements. C'est surtout vrai à Rodez (comme à Aurillac, dans le Cantal plus auvergnat) où 83 000 habitants bénéficient d'implantations industrielles récentes (équipement automobile). C'est vrai aussi à Périgueux (101 000 hab.). En revanche, les petits centres mono-actifs comme Figeac, Fumel, Decazeville, sont fragilisés.

L'étude conjointe des deux grandes régions du Sud-Ouest a montré bien des points communs dans les types d'espaces ruraux, de modernisation industrielle et agricole. Leur place nationale est comparable, leur séparation, en pleine Gascogne, sur les vallées du Lot et de la Dordogne, apparaît très artificielle. Pourtant, malgré les liaisons fortes par de grands axes autoroutiers, dédoublés sur le piémont pyrénéen, il n'y a guère de coopération interrégionale, comme si l'insertion nationale et internationale par le biais des radiales Paris-Espagne, nouveaux chemins de Saint-Jacques, primait largement sur le vieil itinéraire Atlantique-Méditerranée. Cette situation de dos à dos est tout spécialement valable pour les deux capitales, dont les responsables n'ont amorcé un rapprochement que dans la fin des années 1980, avec le projet de « Grand Sud » et la fondation d'une association des « Eurométropoles ». Le projet de LGV Bordeaux-Toulouse (ouverture en 2024) diminuera cette indigence des relations d'autant plus paradoxale que les liaisons effectives sont intenses, en matière industrielle surtout. Il est vrai que les arbitrages étatiques dans les années 2000 se sont faits systématiquement au profit de Bordeaux et au détriment de Toulouse. Par ailleurs, une telle coopération transrégionale est déjà active entre les départements ruraux, Dordogne, Lot-et-Garonne,

Gers, Tarn-et-Garonne, à l'initiative du sénateur J. François-Poncet. Elle confirme au demeurant le problème commun à ces deux régions de déséquilibre entre des capitales plus soucieuses de rapprochements internationaux (Barcelone, Bilbao) et de grandes infrastructures pour les aider, et des périphéries dont les espaces ruraux sont très dévitalisés. Ceux-ci deviennent les terres d'élections des achats immobiliers britanniques, néerlandais, voire parisiens, au point que les prix flambent en dissuadant les acheteurs régionaux potentiels (Gers, Périgord, Creuse).

LA FRANCE MÉDITERRANÉENNE

Deux lectures géographiques du Sud-Est peuvent être proposées : l'une réside dans la spécificité méditerranéenne de ce grand triangle, de la plaine de Valence à celle du Roussillon et à la frontière du pays de Nice avec la Ligurie et le Piémont. Il présente une combinaison, à toutes échelles, de plaines, de bordures et de cloisons montagneuses, peu élevées mais marquées par la griffe d'une hydrographie torrentielle, de la sécheresse estivale, sur des reliefs et des sols peu protégés par une végétation souvent dégradée en formations buissonnantes. C'est la spécificité de milieux peu maniables, longtemps occupés de manière très sélective, améliorés à l'échelle des petites collectivités puis de grandes entreprises régionales, par la maîtrise de l'eau, des pentes, de la circulation. L'originalité réside aussi dans la profondeur de la romanisation, sensible dans les dialectes, le patrimoine rural, toponymique, juridique et foncier, mais encore plus nettement dans l'héritage urbain. Spécificité qui s'exprime enfin dans une organisation régionale qui fait une place limitée mais réelle à la mer, et qui, là encore, à diverses échelles, associe les trois grands milieux de plaines, de collines et garrigues, de montagnes, jusqu'à ce que s'estompe la méridionalité, dans le sud-est du Massif central, dans les Alpes méridionales. Là, la désignation ancienne des populations par le terme de « gavots », c'est-à-dire « ceux du Nord, des montagnes », rappelle la force de l'identité méridionale.

L'autre lecture est celle qui souligne la « revanche des Midis », une version française de la *sun belt* américaine et des héliotropismes triomphants.

La question est finalement celle des modalités d'une croissance très extravertie, dépendante de l'État et des firmes multinationales. Non seulement urbaine et néo-industrielle, mais aussi agricole et touristique, cette croissance et ses modalités sont fortement inégalitaires et engendrent des ruptures et des conflits socio-spatiaux très importants, au sein des grands ensembles urbains rhodanien, azuréen (le Sud-Est est aujourd'hui une des régions de fort chômage), mais aussi entre régions littorales et rhodaniennes et arrière-pays au statut de « réserves » naturelles et patrimoniales.

Les espaces ruraux : des conservatoires montagnards aux cultures intensives des plaines

Il peut sembler paradoxal de traiter d'abord des espaces les moins peuplés et contribuant le plus faiblement aux économies régionales : 1,4 %, 1,4 % et 3,2 % de la valeur ajoutée brute régionale pour la PACA, la Corse et le Languedoc-Roussillon (proportions diminuées de moitié en 10 ans). Pourtant la mise en valeur très différenciée de ces espaces ruraux, des plus délaissés aux plus convoités, traduit bien cette coexistence d'héritages et de fortes disparités contemporaines, d'intégration aux aires urbaines et de phénomènes de marginalisation.

■ ***Les montagnes pastorales.*** Elles représentent un type étendu d'espaces encadrant les régions strictement méditerranéennes, et qui leur ont fourni traditionnellement des pâturages d'été pour les troupeaux transhumants, puis de nombreux émigrants. Elles sont aujourd'hui particulièrement dépeuplées et enclavées, quoique de nouveau attractives sur des populations jeunes. Leur position, aux marges de leur région de rattachement, les réservent principalement au tourisme, dans le cadre des parcs naturels nationaux (Corse, Cévennes, Mercantour). Ceux-ci représentent un soutien possible au développement local, mais ils signifient aussi des objectifs difficiles à concilier avec les aspirations et les usages locaux. Les loups du Mercantour, les refuges de la montagne corse, se heurtent à l'hostilité des bergers, des éleveurs et des chasseurs. L'articulation reste à trouver entre, d'une part, le maintien de formes extensives, économiquement viables, d'utilisation de l'espace par des populations souvent rajeunies et, d'autre part, le développement touristique, fondé sur des images nécessairement un peu passéistes et archaïsantes.

Les principaux massifs relevant de ce type sont :

– La Margeride, les Cévennes granitiques et schisteuses, la haute Ardèche, ensembles très forestiers, anciens « déserts » protestants ou maquis résistants, ainsi que les Grands Causses déjà évoqués. Ces régions restent très mal desservies, malgré la liaison routière rapide Clermont-Ferrand-Béziers et très peu urbanisées.

– Les Alpes du Sud et de Haute-Provence, entre Buech, Verdon, et chaîne-frontière peu franchie, du Queyras au Mercantour et à l'Argentera. Alpes sèches et ensoleillées, elles ont été saignées par l'émigration du siècle dernier, qui résulta partiellement d'une dégradation écologique et économique, elle-même consécutive à l'ancienne surcharge démographique, agricole et pastorale. Sur ces terres est née l'action de la restauration des terrains de montagne, par reboisement et équipement des versants, depuis une centaine d'années. C'est aussi le lieu du grand aménagement hydro-électrique et hydro-agricole de Serre-Ponçon, conditionnant l'aménagement de toute la vallée de la Durance. Dans cette montagne alpine, on peut distinguer les hautes des moyennes vallées. Dans les premières (Ubaye, Guil, Tinée, Vésubie, Verdon), le tourisme s'impose comme seule animation, saisonnière, à partir de petits centres (Barcelonnette, Allos). Il est limité par un enneigement aléatoire et par la concurrence des Alpes du Nord. Des stations de type intégré ont vu le jour dès les années 1960 (Pra-Loup, Isola 2000), mais elles n'enrayèrent pas le déclin démographique général, désormais inversé mais pour d'autres raisons. Les secondes, d'accès plus facile hébergent des chefs-lieux plus actifs : Digne, Castellane, Sisteron, et surtout Gap (61 000 hab.) et Briançon, situés sur des itinéraires en cours de rééquipement, entre nord et sud des Alpes. Ils bénéficient aussi d'implantations industrielles et tertiaires, comme sur le technopôle Micropolis de Gap, spécialisée dans les TIC.

– Les Pyrénées catalanes montrent aussi un regain démographique localisé, lié à l'attraction de l'Andorre (commerce actif et franc de taxes), au passage vers l'Espagne, au tourisme thermal, climatique, sportif, en Cerdagne.

– Enfin la montagne corse, c'est-à-dire l'essentiel de l'île, de part et d'autre d'une épine dorsale méridienne, a subi davantage le dépeuplement que le reste de l'île (tendance inversée dans les années 2000). Il fut d'autant plus spectaculaire que c'était depuis les villages de montagne qu'étaient traditionnellement organisées les vastes « pieve » (paroisses), et que les bergers étaient au centre de la société traditionnelle.

■ ***Une ceinture de collines, de chaînons et de plateaux calcaires*** se déploie en contrebas de ces montagnes d'élevage. Ces « montagnettes » et ces « plans » sont troués par de petits bassins tectoniques et par les vallées de plus en plus larges dans lesquelles de courtes rivières, des fleuves côtiers, le Var, l'Orb, l'Hérault, l'Aude se chargent d'abondantes alluvions. Tout aussi dépeuplé, sur les hauteurs du moins, cet ensemble est cependant un conservatoire de l'agriculture sèche, souvent associée à l'élevage ovin et caprin, si typique du monde méditerranéen. C'est là que la trilogie blé-vigne-olivier occupait des terroirs concentriques (champs-terrains de parcours-forêts) autour d'un habitat groupé et souvent perché, s'aventurant aisément sur les pentes équipées de terrasses (restanques) aux murettes de pierres sèches. Ayant tôt intégré des cultures commerciales, comme la vigne, l'olivier, la lavande, le mûrier pour nourrir les vers à soie, les plantes tinctoriales, ces espaces sont touchés par l'abandon, le boisement des friches, ou bénéficient ponctuellement d'une reprise par des néo-ruraux. L'irrigation est rare sauf dans le fond des vallées. Celles-ci concentrent aussi passage et nouvelles activités (recherche nucléaire à Cadarache par exemple, sur la Durance, tourisme dans les Baronnies, le Lubéron, les gorges du Verdon). Quelques ensembles sont identifiables :

– Les pré-Alpes provençales et niçoises, Haute-Provence calcaire chère à Giono, les plateaux de Saint-Christol et de Valensole, sont assez bien reliés aux plaines et bassins de Montélimar, du comtat Venaissin, d'Apt, de la basse Durance, d'Aix, de l'Argens. Ils en sont des aires récréatives sur lesquelles les zones de vide (haut Lubéron, plans de Provence) alternent avec des terroirs où l'olivier, l'abricotier, la vigne, livrent des productions de qualité.

– À l'est du Rhône, ce sont le Bas-Vivarais, puis la zone des garrigues, glacis calcaires entre vallée du Rhône et plaine languedocienne, auxquelles s'ajoutent, au sud de l'Aude, les Corbières, les Fenouillèdes, l'Aspre roussillonnais. La vigne y apparaît plus massivement qu'au pied du mont Ventoux ou du Lubéron. Longtemps dominante, en petite propriété, elle a fortement reculé depuis les crises dues aux phylloxéras. Mais, ayant été moins replantée pour la production de masse que le vignoble de plaine, elle est en pointe dans un mouvement de reconstitution d'un vignoble de qualité, fondé sur des appellations « villages », « vins de pays », et même AOC, qui se fait jour dans tout le Languedoc. Les garrigues sont peu peuplées, commandées par les villes des bordures sud et sud-est, à l'exception des petits bassins miniers et métallurgique du Gard (Alès, La Grand-Combe, Bessèges) en difficile reconversion aujourd'hui.

– En Corse, on peut rattacher à ce type pré-littoral les plateaux calcaires de Balagne, du Nebbio, le cap Corse, la Castagniccia (châtaigneraie au sud de Bastia), mais les deux derniers sont bien plus peuplés.

■ ***Les plaines, alluviales et littorales,*** enfin, ainsi que les bas glacis qui les raccordent aux garrigues et aux chaînons, supportent les agricultures les plus intensives, les plus rémunératrices, mais aussi les plus concurrencées, par les villes et la croissance péri-urbaine pour l'eau et le sol, par l'Europe communautaire du Sud pour l'écoulement de leur production. Ces terres sont profondément artificialisées, les paysages y sont toujours construits. Tôt parcourues par les voies romaines, marquées par le quadrillage de la centuriation antique, elles ont peu à peu concentré l'essentiel de la vie agricole, au rythme de l'abandon progressif des hauteurs, des versants découpés de terrasses, laissés aux formes les plus extensives de valorisation (forêt, parcours de bétail, chasse, ruchers). La mise en culture des basses terres a fréquemment supposé la maîtrise de l'eau. Celle-ci, excessive aux inter-saisons, stagnante en hiver dans les étangs et les marais, est insuffisante en été ; elle doit être amenée aux plantes par gravité ou aspersion, ce qui suppose souvent un pompage dans les nappes ou les cours d'eau ; drainage et irrigation sont donc le plus souvent combinés. De tels efforts sont de longue haleine. Les petits aménagements individuels (citernes, haies coupe-vent, rigoles) sont complétés par des entreprises collectives dès le Moyen Âge. Elles sont une version française des « huertas » espagnoles. Dans le « Regatiu » roussillonnais, puis, quand le désenclavement ferroviaire soutint la demande, dans le Comtat Venaissin, naquirent ainsi les marqueteries de petites parcelles portant deux à quatre cultures annuelles, de fruits et de légumes, en primeur si possible. Les forages artésiens du XIXe siècle, les grands barrages (Rhône, Durance, Verdon, Herault) puis les grandes stations de pompage améliorent encore l'irrigation. Ce sont alors de grandes sociétés d'aménagement qui gèrent canaux, pompages, distribution vers les casiers irrigués, comme la société du canal de Provence dans le bassin d'Aix, la Compagnie nationale d'aménagement du bas Rhône Languedoc, créées au XXe siècle, ainsi qu'EDF pour la Durance.

Ces maraîchages, horticultures, floricultures, arboricultures contribuent à la valeur élevée du revenu agricole par hectare de SAU, deux à trois fois supérieur à la moyenne nationale, mais sur de très faibles surfaces, qui tendent à reculer sous l'effet de la pression urbaine et touristique. Villes et stations de vacances sont maintenant les principales destinataires de l'eau canalisée depuis les montagnes encadrantes. Mais les agricultures intensives demeurent bien organisées dans des circuits de collecte, de conditionnement et d'expédition qui s'appuient sur les marchés d'intérêt national de Carpentras, Cavaillon, Châteaurenard, Perpignan, etc. En revanche, l'absence de soutien et de gestion européenne commune de ces produits fragiles et chers laisse leurs producteurs très démunis face à l'Espagne et au Portugal surtout, mais aussi au Maroc ou aux Pays-Bas, ou encore aux groupes de la grande distribution.

L'autre grand type d'espace agricole de plaine est le vignoble. De médiocre réputation sinon par les appellations de Provence et surtout de Côtes-du-Rhône, son évolution et sa structure sont complexes. Il est traditionnellement localisé sur les terres sèches, et sa propriété partagée entre petites exploitations et domaines d'origine urbaine. Le contrôle foncier est en effet important autour des villes de la noblesse de robe, à Aix, Montpellier. L'extension massive des vignes s'est surtout produite aux XVIIIe et XIXe siècles, en liaison avec le développement des ports et le recul de la vigne dans la France du Nord. Ainsi s'est mis en place un vignoble de masse, tôt dépendant du négoce et des marchés éloignés. Le phylloxéra, les concurrences algériennes puis européennes, les changements dans la consommation, se succèdent de la fin du XIXe siècle aux années 1960 pour déstabiliser une société de petits propriétaires, tôt versés dans le radicalisme politique et la tradition coopérative. Les crises ont ponctué l'histoire viticole du Languedoc, provoquant des adaptations successives : descente vers la plaine et les cordons littoraux, concentration et formation de grands domaines comme ceux des Salins du Midi, primes à l'arrachage et conversion partielle en vergers et cultures irriguées par la CNABRL (60 000 ha irrigués), distillations des excédents qui ne trouvent plus de débouchés dans le coupage d'autres vins, enfin orientation vers la qualité notamment dans l'Hérault, les Costières du Gard, le Minervois. Aujourd'hui les AOC couvrent 31 % du vignoble régional (73 % en PACA, 95 % en Aquitaine), mais la diversification fruitière et maraîchère reste modérée car coûteuse et risquée face aux concurrences et aux cycles de produits rapidement en surproduction.

Enfin, on peut identifier un troisième type de grande agriculture de plaine qui occupe les espaces autrefois insalubres et quasi déserts de la Camargue, de la Crau, de la plaine orientale de la Corse. S'il s'y maintient quelques vastes espaces peu aménagés, autour des grands étangs littoraux, pour l'élevage et les qualités écologiques et paysagères, en Camargue surtout, on y trouve aussi de grandes exploitations de formation récente : rizières camarguaises, nées dans les années 1945-1962, aidées par le plan Marshall, puis relancées en 1990, très intensives mais coûteuses et aujourd'hui en recul devant le maraîchage, vignobles et vergers d'agrumes corses, très liés à la réinstallation des rapatriés d'Algérie et à l'action de la Société de mise en valeur de la Corse. En Crau, l'évolution de l'utilisation du sol est originale. Les marais insalubres et les « coussous » pierreux de l'ancien delta durancien, qui servaient de pâturage hivernal, sont des reliques. Grâce au drainage et à l'irrigation (dès le XVIIe siècle), elle est devenue une grande région ovine et fourragère. Mais aujourd'hui, c'est une sorte d'arrière-cour de l'agglomération marseillaise. À côté des serres horticoles, des prairies irriguées, des vergers, la péri-urbanisation, les grandes emprises dégradantes (dépôt d'explosif, décharge, triage) occupent une large place.

Le Midi urbain, péri-urbain, littoral et ses « miracles »

Fortement structuré par des villes antiques et nombreuses, le Sud-Est présente une grande variété de tailles, de formes et de spécialisations urbaines qui incite à dégager des types hiérarchisés. Une telle typologie doit être nuancée par l'observation des associations en grandes aires urbaines, doublets, ou grandes agglomérations polynucléaires.

■ ***Les villes portuaires.*** Malgré la diminution relative des trafics portuaires par la Méditerranée, l'association ville-port-industrie est à l'origine de quatre grands ensembles urbains : Marseille-Fos, Toulon-La Seyne, Nice et Sète, plus modestes.

Marseille présente le cas le plus complexe d'un port qui a migré du centre de la rade (400 hectares) en direction du delta du Rhône, pour occuper aujourd'hui les rives sud de l'étang de Berre et surtout le golfe de Fos (10 000 hectares). Là, les livraisons d'hydrocarbures (61 % des 86 millions de tonnes de trafic total, 3e port pétrolier mondial), de minerais, de charbon, en font le second port méditerranéen et le troisième européen, point de départ du grand oléoduc sud-européen. Le trafic conteneurisé progresse rapidement (1 million de « boîtes » en 2012). Cette extension du port vers l'ouest, sur 70 km de quais, est aussi celle de l'urbanisation récente. Si Aubagne, plus aisée, et La Ciotat, plus industrieuse autrefois, sont des villes importantes et anciennes à l'est, leurs effectifs stagnent et les extensions marseillaises sont surtout spectaculaires aux sorties nord, en direction de Gardanne, avec d'importants quartiers d'habitat social, et, au-delà du chaînon de l'Estaque, vers l'étang de Berre. Cet étalement urbain, fortement contraint par les cloisons montagneuses encadrant la ville, s'explique d'abord par la puissance et la déconcentration industrielle de l'aire marseillaise. L'activité portuaire n'a pas pour autant disparu de Marseille avec 2 millions de passages (pour presque la moitié des croisiéristes).

En effet, si les effectifs y ont sensiblement diminué depuis une quarantaine d'années, au rythme d'1 % par an, le département des Bouches-du-Rhône représente encore 46 % des actifs industriels de la région. Et surtout les sites industriels, autrefois très concentrés en un chantier naval (La Ciotat), un bassin minier (Gardanne), et des usines urbaines (alimentaires à Marseille), se sont multipliés et éloignés : près de 300 zones d'activités sont apparues dans l'ensemble de l'aire métropolitaine, soit à partir de déconcentrations marseillaises, soit à partir de l'extérieur (dans le secteur électronique par exemple qui compte plusieurs dizaines d'entreprises nouvelles) vers Vitrolles, Rousset (sur un ancien site minier), Marignane, Aix-les-Milles, La Ciotat (zone défiscalisée). Au total 26 000 entreprises emploient 259 000 personnes sur ces zones.

Les pourtours de l'étang de Berre accueillent ainsi une urbanisation multiforme : extension des noyaux portuaires existants, de Martigues, de Berre, périurbanisation résidentielle et industrielle en deux pôles majeurs, Marignane et Vitrolles à l'est ; Miramas, Istres et Fos à l'ouest. Sites d'accueil de l'industrie aéronautique (troisième site français, autour des aérodromes), des industries lourdes (Arcelor-Mittal, Kem-One, Esso, Shell) établies dans les années 1960-1970 sur le nouveau port de Fos, ces villes sont, depuis 1973, regroupées partiellement en une ville nouvelle polynucléaire de 120 000 habitants. Les effectifs autour de l'étang ont quadruplé depuis 1968. Les percées de l'extrême droite à Vitrolles, Martigues ou Istres, montrent la fragilité des populations de ces zones récemment urbanisées, sensibles aux thèmes xénophobes et aux reculs de l'emploi industriel.

Marseille, qui avait perdu 12 % de la population de 1975 à 1999, en a regagné 54 000 depuis (+ 0,6 % par an). Mais la taille de son territoire communal lui confère un poids démesuré, 851 000 habitants dans une agglomération d'1,6 million qui fut longtemps sans banlieue, sans région. À partir d'une ville-centre qui conserve de son passé portuaire une société et des espaces intra-urbains très hétéroclites où voisinent centre bourgeois et centre populaire, l'immensité communale explique aussi que la vie sociale, le sentiment d'appartenance se développent plus qu'ailleurs en référence à un quartier, à un « village dans la ville ». Cet ancrage s'accompagne de fortes tensions socio-spatiales, souvent simplifiées en une opposition Nord pauvre-Sud aisé.

Marseille est bien plus qu'une ville portuaire en restructuration, souffrant d'une image négative ou folklorique, partiellement héritée de son cosmopolitisme de ville-port, coupée de l'arrière-pays. Troisième ville de France, y compris pour les effectifs d'encadrement, son profil social et économique est très diversifié. Les hôpitaux, les services publics, sont devenus les premiers employeurs d'une ville autrefois surtout commerçante. Des opérations comme Euroméditerranée, ayant restructuré complètement les espaces et les quartiers portuaires anciens de la Joliette, comme le technopôle de l'environnement à l'Arbois, visent à affirmer le rang de capitale, porté par l'accès au rang de capitale européenne de la culture en 2013. Néanmoins, dans une région étendue et fortement urbanisée, il apparaît que son rayonnement s'arrête assez vite, qu'elle semble « évitée » au profit des zones en forte croissance néo-industrielle, universitaire, scientifique et technique, d'Aix, de Nice et de Montpellier.

L'ensemble Toulon-La Seyne (554 000 hab., dont 164 000 à Toulon) reste beaucoup plus organisé autour de la rade et du port. La construction navale y est désormais abandonnée, laissant de vastes friches (40 ha à La Seyne mais des projets en cours de réalisation, ports de plaisance, hotellerie...) et imposant un réaménagement économique néo-industriel et urbain. L'activité militaire reste fondamentale et surtout multiforme : services (hospitaliers, sociaux), recherche, entretien naval (2 000 emplois), mouvements portuaires (60 % du tonnage de la flotte militaire française). La maritimisation est toujours forte, grâce à la présence de l'IFREMER et d'ingéniérie de la mer (COMEX). Mais les fonctions tertiaires de cette préfecture, la présence de nouvelles zones industrielles en retrait du littoral sur les échangeurs autoroutiers vers Le Luc, montrent une certaine diversification, dans un contexte de sous-emploi très pesant.

À Nice, la fonction portuaire est plus secondaire, mais animée par le trafic avec la Corse (près de 1,5 million de passagers, dont un tiers de croisièristes). En revanche Nice apparaît comme un pôle tertiaire et industriel majeur au sein d'une quasi-conurbation de Cannes à Menton (un million d'hab. dans l'aire urbaine) dans laquelle elle en représente 343 000. Étirées entre mer et montagne, ces villes ont une image essentiellement touristique. Il est vrai que le tourisme contribue notamment à faire de Nice le second aéroport de France (11 millions de passagers contre 8 à Lyon) ; mais l'importance des activités de services aux entreprises, d'un tissu industriel dense et à forte intensité capitalistique doit être soulignée : armement (Cannes), électronique (Nice surtout), pharmacie et cosmétiques (Monaco, Grasse). Comme sur toute cette riviera, la division sociale de l'espace est très marquée. À Nice, les vallées du Var et du Paillon sont les « communs » du prestigieux front de mer.

■ *Les villes historiques de commandement régional.* Montpellier est au centre d'une aire urbaine de 550 000 habitants connaissant un accroissement record qui ne passe sous les 2 % par an que depuis 1999 (+ 1,3 % par an). Avec 257 000 habitants, cette ville, qui en a gagné 50 000 depuis 1990, passe du 22ᵉ rang national en 1962 au 15ᵉ actuellement. Aix-en-Provence (142 000 hab., + 15 % depuis 1990, + 40 % dans les vingt années précédentes), Avignon (511 000 hab., + 1 % par an depuis 40 ans dans l'aire urbaine), Nîmes (252 000 hab.) présentent des caractères assez comparables malgré des évolutions et des rangs hiérarchiques différents. Villes terriennes, elles ont incarné longtemps une vie urbaine arrêtée à l'apogée de leurs fonctions politiques et administratives. Capitales chacune à leur manière, comtale, parlementaire, papale, fortement marquées par une originalité religieuse (protestante, épiscopale, pontificale), assez mal reliées au territoire parce qu'enclavées politiquement (pour Avignon) ou écartées de l'axe rhodanien, ces quatre villes ont connu un développement très rapide en échappant aux crises de l'industrialisation lourde et portuaire, en valorisant leur prestige culturel, universitaire, monumental. Ces traits communs évoqués, leurs différences restent grandes :

– Aix-en-Provence est un peu l'« anti-Marseille ». Située à l'entrée du bassin viticole de l'Arc, entre Sainte-Victoire et Sainte-Baume, elle a concentré les fonctions politiques provençales. L'espace urbain en porte la marque par l'importance des quartiers d'époque moderne, par la multiplication des établissements d'enseignement. Ville sans industrie et pratiquement sans grandes cités, elle commande une aire étendue, incluant, mais en les tenant à l'écart, les zones industrielles du bassin (Rousset), la nébuleuse urbaine et industrielle de Gardanne, bâtie autour des Houillères de Provence, et surtout la grande zone d'activité et d'habitat des Milles, où se concentrent les hautes technologies (1 400 entreprises, 26 000 emplois).

– Avignon est avant tout la tête d'un réseau urbain linéaire, rhodanien, de Valence à Arles. Elle est la capitale des riches plaines agricoles du bas Rhône et un foyer culturel prestigieux. Elle vit aussi des services indispensables à l'équipement et à la maintenance du grand couloir énergétique et logistique du Rhône : société d'autoroute, entreprises de transport, services aux centrales nucléaires du Tricastin, de Cruas, de Marcoule, et aux installations de la Compagnie nationale du Rhône. Autour d'elle, un ensemble de villes moyennes très liées aux activités agricoles et agro-alimentaires forment un réseau hiérarchisé : Cavaillon, Carpentras, Orange.

– Nîmes est la seule de ces villes à avoir un passé industriel important (textile, confection). Ville militaire par ailleurs, sa proximité avec Montpellier la dessert au plan universitaire. Elle constitue un bon exemple des risques auxquels une intense périurbanisation expose les villes méditerranéennes. Ville sans rivière, mais en contrebas d'un plateau karstique, les dramatiques inondations de 1988 ont conduit à une réorganisation très volontariste de son urbanisme.

– Montpellier a longtemps eu un rang, une taille, des fonctions peu différents. Ville de contact entre plaine et garrigue, ville-relais sur l'antique *via domitia* (dont le tracé guide encore pratiquement l'autoroute vers l'Espagne), ville au passé parlementaire, universitaire et militaire, mais peu commerçante, elle n'a que 74 000 habitants vers 1900. Sa croissance est surtout déclenchée par l'arrivée de nombreux rapatriés d'Afrique du Nord, de harkis, qui alimente une extension urbaine spectaculaire, avec la ZUP de La Paillade notamment. À la fin des années 1960, la croissance démographique s'accompagne d'une diversification des fonctions. Combinant tertiaire supérieur privé et public (elle est une ancienne et forte ville universitaire, de 60 000 étudiants, constituant le 5e site français de recherche), elle attire tôt les fonctions productives « high tec » avec l'implantation très symbolique d'IBM dès 1965. Technopôle dès 1985, fort de 18 parcs d'activités, 2 000 entreprises, 36 000 emplois de cadres supérieurs et 64 000 chercheurs, l'agglomération s'étend : le centre, l'« écusson » historique, s'est agrandi par des opérations d'urbanisme monumentales, sur d'anciens terrains militaires notamment (le Polygone, puis Antigone, bâtie par Ricardo Bofil, en réaction ostensible). À la périphérie, nord puis sud, les centres d'activités se sont multipliés (Euromédecine au nord, Millenaire au sud par exemple). Mais le dynamisme montpelliérain doit être replacé dans le contexte du « Midi technopolitain » qui est aussi celui d'un accroissement rapide du chômage (14 % de chômeurs en 2013), là où la croissance avait été la plus forte entre 1970 et 1990. L'agglomération est originale aussi par la vigueur du volontarisme politique « techno-métropolitain ». Le rôle de G. Frêche dans le « marketing » et labélisation de « Montpellier la surdouée », « Montpellier unlimited », fut essentiel. Montpellier n'en est pas moins une capitale régionale presque hégémonique (Perpignan polarise cependant bien son département) qui noue des relations bien au-delà de sa région, en particulier avec Paris et avec les deux régions voisines. On comprend que les responsables régionaux y voient un fondement pour une liaison accentuée entre Sud-Ouest et Sud-Est, la ville constituant un trait d'union entre Languedoc historique et administratif d'une part, Provence de l'autre.

■ ***Les villes moyennes et leur insertion dans les groupes urbains.*** Quatre ensembles peuvent être distingués, qui portent chacun les traits caractéristiques de leur région.

– L'ensemble rhodanien, de Montélimar à Arles est fait de villes de passage, autrefois de foires (Tarascon, Beaucaire) à la frontière du royaume de France et de l'Empire ; elles sont aujourd'hui des « villes d'échangeur », vivant d'emplois logistiques, de l'équipement énergétique et portuaire du Rhône, du tourisme et des migrations vers les métropoles. Comme Avignon et Aix, Orange et Arles sont des centres culturels réputés, villes festivalières anciennes, grâce à leur position, à leur site, à leur patrimoine gallo-romain.

– Les villes provençales, intérieures et littorales, assurent une quasi-continuité à l'urbanisation de la Basse-Provence. Relais des centres aixois, toulonnais, niçois, elles sont elles-mêmes les foyers d'une péri-urbanisation considérable, terre d'accueil de PME, des centres touristiques très fréquentés. Les villes de la dépression de l'Argens, entre Maures, Estérel, et « plans » calcaires désertés, comme Brignoles, Draguignan, et celles de l'arrière-pays niçois comme Vence, Grasse, recueillent une partie de la population évitant ou ne pouvant accéder au littoral. Celles de la Côte d'Azur occupent des fonds de baie, entre des presqu'îles et des caps pratiquement privatisés. Les services aux particuliers, retraités notamment, les activités du bâtiment y sont sur-représentés ;

la saison touristique est longue, soutenue par les événements culturels (Antibes, Juan-les-Pins, Fréjus).

– Les villes languedociennes et roussillonnaises : de Nîmes à Carcassonne et Perpignan, on retrouve cette distinction entre les villes des vignobles et des garrigues et un port relativement important à Sète, où l'industrie chimique cohabite mal avec l'étang de Thau, conchylicole, et le tourisme thermal de Balaruc. Les villes intérieures sont avant tout administratives, peu industrialisées sinon par les industries agro-alimentaires. Elles résistent peu à la polarisation montpelliéraine malgré un certain essaimage, dans le cadre de la sous-traitance, et d'une ambition publique de « technopole régionale ». L'opposition entre une large frange sud, sub-littorale, et l'intérieur de la région, est sensible pour ce qui est du dynamisme de la population et des activités : le chapelet des aires urbaines de Perpignan à Nîmes, regroupe 62 % de la population régionale, absorbe 65 % d'une croissance plus soutenue que jamais de la population régionale (1,3 % par an depuis 1999). Sans aucun recul, sauf autour d'Alès, les zones d'emploi de l'arrière-pays sont de plus en plus concernées par la croissance démographique : celle de Carcassonne surtout (+ 1 % par an depuis 1999) même si celle de Béziers (+ 1,2 % par an) et Perpignan (+ 1,4 %) sont de plus en plus attractives.

– Les villes corses : s'il n'y a pas de grande ville corse (91 000 et 99 000 hab. dans les aires urbaines de Bastia et Ajaccio), l'urbanisation de la population a été considérable, accentuant la littoralisation, d'origine coloniale dans le cas de cette île. Villes-ports et villes-citadelles, elles sont devenues avec l'établissement d'une continuité territoriale tarifaire entre Corse et continent, des villes du système urbain provençal, si l'on considère l'intensité des échanges, des flux migratoires et saisonniers entre Marseille, Toulon et Nice. Mais les spécificités de l'île, sa division en deux départements, son accès au rang de région, compliquent le schéma. Il laisse place à une originale capitale culturelle et universitaire intérieure, Corte, suréquipée par rapport à ses 16 000 habitants, et à une ceinture de petites et moyennes villes littorales, vivant partiellement du tourisme et des services a une population qui tend à délaisser l'intérieur (70 % des communes ont moins de 200 hab., alors qu'elles sont, comme souvent en montagne, peu nombreuses et étendues).

■ ***Un renouveau industriel et « technopolitain », très répandu mais inégalement partagé.*** Le Sud-Est, mieux qu'aucune autre région, illustre les limites d'un bilan économique qui serait établi en termes de secteurs secondaire et tertiaire. Jusque vers 1980, ces catégories étaient pertinentes. D'abord, elles rendaient compte de la destruction du tissu économique ancien (1955-1965), c'est-à-dire des crises de l'agriculture intérieure, du textile, des industries alimentaires, de la croissance du secteur du bâtiment et des services face à l'afflux d'immigrants (retraités, rapatriés). Ensuite, elles résumaient la spécialisation économique des années 1965-1980, sous l'effet des interventions nationales en matière touristique (littoral languedocien), et industrielle (sidérurgie, aéronautique, chimie). En revanche, ces catégories « secondaire », « tertiaire », ne rendent pas compte des nouvelles spécialisations-reconversions du Midi : dans des branches très variées comme l'électronique, l'agro-alimentaire, les biotechnologies, les technologies médicales et pharmaceutiques, l'exploitation des fonds océaniques, le Midi littoral et urbain accueille des fonctions de recherche, de conception, d'expérimentation et de conseil. Ces activités occupent assez peu d'espace et procurent un nombre limité d'emplois (quelques dizaines de milliers), mais la multiplication des sites, les effets d'entraînement des grands laboratoires (INSERM, INRA), les effets de cohésion de la création de réseaux matériels (centres de calculs, réseau de fibres optiques) et institutionnels (« route des hautes technologies » depuis 1986) font de cet arc méditerranéen le second pôle français d'activités de pointe, la région PACA regroupant par exemple plus de 8 % des chercheurs français.

Du point de vue spatial et institutionnel, le modèle « technopolitain » a ici sa source, mais aussi un nombre considérable de variantes et d'imitations. En effet, c'est d'abord sur le plateau de Valbonne, dans l'arrière-pays boisé d'Antibes, qu'a été inventée la technopole de Sophia-Antipolis, vers 1969. Dans un cadre institutionnel et spatial maîtrisé, planifié, est expérimenté ce qui fait l'originalité de ces zones, c'est-à-dire un partenariat financier comprenant pouvoirs publics (DATAR, ANVAR, région), institutions publiques de formation et de recherche (Grandes Écoles, Université) et grandes firmes (Dow Chemical notamment). L'ambition initiale était d'associer fortement travail, loisir et résidence, d'où la référence à la « *polis* ». En réalité, comme pour les activités de recherche, de production et d'enseignement, l'insertion dans l'économie et l'espace régionaux s'est faite par échanges avec les espaces voisins, par résidence dans les villes proches, et non par un fonctionnement en vase clos. Malgré la précarité relative de l'installation des firmes et des cadres étrangers (40 % des cadres à Sophia), la greffe a pris. 1 400 entreprises sont installées et les emplois nouveaux ne sont plus de simples transferts, les emplois induits à proximité du pôle sont deux à trois fois plus nombreux que les emplois sur place (30 000 dont 4 000 chercheurs publics, 16 000 cadres), à Nice, Cagnes (aéroport de Nice), Grasse, Cannes. L'extension de la technopole vers les 8 000 hectares de Sophia-Estérel est en cours pour doubler sa surface. Ses centaines d'entreprises se regroupent autour des secteurs de l'informatique, des communications (près d'un emploi sur deux dans les TIC), des sciences de la vie, des énergies, chaque domaine présentant différents volets : enseignement, recherche, conseil, PME et grandes structures publiques et privées.

L'importance du facteur Midi dans la réussite de cette entreprise, difficilement mesurable, a conduit à de nombreuses imitations sur tout le littoral. Cette multiplication de « parcs », de « zones » technologiques, concurrents entre eux pour des effectifs réduits, est un facteur de fragilité, une opportunité, parfois, pour un affairisme peu soucieux d'intérêt public. Une typologie de ces zones est possible, qui tient compte de l'ambiguïté du terme de technopole, de la diversité des formes d'insertion de ces espaces dans le tissu local et régional :

– Les pôles majeurs combinent des entreprises volontaristes, publiques, et des développements plus spontanés d'activités de pointe : ce sont ceux de Marseille (Château-Gombert, 3 800 emplois et 30 000 étudiants, Luminy, campus et parc technologique médicaux), d'Aix, où l'Europôle est constitué d'une constellation de parcs technologiques, de PME et de grandes firmes (S.T. Microelectronics sur l'ancienne friche minière de Rousset). C'est enfin celui de Montpellier, qui a fédéré en un multipôle, étendu à la région, un ensemble de zones préexistantes au nord et à l'ouest de la ville : zone des laboratoires (Euromédecine), Agropolis (28 institutions scientifiques, premier pôle mondial en agriculture, environnement, alimentation).

– Les pôles secondaires sont égrenés sur la route des hautes technologies et sont des zones d'accueil plus ou moins spécialisées, moins sélectives dans leur accès, auquel aident les financements publics locaux : Avignon (Agroparc, spécialisé dans l'agro-alimentaire, le froid industriel), Gap (Micropolis), Marcoule et Cadarache (installations nucléaires), Perpignan, s'y rattachent, ainsi que les pôles installés sur de grands échangeurs métropolitains comme à Aubagne et Vitrolles.

– Les pôles de restructuration sont promus à proximité des zones industrielles en crise : c'est le cas à La Seyne (zone de Playe, 300 établissements, 1 800 emplois), de La Ciotat (zones Athelia depuis 1987, 4 000 emplois dans 240 entreprises environ), de Signes, entre Toulon et Le Luc, (1 700 emplois environ).

■ ***Diversité et importance du tourisme.*** Même si les activités néo-industrielles sont fondamentales, le tourisme reste la première activité économique de la région Languedoc-Roussillon, l'une des premières en PACA et en Corse (respectivement 14,9 %, 11,4 % et 20 % du PIB régional en 2012, pour 7 % à l'échelle nationale), surtout si l'on y inclut les emplois de services, de construction, induits par l'importante fréquentation saisonnière. Représentant à elles trois 20 % du total national, ces régions ont procuré 323 millions de nuitées touristiques en 2012. Le phénomène touristique présente des traits communs à l'ensemble du Sud-Est et des modalités régionales très différentes.

C'est d'abord un tourisme essentiellement estival, 80 % environ des nuitées sont enregistrées entre mai et octobre, car les stations de ski sont peu développées dans les arrière-pays, sauf dans les Alpes du Sud et les Alpes-Maritimes où elles attirent surtout une clientèle régionale. À ce caractère estival correspondent des séjours essentiellement littoraux et balnéaires (60 à 90 % des nuitées). La concentration dans le temps et dans l'espace, la sensibilité aux conjonctures nationales et mondiales sont des facteurs de difficultés particulières pour la gestion, privée et publique, du parc d'hébergement et des infrastructures ; c'est aussi un facteur de précarité de l'emploi et des ressources induites. Ceux-ci sont aussi sensibles aux aléas conjoncturels, politiques et économiques, notamment pour la fréquentation étrangère (20 % en Corse, 38 % en PACA, 25 % en Languedoc-Roussillon). Le tourisme a, en effet, des origines diversifiées tant sur le plan national (jamais plus de 15 à 30 % d'origine régionale, sauf en hiver) qu'international. Le plus grand cosmopolitisme est celui de la Côte d'Azur, allant de pair avec une tradition bien entretenue de tourisme de luxe. Enfin cette diversité vaut aussi pour les formes d'hébergement, avec une place partout importante des résidences secondaires. Mais, légère ou lourde, l'emprise touristique engendre une très forte consommation d'espace, une multiplication d'équipements permanents (ports de plaisance, villages de vacances) et une forte consommation d'eau pendant une saison déficitaire.

Au-delà de ces traits communs, le contenu social et géographique du tourisme diffère fortement entre régions mais aussi, à plus grande échelle, entre types de côtes, sableuses et rocheuses, de stations, anciennes et récentes. Le facteur historique est discriminant puisque l'entrée dans cette économie touristique s'est faite de façon très décalée et sous des impulsions bien différentes.

La Côte d'Azur conserve de la tradition de villégiature aristocratique et hivernale surtout, une clientèle et un équipement hôtelier de luxe, une saison touristique longue, abritée (relativement) des intempéries méditerranéennes, du mistral notamment. Mais la diversification saisonnière, sociale, et géographique commence tôt : stations plus modestes entre Marseille et Toulon, marinas et villages de vacances entre les villages et les villes de la « *jet society* », tourisme hivernal et montagnard dans l'arrière-pays niçois, résidences secondaires sur les « plans » en arrière du littoral, réserves naturelles des Maures et de l'Estérel, multiplication des événements culturels urbains (festivals, congrès, salons, tourisme d'affaires) et des grands équipements de loisirs (musées, casinos, ports). Tous ces éléments font du littoral de Toulon à Menton, et de son arrière-pays, la plus polymorphe des régions touristiques françaises, avec un double gradient : ouest-est pour la fréquentation sociale, de plus en plus aisée vers l'est, littoral-intérieur pour l'intensité de la fréquentation et des emprises.

Le Languedoc est un tard venu. S'il existait une tradition de loisir littoral local (les « cabanes » sur les étangs et les canaux, aujourd'hui objet d'un engouement dédaigneux des grands équipements), ce n'est que dans les années 1960 qu'est conçu et réalisé un programme d'équipement intégré et planifié. À l'initiative d'une mission interministérielle appelée Mission Racine, de 1963 à 1983, six grosses unités touristiques, créées *ex nihilo* sont ajoutées aux 17 stations existantes (plus nombreuses sur la côte roussillonnaise, dans ses secteurs rocheux et notamment moins insalubres). Conçues pour un tourisme de masse, associant, dans une disposition concentrique, ports, marinas et plages, zones de grands immeubles et de campings, et limitant l'équipement touristique à des points localisés pour éviter une bande construite continue, ces stations représentent près de 600 000 lits, de Port-Barcarès à La Grande-Motte, connectées à l'autoroute languedocienne. Leur réalisation, confiée à des architectes modernistes (et donc contestés) a tiré parti de la faible pression foncière sur cette côte sableuse, mais ventée, et lagunaire en arrière des cordons sableux percés de « grau », qui a permis des acquisitions publiques étendues. Ces stations restées longtemps de grands dortoirs, largement désertés en dehors de la saison tendent à devenir des villes à part entière, de 6 à 20 000 habitants en hiver, multipliées par 10 à 15 en été. Le littoral redevenant rocheux, l'extrémité roussillonnaise accueille des stations, Collioure par exemple, qui rappellent la Côte d'Azur.

Le tourisme intérieur peut s'appuyer sur un riche patrimoine urbain et culturel, de la Catalogne aux villes « romaines » du Rhône, et sur des montagnes de plus en plus fréquentées : stations pyrénéennes autour de Font-Romeu, parc national des Cévennes. La fréquentation touristique totale reste cependant cinq fois inférieure à celle de la Provence alpine et littorale.

En Corse, la littoralisation est tout aussi forte, tout aussi discontinue, mais selon des modalités bien différentes. Les grands golfes (Ajaccio, Propriano, Porto-Vecchio) et le littoral sableux de l'est, tard assaini comme celui du Languedoc, concentrent l'essentiel des équipements. Ceux-ci, résidences de luxe, villages de vacances, ports de plaisance, sont mal intégrés dans l'économie et plus encore dans la société insulaire dans un rapport paradoxal à toutes les immigrations, à la fois anciennes, essentielles, renouvelées, des italiens aux allemands en passant par les pieds-noirs et les marocains, mais toujours difficilement acceptées : ils tendent à fonctionner comme des enclaves, très fréquemment dénoncées (voire détruites) comme telles par les mouvements clandestins. Le parc naturel n'est pas beaucoup mieux accepté comme cadre d'un tourisme montagnard intérieur plus discret.

■ ***Les difficultés de l'aménagement, urbain, péri-urbain et régional dans le Midi méditerranéen.*** Le Sud-Est français dispose d'une image fort contrastée. Positive, comme en témoignent son attractivité permanente et saisonnière, son image littéraire, artistique, la perception, assez déformée d'ailleurs, de son climat. Cette représentation est aussi entachée de connotations plus négatives, faites d'une forte exposition à des risques de toutes sortes.

Les risques sont d'ordre naturel (sismique, climatique), accentués par la surexploitation d'un milieu fragile ; d'ordre social chez les agriculteurs et dans les quartiers d'accueil d'une forte immigration sud-méditerranéenne (les populations immigrées représentent 9 % des populations totales du Languedoc, 10 % de PACA et 9,5 % de Corse), composée de travailleurs immigrés essentiellement maghrébiens (même si italiens ou espagnols représentent encore 1/4 du total) vers les grands domaines agricoles, les industries lourdes et les chantiers de construction ; d'ordre politique (en Corse), et politico-économique quand l'existence d'une économie souterraine et de « *mal-governo* » à l'italienne font de ces régions un terreau d'extrémisme politique, d'affairisme, de pratiques clientélistes, voire mafieuses. Pourtant, en termes de sécurité des biens et des personnes, la criminalité et la délinquance dans les départements du sud-est (façade littorale et vallée du Rhône) se situent à des taux élevés mais à des niveaux comparables à l'Île-de-France, au Nord, à Picardie, à Champagne (7 à 20 atteintes aux personnes pour 1 000 hab. en 2012, 35 à 50 atteintes aux biens).

Par ailleurs, on constate que l'aménagement et le développement local sont difficiles à mener dans ces régions. Certains facteurs de difficulté sont bien identifiables. Les contrastes, traditionnellement forts, se sont accrus et déplacés entre zones de forte pression démographique et urbaine et zones délaissées. L'intervention y est rendue difficile : éloignement, enclavement, faible rentabilité des investissements, exposition à la dégradation des milieux écologiques construits par les usages anciens, sont des freins dans les secteurs en déprise. Inversement, la pression foncière et immobilière, la privatisation de l'espace, la congestion des réseaux, rendent difficile, coûteuse, politiquement exposée, toute action de préemption, d'expropriation, de réglementation urbanistique d'intérêt public particulièrement en zone littorale. Elles l'exposent aux pressions spéculatives et politiques, à la tentation d'une confusion entre intérêt public et privé, à la dérogation, à la complexité des mécanismes financiers, lorsque les enjeux sont si élevés qu'ils deviennent des circuits possibles de blanchiment d'argent « sale » ou « gris ».

Les catastrophes, quand elles se produisent, ont un effet variable : prise de conscience efficace du poids du milieu naturel dans le réaménagement urbain (cas de Nîmes après les inondations de 1988), ou simples répétitions de mesures préventives et curatives, un peu amplifiées mais sans efficacité durable. C'est le cas des crues du Rhône ou d'autres cours d'eau (Gardons cévenoles, Ouvèze) et surtout des incendies de forêts et de broussailles. Leurs causes sont presque toujours humaines, leur ampleur reste limitée en terme de surface, mais ils sont souvent récurrents, détruisant les reboisements, repassant sur des sites réputés et menaçant des espaces urbanisés, défiant les « plans de guerre » et les matériels lourds comme les politiques d'entretien des sous-bois.

Un autre facteur de difficulté dans l'aménagement réside dans l'opposition marquée entre littoral et arrière-pays. Elle impose des actions très différenciées et expose aux critiques d'inégalité de traitement sur les espaces convoités et saturés de la Côte d'Azur, de l'aire marseillaise, du littoral languedocien, et sur les symboles de la « France du vide » que sont la Lozère, les Alpes du Sud.

D'autres facteurs sont plus difficiles à identifier et incitent à se garder de tout géographisme. Ainsi les données géographiques et économiques (insularité, chocs des crises industrielles, de l'inflation touristique) ne peuvent constituer que des éléments de contexte et non des explications en soi aux malaises sociaux, civiques. Malaises qui s'expriment fortement en Corse (criminalité croissante, échec et dérive mafieuse ou suicidaire des idéologies autonomistes), dans le Midi marseillais, toulonnais ou niçois sous la forme de poussées d'extrême droite, de la compromission de certains dirigeants politiques. Les couples contradictoires tradition-modernisme, pauvreté-richesse, autochtones-étrangers, ne semblent pas former des ressorts explicatifs suffisants par eux-mêmes, mais ils participent à des complexes de tensions socio-spatiales multiples.

Fragmentation régionale, Arc méditerranéen ou Grand Sud-Est ?

Il existe un fractionnement géographique, inhérent aux pays méditerranéens mais renforcé par les divergences d'évolution récentes, qui font coexister à faible distance des types d'espaces très hétérogènes. Ce fractionnement peut conduire à des impasses dans l'aménagement, mais aussi à l'élaboration de politiques très variables, dans le cadre des programmes intégrés méditerranéens de la Commission européenne. Ce fractionnement s'exprime dans des organisations régionales assez différenciées entre les trois régions.

La Corse présente les plus forts contrastes internes, non réductibles à une opposition littoral-intérieur puisque le littoral nord-est (golfes de Saint-Florent, de Porto) est très affecté par le vieillissement, le déclin des activités, comme le sud intérieur (Taravo, Alta Rocca), tandis que l'intérieur central (Corte) participe à un axe Ajaccio-Bastia. En revanche, l'opposition ville-campagne garde toute sa validité depuis le rapide accroissement de la population urbaine, de même que l'opposition plaine-montagne. Ces deux milieux ont vu leurs « valeurs d'usage » s'inverser littéralement, non sans fragilité pour l'agriculture très modernisée (vignes en recul, fruits, cultures irriguées) mais très coûteuse de la plaine, et non sans espoir pour une utilisation extensive, parfois subventionnée, des montagnes. L'essoufflement des grandes entreprises de rénovation des années 1960-1970 (agriculture, tourisme, urbanisation) n'est que très localement compensé par les opérations de développement sur les petits pôles technologiques bastiais et ajaccien. Cependant, la part de la croissance de la population due au solde migratoire est forte (1,6 % par an depuis 1999, contre 0,5 % dans les vingt ans précédents).

La cohésion régionale semble plus assurée en Languedoc-Roussillon grâce à la grande permanence historique et à la continuité actuelle d'un axe urbain au contact des plaines et des garrigues, au moins de Carcassonne au Rhône. C'est un facteur d'intégration des hauteurs à la vie régionale comme l'étaient les échanges d'autrefois (transhumance). Cependant les bordures cévenoles et caussenardes du Massif central, malgré des reprises démographiques très sensibles (néo-ruraux, populations appauvries), sont encore des espaces en difficulté, de même que le bassin minier et industriel d'Alès-Bessèges. Par ailleurs, une nette différence de densité urbaine et industrielle existe entre la moitié rhodanienne de l'axe majeur (de Sète au Rhône) et la moitié occidentale, partagée entre l'axe Narbonne-Toulouse et la Catalogne française.

En PACA, le sigle-même de la région (Provence-Alpes-Côte d'Azur) suggère une organisation ternaire, qui n'est guère unifiée par les grands axes. Ceux-ci sont démultipliés en voies autoroutières et ferroviaires multiples, notamment de contournement des aires urbaines et d'évitement du littoral. On retrouve une forte partition entre zone littorale, arrière-pays de « réserve », d'occupation diffuse mais croissante, et montagne d'occupation ponctuelle et linéaire (vallée de la Durance), ainsi qu'une opposition de deux régions métropolitaines, marseillaise-aixoise et niçoise-azuréenne, séparées par le Var, moins dense et moins polarisé. La revalorisation d'un axe nord-sud correspondant à la route Napoléon ne modifiera qu'assez peu cette organisation.

Cette situation de fragmentation régionale peut évoluer de plusieurs façons selon la DATAR (*Prospective et territoire*) :

– vers des replis et des concurrences régionales exacerbées ;
– vers une littoralisation encore plus forte ;
– vers un ancrage dans un « Grand Sud » européen, ce qui est le scénario prôné.

Dans cette perspective, la partie française de l'Arc méditerranéen comprend quatre pôles urbains majeurs, Montpellier, Marseille, Toulon, Nice, auxquels se superposent plus ou moins quatre grands ensembles régionaux : l'ensemble catalan (Aude, Pyrénées-Orientales) dont le foyer serait logiquement Barcelone, l'ensemble toulousain en position de charnière Atlantique-Méditerranée, un ensemble italo-niçois aux fortes spécificités touristiques et techniciennes, enfin une région urbaine du delta du Rhône, dans un triangle Avignon-Montpellier-Toulon, soit 5 villes de plus de 100 000 habitants, fortement concurrentes entre elles et pourtant d'importance européenne à elles toutes. Ces scénarios éludent cependant l'insertion dans l'espace français. Or, dans le cas du Sud-Est, par contraste avec le Midi aquitain, se pose le problème d'une certaine « amputation » (F. Damette) de l'emprise métropolitaine de Marseille. Celle-ci, dès que l'on dépasse les Bouches-du-Rhône, cède la place à des concurrentes dans le commandement régional (Nice, Montpellier, surtout). S'exercent alors les influences lyonnaise, toulousaine et parisienne avec lesquelles sont très fortement reliées les villes citées.

Les régions du Sud-Ouest

Les régions méditerranéennes

Les milieux

- massifs montagneux (altitudes moyennes supérieures à 1 000 m), pastoralisme et tourisme
- parc national
- parc naturel régional
- moyennes montagnes, collines, causses et « plans » (altitudes moyennes de 500 à 1 000 m) usages agro-pastoraux extensifs, reconquêtes néo-rurales en cours
- maîtrise de l'eau : grands canaux, fleuves et rivières canalisés, barrages hydro-agricoles, hydroélectriques, approvisionnement des villes

Armatures et activités régionales

- métropoles nationales
- grandes villes d'État, concurrentes et en croissance rapide
- autres villes régionales
- grande ville étrangère, partenaire et concurrente des métropoles régionales

zones péri-urbaines de cultures spéciales intensives et concurrencées

- huerta
- vigne, en grande culture
- pôles industriels en conversion, principaux et secondaires
- technopôles majeurs, mineurs
- côte touristique basse
- côte touristique rocheuse
- foyers touristiques de l'intérieur
- axes de circulation majeurs, multimodaux
- projet de doublement et d'évitement de ces axes
- frontière d'État
- limite de région

12

LES TERRES D'OUTRE-MER

Hors de la France métropolitaine et de la Corse, on doit inclure dans la géographie régionale de la France, un ensemble de terres, insulaires pour la plupart, extraordinairement dispersées et hétérogènes (sauf la Guyane et la terre Adélie), se rattachant à l'Amérique (Antilles, Guyane, Saint-Pierre-et-Miquelon), à l'Afrique orientale (Réunion, Mayotte), à l'Asie-Pacifique (Mélanésie et Polynésie), à l'Antarctique (Terres australes et antarctiques françaises). Poussières d'empire, tremplins de la francophonie et d'une géopolitique extra-européenne, terrains de forces centrifuges et de contentieux internationaux, bases scientifiques et militaires, lieux de sous-développement d'un pays riche, mais aussi d'identités culturelles fortes, paradis touristiques ou territoires enclavés, ainsi peut-on recenser quelques caractéristiques, quelques fonctions, quelques termes de débat à propos de ces terres et de ces mers. Depuis 2003, des réformes constitutionnelles affectent ces territoires, alors que les indépendantismes ne font plus recette, et que des formes de la mondialisation inédites en métropole se font jour, par mitoyenneté avec des pays, voire des puissances, émergents.

Au total, cette France d'outre-mer représente environ 125 000 km^2 de terres, 8 millions de km^2 (3e rang mondial) de zones maritimes économiques exclusives (ZEE) et 2,1 millions d'habitants.

La géographie administrative a fait de ces terres des départements (DOM) puis des Régions pour les Antilles, la Guyane, la Réunion et Mayotte en 2011, avec une structure semblable à ceux de la métropole, des territoires d'outre-mer (TOM) pour les autres (sauf les Terres australes et antarctiques françaises, longtemps gérées directement par l'administration centrale), devenues des collectivités d'outre-mer (COM) en 2003.

Les problèmes d'unité interne, de différenciation micro-régionale, l'appartenance à un ensemble régional de type archipel, à une « région mondiale » (le Pacifique Sud, l'océan Indien, la Caraïbe) légitiment une approche régionale de ces territoires. Mais celle-ci n'est concevable que subordonnée à trois autres clés de lecture géographique qui se combinent toutes, ou en partie, pour les différents espaces : la tropicalité, l'insularité, l'héritage colonial puis la problématique du développement dépendant de la métropole.

TROIS CLÉS DE LECTURE

La tropicalité

C'est une condition géographique et historique décisive. Sur le plan géographique elle s'exprime d'abord par l'ambiance chaude constante, l'exposition au flux régulier de l'alizé maritime. Combinée à des reliefs montagneux, elle est un facteur de forte pluviosité, au moins sur les versants au vent, concentrée en une saison humide estivale. Ce contexte climatique se traduit aussi par une biogéographie tropicale. Si les forêts primaires ont disparu, sauf en Guyane, la végétation naturelle et cultivée a la luxuriance et la fragilité de la flore tropicale : à croissance rapide, à enracinement superficiel dans des sols épais et sensibles au ravinement, constitués d'un épais manteau d'altérites dont seule la partie superficielle est nutritive. Ces sols sont d'autant plus fertiles lorsqu'ils sont développés sur des roches volcaniques basiques, et d'autant moins lorsqu'ils sont très fortement lessivés et acides. Enfin, cette biogéographie tropicale comprend une part d'insalubrité ou du moins d'exposition aux endémies tropicales (fréquence des parasites comme les bilharzies, liées à la pollution des eaux, virus de la dengue à la Réunion et à Mayotte). Les littoraux portent aussi la marque de la tropicalité : mangroves à palétuviers dans les baies, ceinture corallienne sur les plateaux continentaux.

Ces divers éléments ont été diversement « interprétés » par les sociétés coloniales et post-coloniales : spécialisation dans la culture des plantes tropicales, avec des cycles des épices, du café, mais surtout du sucre, des fruits (bananes surtout), exploitation forestière en Guyane, atout climatique pour une saison touristique d'hiver surtout, exposition aux risques inhérents à la tropicalité (épidémies, parasitoses, marginalité de l'élevage) et d'une tropicalité maritime, donc très exposée aux cyclones de fin d'été, ravageurs des plantations et des habitats.

L'insularité

C'est d'abord l'origine des îles qui est en cause. Partiellement ou totalement rattachables aux arcs insulaires volcaniques, les îles tropicales sont aussi des îles montagneuses, laissant peu de place aux plaines et aux bassins, qui sont souvent littoraux. Le volcanisme peut représenter une menace encore vive (Antilles). Même s'il donne des paysages grandioses et variés et s'il est parfois associé à des sites salubres et tempérés, le fait montagnard reste une contrainte forte.

Les barrières montagneuses qui isolent parfois de profonds cirques (Réunion) mais sont plus souvent disposées en chaînons longitudinaux (Martinique, Basse-Terre guadeloupéenne, Nouvelle-Calédonie), jouent un rôle essentiel dans l'organisation de l'espace. Elles sont en effet responsables d'une dissymétrie majeure entre versants « au vent », humides, car exposés aux alizés, aux houles et versants d'abri, « sous le vent », très chauds et nettement plus secs.

L'insularité pose évidemment le problème de la distance : distance aux îles voisines et distance à la métropole. L'appartenance de la plupart des terres françaises à des archipels, touchant d'assez près les continents (sauf en Polynésie) est une donnée géopolitique importante, car ces archipels (Caraïbe, Mascareignes) sont tous divisés en territoires indépendants (mais fortement intégrés au Commonwealth pour beaucoup) et territoires sous tutelle ex-coloniale. Ce fait joue par exemple sur l'inégal accès à l'aide au développement, l'inégal succès des initiatives de défiscalisation et d'incitation aux investissements, touristiques notamment, voire industriel (on pense à l'attractivité forte des zones franches mauriciennes). La distance à la métropole est partout élevée et pèse sur le coût des échanges pourtant quasi captifs des liens politiques, de même que les liaisons aériennes malgré un recul lent du monopole. L'aéroport est un symbole fort de cette extraversion orientée, ce que souligne la destruction de celui de Papeete par des émeutiers indépendantistes en 1995.

DOM et TOM : Quelques indicateurs démographiques et économiques

	Réunion	Guyane	Martinique	Guadeloupe	N. Calédonie	Polynésie	Mayotte
Densité (hab/km²)	334,2	2,9	400	247	14	65	566
Population 2011 (milliers)	840	239	352	404	258	274	212,6
Taux de croissance annuelle (1999-2010)	1,4	3,5	0,3	0,4	1,7	1,2	2,7
Solde migratoire (% annuel)	0,26	0,78	– 0,15	– 0,08	0,2	– 2,9	– 1
Population 0-19 ans (% du total)	37	44	28	31	34,4	36	54
Taux de chômage (2012)	30	22	21	23	14 (2009)	20-30	18
PIB/hab. (milliers d'euros) 2010	17 700	14 362	20 678	18 657	27 712	17 512	6 575

Source : INSEE - IEDOM - ISPF.

L'insularité est aussi un facteur touristique majeur, en particulier pour le tourisme de croisière, les séjours d'hiver, mais aussi par la réalité de microcosmes aux particularismes bien vivants. Parmi ceux-ci, le plus remarquable est peut-être le brassage ethnique résultant des importations successives de main-d'œuvre servile ou libre (apports africains puis asiatiques).

Enfin, ce caractère insulaire régit l'organisation spatiale en accentuant l'héritage d'une extraversion coloniale qui poussait à l'occupation privilégiée des littoraux (ports, villes, routes circulaires, tourisme aujourd'hui) et à un caractère plus rural et moins dense des intérieurs, souvent plus forestiers, montagneux, peu traversés (avec des exceptions fortes comme la Grande-Terre de la Guadeloupe, basse, sucrière, refuge des « petits blancs » sur les collines). Dans le cas des terres françaises, si l'on excepte Saint-Pierre-et-Miquelon, on est frappé par la faiblesse de la vie maritime proprement dite. Ports modestes (de 500 000 à 3,8 millions de tonnes, avec un rôle croissant des conteneurs et des croisièristes), pêche restée traditionnelle, aquaculture embryonnaire. En somme, le tourisme balnéaire est le principal usager de la mer, conditionné par des littoraux très inégalement propices (discontinuité de l'indispensable barrière récifale).

Les héritages coloniaux et les problèmes du développement

L'appartenance au territoire de la République française, malgré la diversité des statuts (départements, territoires dotés d'un gouvernement territorial, mais aussi « enclaves » du CNES à Kourou, du centre d'expérimentation du Pacifique en Polynésie) empêche ces divers espaces de participer aux rapprochements régionaux qui s'esquissent, entre États-

Unis et Canada, entre États du Pacifique Sud, entre États de la Caraïbe (CARICOM) bien que les deux DOM aient rejoint l'Association des États de la Caraïbe, créée en 1994. Mais elle les tient aussi relativement à l'écart des effets les plus néfastes de certaines « indépendances », dans la plus grande pauvreté, de type haïtien, mélanésien, ou comorien. Le débat sur les méfaits ou les bienfaits d'une assistance après l'ère coloniale est sans fin, et d'ailleurs assez inactuel, tant les mouvements indépendantistes ou autonomistes ont perdu de leur audience aux Antilles, à la Réunion, et même en Nouvelle-Calédonie. L'approche géographique et sociale de ces territoires est néanmoins impossible sans référence à l'héritage colonial et à leur retard en termes de développement, même si celui-ci est atténué par un système d'échanges complexes (transferts sociaux, immigration en métropole, développement d'activités impraticables en métropole).

Parmi les héritages les plus sensibles d'une colonisation qui s'est développée pour l'essentiel aux XVIIIe et XIXe siècles, on doit retenir la valorisation du secteur primaire, tout entière réalisée dans le cadre de la plantation, du grand domaine, de la concession minière, foncière, forestière. Il s'agit donc d'une emprise foncière en grands blocs, qui a repoussé aux marges forestières, intérieures, montagneuses, les populations autochtones quand elles existaient (Nouvelle-Calédonie, Guyane, Polynésie) ou les populations d'esclaves fugitifs. Encore bien visible malgré la fragilité économique des productions (sucre, bananes, nickel, bois tropicaux) et la concentration croissante des terres et des usines de transformations (une seule sucrerie à la Martinique), cette économie de prélèvements a engendré des paysages originaux et une spécialisation micro-régionale.

Un autre héritage est la structure économique et sociale des territoires et leur extrême dépendance vis-à-vis de la métropole. La faiblesse du secteur industriel (5 à 7 % de la valeur ajoutée brute, 1,2 % en Guyane), concentré autour de quelques pôles d'activités alimentaires, de construction, de transformation de matières premières locales, renvoie à l'étroitesse des marchés de consommation de main-d'œuvre, à une structure de PME fragiles. Le secteur agricole est de moins en moins essentiel (2 à 4 % de la valeur ajoutée brute), le secteur tertiaire est gonflé par les emplois publics et de services aux particuliers. La fragilité économique s'exprime aussi dans le dualisme agricole entre grandes cultures d'exportation (concurrencées par celles des pays pauvres malgré un certain protectionnisme) et petites productions paysannes, sur de micro-exploitations encore souvent soumises à un métayage peu incitatif (le « colonage »). Ce dualisme est cependant en passe d'être transcendé par des spécialisations originales et intensives, sous forme de petites plantations (fruits, fleurs, plantes à parfum). L'extraversion réside dans la dépendance quasi exclusive à l'égard du marché, des transporteurs et des subventions métropolitaines, mais aussi à l'égard des cours mondiaux (du nickel surtout, en baisse tendancielle).

Plus typique encore des problèmes du développement, la question démographique, sociale et urbaine est cruciale pour l'appréhension des terres tropicales. Démographie, emploi et émigration sont en interactions étroites. Derrière l'image simplificatrice d'une démographie exubérante, la réalité est beaucoup plus nuancée. La transition démographique est bien avancée aux Antilles, soutenue dans les années 1960-1970 par une très forte émigration des jeunes adultes. Les taux d'accroissement annuel ont été divisés par 2 en 10 ans. En revanche, la Guyane connaît une croissance naturelle encore proche de celle d'un pays en voie de développement (natalité de 3 %, notamment à cause de la forte fécondité des immigrés latino-américains et haïtiens), de même qu'à Mayotte (4 %). En revanche, dans les territoires océaniens et la Réunion la natalité, 1,7 %, est en recul rapide dans les années 2000. La place des jeunes est encore forte (28 % à 37 % de moins de 20 ans, 44 % en Guyane) malgré l'amorce, aux Antilles du moins, d'un phénomène de retour des adultes après la vie active en métropole. Contribuant à un vieillissement marqué (40 % de plus de 60 ans à l'horizon en 2040 à Martinique). À cette démographie dynamique s'ajoute une immigration régionale non négligeable en provenance des pays voisins (Haïti, République dominicaine, Comores, Maurice), des petites collectivités vers les grandes îles, attirée par des niveaux de vie et d'assistance nettement supérieurs à ceux des États et des îlots proches.

Les possibilités d'émigration vers la métropole sont désormais réduites, après une longue phase d'incitation, qui a provoqué la formation de communautés importantes dans les régions urbaines de métropole, sorte de diaspora souvent structurée par une active vie associative (dans les banlieues parisiennes surtout), et par les temps forts des retours au pays. La fin ou les limites de cet exutoire donnent à la question de l'emploi une acuité extrême. Les taux de chômage s'échelonnent entre 14 % (N. Calédonie) et 30 % (Réunion) des actifs, malgré les nombreux emplois dans les services non marchands (de 27 à 30 % des actifs) et les créations massives d'emplois-jeunes. Le cas de Mayotte est particulier, avec un chômage très mal dénombrable, une large part des actifs étant hors du marché du travail. Ceci rend vital le maintien, par les transferts sociaux notamment, d'un niveau de vie qui avait beaucoup augmenté dans les années 1970. Cette croissance ne doit cependant pas masquer l'importance des écarts sociaux, entre d'un côté un salaire minimum plus bas qu'en métropole, un nombre record de bénéficiaires du RSA, des conditions de logement encore souvent médiocres, et de l'autre côté, une classe moyenne métisse en essor, très attirée par les modèles américains, et surtout une société blanche très aisée, composée des héritiers de la société coloniale (les « Békés » petits et grands, les « Caldoches ») et des employés métropolitains sensiblement mieux lotis qu'en métropole. Il se greffe donc sur la question sociale une question ethnique qui est surtout tangible quand ont été conservés dans une certaine mesure, sur certains espaces, les cadres pré-coloniaux, comme ceux des droits fonciers et des organisations coutumières kanakes. Ces héritages, ainsi que ceux de la culture métisse, née dans l'économie esclavagiste et sur ses marges, sont très diversement intégrés dans les comportements. Ils peuvent simplement s'exprimer à travers les pratiques culturelles (langues, modes de vie, rythmes sociaux), ou engendrer des phénomènes de contestation (autonomisme, syndicats et partis spécifiques), voire de mouvements sociaux peu contrôlés, comme en 2009 aux Antilles ou en Guyane : mouvement contre la vie chère et les « abus » qui a spectaculairement dessaisi le personnel politique de la parole publique au profit des syndicats locaux, de la société civile, entraînant le vote d'une loi de développement économique de l'Outre-mer en 2009 (soutien au pouvoir d'achat, exonération des charges…).

DES ENSEMBLES À FORTES SPÉCIFICITÉS

L'ensemble Antilles-Guyane

Il entretient une certaine intégration administrative et quelques liens fonctionnels, quelques échanges commerciaux, mais il y a fort peu de traits communs par ailleurs entre ses territoires.

L'originalité majeure de la Guyane tient à son caractère d'immensité forestière et de peuplement très concentré sur le littoral. 90 % des 239 000 habitants y vivent, dans la partie ouest principalement. La mer est pourtant très peu valorisée (environ 140 navires dont une soixantaine de chalutiers-crevettiers industriels mais une pêche illégale considérable par les navires étrangers), les côtes sont peu favorables au tourisme et aux sites portuaires. Les villes, de tradition administrative et pénitentiaire, sont désormais très dépendantes du centre spatial de Kourou (25 000 personnes vivent à proximité immédiate) et des grands chantiers routiers, hydroélectriques, qui lui sont partiellement destinés d'ailleurs. L'installation de ce centre en 1964 représente une ressource considérable : la moitié du PIB et 29 % des salaires du département, pour 1 500 emplois directs et 5 800 indirects. Sur le plan urbain, Kourou est une ville très européenne, enclave de haute technologie dont les techniciens du Centre national d'études spatiales ont longtemps vécu en repli complet, provoquant d'ailleurs une accélération du mouvement identitaire créole par réaction, parfois virulente contre le microcosme spatial. L'intégration du centre spatial progresse cependant, par un meilleur recours aux ressources humaines locales et une diffusion de la formation. À une part d'activité industrielle locale (assemblage de deux des quatre étages des fusées) s'ajoute un partenariat, dès 1989, du CNES avec l'État et les collectivités locales : construction de la route Kourou-Cayenne, financement de 26,7 de 180 millions du contrat de plan État-Région 2007-2013.

Cayenne, elle, fait figure de ville coloniale traditionnelle. Une large part des emplois publics (qui représente 40 % du total en Guyane) s'y trouve concentrée, au service d'une population représentant le tiers de celle du département.

L'intérieur forestier recèle une population très disparate, cosmopolite, mal contrôlée sinon dans quelques enclaves d'agriculture irriguée aux produits peu compétitifs face à ceux des États voisins, et de rares chantiers forestiers. L'enclavement des villages, la faiblesse urbaine de Saint-Laurent du Maroni, exposent l'intérieur aux difficultés du développement.

Ainsi la productivité de l'exploitation forestière (une quinzaine d'entreprises, sur les concessions accordées par l'ONF, dans un domaine de 8 millions d'hectares) est-elle dix fois moindre que la productivité des forêts asiatiques (ce qui s'avère plutôt rassurant au plan écologique). De même la riziculture sur le polder de Mana (jusqu'à 5 000 ha) s'est-elle effondrée par défaut de soutien commentaire.

La Guyane présente certains problèmes communs à l'Amérique tropicale : migrations de la pauvreté (du Brésil et du Surinam proches), d'où de nombreux migrants illégaux vivant dans un habitat et une situation précaires autour des villes et des chantiers, polémiques autour des grands aménagements et de leurs répercussions écologiques et sociales (barrage de Petit-Saut ayant noyé en 1994 une zone forestière de 365 km², arrivée de compagnies minières mal contrôlables, orpaillage illégal très destructeur, Parc national de 2007 sur 3,4 millions d'hectares contesté parce qu'empiétant sur des territoires indiens de 10 000 personnes environ).

La Guyane, avec une population légale de 25 000 habitants en 1982 et qui s'élève à 239 000 aujourd'hui, fait figure d'espace pionnier, et d'incertain laboratoire pour un développement qui se voudrait durable.

L'archipel des Petites Antilles

Il comprend, pour sa partie française, les deux grandes îles, Martinique et Guadeloupe, régions d'outre-mer et leurs dépendances proches (les Saintes, Marie-Galante, la Désirade) et les collectivités d'outre-mer (depuis 2007) de Saint-Martin et Saint-Barthélemy. Îles volcaniques pour l'essentiel, elles sont pourtant fortement contrastées par l'existence de plates-formes calcaires (Grande-Terre de la Guadeloupe surtout) à l'ambiance plus sèche. L'inégale exposition aux éruptions et aux cyclones, maximale pour les côtes au vent et les petites îles, renforce cette différenciation. Fortement concentrée dans et près des villes, la population des deux grandes îles comparable par son nombre (mais avec une densité très forte en Martinique, de 400) a connu une évolution décalée : si les soldes migratoires y sont à peu près nuls désormais, avec une émigration ralentie et des retours significatifs au moment des retraites, les rythmes de croissance sont désormais du même ordre.

Le tourisme métropolitain, y compris les séjours des Antillais en famille, et nord-américain est une ressource essentielle. Il offre une combinaison de France et de tropicalité recherchée par les métropolitains, ainsi que par les Québécois notamment. Très concentré sur les côtes basses, abritées et bien desservies par les aéroports (côte sud de Grande-Terre, pointe sud et sud-ouest de la Martinique), il a été fortement soutenu, pour l'équipement immobilier notamment, par la loi Pons (1986) de défiscalisation des investissements puis par la LBU (Ligue budgétaire unique) depuis 2005. L'explosion du parc immobilier locatif touristique et non touristique (1 600 à 1 700 logements locatifs aidés par an depuis 2005 mais une demande de logements évaluée encore à 10 000 logements en Martinique) a été suivie de difficultés commerciales importantes, d'une sous-occupation spectaculaire ; les taux d'occupation ont chuté de 15 à 20 % dans les dernières années. Les bradages des séjours touristiques, la baisse des tarifs aériens, depuis l'abolition du monopole d'Air France sur les lignes aériennes, ne compensent pas les atouts de la concurrence proche. Ce tourisme, très et même trop localisé, en position d'abri (lagons, baies sous le vent), est donné comme une priorité de développement pourtant les effets de la crise de 2009 (effondrement temporaire des croisièristes) confirment un plafonnement de ce secteur. La Martinique devrait voir s'ouvrir trois nouvelles stations selon le schéma régional d'Aménagement touristique.

Les espaces non touristiques connaissent un dépeuplement (les Saintes, Marie-Galante), ou le maintien souvent artificiel d'une agriculture duale, sucrière (ou bananière), et industrielle d'une part, maraîchère-vivrière d'autre part. En Guadeloupe, la

SAU ne cesse de diminuer, tombant à moins de 30 % de la surface totale, comme le nombre des exploitations, à temps partiel pour le tiers d'entre elles, expliquant d'importants déplacements quotidiens vers les emplois urbains. La crise de la canne à sucre (surface divisée par trois de 1970 à 2010 en Guadeloupe mais nombre d'exploitations en recul bien plus rapide), les menaces sur les protections offertes par l'Europe aux bananes antillaises (attaquées constamment par les États-Unis et leurs alliés obligés d'Amérique centrale devant l'Organisation mondiale du commerce) imposeraient une difficile conversion. Celle-ci, appuyée sur les fleurs, les fruits, le maraîchage, reste modeste : en Martinique et Guadeloupe, moins de 750 planteurs de bananes (en 2006), exposés aux cyclones, font encore vivre 10 000 emplois et procurent 43 % de la valeur ajoutée agricole, malgré des coûts de production très élevés.

Les déséquilibres géographiques sont spectaculaires du fait de la concentration urbaine. Fort-de-France tend à devenir une ville dont toutes les autres constituent des faubourgs éloignés ; l'aire urbaine de Fort-de-France (129 000 hab.) abrite un tiers de la population de l'île.

Pointe-à-Pitre, sous-préfecture de 315 000 hab. et capitale de fait, son agglomération ont dépassé largement Basse-Terre, à l'ombre inquiétante de la Soufrière comme l'était Saint-Pierre à celle de la montagne Pelée. Pointe-à-Pitre et Fort-de-France, traditionnellement rivales, comme les sociétés des deux îles tout entières d'ailleurs, souffrent d'un engorgement urbain chronique, qui souligne les difficultés d'aménagement économique des espaces ruraux, partagés entre agriculture dualiste et préservation à fins écologiques et touristiques.

Disposant d'une reconnaissance culturelle plus effective et d'élites plus nombreuses que les autres terres d'outre-mer, d'une proximité plus grande aussi de la Métropole, les Antilles connaissent un véritable partage de leur société entre îles et Métropole où vit un antillais sur quatre (un réunionnais sur sept seulement). La richesse renouvelée de la tradition culturelle créole y alimente une recherche identitaire originale. Mais le phénomène de « remigration » (fin de l'émigration des jeunes actifs, retour des émigrés) pose pour l'instant plus de difficultés d'insertion qu'il n'offre un potentiel de développement plus endogène, tentant d'articuler tourisme et production par exemple. Le caractère d'oasis à haut niveau de vie dans la région caribéenne attire aussi de nombreux migrants clandestins dans ces îles. Pourtant, avec un taux de chômage atteignant 23 % en Guadeloupe – auxquels s'ajoutent 114 000 bénéficiaires du RSA (40 000 en Martinique) –, et une jeunesse qui constitue le quart des chômeurs en Martinique, les deux grandes îles connaissent des formes de crises justifiant leur maintien dans les régions européennes éligibles à l'objectif de convergence et de solidarité (voir chapitre 13). Ces financements européens dépassent désormais considérablement les versements nationaux : 870 millions d'euros pour 2007-2013 en Guadeloupe versés par l'Union. Ces flux d'aide et d'investissements rendent encore plus fragiles, dans la perception métropolitaine et européenne, l'image des deux régions.

Saint-Martin et Saint-Barthélemy, désormais indépendantes des grandes îles, ont beaucoup plus de points communs avec les petits paradis touristiques et fiscaux qui les entourent qu'avec les deux grandes îles. Comme eux, elles attirent un important tourisme européen et nord-américain, subissent les effets de la proximité des grands pôles d'offre et de demande de drogue, dont le trafic occasionne d'énormes flux financiers, une présence policière renforcée, des effets locaux sur des populations déclassées fragiles.

La Réunion et Mayotte

Par sa forme quasi circulaire et sa topographie (montagnes centrales, longs et raides glacis, étroits lisérés littoraux), la Réunion présente un vrai modèle d'île tropicale fortement différenciée selon un schéma centre-périphérie inversé, notamment par la répartition inégale de la très forte population (840 000 hab. et une densité de 334 hab./km^2). Île à sucre et aussi colonie de peuplement (blanc, africain, asiatique), plus lointaine et moins reconnue dans son identité culturelle (et touristique) que celles des Antilles, La Réunion connaît de graves difficultés sociales. Avec le tiers des bénéficiaires outre-mer du RSA (79 000), une croissance très rapide des quartiers défavorisés de Saint-Denis (comme celui du Chaudron), les discours populistes ont rencontré un terrain favorable à des incidents violents ces dernières années. La démographie est un déterminant fondamental. Devant un accroissement démographique de 1,9 % par an entre 1990 et 1999, d'1,4 % par an depuis, des arrivées nombreuses de Mayotte, des Comores, de Madagascar, l'émigration n'est plus depuis les années 1980 un exutoire suffisant à résoudre un sous-emploi dramatique : 30 % de chômeurs en 2012, dont 61 % de longue durée, et des taux atteignant 50 % dans les localités de l'intérieur, malgré une croissance économique plus forte que la moyenne française.

La géographie micro-régionale est complexe. D. Lefèvre (in Gamblin 1994) distingue de grandes oppositions : nord, plus peuplé, plus industriel et tertiaire/sud moins actif, plus agricole. Ce contraste a justifié un projet de bi-départementalisation, soulevant des critiques virulentes de l'opposition de droite surtout. L'autre grand contraste oppose la région des « Hauts » à celle du littoral et des basses pentes. Les Hauts de l'intérieur sont ceux des cirques, peu peuplés, de « petits Blancs » surtout, ceux de l'extérieur sont constitués de longues pentes sucrières puis de cultures de plantes à parfums et de prairies. La zone littorale regroupe l'essentiel de la population dans un peuplement original, d'agglomérations très étendues, se diluant en une intense périurbanisation, vers les hauteurs plus que sur une côte peu accessible. L'opposition est-ouest demeure assez nette. L'Est, rural, sucrier, est peu urbanisé, tandis que le reste du littoral est jalonné par les villes de Saint-Denis (145 000 hab.), Saint-Paul (103 000), Saint-Pierre (80 000), Saint-Louis (52 000) et parcouru par les routes les plus modernes qui desservent Le Port (qui est aussi une ville de 39 000 hab.) et un centre touristique important (Saint-Gilles).

Malgré les contraintes que représentent cette démographie et cet espace mal contrôlés, la croissance économique a été exceptionnelle, de 8 à 10 % par an vers 1998-2000 et 4 % vers 2006-2008. Le tourisme y contribue fortement (environ 450 000 touristes annuels, contre moins de 200 000 vers 1990) ainsi que des cultures à haute valeur ajoutée : épices, vanille, plantes à parfum, sont certes concurrencées par des producteurs proches comme Madagascar ou les Comores, mais profitent aussi du marasme politico-économique structurel de ces États. La Réunion esquisse d'ailleurs des rapprochements avec l'organisation régionale dynamisée par l'entrée de la nouvelle Afrique du Sud qu'est la SADC (organisation pour le développement de l'Afrique australe). Pourtant, entre crise sanitaire du chikungunya (2006) et tensions sociales en 2009, la croissance et le développement restent fragiles. Depuis 2008-2010, la croissance ralentit ; les investissements, le BTP, la consommation intérieure, le recours au crédit, piliers d'une croissance exceptionnelle et d'un rattrapage rapide des niveaux de vie métropolitain, se ralentissent. La moitié des habitants vivent toujours sous le seuil de pauvreté.

Mayotte, dissidente de l'archipel musulman des Comores, relativement à l'abri des soubresauts d'une vie politique longtemps surdéterminée par l'interventionnisme du mercenaire Bob Denard, est une collectivité en plein essor démographique, notamment sous l'effet de l'immigration du reste de l'archipel. Avec une croissance de 5,7 % par an depuis 1990, un chômage supérieur à 30 %, l'île constitue à la fois un lieu d'immigration clandestine depuis le reste de l'archipel, et d'émigration vers la métropole. La plus nombreuse communauté émigrée vit dans la région marseillaise, et s'y trouve exposée à une forte xénophobie doublée d'anti-islamisme. La croissance de la production de plantes à parfum, impulsée depuis la Réunion, comme les espoirs touristiques, dans un contexte régional de tensions, expliquent le refus opposé par les habitants de Mayotte à l'indépendance et leur unanimité au vote de mars 2009 en vue d'en faire le 101e département français en 2011.

Mélanésie et Polynésie

Collectivités d'outre-mer, dotées d'un gouvernement territorial, ces antipodes de la métropole sont dans une relation géopolitique complexe avec les grandes puissances régionales (Australie, Nouvelle-Zélande) dont des responsables dénoncent la présence d'une situation, néo-coloniale à leurs yeux, incarnée par la puissance nucléaire française.

La Nouvelle-Calédonie, entourée des dépendances des îles Loyauté, a l'originalité d'être une colonie de peuplement, tout en ayant gardé une population autochtone importante. Les grands gisements de nickel (3e producteur mondial, 7 % du PIB de l'île mais jusqu'à 19 % en 2007 apogée du « boom du nickel »), contenus dans des altérites épaisses, y sont le facteur principal de la transformation profonde des paysages, des milieux, et surtout de la société occasionne une forme de « *dutch disease* ». Le peuplement est très littoralisé, mais obéit aussi à un clivage ethnique et foncier entre terres et territoires kanakes de l'intérieur (un quart de la population) et société blanche, « caldoche », des villes surtout, mais aussi de la brousse. Ce clivage atteint son paroxysme vers 1987 avec les violents affrontements de Nouméa, la mort des dirigeants indépendantistes. Depuis les accords de Matignon, en 1988, une réelle détente s'est installée. L'État n'intervient plus directement mais aide les autorités locales, en matière judiciaire et foncière (rétrocessions aux Kanakes), dans la perspective incertaine du référendum d'autodétermination. Un référendum, portant sur les accords de Nouméa de 1998 a conduit à leur approbation par 72 % des votants. Le calme revenu a déjà permis le développement du tourisme (environ 100 000 visiteurs annuels) et laisse la réflexion ouverte sur les solutions institutionnelles. La révision constitutionnelle de 2007 laisse une large autonomie à une assemblée élue et à un gouvernement, tout en conservant à la France la maîtrise des pouvoirs diplomatique, militaire, monétaire. Territoire profondément inégalitaire, fragmenté, et polarisé par une agglomération abritant la moitié de la population totale, la Nouvelle-Calédonie est confrontée au défi de la définition d'un destin perçu comme commun pour tous ses habitants.

La Polynésie, comme le territoire de Wallis-et-Futuna, est un « archipel d'archipels », quatre au total, fort éloignés les uns des autres. L'insularité s'y double d'un véritable isolement, extrême pour les îles, atolls ou montagnes volcaniques, les plus petites et les plus éloignées du centre qu'est Tahiti (à 17 000 km de la métropole). Toutes les situations de densité se rencontrent, avec néanmoins une prééminence des fortes densités dans les îles de la Société. Partout, la population vit uniquement sur le littoral, où les ressources primaires sont concentrées mais d'écoulement aléatoire (nacre, coprah, phosphates, perles surtout aujourd'hui). La concentration urbaine autour de Papeete (132 000 hab.) est un facteur de déséquilibres économiques et écologiques, et un des effets de la dépendance à l'égard des services et des prestations métropolitaines. Le poids économique, politique et symbolique du centre d'expérimentation nucléaire de 1962 à 1998 est paradoxalement illustré par la violence des réactions récentes (émeutes et destruction de l'aéroport de Papeete en septembre 1995), qui ont suivi la relance très provisoire de ses activités, alors que leur suspension avait produit un effet comparable aux crises mono-industrielles. Si le centre d'essai avait contribué à élever très fortement le niveau de vie de l'archipel, c'était sans compter avec un creusement des inégalités, mal mesurables, dans une société encore très incomplètement monétarisée. Se pose alors le problème de la reconversion économique à l'heure de sa fermeture. Parmi les voies prometteuses, on compte le tourisme (les autorités locales visaient l'objectif de 300 000 visiteurs en 2003 mais ils n'étaient que 200 000 en 2008 et 163 000 en 2011), la culture des perles noires (qui assure déjà 90 % des exportations en valeur), la récolte du coprah (amande de la noix de coco), la pêche industrielle sur des eaux territoriales qui couvrent 2,5 millions de km^2. La manifestation de très grande ampleur d'octobre 2004 contre la réélection de Gaston Flosse à la tête de l'assemblée territoriale, accusé d'avoir « acheté » des électeurs (l'élection a cependant été validée), a montré la force du mouvement indépendantiste. Celle-ci est confirmée par son accession au pouvoir de 2004 à 2008 et par la conciliation recherchée par G. Flosse. Mais le paradoxe de la toute-puissance des réseaux de Gaston Flosse et des démêlés judiciaires multiples de celui-ci témoignent des blocages de la société polynésienne et du déficit de vie démocratique.

Le tableau de la France d'outre-mer ne serait pas complet si l'on omettait d'évoquer les collectivités spéciales que sont l'archipel de Saint-Pierre-et-Miquelon et les TAAF. Les Terres australes et antarctiques françaises ne sont guère peuplées que par les missions scientifiques, qui y assurent la présence française sur les plans géopolitiques (traité international de l'Antarctique), écologiques (recherches en glaciologie, climatologie), et économiques (station d'amplification et de transmission des signaux satellitaires, activités de pêche et de transformation de langoustes, de morues, aux Kerguelen, qui sont aussi une base de semi-complaisance pour l'immatriculation de 102 navires marchands). Elles disposent d'un conseil local qui gère aussi les 44 km² d'« îles éparses » de l'Océan Indien, à peine immergées, mais qui assurent à la France 640 000 km² de ZEE. En revanche la population de Saint-Pierre-et-Miquelon (5 800 hab. en recul constant depuis 1999) est beaucoup plus homogène que les mosaïques culturelles évoquées plus haut. Elle vit aux avant-postes d'un conflit toujours latent avec le Canada concernant les droits de pêche sur fond d'effondrement irréversible des stocks et de fermeture des dernières usines de transformation. Depuis 1997, cependant, la levée de l'interdiction de la pêche de la morue laisse un quota d'environ 6 000 tonnes (12 000 étaient pêchées avant le moratoire de 1992). Le tourisme de croisière (12 500 visiteurs par an), des espoirs sur les forages *off-shore* dans l'estuaire du Saint-Laurent, représentent des alternatives limitées, suspendues au règlement des contentieux franco-canadien, sur l'extension du plateau continental. L'enclavement, l'abandon du statut de DOM ne facilitent pas les relations avec la métropole malgré le nouveau statut de COM.

Dans l'ensemble des terres d'outre-mer, malgré les différences institutionnelles accentuées qui donnent plus de place à une vie politique spécifique dans les territoires, se pose un problème assez commun, celui des relations avec la métropole. Les pratiques et les outils d'aménagement sont peu adaptés à des espaces lointains, insulaires, tropicaux, à des économies et des sociétés à peine sortis d'une situation coloniale. Or, les migrations désormais ralenties, les prises de conscience politiques, l'intégration européenne et l'accès à des marchés et des subventions moins strictement métropolitains, les relations avec les territoires proches, renforcent les contradictions entre aspirations à plus d'autonomie et liens toujours déterminants avec la France métropolitaine. Ces contradictions peuvent être ainsi illustrées : les ROM-COM sont peu présentes au sein des organisations de coopération macro-régionale (CARICOM, Alena). Pourtant, leur appartenance à la France et à l'Union européenne, certes pourvoyeuse de subventions et de protections économiques très recherchées, n'est pas un atout définitif. Elle est aussi un facteur de mise en concurrence avec les possessions outre-mer des autres membres de l'Union économique (britanniques, néerlandaises, espagnoles, portugaises). Enfin ces protections, ces subventions, sont souvent remises en cause par des instances comme la commission de Bruxelles ou l'Organisation mondiale du commerce.

13

Les régions vues d'Europe, l'Europe vue des régions

L'approche des régions françaises par le biais de leur insertion dans la géographie régionale et économique de l'Union européenne n'est pas une concession à un rituel imposé par l'actualité des débats sur la constitution européenne, l'élargissement puis la crise dans la zone euro et dans l'Union ou par l'évidence d'une dimension européenne de la France qui, selon la formule vidalienne, en serait une « quintessence ». La mitoyenneté avec sept États et deux principautés est un déterminant majeur de la géographie régionale, avec ou sans union politique et économique. Mais, dans le cadre de celle-ci, c'est l'ensemble du territoire qui devient concerné par l'instance supra-étatique ; le Parlement européen, la Commission européenne, le Comité des régions deviennent des interlocuteurs et des lieux de pouvoir pour les responsables régionaux, des leviers politiques et financiers.

Mais ils sont aussi la source vécue comme lointaine d'un arbitraire administratif, normatif, trop ou pas assez libéral ou protecteur, souvent mal perçu par les acteurs économiques. L'horizon européen est dilaté au rythme des élargissements successifs qui représentent autant de mises en concurrence supplémentaires, une menace sur les vertus d'un effet-pays particulièrement avantageux dans le cas français. Ces divers aspects peuvent être étudiés en considérant d'abord l'Europe comme un cadre élargi pour situer les régions françaises, puis comme un agent actif des politiques régionales, dont les retombées sont difficiles à évaluer. Les espaces frontaliers sont, enfin, des laboratoires de coopération à l'échelle européenne.

Il existe une réelle convergence entre deux discours. Le premier, tenu par les responsables européens, affirme que l'Europe à construire est celle des régions plus que celle des États, qu'elles sont le lieu privilégié de l'intervention, des procédures d'aide et d'harmonisation. Témoignent de cette pertinence reconnue la réforme des fonds structurels entamée en 1988, qui régionalise systématiquement les objectifs économiques, en termes de réductions des écarts de niveau de vie, ou la création d'un comité des régions en 1994, au rôle renforcé par le Traité de Lisbonne. Une équivalence est recherchée entre cohésion économique et sociale de l'Union et équilibres régionaux, tout en pointant l'importance des écarts actuels et la contradiction possible entre principe d'égalité de traitement, libre jeu de la concurrence et politiques nationales de soutien.

L'autre discours provient des responsables régionaux, qui voient en l'Union européenne un levier institutionnel et surtout financier pour leur propre politique de développement, pour leur affirmation dans un possible (quoique relatif) « évitement » de l'État. Grâce au principe de subsidiarité dont le respect est surveillé par le Comité, et par leur association entre régions voisines dans des instances bi- ou multilatérales, les gouvernements régionaux visent à susciter des dynamiques transfrontalières déjà actives.

Ce consensus européen n'est pas sans ombre : un autre discours s'entend, dans les régions, sur le bilan peu satisfaisant des politiques d'aide, bilan comparé à l'exacerbation des concurrences nées des entrées de l'Espagne, du Portugal et de la Grèce, aux restrictions imposées par le régime communautaire dans l'accès aux subventions de l'État, aux effets des réformes de la politique agricole, aux disparités accrues. L'entrée des dix nouveaux membres en 2004, puis de la Bulgarie et de la Roumanie en 2007, de la Croatie en 2013, réduit nécessairement la carte des territoires éligibles aux aides européennes dans les pays fondateurs.

L'Europe est donc à la fois un espace géographique de référence, qui permet de situer les régions françaises, et un cadre politique agissant directement (politiques régionales) et indirectement (politiques sectorielles, cadre de coopération inter-régionale) sur la place des régions dans cet espace. On se gardera néanmoins de surestimer l'enjeu régional d'une construction européenne qui reste fondamentalement une union douanière, monétaire, et politique entre des États, une association dont les décisions et les critères monétaires, commerciaux ou juridiques, ont une portée bien plus considérable que les politiques régionales ; les effets de levier de 347 milliards d'euros sur cinq ans, soit plus de tiers du budget, sont cependant essentiels aux finances locales et régionales.

LES RÉGIONS FRANÇAISES DANS LE CONTEXTE GÉOGRAPHIQUE ET POLITIQUE DE L'UNION EUROPÉENNE

Les traits essentiels de la France en Europe

En deçà de sa diversité régionale, la France présente quelques traits spécifiques qui méritent d'être rappelés car ils constituent l'arrière-plan de la question régionale et d'un éventuel aménagement du territoire à l'échelle européenne.

La position géographique en isthme et en finisterre du continent doit être mentionnée sans être surestimée. Si la France occupe une position relativement centrale, notamment depuis l'extension méridionale de l'Union, les conséquences n'en sont pas déterminantes sinon en matière de réseaux terrestres et de flux. Quelques passages sont vitaux pour les relations ibériques, voire britanniques, avec le reste de l'Europe. La France joue en plusieurs points un rôle de plaque tournante (réseau TGV, tunnel sous la Manche, croisements parisiens, rémois, bourguignons et lyonnais) et de corridor, actuel ou à venir (axe rhodanien, Arc méditerranéen, route des Estuaires). Mais le mythe du centre, de l'équidistance à tous les grands pôles, fait moins recette aujourd'hui. Les déplacements passés ou actuels des courants d'échange infirment cette vision cocardière : déclin médiéval de l'axe champenois, déclin des façades méditerranéennes puis atlantiques, liaison moderne Rhin-Rhône mise à pied par la liaison Rhin-Main-Danube et réintégration de l'Europe centrale et orientale depuis 1989.

La taille du territoire et la densité du peuplement sont des traits plus importants. Le relatif sous-peuplement de la France n'est comparable qu'à celui de la Grèce, de l'Irlande et de l'Espagne. Sa densité est inférieure d'un tiers environ à la moyenne européenne. L'atout de l'étendue vaut pour un certain nombre de secteurs (forêt, tourisme, environnement, coûts fonciers), mais représente une charge lourde pour la rentabilité des équipements. L'étendue rend aiguë la question du recul de l'espace cultivé, de la charge de l'entretien des milieux et des paysages incombant à des populations restreintes.

En matière économique, démographique et sociale, la France est très légèrement plus jeune et plus dynamique par sa population, ses actifs sont à peine plus « tertiarisés » et moins « industrialisés » que la moyenne, et son PIB/habitant est à peine supérieur à la moyenne européenne. Cette position, à bien des égards représentative de l'Europe, tient pour partie à l'appartenance partagée de la France aux grands domaines économiques et démographiques de l'Europe occidentale, dont les clivages sont, au moins historiquement, nord-sud plus qu'est-ouest. La France présente ainsi un versant nord-est qui se rattache à la « dorsale » Londres-Milan et un versant sud-ouest plus comparable aux périphéries atlantiques et méditerranéennes. Autre facteur d'une position moyenne, aucun des grands indicateurs statistiques n'a à « souffrir » d'un poids significatif de régions en profond retard de développement, celles qui justifient des aides les plus conséquentes de l'Union. Seules la Corse, les Antilles, la Guyane, la Réunion font exception, mais ne pèsent évidemment pas aussi lourd que l'Italie du Sud, le nord de l'Écosse ou les nouveaux Länder allemands dans leurs États respectifs. La France participe donc assez modérément aux disparités géographiques de l'Union, en présentant peu de régions aux extrêmes (alors qu'elle est socialement l'un des États les plus inégalitaires) et, par ailleurs, tire avantage de son rang de moyenne puissance pour peser sur ces inégalités par un effet-pays avantageux (on appelle effet-pays l'effet d'appartenance à un pays disposant de moyens élevés pour une redistribution relative de la richesse).

Sur le plan de l'organisation régionale, la vraie spécificité française ne réside pas dans la petite taille des régions, souvent donnée comme un handicap majeur au sein des accords transfrontaliers. J.-F. Drevet (1991) indique que « la région française, réputée de taille insuffisante, est en réalité très proche de la moyenne : un peu plus étendue, un peu moins peuplée, et aussi riche ». Il est vrai que les circonscriptions avec lesquelles les régions françaises sont mitoyennes et amenées à coopérer sont souvent plus puissantes et plus autonomes que la moyenne : Länder allemands (notamment ceux de Nord-Westphalie, du Bade-Wurtemberg, dont le PIB est supérieur à celui de l'Île-de-France), régions italiennes (Piémont, l'une des plus riches), Provinces belges (Wallonie et Flandre), Communautés autonomes espagnoles (là encore les plus puissantes, Pays basque et Catalogne). Le vrai problème spécifiquement français réside plutôt dans le non-choix déjà évoqué entre départements et régions, les limites financières à l'action des régions qui freinent l'efficacité d'une décentralisation tardive, en conservant de très importantes compétences au département. Seule la France maintient une réelle concurrence de la région avec un niveau inférieur.

Les régions françaises dans une régionalisation transnationale

Les rapports de la Commission européenne, Europe 2000, avaient proposé un découpage régional visant à interpréter les dynamiques transnationales et à suggérer des rapprochements transfrontaliers par le constat de situations similaires, de liens privilégiés, sans pour autant pousser à la création de « super-régions » internationales. Ce découpage comprend les huit groupes suivants (antérieurs aux élargissements de 2004 et 2007) :

– l'aire des capitales (six de ces capitales, dans le Sud-Est anglais, le Sud des Pays-Bas, la Belgique, le Nord et le Nord-Est de la France, Bassin parisien compris, le Luxembourg, le Centre-Ouest et le Sud-Ouest de l'Allemagne) ;

– l'Arc alpin (Suisse, Autriche, Allemagne méridionale, Italie du Nord, Centre-Est français) ;

– la « diagonale continentale », du Massif central au Portugal non littoral ;

– les nouveaux Länder allemands ;

– l'aire méditerranéenne, insulaire et côtière, de l'Andalousie à la Grèce entière ;

– l'Arc atlantique, du Portugal à l'Écosse ;

– les régions de la mer du Nord (Est-Écosse, Midlands et Est-Angleterre, Pays-Bas du Nord, Danemark et Nord-Ouest allemand) ;

– les aires ultra-périphériques (DOM français, Canaries, Açores, Madère).

Dans une telle régionalisation, la France se rattache à cinq des huit groupes.

Au-delà des critiques que l'on peut adresser à toute « macro-régionalisation » (ici la région Bourgogne se retrouve dans l'Arc alpin et Midi-Pyrénées dans une « diagonale continentale » fort peu convaincante), qui tend à grossir le trait déjà épais des diagnostics régionaux expéditifs, ces données ont le mérite de réinsérer la France dans le contexte de l'ouverture. Il en ressort une position tangente par rapport aux grands ensembles, aux lignes de structuration de l'espace européen : grand axe de l'Europe médiane rhénane et alpine, façades méditerranéenne et atlantique. Les traits communs aux régions de chaque groupe sont les cadres de référence à la définition d'une politique régionale européenne. Dans celui de « l'Europolygone des capitales » (J.-F. Drevet) l'apparent privilège de la concentration économique et démographique est tempéré par ses revers : pression forte sur l'environnement et la qualité de vie, existence de nombreuses poches de pauvreté urbaine (comme le Hainaut français), gestion des conurbations et des flux dans les corridors trans-européens, en augmentation particulièrement forte depuis les extensions de l'UE en 2004 et 2007, fragilité des villes à tendance mono-active (Bonn, Eindhoven, villes sarroises et lorraines…).

Dans l'arc alpin (qui comprend en France les régions « semi-alpines » de Bourgogne, d'Alsace, Franche-Comté et PACA), les défis principaux sont ceux du développement rapide des transports, de la congestion des zones alpines, de la pression touristique, de la compatibilité entre la prospérité liée à une position de lien stratégique et les contraintes d'un environnement fragile, peu protégé.

La diagonale continentale est sans doute le plus critiquable de ces regroupements. De Chartres à Badajoz, elle comprend les trois types d'espaces très différents que l'on trouve en Europe, urbanisés, ruraux à armature urbaine forte, et ruraux fragiles. Le problème principal réside dans le risque de creusement de ces inégalités, l'objectif devant être de valoriser la position de « réserve » pour les régions voisines. L'émergence de cette entité vient d'être suivie d'un rapprochement institutionnel entre les régions concernées.

Au sein de l'aire méditerranéenne, la France n'est concernée que par l'« Arc latin », même si elle partage ces traits spécifiquement méditerranéens que sont la fragmentation des aires de croissance, la fragilité de l'environnement, les contrastes littoraux-intérieurs.

L'Arc atlantique se caractérise par sa périphéricité en termes d'accessibilité, par les déséquilibres de sa structure urbaine, et la sous-productivité de ses activités. La France échappe en fait assez largement à ces faiblesses, bien que sa façade atlantique soit par exemple très en retard en matière d'investissements étrangers.

Les régions ultra-périphériques, malgré leur diversité, sont assez comparables entre elles. Toutes sont des régions qui restent fortement peuplées (sauf la Guyane et les Açores) et qui doivent concilier, d'une part, un impératif de développement fondé sur les ressources naturelles (tropicalité agricole et touristique), pour des populations dynamiques et en retard de niveau de vie, et d'autre part la préservation de milieux fragiles et confinés.

Cette récapitulation souligne la diversité des contextes de voisinage et de coopération transnationale pour les régions françaises. Celles du Sud sont en position de force relative, elles sont des « Nord du Sud », des charnières entre un centre dédoublé (les capitales de l'Europe médiane, alpine) et des périphéries. Celles du Nord et du Nord-Est sont en position de faiblesse relative par rapport à leurs voisines, dont l'appartenance à la mégalopole européenne ne fait aucun doute.

Les régions françaises face aux politiques économiques communes

Paradoxalement en apparence, ce n'est pas la politique régionale commune, née tardivement et longtemps dotée de moyens limités, qui produit le plus d'impact sur la géoéconomie régionale. Il convient d'évoquer d'abord les modalités régionales de la vocation première et principale de l'Europe unie, qui est l'établissement d'un marché commun et de la libre concurrence. Trois grands volets communautaires sont directement impliqués dans les situations régionales : l'achèvement du marché unique, la politique agricole commune, la politique des réseaux de communication. Il n'existe pas de vraie politique industrielle commune, mais il est vrai que par le jeu des plans sidérurgiques concertés au sein de la CECA, ou par le jeu des libres circulations de capitaux, des plans de relance ou de soutien à une branche industrielle (que la Commission peut critiquer pour entrave à la concurrence), des choix industriels d'importance régionale sont infléchis par le contexte communautaire (exemples du plan Davignon pour la sidérurgie lorraine dans les années 1975-1985, des élargissements à l'est par l'industrie automobile).

■ ***En matière de politique de marché,*** la fin du protectionnisme européen et national s'est traduite, sauf dans le domaine agricole, par une plus grande exposition des économies régionales à la concurrence européenne et mondiale. Bien acceptée pendant la croissance, cette exposition a été quelque peu limitée dans les années 1970 par les accords « multifibres » dans le textile (supprimés en 2005), les accords anti-dumping dans la sidérurgie, puis par des aides compensatoires des déclins industriels dans les régions les plus mono-actives, sans qu'on puisse en mesurer les effets face aux crises. La promotion d'un marché commun a engendré des courants d'échange intra-communautaires considérables, qui représentent 60 à 70 % du commerce international des États membres, sans que, là encore, le bénéfice tiré par telle ou telle région puisse être isolé, tout en favorisant évidemment les régions les plus internationalisées. Dans l'ensemble, le commerce extérieur des régions ne modifie pas, au contraire, les disparités résumées dans le chapitre 3 (p. 52).

■ ***En matière agricole,*** l'adoption précoce et complète d'une politique commune orientée vers la hausse des productions par la protection du marché et la garantie des prix de vente, la conservation d'agricultures familiales sur des exploitations rationalisées, mais restant de taille moyenne, a incontestablement bénéficié à l'agriculture française, au moins jusque dans les années 1970. Depuis, les impératifs de réforme de cette politique, très coûteuse (bien que son poids dans le budget européen ait été réduit de moitié depuis 1985), devenue un facteur de surproduction chronique et de dissension avec les partenaires commerciaux de l'Europe, ont touché les régions françaises dans un état de grande fragilité. Celle-ci est liée à la lourdeur des investissements précédents, à l'importance des espaces en jeu lors de l'application des mesures restrictives comme les quotas laitiers (1984-1985), à l'obligation de gel des terres céréalières (années 1990) ou enfin aux enjeux représentés par la libération de terres agricoles dans les régions de faible densité. Une fragilité particulière concerne les régions méridionales depuis les extensions de la Communauté aux pays méditerranéens, qui sont autant de concurrents sur le marché des produits de primeurs, des fruits et légumes. L'exposition des régions à ces chocs est inégale, selon leur orientation technico-économique, leur démographie agricole, leur niveau d'organisation par les lobbies de producteurs, mais les mutations récentes dans les régions laitières sont incontestablement accélérées par ces choix communautaires. La diminution des cheptels de vaches laitières, la conversion vers la production de viande, la recherche d'appellations contrôlées, la concentration à l'occasion des libérations de quotas par cessation d'activités des petites exploitations, sont autant d'effets récents.

Quelques traits de la « nouvelle PAC » adoptée en 2013 témoignent que la totalité des agriculteurs, et donc des espaces régionaux, restent concernés, mais avec un soutien plus marqué aux éleveurs, aux zones de montagne, aux exploitations « riches en emploi » plus qu'en surface, aux jeunes agriculteurs. L'« écologisation » de l'agriculture bénéficie de 30 % des fonds.

■ ***La politique des réseaux*** est donnée dès l'origine comme un facteur d'intégration essentiel. Mais les réglementations nationales, très lourdes en la matière, ont la vie dure, et il s'avère laborieux de mettre en application concrète le principe de libre circulation. En novembre 1995, la Commission européenne déplorait l'insuffisance des efforts engagés par les États pour réaliser les quatorze projets prioritaires définis par elle, essentiellement des TGV, et dont quatre concernent la France (TGV Paris-Bruxelles-Amsterdam-Cologne-Londres, Lyon-Turin, Paris-Strasbourg, liaison routière France-Grande-Bretagne-Benelux). Depuis le retard est largement rattrapé.

La France tient, en effet, une place économique et géographique centrale dans les échanges internes à l'Union et, de ce fait, le trafic international y occupe une place supérieure à la moyenne européenne, 25 % du trafic total français environ avec des flux en accroissement de 2 à 4 % par an. La plaque tournante parisienne d'un TGV étendu à la desserte des capitales voisines renforce ce rôle d'espace de transit. Mais le centre de gravité européen s'est déplacé vers l'est et le « carrefour français » est relativement secondaire. En revanche, la France a dû pleinement appliquer les directives de libéralisation des transports et de libre concurrence (frêt routier, ferroviaire, dessertes aériennes…). Dans les choix effectués pour 2014-2020, la France est traversée par 3 des 9 corridors prioritaires du réseau transeuropéen (Atlantique du SO au NE, Mer du Nord-Méditerranée, et Méditerranéen).

LES RÉGIONS ET L'EUROPE

La politique régionale et l'idée d'un aménagement du territoire européen sont tardives, les Fonds structurels, destinés à promouvoir un meilleur équilibre économique et social et à réduire les disparités régionales, ne représentaient que 17,5 % du budget de la Communauté en 1988. Mais cette part atteint 35,7 % en 1999, devenant le second poste de dépense après la PAC. De 163 MM d'euros pour 1994-1999, les montants des fonds structurels passent à 195 MM pour 2000-2006 et 347 MM pour 2014-2020. Si les effets de cette politique, dite de cohésion, sont difficiles à évaluer en France, ce qui l'expose à de nombreuses critiques, il reste que l'émergence d'un niveau supra-national d'action régionale est intervenue en pleine période de décentralisation, et que les collectivités territoriales françaises ont saisi activement cette occasion, non seulement pour rentrer dans une âpre concurrence visant à obtenir leur part de la manne financière, mais aussi pour former un couple région-Europe, en une période de repli relatif de l'Aménagement étatique du territoire. Il n'est plus possible d'aborder l'aménagement et le développement sans faire référence aux interventions communautaires, qu'elles soient sectorielles, comme on l'a déjà évoqué, ou explicitement régionales.

La politique régionale communautaire : étapes et outils

Bien qu'affirmé dès le traité de Rome, l'objectif de cohésion de la Communauté par réduction des disparités régionales n'a pas fait l'objet d'une politique spécifique jusqu'en 1975 (création du FEDER), alors même que la Communauté était en passe de s'élargir à des États méridionaux et atlantiques qui ont accru l'ampleur de ses déséquilibres : aujourd'hui encore, au simple niveau des 323 régions européennes, le PIB par habitant présente un écart maximal de 26 % à 328 % de la moyenne de l'UE. Les écarts internes aux États se sont accrus tandis que les écarts inter-États diminuent (fortes polarisations internes donc), surtout dans les nouveaux États membres. Les disparités sont cependant difficiles à évaluer, et les débats sur la composition de « l'indice synthétique » qui tente de les mesurer sont d'autant plus âpres qu'ils conditionnent la carte d'éligibilité aux interventions des Fonds structurels.

Mais jusque vers 1980, les politiques nationales d'Aménagement étaient seules en lice pour rééquilibrer ces situations. Leur repli relatif a fait place à une politique régionale européenne récemment appelée politique de cohésion. Le souci d'harmonisation ou de « convergence » européenne implique d'ailleurs une critique sévère, par la Commission, des politiques nationales d'aide aux régions et d'aide aux entreprises, considérées comme des entraves à la libre concurrence et surtout à la réduction des inégalités puisque les États ne disposent ni des mêmes moyens, ni des mêmes critères d'attribution. Vieux mais toujours actuel débat sur la discrimination positive et ses effets pervers, entre groupes sociaux comme entre régions.

Dans le cadre français, on voit assez bien les fondements de la critique des régimes d'aide, comme l'écrivait J.-F. Drevet (1995) : « La France est menacée d'un rétrécissement de sa carte de la prime d'aménagement du territoire. Remontant à 1982, elle est le produit d'une sédimentation de problèmes (industrialisation de l'Ouest, déclin industriel de l'arc Nord-Est) ». De fait, jusqu'en 1998, 45 % du territoire, couvrant 23,5 millions d'habitants, étaient éligibles à cette prime de 5 300 à 7 600 euros par emploi. Bien que réduite à une zone couvrant 20,4 millions d'habitants (voir chapitre 3), l'attribution de 41 % de l'aide allait aux cinq régions les plus riches du pays. Autant dire que ce dispositif a vécu. Chez les voisins, plus fédéralistes, on est peu regardant sur la profusion d'initiatives locales et régionales destinées à favoriser l'implantation d'entreprises, financièrement, fiscalement, ou matériellement (terrains, locaux…). La France de la décentralisation connaît aussi ces mesures émanant, sans réelle possibilité de contrôle, de milliers de collectivités, qui transforment l'aide au développement, local ou régional, en surenchère concurrentielle entre collectivités riches et pauvres.

Globalement la critique semble irréfutable : dans les années 1986-1988, « l'Allemagne et l'Italie ont distribué 500 et 655 millions d'écus (unité de compte européenne, avant la mise en place de l'euro) hors de leurs zones prioritaires, à comparer avec les 65 et les 23 millions distribués en Espagne et au Portugal dans l'ensemble du pays » (Drevet, *op. cit.*).

De la même manière que la réforme de la PAC était devenue inévitable, mais pour d'autres raisons, ce type de critique a préparé le terrain d'une réforme et d'une accentuation de la politique régionale communautaire. La réforme intervient donc en 1988, sous le nom de « réforme des Fonds structurels ». Ces fonds (actuellement : fonds de cohésion, fonds social européen, fonds européen de développement régional) contribuaient jusque-là très médiocrement à l'objectif régional. Ils furent longtemps de simples remboursements des contributions de l'État-membre, qui en avait la libre utilisation, malgré quelques progrès, dans les années 1980 (création des programmes intégrés méditerranéens, programmes d'intérêt communautaire…). Les réformes de 1988, puis celle de 1999 et de 2006 (politique de cohésion) traduisent une quadruple volonté de la part de la Commission :

– de concentration des actions sur des espaces vraiment prioritaires ;

– de plus fort contrôle sur l'attribution et le suivi des aides en partenariat avec les États et les régions. Mais la réforme de 2006 réintroduit plus de liberté pour les États dans la fixation des règles d'éligibilité de leur territoire.

– de programmation pluriannuelle des actions ;

– d'additionnalité des aides, c'est-à-dire de cofinancement d'un effort d'abord consenti par les États et les régions.

Mais elle se traduit surtout par une définition d'objectifs. Pour celui dit de convergence, ce sont des territoires qui sont éligibles, en fonction de critères de niveau de vie et de situation économique. À ces objectifs concourent les trois fonds évoqués cidessus. Les objectifs en question sont :

– L'objectif de « convergence et solidarité entre les régions » : c'est le plus fortement doté, plus de 80 % du total, et il est destiné aux régions dont le PIB/hab. est inférieur à 75 % de la moyenne communautaire, soit 101 régions pour la période 2007-2013 et 170 millions d'habitants. Pour la France seul l'outre-mer est concerné.

– L'objectif « compétitivité régionale et emploi » s'adresse à tout le reste des régions (172, pour 330 millions d'habitants) et est doté de 16 % du total.

– L'objectif « coopération territoriale européenne » a remplacé l'Initiative Interreg ; il bénéficie de 2,7 % du budget et vise soutenir les projets de coopération transfrontalière.

Dès 2000 s'est posé le problème des régions qui, d'une période de programmation à l'autre, sortaient du cadre d'éligibilité (parce que leurs indicateurs économiques avaient progressé en les rapprochant de la moyenne communautaire). Des dispositifs d'aide plus limitée étaient alors prévus. Pour 2014-2020, une catégorie de régions dites intermédiaires (PIB/hab. entre 75 % et 90 % de la moyenne communautaire) va être créée, qui les fera rentrer partiellement dans l'objectif de convergence. Pour la France ce sont ainsi 8 Régions (notamment la Picardie, le Languedoc Roussillon, la Basse Normandie…) qui pourraient, outre les DOM, bénéficier de l'aide à la convergence.

À ces objectifs, qui mobilisent donc les fonds alloués à la politique régionale, s'ajoutent des Programmes d'Initiative Communautaire, pour un montant de 5,75 MM d'euros : Equal, orienté vers le soutien à la non-discrimination dans l'accès à l'emploi, LEADER (développement local en milieu rural ; en France, quelque 352 millions d'euros entre 2007 et 2013 attribués à des Groupements d'intérêt Local, tels des « pays » constitués, des Parcs naturels), et URBACT (ex-URBAN) tourné vers les projets urbains.

À ces réformes des fonds (1988 et 1999, 2005-6), on doit ajouter, en direction des régions, la mise en place d'un comité des régions, en 1994. Il comprend 353 membres nommés pour 4 ans par le Conseil (39 Français, principalement élus et présidents de conseils régionaux et généraux), et dotés d'un rôle consultatif sur les politiques communautaires, sur saisine du Conseil, de la Commission, ou de sa propre initiative.

Pour achever ce tableau rapide d'un système de soutien particulièrement complexe (malgré les simplifications voulues), il faut rappeler l'extrême difficulté du montage des dossiers de financement. Cette complexité est très dissuasive dans le recours à ces financements, qui restent très souvent considérablement sous-employés, notamment par les collectivités françaises, nombreuses et aux faibles moyens de formalisation et de suivi de ces dossiers. Des initiatives sont d'ailleurs en passe d'être instaurées par la Commission pour aider divers acteurs (PME, nouveaux pays membres, zones urbaines) dans l'accès à ces financements. En France ce sont les services des conseils régionaux qui traitent et suivent les dossiers de demande de financement.

L'impact des fonds européens en France et sa répartition régionale

La France est nettement concernée par ces aides, puisque elle reçoit 4 % des fonds. De 2000 à 2006, 16 MM d'euros sur les 195 pour l'Union, ont été versés en France et 14 pour 2007-2013 (sur 345 au total). Sa place est naturellement en recul, dans le cadre de l'élargissement à l'Est.

Géographiquement, on observait une réelle continuité de l'espace éligible à l'objectif 2 (2000-2006 : aide aux zones en difficultés structurelles) : régions entières ou presque dans la moitié sud, toutefois retranchées de leur partie centrale ou littorale, large périphérie des régions du nord et de l'est. Dans le grand ouest ainsi que dans l'est et le nord ouest du Bassin parisien, on mesure toutefois l'ampleur de la rétraction de la carte d'éligibilité : – 40 à – 50 % de population éligible par rapport aux années 1990.

La répartition de ces montants entre régions fait intervenir le gouvernement français. Il est l'arbitre incontournable du couple régions-Europe, de même qu'il a une haute main sur le contrôle et la transmission des projets, puisque le Document unique de programmation correspondant à un projet est soumis au préfet et doit être en conformité avec les objectifs d'aménagement du Territoire.

Pour autant, mécontents et satisfaits ne disparaissent pas au début des années 2000 : régions tout entières s'estimant mal loties, cantons retirés de la carte d'éligibilité à l'un ou l'autre des objectifs. Ainsi, la Lorraine est-elle plus largement couverte (67,4 % de la population), mais avec des montants moins élevés (355 euros par habitant en zone éligible, contre près de 400 en Bretagne), du fait des 40 000 frontaliers et des 45 000 préretraités qui diminuent le taux de chômage utilisé pour calculer la dotation.

On pouvait s'étonner de voir l'Alsace incluse dans ces attributions. Elle avait rendu éligible ses bordures ouest à l'objectif 2 pour ses vallées textiles vosgiennes, son bassin potassique, et pour ses bordures rurales nord.

La réforme de 2005-2006 et la dernière phase de la politique de cohésion (2007-2013) ont vu une sensible rupture avec le principe de géographie prioritaire qui avait prévalu jusqu'alors, depuis 1988, et qui s'appuyait sur un zonage à la fois complexe et toujours sujet à critique, distinguant zones éligibles et zones exclues des aides au titre des objectifs libellés par types de difficultés (régions en retard de développement et ultra-périphériques, régions en retard structurel). Ce système de discrimination positive territorialisée, s'il visait à concentrer les aides sur les territoires effectivement en besoin, donnait aussi lieu à des discontinuités très mal vécues entre territoires proches, les uns aidables les autres non alors que les différences étaient faibles, finissant par faire regretter, par les décideurs, de sortir des « cartes de la douleur » qui étaient aussi celles de l'assistance. Désormais seul l'objectif de convergence est régionalisé, sur une base simple (le PIB/hab.) et à une échelle unique (la région, soit le niveau NUTS 1 du maillage administratif de l'UE) ; mais ces critères et échelle sont aussi discutables en terme d'identification des espaces et groupes nécessitant une aide. Au moins concentrent-ils clairement le gros des soutiens sur un espace incontestablement plus pauvre globalement. Il faut d'ailleurs rappeler que l'impact régional des financements européens ne se limite pas aux soutiens au titre de la cohésion : Les aides du FEADER (ex-FEOGA), du Fonds européen de la pêche, de la politique des Réseaux de transport transeuropéen, ont de nombreuses retombées régionales, certes moins identifiables en tant que telles.

Au titre de la stricte politique régionale, la France a bel et bien bénéficié de soutiens conséquents : fin 2013 près de 96 000 projets de toute sorte bénéficient de soutiens pour environ 41 millions d'euros, principalement orientés vers l'innovation technologique, les TIC, l'emploi, le développement durable, la transition énergétique, l'inclusion sociale, mettant en jeu près de 300 organismes aussi divers que des collectivités territoriales, des OPAC, des organismes de formation…). Le taux de retour (montants alloués à la France rapportés aux montants totaux, et comparés à la part française au budget de l'UE, 16,5 % environ) est positif pour l'objectif « compétitivité » (18,7 %) mais évidemment pas pour l'objectif « convergence » (1,13 %) puisque seuls les DOM en bénéficient ; mais, pour eux, cette contribution est essentielle.

Pourtant, l'impact, objectivement positif, de ce partenariat collectivités locales-UE est très généralement sous-estimé : difficulté et lenteur des procédures de programmation puis de paiement, aides européennes toujours en cofinancement avec d'autres sources, réduction relative des montants alloués, peuvent expliquer cette mésestimation. Mais on y verra aussi et surtout la fréquente et forte incrimination de l'UE, de la Commission, du Conseil, de la politique monétaire… par des groupes professionnels, agriculteurs, transporteurs, pêcheurs, par exemple, par des élus « souverainistes » voire ouvertement anti-UE, pour qui cette dernière est responsable des difficultés économiques plus ou moins localisées. Cette actualité des crises dans lesquelles les responsabilités sont aisément imputées à un « trop d'Europe » laisse peu de place à un jugement équilibré sur les avantages et désavantages de l'existence même de l'UE dans les territoires locaux.

Pourtant dans telle ou telle Région, le bilan des actions co-financées par l'UE depuis les années 1980 est considérable : quelques exemples : aéroport d'Ajaccio, Palais des congrès de Belfort, usines-relais et formations professionnelles en Auvergne, requalifications de friches industrielles dans la Loire, électrification de lignes ferroviaires vosgiennes, aide à la recherche-développement pour une société de forge en Haute-Marne, montage d'un salon de coiffure solidaire à Blois, montage d'un congrès mondial d'ostréiculture, diagnostic environnemental des ports basques, efficacité énergétique de logements sociaux…

L'un des espaces les plus concernés par la construction européenne est l'espace bordier des quelque 10 000 km de frontières inter-États (dont 60 % de frontières intérieures). Cet espace frontalier représente, mesuré en régions frontalières, 15 % de la surface et 10 % de la population communautaires. La France, par son voisinage avec sept États, est particulièrement concernée par la coopération transfrontalière impulsée par l'Initiative communautaire *Interreg*. La première phase de celle-ci a porté, de 1990 à 1993, sur 31 programmes d'échelle micro-régionale, pour 1 million d'écus (transports, commerce, tourisme, formation…). La phase 3 a bénéficié de 422 millions d'euros pour la France. *Interreg IV* (2007-2013) devenu objectif et non plus programme d'initiative communautaire est doté de 7,7 MM d'euros au total. La France voit ses montants doublés.

LES ESPACES FRONTALIERS FRANÇAIS, DES MARGES AU CENTRE ?

Régions autrefois marginales, périphéries des périphéries (au sens géographique et économique), tard où aléatoirement rattachées à la communauté nationale (sur le plan linguistique notamment), au bord desquelles la présence frontalière pesait, lourdement, dangereusement parfois, malgré quelques compensations (contrebande, pluralisme culturel, statut spécial), les régions frontalières sont aujourd'hui à l'honneur. Groupées au sein d'une Association des régions frontalières européennes (52 membres), et éligibles aux fonds d'une Initiative richement dotée (Interreg) promue en objectif de « coopération territoriale », elles sont des vitrines et des laboratoires de la coopération à l'échelle européenne, comme maillons clés des réseaux de transports, des pôles touristiques, des espaces de relance économique et de gestion environnementale, alors qu'elles héritent d'une longue période de discontinuités (économiques, réglementaires) et de conflits ou de contentieux (exemples de la pollution du Rhin, des régimes fiscaux et salariaux très disparates, des emprises et des glacis militaires). Cet héritage en fait souvent des régions fragiles, qui se trouvent exposées à la concurrence internationale alors que leur position nationale n'a pas été vraiment améliorée. La dépendance est double, à l'égard de l'« intérieur » national et d'un voisin « extérieur », pourvoyeur d'emplois frontaliers et d'investissements. Ce tableau n'a cependant rien d'uniforme et l'analyse des régions frontalières doit être menée en tenant compte de deux échelles.

La première est celle des espaces strictement frontaliers, dans une limite de 10 à 20 km ; ce sont « les frontières », en arrière de « La » frontière. Dans cette bande sont identifiables les plus intenses des effets-frontières, hérités et actuels. Ceux-ci sont tributaires non de la présence ou de la « suppression » de la frontière, qui ne disparaît nullement en tant que limite de souveraineté, mais des modalités d'application de cette limite. Aujourd'hui par exemple, l'allégement des contrôles ne supprime pas les disparités socio-économiques entre États et donc la possibilité d'exploiter au mieux ces différentiels. La seconde peut être celle de la région, dont les centres économiques et géographiques sont plus souvent en arrière de la zone frontalière, et dont la position internationale est exploitée surtout au profit de sa capitale, comme facteur d'une nouvelle centralité internationale, et non d'une dépendance locale à l'égard d'un puissant voisin.

Par ailleurs, si l'analyse régionale doit ménager une place aux actions volontaires, aux programmes de coopération transfrontalière, elle ne doit pas surestimer l'interventionnisme et ses effets aux détriments de dynamiques indépendantes de celui-ci, freinant ou impulsant, bien avant les actions de coopération, les interactions sociales et économiques entre espaces bordiers. En effet, au-delà du symbolisme et du spectaculaire de certains rapprochements (« L'Espace Mont-Blanc », le programme PAMINA, Nord-Alsace, Sud-Palatinat, Rhénanie, le pôle européen de développement de Longwy), ce sont de très anciennes solidarités locales, des contentieux jamais oubliés, une disparité des systèmes administratifs les uns aux autres, des logiques d'investissement international, de marché transnational…, qui sont à l'œuvre et qui favorisent ou ralentissent l'avance d'une coopération officielle.

Les types d'effets-frontières à l'échelle locale et régionale

Quatorze départements français se trouvent en position frontalière terrestre, soit 20 % du territoire national, et font de la France l'un des pays européens qui présentent le plus de « dyades » terrestres : avec 6 pays, de niveaux économiques très divers, et quelques triangles frontaliers essentiels (Italie-Suisse-France, Suisse-Allemagne-France, Luxembourg-Belgique-France). S'ajoutent aux espaces frontaliers terrestres les espaces littoraux, où s'exercent ponctuellement des effets-frontières originaux, par le biais des ruptures de charge portuaires, des fonctions stratégiques, de l'enjeu géopolitique des eaux territoriales (zone des 12 milles) et de la zone économique exclusive des 200 milles, autour des DOM-TOM notamment.

Enveloppe juridique et militaire, ligne d'arrêt et limite de souveraineté, la frontière terrestre linéaire est un produit du « laboratoire géopolitique français » (M. Foucher, *Fronts et frontières*). C'est l'œuvre, fort exportée ensuite, de la Révolution et de l'Empire, même si des prémices et des héritages sont attribuables à la politique des « places fortes » et du « pré carré » dans la période moderne, eux-mêmes successeurs d'une conception de la frontière comme « marche », large et sous tutelle incertaine. Cette linéarité, non sans précédents en matière de frontières intérieures (limites de circonscriptions ecclésiastiques par exemple), est sacralisée et « naturalisée » dès les guerres révolutionnaires, pendant lesquelles fleuves et chaînes de montagnes sont érigés en frontières « naturelles ». Elle est renforcée par la démarcation des 2 750 km de linéaire frontalier tout au long du XIXe siècle (importantes modifications après l'annexion de la Savoie, du comté de Nice, ainsi qu'aux limites de la Lorraine et de l'Alsace). Courant sur des supports topographiques et hydrographiques (d'où l'expression et surtout l'idéologie des frontières dites « naturelles »), ou à travers des espaces d'une grande homogénéité paysagère et culturelle (dans le Nord notamment), ces tracés intègrent de longs segments issus d'un partage bien plus ancien. Les limites de provinces, de communautés, ont fondé une toponymie, des usages, des traditions d'accords et de circulation. C'est le cas par exemple des traités de « lies et passeries », régissant les usages pastoraux de part et d'autre des crêtes pyrénéennes, ou de la féconde relation culturelle et économique entre la Suisse calviniste et les villes et montagnes industrieuses du Jura, du Doubs, du Haut-Rhin (rôle moteur des capitaux suisses dans l'industrialisation de Mulhouse).

Il peut donc y avoir des frontières « absurdes », c'est affaire de jugement de valeur, mais il n'y en a pas qui ne soit point créatrice, selon une idée chère à Roger Dion. Par ailleurs, on notera qu'au point de vue de l'analyse géographique, le phénomène de frontière s'observe moins sur une ligne que dans une zone, de largeur inégale selon l'intensité des effets qu'il produit. Cette « marche » frontalière, espace où les diverses activités humaines et leurs traces géographiques sont affectées par la discontinuité politique et juridique, est devenue, dans le cadre d'une « dématérialisation » des frontières entre États européens, l'espace des politiques d'aménagement concertées.

D'autres effets-frontières peuvent être évoqués et vérifiés dans le cas français :

– En matière démographique et sociale, les différences de comportement démographique sont souvent nettes de part et d'autre de la frontière, mais c'est plus en conformité avec des contrastes inter-États qu'en réponse à une situation bordière. Il en est souvent ainsi, dans la mesure où la frontière est bien plus qu'une simple limite administrative entre deux « systèmes » nationaux. Dans le Bas-Rhin néanmoins, ce ne sont pas seulement une démographie allemande et une démographie française qui se distinguent. Outre l'héritage d'une frontière rétablie en 1918 qui sépare des comportements démographiques très différents (fin de la polarisation exercée par les villes allemandes du Rhin sur les campagnes alsaciennes, tronquage de l'aire d'influence des villes qui deviennent les villes d'une seule rive du Rhin), la démographie, depuis 1945, est fortement influencée par la frontière, mais de façon différenciée. Dans le nord, c'est la stabilité, voire la régression par émigration jusque vers 1980, du fait de la position de relatif cul-de-sac de Wissembourg, Lauterbourg, éloignés des villes importantes, sauf Karlsruhe dont la saturation (450 hab./km^2 dans sa région) commence à profiter à l'ancien angle mort français. Au contraire, le dynamisme démographique des communes riveraines du Rhin est déjà ancien en raison de l'accumulation des travailleurs frontaliers, de la proximité strasbourgeoise, des aménagements industriels du Rhin. Les frontaliers sont l'élément le plus original des démographies frontalières, et aussi la source de très fortes dissymétries et d'une certaine fragilité régionale : en Alsace, 7,9 % des actifs vont travailler en Suisse et en Allemagne (61 000 en 1992, 55 000 en 2004, 64 000 en 2008) pour les salaires de 20 à 30 % supérieurs à ceux escomptables en France. Mais, souvent moins qualifiés que leurs collègues allemands et suisses, et maîtrisant de moins en moins l'allemand ces frontaliers sont très mal indemnisés en cas de licenciement (20 à 25 % de leur salaire dans le cas de la Suisse).

– En matière industrielle, les interactions frontalières sont nombreuses car les relations inter-industrielles se sont nouées en pleine période de genèse frontalière. On a évoqué l'industrie textile dans le Nord, dont les techniques furent introduites depuis l'Angleterre et furent mises en application à l'abri de la frontière politique et économique, mais aussi grâce à la présence du réservoir de main-d'œuvre flamande. En Lorraine, ce sont des capitaux d'origine belge et luxembourgeoise qui contribuèrent largement au développement sidérurgique. Aujourd'hui, les aires frontalières jouissent d'une nouvelle centralité internationale qui les place aux avant-postes des investissements étrangers. Ainsi à Longwy, sur le pôle européen de développement, 6 000 emplois (dont 3 000 sur le secteur français) ont été créés depuis 1985 dans cet ensemble trinational de 127 000 habitants (*cf.* p.189). Mais les créations d'emplois ont été bien plus nombreuses du côté luxembourgeois, signe du fort différentiel qui demeure en matière de charges sociales. D'autres interactions sont importantes, comme la sous-traitance de proximité, les investissements venus des États à hauts coûts de main-d'œuvre (d'Allemagne surtout, dont une centaine de sociétés sont implantées en Lorraine, pour environ 16 000 emplois, comme Grundig, dès 1959 à Creutzwald, Continental Gummi à Sarreguemines, Smart à Forbach).

– En matière de services et de transports, les espaces frontaliers, pour peu qu'ils soient peuplés évidemment, sont suréquipés. Les fonctions administratives induites par le contrôle aux frontières sont aujourd'hui singulièrement allégées, ce qui impose la conversion de 5 000 à 6 000 emplois frontaliers de douane. Mais bien des équipements urbains (médicaux, commerciaux) restent dédoublés, et surtout les différentiels de prix, de taxation, mais aussi d'organisation commerciale, engendrent une prolifération commerciale de diverse nature : commerce de détail, grandes surfaces, surfaces de *hard discount* d'origine étrangère, commençant leur implantation française par les zones frontalières).

– En matière touristique enfin, les zones frontalières exercent un attrait particulier, non seulement comme points de passage obligés des flux terrestres internationaux, mais surtout sur un tourisme et un loisir de proximité. La recherche d'une combinaison familiarité-dépaysement culturel, l'attrait d'avantages commerciaux, l'existence d'un patrimoine historique lié à une ancienne tradition militaire, la polarisation exercée par de grandes villes proches, jouent surtout sur les relations croisées, touristiques et surtout de loisir, entre résidents de régions frontalières mitoyennes. À ces flux réguliers, vers les casinos, les « boîtes de nuit », les plages, les grandes surfaces, les pèlerinages historico-militaires, dans le Nord, en Alsace, en Pays Basque, en Genevois, s'ajoutent les excursions dans « l'étranger proche » qu'offre la proximité frontalière aux touristes nationaux en séjour de part et d'autre des frontières alpine, pyrénéenne, azuréenne. Ce tourisme frontalier n'est pas anecdotique ; il justifie de nombreux programmes de coopération locale et régionale pour aménager des pistes, skiables ou cyclables, dessiner des cartes et des chemins de randonnée ; il explique en partie le suréquipement hôtelier d'Andorre, de Monaco.

Les espaces frontaliers montagnards

Sur ces vastes ensembles frontaliers, tôt donnés comme des frontières naturelles, on est frappé par un apparent paradoxe, qui justifie leur étude distincte des espaces frontaliers de plaines. La continuité des paysages, les héritages largement transfrontaliers des usages agro-pastoraux, des langues, des « solidarités dans la différence », s'accompagnent d'une extrême inertie de la vie frontalière, sauf de manière très ponctuelle, parfois intense et souvent alors saisonnière. Elle est activée depuis deux ou trois décennies par les franchissements modernes et par le tourisme, qui restent très dépendants des avant-pays de chaque massif. L'hétérogénéité des situations frontalières à grande échelle, l'évolution des anciennes solidarités et leur conjugaison avec de nouveaux dynamismes, telles sont les questions que posent ces espaces.

Aujourd'hui, ni le fait montagnard, ni le fait frontalier, ni non plus la « périphéricité » ne peuvent, isolément, expliquer le dynamisme ou la relative torpeur de la vie régionale ; en revanche, ils peuvent s'aggraver mutuellement dans leurs effets, dans les Hautes-Pyrénées, dans les Hautes-Alpes et les Alpes-Maritimes, où pèsent le dépeuplement ancien, les difficultés d'accès, la faiblesse des relations pouvant s'instaurer avec des régions mitoyennes qui ont peu ou prou le même profil.

L'attraction dont jouissent les espaces montagnards adaptables aux pratiques sportives nées du nouveau regard porté sur la montagne depuis une centaine d'années, le rôle des grandes trouées transalpines dans les échanges communautaires, l'impulsion donnée aux aménagements concertés, sont autant de facteurs de dynamisme. Dans l'espace, ce sont des points localisés, grands cols, têtes ou tronçons supérieurs de vallées, portes de parcs nationaux, domaines skiables jumelés, mais des points de plus en plus nombreux, qui participent à ce dynamisme. Dans les Alpes du nord les domaines skiables transfrontaliers ou fréquentés par une clientèle de proximité étrangères sont nombreux, des « Ports de soleil » (8 stations français, 4 stations suisses) à la « Voie Lactée » franco-italienne.

Dans les Pyrénées, les tracés frontaliers en décrochements de la ligne des crêtes ont tôt favorisé des interactions frontalières modernes : thermalisme, pèlerinages, privilège fiscal d'Andorre, attrait des fêtes urbaines proches sur la clientèle espagnole ou française (Pampelune, Biarritz, Dax). Le développement du pyrénéisme dans les années 1930, puis celui des sports d'hiver dans les années 1960, ont créé une asymétrie favorable à la France sous le franquisme et surtout depuis le « décollage » de l'économie espagnole. En revanche, la proximité frontalière ne joue pas, sur les villes de piémont, le même effet dynamisant, internationalisant, que celui observé dans les métropoles alpines, villes-portes typiques.

La montagne jurassienne, du col de la Faucille aux plateaux du Haut-Doubs, fait figure d'exception relative au schéma proposé, celui d'une vie frontalière animée par le tourisme et les grands flux trans-européens. En effet, les axes de passage y sont relativement rares et surtout de niveau modeste (sinon vers Lausanne et Genève), assez peu rapides et contournés par les autoroutes et le tourisme y est celui d'une moyenne montagne de clientèle régionale. Pourtant la familiarité culturelle entre les deux Jura, l'asymétrie économique forte entre la Franche-Comté et la Suisse, entretiennent un flux de plusieurs milliers de naveteurs quotidiens, vers La Chaux-de-Fonds, Le Locle (tradition horlogère). 22 500 frontaliers sont recensés en 2011, aux trois-quarts à moins de 14 km des 230 km des frontières franco-suisse en Franche-Comté.

Les espaces frontaliers des plaines et des seuils, « espaces-charnières » de leur région

Globalement, les frontières montagnardes restent héritières de la fonction de barrière qui leur avait été assignée, et qui exploitait le cloisonnement du relief à cet effet. Au contraire, en région de plaine (Nord, Alsace), de plateaux (Lorraine) et de seuil (Genevois, Pays Basque littoral, Roussillon), si la parfaite continuité d'une vie transfrontalière intense n'est jamais vérifiée ; les points de passage, urbanisés depuis longtemps, dotés d'un arrière et d'un avant-pays proches actifs, sont devenus de véritables pôles régionaux, de plus en plus tournés vers la valorisation de leur position internationale et vers un développement concerté avec les « doublons » urbains qui leur font face. Néanmoins il y a peu d'autres points communs entre ces espaces, chacun étant déterminé par des traditions géopolitiques, des positions relatives vis-à-vis de la région outre-frontière et un contexte régional intérieur différents.

■ ***Sur la frontière franco-belge,*** la plus artificielle et aussi la plus créatrice selon F. Lentacker, on a le sentiment que, jusqu'à une période très récente, dans laquelle démarre laborieusement une coopération transfrontalière, la frontière fonctionne dans l'esprit du siècle dernier, disjonctrice d'un ensemble fortement homogène, au moins aux plans culturel, paysager et économique. Le dédoublement (services, commerces, villes) est complet, les complémentarités rares. C'est l'emploi et ses migrations croisées, les échanges liés aux loisirs et aux liens familiaux nombreux, la tradition d'une société « franco-belge » des contrebandiers aux grandes familles d'industriels, qui assurent une vie transfrontalière active, mais où les métropoles régionales (Lille, Courtrai) sont comme trop près de Paris et Bruxelles pour dynamiser une Flandre sans frontière. Cette situation est en train de changer. La vie économique fut longtemps limitée aux villes jumelles de la frontière, dominée par une tradition protectionniste française et une forte asymétrie au profit de la France qui créait un tropisme méridional de la Belgique vers le bassin minier et l'industrie textile. Le recul de ce tropisme, son retournement vers Bruxelles et le Nord de la Belgique, se traduisent par la diminution des flux frontaliers et l'inversion de ces flux au profit de la Belgique (moins de 10 000 frontaliers français dans les années 1970, plus de 20 000 vers 2010). Lille, en revanche, renforce sa fonction de métropole et surtout de plaque tournante internationale grâce au TGV et au tunnel sous la Manche. Sur le reste de la frontière, seul le passage d'axes importants anime vraiment une vie frontalière handicapée par la gravité des crises industrielles entre Dunkerque et Ostende, entre Valenciennes et Mons, Maubeuge et Charleroi. Les deux Hainaut, belge et français, nouent de plus en plus de relations en matière de formation et d'infrastructures. Quand ces axes manquent, l'espace frontalier est encore un cul-de-sac où on a relégué une installation nucléaire (Chooz, sur la Meuse, au fond du « doigt » de Givet), et où le tourisme ardennais est un quasi-monopole du versant belge.

■ ***En Lorraine,*** il existe un vaste espace, moins linéaire, héritier de l'ensemble historique que forment les pays mosellans et qui est remis à l'honneur sous l'expression Sar-Lor-Lux. Néanmoins, à l'échelle des zones frontalières stricto sensu, il faut insister sur un double héritage qui pèse sur les espaces frontaliers français en particulier, de Longwy à la Sarre.

L'un est celui du glacis défensif, battu par les guerres, souvent stérilisé par les menaces ou les servitudes militaires, ne tolérant que les industries les plus dépendantes des matières premières locales, nuisant au développement urbain. À Longwy, par exemple, la citadelle a limité l'extension des usines. Les bassins ferrifères sont quadrillés de forts allemands entre Metz et Thionville, à l'abri desquels la sidérurgie allemande de la Moselle se développa de façon très moderne. Quand elle devient française, elle représente une concurrence précoce pour celle, plus enclavée et plus vieillie, du bassin de Longwy.

L'autre héritage est justement celui du cœur industriel dense que la Lorraine frontalière borde plus qu'elle n'en est le centre (celui-ci correspond plutôt aux villes sarroises). Cette industrialisation fut l'occasion, on l'a dit, de liens transfrontaliers précoces entre maîtres de forges luxembourgeois, belges et français. De Wendel en particulier, installé depuis le XVIIIe siècle à Hayange, et qui dédouble ses installations après 1871, mais aussi, Arbed, vraie multinationale dès 1911, issue de l'adhésion du Luxembourg au Zollverein prussien et fonctionnant avec la Sarre et la Ruhr, puis développant les liens avec les Lorrains, et qui préfigure dès les années 1930 la CECA de Robert Schuman. De même le charbon sarrois est partagé entre Lorraine et Sarre ; il est un enjeu géopolitique majeur des années 1920 aux années 1950. Son exploitation est accélérée lors de la période d'annexion de la Sarre par la France, de 1918 à 1935, et ce développement produit une rapide industrialisation qui se poursuit, après la brève annexion de 1945, des deux côtés de la frontière. Pendant la reconstruction sont édifiés le complexe carbochimique de Carling et la raffinerie frontalière de Klarenthal, qui implique la participation des Charbonnages français et sarrois. Mais la frontière crée aussi des doublets industriels qui hypothèquent la rationalisation ultérieure. La société belge Solvay créa des usines chimiques sur les mines de sel séparées par l'ancienne frontière (Dombasles et Sarralbe).

Ce double héritage a pesé longtemps sur la géographie et la société lorraine. Dans cette région tard intégrée, de même que la Sarre et le Luxembourg, qui furent longtemps des appendices ou des États-tampons, la rigidité paternaliste et patriotique qui présida à la formation de la société industrielle prépare peu aux mutations des quarante dernières années.

La détente franco-allemande, la CECA, puis les crises sidérurgiques, ont fait ressortir les enclavements, les culs-de-sac frontaliers, l'extrême dépendance de ces espaces à l'égard des subventions et des États. En Lorraine, comme en Alsace et dans le Nord, l'asymétrie économique et sociale est défavorable aux espaces frontaliers, et les migrations frontalières vers Luxembourg, vers Sarrebruck, sont un indispensable exutoire aux limites des politiques de conversion (à l'apogée de ces mouvements, jusqu'à 20 % des actifs de certains cantons frontaliers, et environ 100 000 Lorrains – 1 salarié sur 12 en 2012 – sont concernés). Ces différentiels économiques sont accentués ou créés par les décalages dans la chronologie et l'ampleur des politiques de conversion et de modernisation. Tôt engagées au Luxembourg (Good Year s'implante en 1949, et Luxembourg-ville connaît un formidable essor de place bancaire, comme quasi-paradis fiscal), très fortement aidées en Sarre, attirant entreprises exportatrices et de pointe dès les années 1960, ces politiques sont plus tardives en Lorraine, où 1978 voit les vrais débuts des aides à la conversion. Après la fermeture du bassin charbonnier (30 000 hab. dans ce bassin), la conversion ne peut se passer de la soupape que représente l'emploi frontalier vers la Sarre notamment.

■ ***L'Alsace*** tient une place originale dans ce tour de France des espaces frontaliers. La petite taille de la région impose moins de différencier échelle locale et régionale, même si les effets-frontières obéissent aussi à ce gradient d'intensité qui les rend surtout effectifs dans une bande de 20 km environ. C'est d'ailleurs la limite dans laquelle s'applique le statut spécial aux travailleurs frontaliers. La genèse frontalière tardive, précaire, voire traumatisante, en fait, bon gré mal gré, une « frontière ouverte ». Mais l'expression de région frontalière fonctionnelle est tôt devenue un titre de gloire plus qu'une tare. Le particularisme alsacien en France amplifie en quelque sorte l'attractivité internationale de cette région. L'interaction frontière-économie régionale est largement positive.

Elle s'y exprime classiquement par les mouvements de main-d'œuvre, facilités par une convention et un statut spécifique (1965) évitant notamment la double imposition. Ce mouvement, qui concerne encore plus de 64 000 actifs (13 000 en 1968) 7,9 % des actifs, et jusqu'à 70 % dans certains villages du Sundgau, est relativement récent. Dans les années 1950, les migrants quotidiens venaient d'Allemagne vers Strasbourg, puis, dans les années 1960, l'essor du pays de Bade, du mark par rapport au franc, la crise du textile vosgien, les tensions sur un marché de l'emploi encombré par une population jeune, ont inversé les flux. Les frontaliers actuels ont un profil bien défini : jeune (33 ans en moyenne), féminin, peu qualifié. Cependant, aujourd'hui, ce mouvement est apparemment stabilisé, les contrats à durée déterminée étant moins renouvelés. Un fait est nouveau dans les années 1990, le rapide accroissement des résidents originaires des États voisins : Suisses et Allemands sont plus de 15 000 à résider en Alsace. De plus, l'importance des investissements étrangers, allemands notamment, est évidente. Les effectifs d'établissements industriels à participation étrangère sont passés de 27 185 en 1971, à 50 655 dès 1989, et du 9e au 3e rang des régions françaises, avec un indice de pénétration qui passe de 9,4 à 35,9 (l'indice national passant de 10,7 à 20,7). Sur la période 2008-2012, et par nombre d'emploi crées ou maintenus grâce aux entreprises étrangères, l'Alsace se classe au 7e rang (6 659 emplois) devant la Lorraine (6 082) ou derrière l'Île-de-France (37 230), Rhône Alpes (19 434), Midi-Pyrénées (13 062), PACA (7 814), Nord Pas de Calais (10 447), Aquitaine (7 783). Les entreprises suisses sont bien présentes en Haute-Alsace surtout : 100 entreprises environ, pour 10 000 emplois, comme ceux, très qualifiés, du chimiste Ciba à Huningue. Dans le sens inverse, il ne manque pas de relations de sous-traitance de la France vers les donneurs d'ordres allemands, en particulier avec la région de Stuttgart, dans le secteur de l'automobile, voire d'investissements français en Allemagne, par rachat surtout (environ 240 sociétés, pas seulement alsaciennes, mais dotées d'une plate-forme en Alsace au départ, sont installées dans les régions limitrophes de la frontière franco-allemande), mais aussi par implantation nouvelle comme Michelin à Karlsruhe.

La vie frontalière est cependant loin d'être parfaitement fluide le long du fleuve-frontière. Harnaché de centrales, doublé d'un canal, dont la construction fut autorisée à la France par le traité de Versailles, ponctué de ports fluviaux, dont celui de Strasbourg (8 millions de tonnes de trafic, essentiellement de sables et de graviers, contre 4 pour celui de Kehl (et 7 MT à Bâle), avec lequel la concurrence cède la place à des aménagements concertés), le Rhin reste une coupure géographique majeure. Une dizaine de ponts seulement le franchissent, et les connexions des réseaux modernes sont médiocrement assurées. Il y a aussi concurrence entre les ambitions aéroportuaires de Strasbourg, par extension sur d'anciens terrains militaires, et celles de Lahr aéroport de fret sur une ancienne base de l'OTAN, à 30 km du côté allemand. En revanche, dans le sud, la coopération a prévalu, avec l'« EuroAirport » de Mulhouse-Bâle, qui n'a cependant pas le caractère intercontinental de Zurich, ou de Stuttgart. En matière ferroviaire, c'est moins le Rhin que les discontinuités technico-administratives héritées qui ont retardé longtemps une interconnexion et une interopérabilité efficace entre les réseaux des trois pays ; ces obstacles sont en passe d'être levés (le TGV reste cependant en concurrence avec l'ICE (train allemand à grande vitesse) allemand, et il demeure trois gares pour trois réseaux à Bâle).

Outre ces manifestations classiques des interactions frontalières, il y a une originalité alsacienne dans le fait qu'existe, en Haute-Alsace, une structure de coopération transfrontalière de niveau infra-régional, donnant un cadre volontariste, institutionnel, à une vie frontalière « spontanée » très active sur le triangle Bâle-Mulhouse-Fribourg. Hors de l'Alsace, le Genevois mis à part, les structures de coopération sont soit très locales, de niveau intercommunal, soit régionales ; elles visent souvent à pallier une quasi-absence de relations transfrontalières, une situation de crise partagée. Dans le cas de la région de Bâle, on observe un cas intéressant de construction institutionnelle, transfrontalière, appuyée sur une très ancienne tradition de solidarité (bourgeoisies calvinistes et industrielles autour des familles Merian et Kœchlin, dans l'industrie des cotonnades imprimées dites « indiennes » vers 1800-1830). Cette construction politique, initiée par une Commission intergouvernementale en 1975, est aujourd'hui pratiquement passée dans les mœurs. Le territoire de la Regio Trirhena est reconnu par l'opinion comme une réalité, la presse, les élus, la vie associative et sportive, les organismes consulaires, les institutions scolaires et universitaires en ayant fait une entité vécue, représentant près de 2,3 millions d'habitants et 800 communes sur 8 700 km^2. Depuis 1997, un métro régional (Regio-S-Bahn) unifie et structure un peu plus cet ensemble.

■ ***« Regio Genevensis »,*** dit-on parfois pour évoquer l'espace frontalier qui comprend le pays de Gex, le Genevois, et l'agglomération de Genève, c'est pour des raisons comparables au cas bâlois, et dans des rapports France-Suisse assez semblables, à cette différence que Thonon, Évian, Annemasse, Gex ou Saint-Julien n'ont pas la taille de Mulhouse et que ni la Haute-Savoie ni le Jura et l'Ain ne peuvent se prévaloir tout entiers d'interactions frontalières aussi intenses qu'en Alsace. Mais s'il y a bien dépendance du Genevois français c'est aussi une dépendance dans la prospérité et dans un essor étendu au-delà de cette « banlieue » de Genève, qui en font un des espaces frontaliers essentiels des bordures orientales de la France. Subsumant les frontières régionales (France-Comté et Rhône-Alpes) le pôle genevois (730 000, dont 230 000 en France, près d'1 million d'hab. à échéance 2018, dans l'agglomération franco-valdo-genevoise) interagit avec Annecy, Bourg-en-Bresse, la vallée de l'Arve.

Sur l'espace frontalier lui-même, les déplacements de main-d'œuvre sont essentiels, concernant environ 80 000 actifs de la France vers la Suisse, dont 18 000 fonctionnaires internationaux et 20 000 suisses résidant en France (25 000 dès 1974), dont les salaires élevés, notamment ceux des cadres, ingénieurs du CERN, fonctionnaires internationaux, sont dépensés à 90 % en France. Les effets sont spectaculaires : boom de la construction, pavillonnaire surtout, surcoûts d'équipements pour les communes qui perçoivent les taxes foncière et immobilière mais peu de taxes professionnelles puisqu'elles sont surtout des communes-dortoirs, circulation intense, proximité culturelle franco-suisse (de nombreux Suisses résident en France, imposant des accords sociaux et financiers entre les deux États). La discontinuité frontalière joue aussi dans le dédoublement des services (médicaux, bancaires, notamment), hors du cadre de l'Union européenne, avec une sévère concurrence des équipements suisses pour leurs équivalents français. Les commodités frontalières sont largement entravées par la sévérité des réglementations nationales, dans le cas bancaire notamment. Cette situation a justifié des mesures spécifiques précoces. Gex et le Genevois furent, dès 1815, la première zone franche de l'Histoire, pour constituer un arrière-pays agricole à la ville lémanique. Elle fonctionne aujourd'hui comme une réserve foncière, mais en voie de saturation. C'est dès 1932 qu'une Commission franco-suisse est instaurée, afin de gérer les multiples litiges socio-économiques et administratifs qui naissent d'une grande « porosité » de la frontière. Ses compétences sont élargies en 1973, et s'étendent aux domaines de l'environnement (au lac Léman notamment), de la culture, de la fiscalité locale des transports, de l'urbanisation, de l'environnement... Désormais, le Comité régional franco-genevois s'est doté d'un groupement local de coopération transfrontalière, gouvernement local du « Grand Genève » doté d'un ambitieux projet d'agglomération.

De part et d'autre des Pyrénées, plusieurs facteurs laisseraient attendre une vie frontalière dynamique : le report des principaux flux internationaux vers les abaissements littoraux, l'existence d'une certaine unité culturelle transfrontalière, catalane et basque, la tradition d'une immigration politique et économique espagnole, dont une partie s'est fixée dans le Roussillon et en Aquitaine, la contiguïté avec les régions les plus actives de l'Espagne, les plus urbaines aussi, et notamment la proximité de Barcelone (plus que celle de San Sebastian). Les effets de ces divers éléments sont cependant atténués par le caractère tardif de l'entrée espagnole dans le Marché commun et par les moindres complémentarités qui peuvent se nouer entre des régions qui ont des positions nationales et des profils économiques très différents. Localement, au Pays Basque, le transit avait considérablement dynamisé Hendaye et Irun, le tourisme espagnol est ancien à Biarritz. La libre circulation a réduit le rôle des fonctions liées aux douanes, les crises industrielles de Biscaye n'ont aucun effet sur d'éventuelles migrations alternantes vers la France, qui offre peu d'emplois. Cependant dans les années 2000, un programme de coopération transfrontalière vise un bassin de près de 140 000 hab., et une eurocité Bayonne-Saint-Sébastien a été programmé dès 1997. En Roussillon, issu d'un partage de l'ancien principat de Catalogne, il ne faut rechercher des interactions frontalières qu'en arrière des Albères, dans les villes proches, comme Perpignan, Port-Vendres, Collioure. Mais dans cette plaine agricole, la proximité espagnole s'est beaucoup plus manifestée par l'emploi, en recul, de saisonniers, et par une conscience aiguë de la concurrence des producteurs plus méridionaux, provoquant d'innombrables interceptions de camions espagnols. C'est finalement plus aux régions et à leurs capitales que la position frontalière offre une réelle perspective de développement.

Les frontières réappropriées par les régions : vers les « Eurorégions »

Pour des raisons institutionnelles (affirmation des régions) et géo-économiques (rôle croissant des grandes villes et élargissement de l'aire géographique dans laquelle une position est significative, en l'occurrence la position frontalière, mais ce serait vrai aussi de la position littorale ou métropolitaine pour bien des activités), il apparaît que l'espace frontalier est singulièrement élargi au-delà de sa définition traditionnelle. Si la plupart des effets-frontière évoqués plus haut ne se font plus sentir dès que l'on s'éloigne un peu de la ligne, en matière économique, implantations d'entreprises, zones de marché, infrastructures, point n'est besoin d'être « collé » à la frontière pour bénéficier d'une position internationale. Il n'est donc pas étonnant que les instances politiques et économiques de niveau régional aient fait de leur position à la fois périphérique par rapport à la France et plus centrale à l'échelle européenne un argument de développement et d'intervention. Si les coopérations à l'échelle locale sont rendues malaisées par les discontinuités administratives et la tutelle obligée, du côté français surtout, des niveaux supérieurs, les cadres multicommunaux et surtout régionaux offrent de meilleures possibilités de concertation avec des régions voisines plus autonomes au plan financier et administratif. En revanche, ces structures inter-régionales transfrontalières sont encore soit trop informelles (cadres non impératifs de concertation, d'études avant projets) soit plus structurées mais aux terrains d'action très sectoriels et très localisés géographiquement. Leurs actions sont d'ailleurs très loin d'être strictement frontalières, et concernent surtout des domaines s'étendant à l'ensemble des régions mitoyennes, y compris aux espaces frontaliers : infrastructures (liaison Lyon-Turin-Milan par train à grande vitesse), environnement (parcs alpins gérés en concertation).

Ces structures peuvent être de niveau infra-régional mais multicommunal. C'est le cas de la Commission internationale des Pyrénées, créée en 1976, et regroupant près de 1 200 communes françaises, près de 600 municipalités espagnoles. Appuyée sur la tradition des communautés de vallées, elle a pour but initial de régler les litiges frontaliers (pacage notamment), mais a élargi ses compétences au domaine de la circulation, du tourisme (information), de l'assistance (secours en montagne, feux de forêt), de l'environnement (notamment pour la gestion de la circulation, du stationnement, de la pollution dans et autour de la Bidassoa, petit fleuve côtier basque frontalier).

Dans les Alpes, c'est la Commission de travail des Alpes occidentales (COTRAO) qui joue ce rôle depuis 1982, mais en regroupant des régions : 3 italiennes, 2 françaises, et 3 cantons suisses, soit un ensemble de 11 millions d'habitants, mais qui, pour l'essentiel, ne sont pas frontaliers. C'est un cadre lourd pour des espaces disparates, montagnards et de piémont, urbains et ruraux, intra- et extra-communautaires. Les objectifs sont de surmonter la très grande disparité des législations nationales, en matière d'environnement notamment (législation suisse beaucoup plus restrictive), et de renforcer les liaisons interurbaines.

Au sein de ce cadre, des structures plus locales se développent, comme l'« Espace Mont-Blanc » formé entre 1988 et 1991 par une démarche convergente d'élus locaux et des ministres de l'environnement. Au départ, c'est la proposition, par les associations de protection de la nature, d'un parc international du Mont-Blanc, fédérant toutes les zones protégées, au-dessus de 2 000 m en France, de 1 600 m en Italie, qui a initié le rapprochement. Constituée d'un syndicat de 15 communes françaises, 5 italiennes et 15 suisses, cette structure a une fonction d'étude et de réalisation de projets pilotes associant des acteurs locaux sur des zones-tests transfrontalières. Les objectifs suivent quatre axes : soutien à l'agriculture de montagne, conservation et réhabilitation des milieux naturels, développement d'un tourisme plus diffus et moins intensif, promotion du transport combiné rail-route et du transport collectif.

Ce niveau de coopération intercommunale élargie est celui des actions les plus tangibles, des projets les plus nombreux, aidables par les fonds européens et par les États de rattachement qui conservent leur tutelle, surtout dans le cas français. L'Espace Mont-Blanc est une version montagnarde des initiatives évoquées précédemment en Haute-Alsace, sur le pôle européen de Longwy, dans l'agglomération lilloise ou en Haute-Alsace.

Il existe une troisième échelle de rapprochement : celle des Eurorégions de grande taille, reposant sur des initiatives émanant des pôles métropolitains régionaux, ces villes prétendant au titre d'Eurocités. Pôles économiques mais non capitales d'États, elles comprennent des groupes de pression réunissant élus d'envergure nationale et milieux d'affaires. Ces groupes esquissent des coopérations engageant leurs régions élargies mais dans des cadres lâches dont la réalisation est affaire de long terme et d'actions localisées. 95 eurorégions sont ainsi recensées (membres de l'Association des Régions frontalières européennes) ; mais 163 régions sont frontalières et plus ou moins engagés dans des coopérations bi- ou multi-régionales. On peut les distinguer selon leur taille et l'intensité de leur coopération. Dans le cas des Alpes par exemple, c'est le cadre de la convention Alpine, groupe d'étude informel réunissant les 7 États de tout l'arc alpin (11 millions de résidents dans 43 régions). Depuis 1989 existe entre les États une Convention alpine, déclaration d'intention sur la protection d'une « région alpine » dont la réalité reste à démontrer. Accueillir son siège est pourtant un défi grenoblois, qui renforcerait l'ambition d'être une capitale des Alpes. En revanche les rapprochements bi- ou trilatéraux annoncent des aménagements inter-cités plus concrets. Entre Piémont et Rhône-Alpes pour la liaison TGV Lyon-Turin, entre Nord-Pas-de-Calais et Kent pour la gestion des retombées du tunnel trans-Manche et pour une coopération élargie depuis 1991 à la Flandre et à la Wallonie (15 millions de résidents), entre Sarre-Lorraine-Luxembourg, entre Montpellier, Barcelone, Marseille, Nice, Gênes, dans le cadre de la route des Technopoles, entre Toulouse et Saragosse, entre Aquitaine et Euskadi pour promouvoir la liaison Dax-Vitoria par le TGV. Parmi les derniers de ces rapprochements, on peut citer l'eurorégion Alpes-Méditerranée (2006, 17 millions d'habitants) à l'initiative de Rhône-Alpes et du Piémont, ou encore, en 1994, le rapprochement Picardie-Essex-Thuringe.

Deux exemples parmi les précédents sont particulièrement significatifs (cités par D. Paris et J.-P. Renard, *Nord, Est, frontières ouvertes*, 1991) : depuis 1986, il existe entre Lorraine, Sarre, Rhénanie-Palatinat, Wallonie et Grand-Duché du Luxembourg un Conseil interparlemtentaire régional, représentant les cinq assemblées territoriales, qui a pour rôle de susciter des actions de développement et de réduire les dysfonctionnements provoqués par les politiques strictement nationales. Cette « Grande Région » tôt voulue par les diplomaties nationale est une des plus avancées du genre. S'ajoutent à ce Conseil un consortium bancaire, des échanges inter-universitaires actifs entre les 6 grandes Universités, une coopération des médias audiovisuels. Dans le Nord, outre l'accord inter-régional mentionné, il faut ajouter le cadre institutionnel donné au caractère transfrontalier de fait de l'agglomération lilloise : depuis 1991 existe une Conférence permanente intercommunale de la métropole franco-belge qui associe les quelque 700 000 Belges de Mouscron à Courtrai au million de Français vivant dans la conurbation. Les projets sont d'ordre culturel, économique (« Eurozone » de Wattrelos), et de liaison urbaine (prolongement des lignes de métro vers Mouscron). Au sud, les eurorégions Euskadi-Aquitaine, Pyrénées-Méditerranées, Alpes-Méditérranée sont plus récentes mais actives.

Les politiques régionales communautaires et les espaces frontaliers

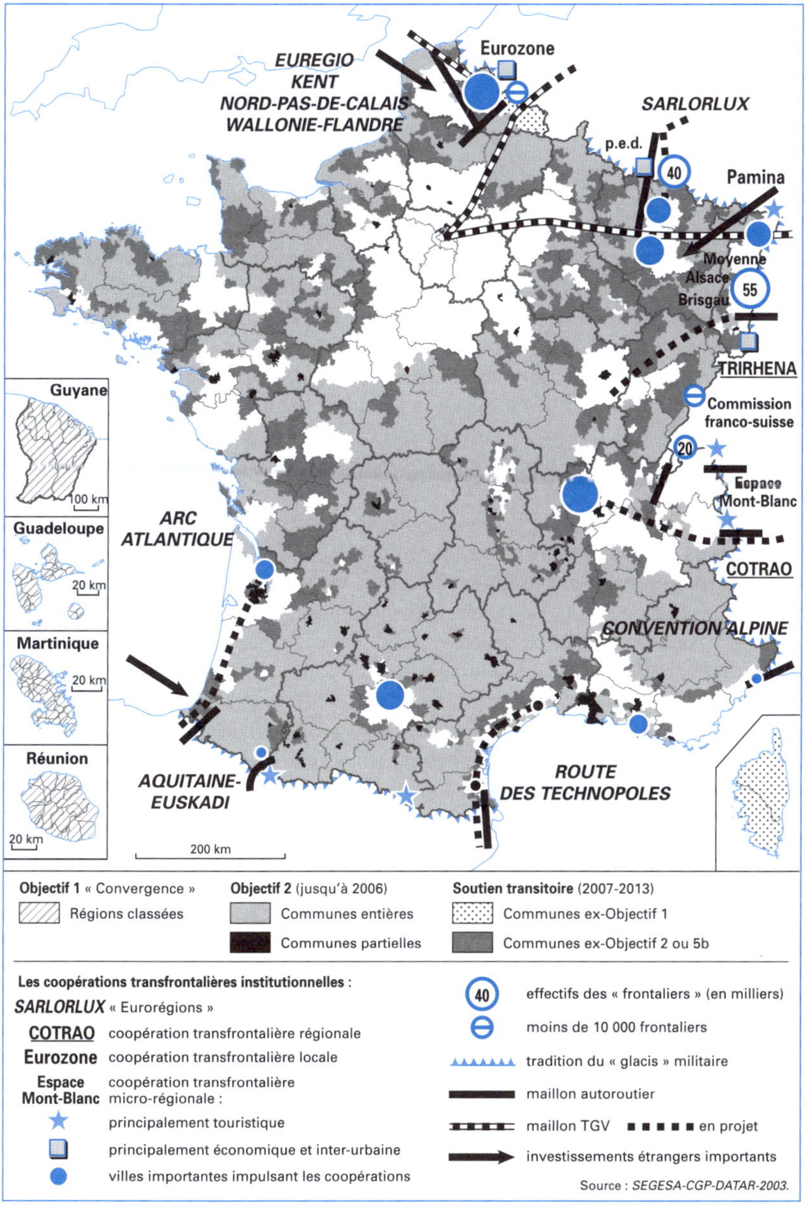

À mi-chemin entre ces diverses échelles, l'Arc atlantique, dont la reconnaissance par la Commission européenne est enfin acquise, se veut une structure très polyvalente destinée à impulser des rapprochements entre 22 régions, mais aussi le développement de chacune d'elles. « Espace construit, tirant sa légitimité de constats géographiques simples mais lourds de conséquences, il s'agit d'un rassemblement de régions périphériques » (J. Renard, *Norois*, 1993). De plus, il peut apparaître peu réaliste de privilégier des relations entre régions et villes ayant peu à échanger. L'Arc, figure à la mode, serait-il une « fausse bonne idée » (R. Brunet, 1990) de ces villes et de ces régions candidates à la soudure mais que les arguments tirés de l'histoire celte ou portuaire relativement commune n'empêchent pas de privilégier leurs rattachements aux centres parisiens, londoniens, madrilènes ? Des entreprises communes en matière d'infrastructures, de tourisme, de gestion portuaire, l'ambition d'offrir des cadres urbains, des relations rural-urbain différents de ceux de l'Europe du Nord-Ouest sont autant de projets qui dissuadent d'un jugement définitif.

Un fait est certain : le cadre européen est une puissante incitation aux rapprochements inter-régionaux en France, réaction salutaire si l'on admet que les régions sont un maillon faible de la gestion territoriale en France. La création en 2006 du statut de Groupement européen de coopération territoriale (GECT) formalise les regroupements à toute échelle.

Au total il n'existe plus que quelques régions intérieures en France qui ne soient engagées, plus ou moins activement, dans un processus de rapprochement transnational, les autres regrettant leur poids économique, budgétaire, et leur autonomie souvent moindres que ceux de leurs partenaires (disproportion de 1 à 20 par exemple entre le budget de l'Aquitaine et celui d'une Euskadi disposant en outre d'une grande autonomie en matière de formation, de télévision, de santé...). Il reste que les solidarités, frontalières comme intercommunales, ne se décrètent pas, et la problématique des espaces frontaliers de diverses échelles n'échappe pas à la détermination des disparités socio-économiques et à la résistance des schémas centres-périphéries dans l'organisation régionale. Le volontarisme d'une telle « politique étrangère » est le signe d'une évolution essentielle des relations États-régions-territoires dans le cadre européen. Cet aspect de la construction européenne peut échapper au regard porté sur le cas français, où le rôle de l'État semble mieux conservé et où les discours et les structures sont plus visibles que les résultats effectifs. Mais l'analyse des comportements et des politiques économiques très régionalisés des Länder allemands, des régions d'Italie et d'Espagne, septentrionales surtout, permet de penser que l'Europe des régions n'est pas une simple profession de foi. Encore faut-il qu'après avoir vécu sur l'élan fondateur pendant 40 ans, l'Europe politique et économique traverse la phase d'incertitude actuelle sur ses fonctions, ses critères, sa validité, sa reconnaissance par les opinions, en tant qu'entité politique, diplomatique, monétaire.

Conclusion

L'analyse géographique met en évidence que les parties du territoire ne se différencient et ne se dessinent que dans leurs rapports à l'ensemble et à des lieux centraux, à des processus particuliers (métropolisation, migrations, participation au système productif), hérités ou actuels, qui les individualisent et en assurent les articulations.

Il y a bien du politique dans le fait territorial et dans tout ce qui fonde l'hétérogénéité des parties du territoire national. L'approche régionale de la géographie de la France peut en livrer quelques clés à condition de ne négliger aucun type de territorialités officielles, dotées de gouvernances concurentes et non officielles, dessinées par les spécificités socio-économiques et culturelles.

Au terme donc d'un parcours qui a tenté de dégager quelques tenants et aboutissants de cette question régionale en France, le bilan dépasse le constat classique de l'unité et de la diversité. D'un tableau des régions de la France ressortent aussi des permanences, qui sont souvent de très lents changements et des mutations plus tangibles.

Citons quelques-unes de ces permanences. La référence régionale persiste dans la géographie vécue, perçue. Sous des formes nostalgiques ou dans une réinterprétation moderne des particularismes, rebaptisés « compétitivité des territoires », le sentiment d'appartenance et d'attachement à une région, certes à géométrie variable, est encore un puissant ressort explicatif des comportements politiques, des formes d'expression culturelle, des modes d'organisation économique, un argument décisif pour emporter la conviction de l'électorat ou des responsables économiques.

On peut encore retenir le rejeu toujours visible des très vieilles lignes de partage du territoire, à travers les contrastes de la démographie, de la formation, des structures d'activités. Est, ouest, nord, sud, et leurs combinaisons deux à deux, sont plus que des points cardinaux. Ils dessinent de vastes et flous domaines, vécus ou seulement révélés par les cartes. Les héritages de l'histoire agraire, industrielle, démographique, de l'anthropologie, tissent un écheveau serré d'interactions mutuelles.

Parmi ces contrastes, l'irréductible clivage Paris-province, ne perd de sa netteté et de sa hiérarchie socio-culturelle, que pour renforcer celles que lui redonnent l'économie et les marchés, en période de récession notamment.

Enfin, à plus grande échelle, on observe la stabilité et même la réactualisation, positive ou négative, d'organisations micro-régionales de l'espace : évolution différenciée de pays voisins, valorisation des particularismes qui faisaient hier encore figures d'archaïsmes, aides aux petites villes dans leurs fonctions de marché et de centre de services de base, constitution de groupements intercommunaux.

À différentes échelles, la différenciation du territoire reste bien plus vive que ne le laissait penser le discours sur la banalisation, subie, ou l'égalisation, souhaitée.

Du côté des mutations, on retiendra le bouleversement et la précarité des hiérarchies inter-régionales : quoique abstraites, les régions sont des collectivités, des institutions ; leur population, leur tissu économique, font varier ressources et besoins, avec des conséquences très concrètes sur les priorités budgétaires accordées ou refusées à des terrains où l'intervention publique est vitale, voir exclusive (formation, aide sociale, infrastructures…). Les palmarès sont souvent peu significatifs en soi, car les « réussites » d'une région sont l'agrégat de faits et de logiques hétérogènes (attractivité démographique, implantations d'entreprises, renforcement des fonctions métropolitaines). Mais ils évoquent pourtant les reclassements par lesquels se constituent des « rentes de situation » comparables à celles nées à l'âge industriel et urbain. Ces « régions qui gagnent », méridionales, alpines, par exemple, offrent cependant des tableaux tout aussi contradictoires que la France du Nord-Est autrefois, où ne manquait aucune des grandes pathologies sociales, fruits du caractère très inégalitaire de la croissance.

À ces mutations économiques répondent des changements dans la perception de l'espace : la mobilité quotidienne et les migrations des Français montrent qu'ils sélectionnent des régions certes, mais peut-être plus encore des types d'espaces, qui incarnent désormais des « modes de vie », urbains, suburbains, péri-urbains, contre-urbains. On n'appartient plus seulement à une région. Quelle qu'elle soit, on y choisit, plus ou moins librement selon les contraintes du marché du travail, une association ou une dissociation forte entre sa vie citadine et non citadine.

Cette division du territoire en types d'espaces pour lesquels l'identité régionale se combine à la position par rapport à Paris, à la capitale régionale, aux réseaux de transports rapides, aux États voisins, se traduit par l'apparition de groupes de pression non régionaux. Association des maires de petites villes, Fédération des parcs naturels régionaux, des pays d'accueil touristiques, des villes à une heure de Paris, des Eurocités, des usagers des transports… L'opposition assez triviale entre « rural profond » et « rural intégré » ou péri-urbain est mise à mal par la fluidité qui s'établit entre les espaces urbanisés et leurs auréoles de relations de plus en plus lointaines. Le rural profond n'est certes pas un rural mort.

En somme, on est conduit à s'interroger sur la pertinence du niveau régional comme niveau d'étude et d'action ou l'obligation de le dépasser. Au plan conceptuel, on reste condamné à la modestie à laquelle incite le jugement de W. Isard (in : R. Leclerc *et al.*, *Les régions au futur*) : « La région est un concept trompeur, ce n'est qu'une simple généralisation de l'esprit, un concept généralisé et sans existence propre, qui n'est pas une entité stable mais correspond à des réalités diverses en fonction du problème envisagé et du moment ».

Sur le plan de la gestion territoriale, les régions sont légitimées par le besoin d'unités administratives et territoriales plus grandes que communes et départements, mais elles sont bridées par l'importance, persistante, de ceux-ci, ainsi que par leur taille et leurs pouvoirs assez restreints en comparaison de leurs équivalents européens. Actrices de moins en moins marginales, surtout lorsqu'elles impulsent des regroupements interrégionaux, elles sont loin de pouvoir exercer le quasi-monopole qu'exercent la Bavière, le Piémont, la Catalogne, la Flandre sur la gestion des territoires nationaux. Néanmoins les régions officielles commencent à « faire système ». Mais, pour proposer une interprétation fondée des discontinuités du territoire, l'approche géographique doit encore recombiner en permanence une grille de lecture comprenant les héritages d'une France naturellement et traditionnellement divisée à de multiples échelles, les positions par rapport aux centres métropolitains, l'évolution de ces positions centrales ou marginales,

les aspirations des sociétés locales et leur prise en compte par les décisions politiques et économiques.

Lors de la rédaction initiale de cet ouvrage, le tableau et les débats régionaux étaient dominés par la dynamique de décentralisation initiée dix ans plutôt, par les espoirs et les inquiétudes fondés sur les nouvelles technologies, les élargissements et approfondissements européens, la mondialisation.

Régions et autres territoires locaux apparaissaient porteurs de projets d'avenir et d'enracinements rassurants. L'aménagement du territoire était relancé autour des « pays », des intercommunalités, des contrats de plan État-Région. Presque vingt ans plus tard, on est frappé par l'affaiblissement, voire par l'obsolescence de ces perspectives d'alors. Sont intervenus des ébranlements majeurs qui ont modifié la perception des enjeux infranationnaux : alternances politiques répétées et clivage entre majorité gouvernementale et majorités régionales, défiance accrue à l'égard de l'UE dilatée, de l'euro, désindustrialisation dramatiquement accélérée et généralisée après 2008, diminutions forcées des marges budgétaires des diverses gouvernances. L'alarmisme sur la nouvelle fracture territoriale et les « Frances qui décrochent » est autant le fait des travaux de Laurent Davezies (économiste traitant des territoires) que de ceux d'un géographe, Christophe Guilluy (rédigeant un *Atlas des nouvelles fractures sociales*). Ces visions, d'une grande sélectivité, des crises et des essors liés à la mondialisation pointent l'inadéquation d'une « géographie sociale médiatique » fondée sur des clichés dépassés (opposition des banlieues en crise au périurbain des classes moyennes, des territoires « in » majoritaires et des territoires « out » minoritaires). Ces auteurs, confortés par l'évolution de la géographie des votes protestataires (en fort développement au-delà de l'urbain métropolitain et suburbain), pointent la « gentryfication » accélérée des zones centrales et péricentrales des villes (*cf.* A. Clarval), la précarisation d'une population de moins en moins minoritaire dans ce vaste espace périurbain et rural, des villes petites et moyennes (les plus touchées par la désindustrialisation). Alors que les possibilités redistributives sont limitées, la typologie territoriale passe moins par les limites des régions qu'entre des territoires plus restreints classés selon qu'ils sont plutôt productifs bénéficiaires des transferts sociaux, et dynamiques ou stables démographiquement.

Productifs mais peu attractifs, non productifs et non attractifs, tels sont les vastes espaces les plus fragilisés (crise de l'emploi et/ou baisse des transferts sociaux). Dynamiques et productifs, ils sont peu étendus, cruciaux au plan international (métropoles, régions frontalières, touristiques), et difficile d'accès tant les prix fonciers et immobiliers y sont élevés. Peu productifs et dynamiques, ils sont étendus et en position intermédiaire.

On voit donc que la dimension régionale *stricto sensu* de la lecture de l'espace et de la société française n'est pas suffisante. Pire, elle peut conduire à de grands simplismes, des populismes « régionalistes » (le mouvement « breton » des « Bonnets rouges » de l'automne 2013 agglomère sous l'identité régionale des mécontentements hétéroclites prompts aux démagogies). Approche régionale et territoriale multiscalaire, défiance à l'égard des « identités » proclamées, voir construites, telles sont sans doute les exigences d'une étude différenciée de l'espace français.

Bibliographie

La bibliographie ci-dessous ne vise pas à l'exhaustivité mais privilégie la documentation récente, en particulier celle qui, en ligne, permet d'accéder à des informations pour des recherches plus approfondies. Des ouvrages et articles plus anciens sont donnés à titre de références importantes pour un thème donné.

SOURCES INSTITUTIONNELLES :

Association des Régions de France, Observatoire des Régions :
http://www.arf.asso.fr/observatoire-des-politiques-regionales
Chambres de Commerce et d'Industrie (portail des territoires) :
http://www.cci.fr/web/territoires
Collectivités locales : http://www.collectivites-locales.gouv.fr/
Conseil Économique Social Environnemental (avis et rapports) :
http://www.lecese.fr/travaux-du-cese/travaux-publies
Datar : Observatoire des territoires :
http://www.datar.gouv.fr/observatoire-des-territoires/fr/node
Insee : La France et ses régions (édition papier et en ligne : *INSEE Références*) :
http://www.insee.fr/fr/publications-et-services/sommaire.asp?codesage=FSR10
Insee : page d'accueil du site: http://www.insee.fr/fr/themes/

MANUELS, ATLAS, RECUEILS D'INFORMATIONS SUR LES RÉGIONS

Adoumié V., *Géographie de la France,* Paris, Hachette Supérieur, coll. « HU Géographie », 2013.

Baron-Yellès N., *France, aménager et développer les territoires,* Paris, Documentation photographique, 2009.

Boyer J.-C. (dir.), La France : Les 26 régions, Paris, A. Colin 2009.

Brunet R. (sous la dir. de), *Atlas de France,* 12 vol., Reclus, Paris, 1996.

Claval P., *Initiation à la géographie régionale,* Paris, Nathan, 1993.

Fabries Verfaillie M., Stragiotti P., *La France des régions,* Paris, Bréal, 2001.

Juillard E., *La Région,* Paris, Ophrys, 1974.

É. Lau (dir.), *L'État de la France 2013-2014*, Paris, La découverte, 2013.

Limouzin P., *La France et ses régions, inégalités et mutations,* Paris, A. Colin, 2000.

Noin D., *Le nouvel espace français,* Paris, A. Colin, 2006.

Pumain D., Saint-Julien T., *Géographie universelle,* t. III, « France-Europe du Sud », Paris, Hachette, 1991.

REGHEZZA-ZITT M., *Documentation photographique n° 8096 La France, une géographie en mouvement*, La Documentation française, Paris, 2013.
SMITS F., *Géographie de la France,* Paris, Hatier, 2007.

Les principales revues de Géographie régionale*, Hommes et terres du Nord, Méditerranée, Mosella, Norois, Revues géographiques Alpine, de l'Est, de Lyon, des Pyrénées et du Sud-Ouest),* ainsi que la presse nationale *(Les Échos)* et régionale quotidienne ou mensuelle *(Le Moniteur)* fournissent une abondante documentation.

Chapitres 1 et 2

BRAUDEL F., *L'Identité de la France,* Paris, Fayard, 1983.
L'Environnement en France, approche régionale, Institut français de l'environnement, Paris, La Découverte, 1996.
HUGONIE G., *Les espaces naturels des français,* Nantes, Editions du Temps, 2003.
JUILLARD J., *La Région : contribution à une géographie générale des espaces régionaux,* Strasbourg, Publications de l'université de Strasbourg, t. XI, 1974.
KAYSER B., *Pour une ruralité choisie,* La Tour-d'Aigues, DATAR-Éditions de l'Aube, 1994.
LE BRAS H., TODD E., *Les Trois France,* Paris, O. Jacob, 1986.
PITTE J.-R. : *Histoire du paysage français.* Tallandier, 2003.
DE PLANHOL X., CLAVAL P., *Géographie historique de la France,* Paris, Fayard, 1988.
VIDAL DE LA BLACHE P., *Tableau de la géographie de la France,* Paris, rééd. Tallandier, 1979.

Chapitre 3

BRUNET R., *La France, un territoire à ménager,* Paris, Édition n° 1, 1994.
BRUNET R., *Territoires de France et d'Europe,* Paris, Belin, 1998.
DATAR, *Quelle France rurale pour 2020,* Paris, DATAR Documentation Française, 2003.
DAVEZIES L., *La Crise qui vient, la nouvelle fracture territoriale,* Paris, Seuil, 2012.
GUILLUY C., *Fractures françaises,* Paris, François Bourin, 2010.
OBSERVATOIRE DES INÉGALITES : http://www.inegalites.fr/
SALEM G. (dir.), *Atlas de la santé en France,* vol. 1 et 2, John Libbey Eurotext, 1999-2000.

Chapitre 4

Les Collectivités locales en chiffres, Paris, DGCL, 2013.
Les contrats de plan État-Régions : http://www.collectivites-locales.gouv.fr/contrats-projets-etat-region

DAMETTE F. et SCHEIBLING J., *La France. Permanences et mutations,* Paris, Hachette Supérieur, coll. « Carré Géographie », 2011.
Démocratie et géopolitique en France, Hérodote n°s 69-70, 1993.

GUIGOU J.-L., « Redécoupage des limites régionales, ou coopération interrégionale », *Cybergéo* (revue en ligne), 2007.
LACOSTE Y. (dir.), *Géopolitique des Régions françaises,* 3 vol., Paris, Fayard, 1986.
MOULIN O. (dir.), *Les contrats de plan État-régions,* Paris, La Documentation Française, 2002.
NORA P. (dir.), *Les Lieux de Mémoire,* Paris, Gallimard, 1986.
PINCHEMEL Ph., *La France,* 2 vol., Paris, A. Colin, 1990.
SCIENCES PO PARIS Centre de données socio-politiques (ex-OIP) : http://cdsp.sciences-po.fr/oip.php?lang=FR

Chapitre 5

ARDINAT G., *Géographie de la compétitivité*, Paris, PUF, 2013.
BAUDELLE G. (dir.), *De l'intercommunalité au pays,* La Tour-d'Aigues, Éditions de l'Aube, 1995.
DAMETTE F., *La France en villes,* Paris, DATAR-La Documentation française, 1995.
GUELLEC A. et J., *Le Département, espace et institutions,* Paris, Dunod, 1993.
J.-P. Lacaze (éd.), *Métropoles en déséquilibres,* Colloque Lyon, 1990, Paris, Economica, 1993.
RICHER C., « Questions vives pour la géographie de l'intercommunalité », *L'information géographique 4/2008,* Paris, A. Colin, 2008.
Direction de l'information légale et administrative : http://www.vie-publique.fr/decouverte-institutions/institutions/collectivites-territoriales/intercommunalite-cooperation-locale/

Chapitre 6

OBSERVATOIRE NATIONAL DE LA MER ET DU LITTORAL :
http://www.onml.fr/accueil/
OBSERVATOIRE DES TERRITOIRES Pôle d'observation des territoires de montagne :
http://montagne.territoires.gouv.fr/
PERRON F., *Des hommes et des îles,* Éd. de la Cité-Ouest France, 1993.
Des régions paysannes aux espaces fragiles, CERAMAC, Clermont-Ferrand, 1992.

Seconde partie : Les grands ensembles régionaux :

ADOUMIE (dir.) *Les régions françaises,* Paris, Hachette Supérieur, coll. « HU Géographie », 2013.
INSEE Portail des régions : http://www.insee.fr/fr/regions/

Chapitre 7

BECKOUCHE P., « Une région parisienne à deux vitesses », *Strates* n° 3, 1992. *Cahiers de l'IAURIF,* n° 124, Paris, 1999.
CLERVAL A., *Paris sans le peuple. La gentrification de la capitale*, Paris, La Découverte, 2013.
DAMETTE F. et SCHEIBLING J., *Le Bassin parisien,* Paris, DATAR-La Documentation française, 1992.

Damette F., Beckouche P., *La Métropole parisienne,* Paris, Plan urbain-Com., Plan-DATAR, 1990.

Datar, *Livre blanc du Bassin parisien,* Paris, La Documentation française, 1992.

Institut d'amenagement et d'urbanisme : http://www.iau-idf.fr/

Saint-Julien T., Le Goix R. (dir.), *La Métropole parisienne – centralités, inégalités, proximités,* Paris, Belin, 2007.

Chapitre 8

« L'Arc Atlantique, réalités, enjeux et stratégies », *Norois* n° 157, 1993.

Baudelle G. (dir.), *La façade atlantique,* Rennes, Presses universitaires de Rennes, 1993.

Canevet C., *Le Modèle agricole breton,* Rennes, Presses universitaires de Rennes, 1992.

Chauvet A., *Porte nantaise et isolat choletais,* thèse, université de Nantes, 1986.

Guermond Y., *La Haute-Normandie sur deux horizons,* Paris, La Documentation française-Reclus, 1993.

Phlipponeau M., *Le Modèle industriel breton,* Rennes, Presses universitaires de Rennes, 1994

NOROIS (environnement aménagement société) (revue)*:* http://norois.revues.org/

Chapitre 9

Bavoux J.-J., *Le Carrefour bourguignon,* thèse, Université de Dijon, 1991.

Bavoux J.-J., « La Bourgogne, un archétype d'espace intermédiaire », *Annales de géographie* n° 570, 1993.

Bonneville M., « Métropolisation et dynamique de recomposition territoriale dans l'agglomération lyonnaise », *Métropoles en déséquilibres* (collectif), Paris, Economica, 1993.

Dossiers de la Revue de géographie alpine, n° 13, 1994 *(Villes alpines en réseau),* et n° 18, 1996 *(Le Sillon alpin, axe, territoire ou utopie).*

Gadais M., *Atlas du Grand Lyon,* INSEE, Rhône-Alpes, 1994.

Revue de Géographie alpine : http://rga.revues.org/58

Chapitre 10

Bruyelle P., « La Communauté urbaine de Lille », *Notes et études documentaires,* n° 4 936, 1991.

Giblin-Delvallet B., *La Région, territoire politique. Le Nord-Pas-de-Calais,* Paris, Fayard, 1990.

« Le Bassin minier après la mine », *Hommes et Terres du Nord* n° 1, 1994.

Martin J.-P., Nonn H., « Les Nouvelles Configurations métropolitaines, la métropole strasbourgoise », *Métropoles en déséquilibres* (collectif), Paris, Economica, 1993.

Paris D., *La Mutation inachevée,* Paris, L'Harmattan, 1993.

Paris D. et Renard J.-P., *Nord, Est, frontières ouvertes,* Paris, La Documentation photographique, 1991.

Reitel F., *La Lorraine,* Paris, PUF, coll. « Que sais-je ? », 1988.

Revue géographique de l'Est : http://rge.revues.org/
Territoires en mouvement (revue) : http://geographie.univlille1.fr/Revues/TerritoireEn-Mouvement/

Chapitre 11

« L'Arc méditerranéen », *Méditerranée* n°s 1-2, 1994.
Becquart D. (dir.), *Marseille, 25 ans de planification urbaine,* Agam, Éditions de l'Aube, 1994.
Charrié J.-P., *et alii, Villes, espaces, et pouvoirs,* Talence, CESURB-MSH Aquitaine, 1992.
Conseil régional, *Limousin 2007,* Limoges, 1993.
Fellman T., Morel B., « Marseille, la naissance d'une métropole », *Métropoles en déséquilibres,* (collectif), Paris, Economica, 1993.
Ferras R., Volle J.-P., *Languedoc-Roussillon,* Montreuil, Bréal, 1989.
Jalabert G., *Toulouse, métropole incomplète,* Paris, Anthropos, 1995.
*Méditerranée (*revue*) :* http://mediterranee.revues.org/
*Sud-ouest européen (*revue*) :* http://w3.pum.univ-tlse2.fr/-Sud-Ouest-Europeen-.html

Chapitre 12

Bernardie N., Taglioni F., *Les dynamiques contemporaines des petits espaces insulaires, De l'île-relais aux réseaux insulaires*, Paris, Karthala, 2005.
Burton R., Réno F., *Les Antilles-Guyane au rendez-vous de l'Europe,* Paris, Economica, 1994.
De Deckker P., Faberon J.Y., La Nouvelle-Calédonie pour l'intégration mélanésienne, Paris, L'Harmattan, 2009.

Chapitre 13

Annuaire statistique des régions de l'Union européenne, Eurostat (annuel).
C. Alvergne, F. Taulelle, *Du local à l'Europe. Les nouvelles politiques d'aménagement du territoire*, Paris, PUF, 2003.
Commission européenne *Info regio :* http://ec.europa.eu/regional_policy/index_fr.cfm
Union européenne : http://europa.eu/pol/reg/index_fr.htm
Brunet R., *Le Territoire dans les turbulences,* Montpellier, Reclus, 1990.
Drevet J.-F., *Aménagement du territoire. Union européenne et développement régional,* Paris, Continent Europe, 1995.
Datar, *Europe en France :* http://www.europe-en-france.gouv.fr/
Frémont-Vanacore A., *La France en Europe,* Paris, A. Colin, 2009.
Parlement européen, *Les disparités régionales et la cohésion,* Bruxelle, 2007 (disponible en ligne).

Table des cartes et documents

Table des matières

SECONDE PARTIE
LES GRANDS ENSEMBLES RÉGIONAUX

Imprimé en Espagne par l´imprimerie UNIGRAF
Dépôt légal : janvier 2014 - Collection 11 - Édition 01
14/0342/7